마음을
어떻게
비울 것인가

DIFFERENT DRUM:

Community Making and Peace by M. Scott Peck

Copyright © 1987 by M. Scott Peck, M.D, P.C.

All rights reserved.

This Korean edition was published by ULYSSES PUBLISHING CO. in 2012
by arrangement with Simon & Schuster, Inc., New York
through KCC(Korea Copyright Center Inc.), Seoul.

이 책은 (주)한국저작권센터(KCC)를 통한 저작권자와의 독점계약으로 율리시즈에서 출간되었습니다.
저작권법에 의해 한국 내에서 보호를 받는 저작물이므로 무단 전재와 복제를 금합니다.

마음을 어떻게 비울 것인가

**절망을 극복하는 유일한 길
마음 비우기, 평화공동체 만들기**

M. 스캇 펙 지음 | 박윤정 옮김

율리시즈

일 세기 안에 재향군인의 날 행진이 사라지기를
그러나 온 세계가 행진을 사랑하여
살아 있는 많은 사람들이 새로운 북소리에 발맞춰 행진하게 되기를
이런 날이 오기를 소망하며
전 세계 모든 이들에게 이 책을 바칩니다.

일러두기

이 책 《마음을 어떻게 비울 것인가》는 1987년에 미국에서 출간된 《Different Drum: Community Making and Peace》를 번역한 것으로, 국내에서는 2006년에 《스캇 펙 박사의 평화 만들기》라는 제목으로 출간된 바 있습니다.

본문 중에 언급된 Russia와 USSR은 당시의 시대 상황을 감안하여 '소련'으로 표기했습니다.

여기 이야기가 하나 있다. 아니, 단순한 이야기가 아니라 신화일지도 모른다. 신화적인 이야기답게 이 이야기에는 다양한 판본이 존재한다. 역시 신화적인 이야기답게, 내가 지금부터 들려주려는 이야기의 판본은 출처도 불분명하다. 언제 어디서 시작되었는지, 이 이야기를 책에서 읽었는지 누구에게서 들었는지조차 기억나지 않는다. 이 이야기에서 내가 왜곡시킨 부분이 무엇인지도 알 수 없다. 하지만 한 가지 확실한 것은 이 이야기가 '랍비의 선물'이라는 제목으로 내게 전해졌다는 사실이다.

'랍비의 선물'은 어려운 시기에 영락해버렸던 한 수도원의 이야기다. 한때 굉장한 교세를 떨치던 수도회 교단이 17세기와 18세기의 반수도회 박해운동과 19세기에 등장한 세속주의로 인해 모든 지부를 잃어버렸다. 남은 건 쓰러져가는 본부와 이곳에 사는 네 명의 수사 그리고 수도원장뿐이었다. 그런데 이들은 모두 일흔이 넘은 고령이었다. 누가 보더라도 몰락해가는 교단의 모습이었다.

이 수도원을 둘러싼 울창한 숲에는 작은 오두막이 한 채 있었다. 근처 마을에 사는 랍비가 가끔 들러서 은거하는 오두막이었다. 고령의 수사들은 오랜 기간 기도와 묵상을 한 덕분에 어느 정도 영적인 능력이 있었다. 그래서 이들은 랍비가 오두막에 들를 때마다 어김없이 이 사실을 알아차리곤 했다. "랍비가 숲에 나타났어. 그가 또 왔어." 수사들은 서로 속삭이곤 했다.

그러던 어느 날, 곧 닥칠 교단의 소멸을 두고 고민하던 수도원장은 랍비의 오두막을 찾아가 교단을 살릴 방법을 조언해달라고 청하면 좋겠다는 생각이 들었다. 랍비는 수도원장을 반갑게 맞아주었다. 그러나 수도원장이 찾아온 이유를 설명하자, 랍비는 그를 그저 위로할 따름이었다. "상황이 어떤지 저도 이해합니다. 사람들에게서 영혼이 떠나버렸지요. 제가 사는 마을도 마찬가지예요. 이제는 예배에 참석하는 사람도 거의 없습니다."

수도원장과 늙은 랍비는 마주 앉아 함께 눈물을 훔쳤다. 그러고 나서는 《토라 the Torah》를 함께 읽고 깊은 이야기를 나누었다. 수도원장은 드디어 돌아갈 시간이 되자, 랍비를 부둥켜안고 말했다. "오랜 세월이 흐른 뒤에야 만나긴 했지만, 정말로 행복한 시간이었습니다. 하지만 아직 저는 여기에 온 목적을 이루지 못했어요. 죽어가는 교단을 살릴 만한 조언을 해주신다면요?" 그러자 랍비가 대답했다. "유감스럽게도 없습니다. 제가 드릴 수 있는 답변은 당신들 가운데 구세주가 있다는 것뿐이에요."

수도원장이 돌아오자 수사들이 그를 둘러싸고 물었다. "랍비가 뭐라고 하던가요?" "해줄 조언이 없다고 하더군. 우리는 그냥 함께 눈물을 흘리고 《토라》를 읽었어. 그러다 내가 막 떠나려는 찰라, 그가 마지막으로 한마디 했는데, 그 말이 도통 이해가 안 가네. 우리 중에 구세주가 있다는 말이었는데, 무슨 뜻인지 난 아직도 모르겠어."

이 일이 있고 몇 달 동안, 나이 든 수사들은 랍비의 말을 되뇌면서 그 의미를 더듬었다. 우리 가운데 구세주가 있다고? 정말로 우리 수도원의 수사들 중에 구세주가 있다는 말인가? 만약 그렇다면, 그게 누구지? 수도원장인가? 그래, 만약 누군가를 두고 한 얘기라면, 바로 수도원장일 거야. 30년 넘게 이 수도원을 이끌어온 사람이니까.

아니야, 토머스 수사를 말한 건지도 몰라. 확실히 토머스 수사는 경건하고 덕망도 높은 사람이잖아. 토머스 수사가 빛나는 영혼을 지닌 사람이라는 건 누구나 아는 사실이야. 설마 엘레드 수사를 말한 건 아니겠지? 엘레드 수사는 가끔 변덕이 심해. 하지만 다시 생각해보면, 사람들한테 골칫거리처럼 굴어도 결국엔 엘레드 수사가 언제나 옳았어. 정말 옳을 때가 많았어. 그 랍비가 말한 구세주는 엘레드 수사인지도 몰라. 그렇지만 필립 수사를 두고 말한 건 분명 아닐 거야. 필립 수사는 너무 소극적이고 존재감이 없어. 그런데 신기하게도 그를 필요로 하는 사람이 있으면 언제든 나타나 도움을 주는 재능을 지녔어. 요술처럼 나타나서 옆에 있어주지. 필립이 구세주일지도 몰라. 물론 랍비가 말한 사람이 나는 아닐 거야. 그럴 리가 없어. 난 그저 평범한 사람이니까. 그래도 혹시 나를 의미한 거라면? 내가 구세주라면? 오, 하느님, 전 아니에요. 전 그렇게 중요한 사람이 아니에요. 그럴 리가 없어요. 안 그런가요?

나이 든 수사들은 이런 식으로 생각에 생각을 거듭하면서 서로를 각별히 존중해주었다. 그들 중에 누가 구세주가 될지 모를 일이었기 때문이다. 또 만에 하나 자신이 구세주가 될 수도 있는 일이었기 때문에, 자기 자신도 더욱 존중하게 되었다.

수도원 주변의 숲은 매우 아름다웠다. 그래서 이따금씩 사람들이 찾아와 수도원의 작은 잔디밭에서 소풍을 즐기거나 오솔길을 따라 산책을 했다. 때로는 다 허물어져가는 예배당에 들어가 명상에 잠기기도 했다. 그러는 사이 사람들은 은연중에 특별한 존중의 기운이 나이 든 다섯 수사들을 에워싸고 있음을 느끼게 되었다. 이런 기운은 이제 수사들에게서 뿜어져 나와 수도원 곳곳에까지 스며든 것 같았다. 여기에는 뭔가 설명할 수도 거부할 수도 없는 흡인력이 있었다. 그래서인지 사람들은 이유도 모른 채 더 자주 수도원을 찾아와 휴식을 취하거나 명상에 잠겼다. 이 특별한 장소를 보여주기 위해 친구들을 데려오기도 했고, 이 친구들은 다시 또 다른 친구들을 수도원으로 데려왔다.

그러면서 수도원을 방문한 젊은이 중 몇몇은 수사들과 더 많은 대화를 나누게 되었고, 얼마 후 한 젊은이는 수도원에 들어오기를 희망했다. 그리고 얼마 후에는 또 다른 젊은이가 수도원에 들어왔다. 이렇게 해서 몇 년 사이에 수도원은 다시 예전처럼 활기를 띠게 되었다. 랍비의 선물 덕분에 그 지역에서 빛과 영성을 전하는 생기 넘치는 중심지가 된 것이다.

세상을 구원하는 일은 공동체 안에서부터, 공동체를 통해 이루어진다. 이보다 더 중요한 일은 세상에 없다.

대부분의 사람들은 한번도 진정한 공동체를 경험해본 적이 없다. 이런 사람들에게 공동체의 의미를 말로 이해시키기란 사실상 불가능하다. 아티초크artichokes(엉겅퀴과 식물)를 먹어보지 않은 사람에게 그 맛을 말로 설명하는 것만큼이나 어렵다.

그래도 시도는 해봐야 한다. 오늘날 인류는 자멸의 위기에 놓여 있기 때문이다. 원자 폭탄이 떨어진 직후, 히로시마와 나가사키의 일부 희생자들은 앞도 못 보면서 살점이 너덜너덜 헤진 몸뚱어리를 이끌고 무작정 거리를 걸었다고 한다. 나는 내 살갗이 그렇게 될까봐 두렵다. 내 아이들이, 여러분이 그렇게 될까봐 두렵다. 나는 내 살갗을 구원하고 싶다. 하지만 나의 구원에는 여러분이, 여러분의 구원에는 내가 필요하다. 우리 모두 공동체 속에서 함께 존재해야 한다. 우리는 서로를 필요로 한다.

공동체에 대한 비전을 가진 사람은 많지 않다. 하지만 문명사회의 최우선 순위를 평화로 삼아야 한다는 점은 많은 이들이 공감한다. 그래서 나는 처음에 이 책의 제목을 '평화구현과 공동체Peace-making and Community'로 정하려고 했다. 하지만 이것은 주객이 전도된 제목이었다.

대부분의 미국인들은 길 건너 이웃은 고사하고 바로 옆집에 사는 사람과도 대화할 줄을 모른다. 이러면서 어떻게 소련 사람이나 문화가 다른 민족들과 효과적으로 대화할 수 있겠는가? 진정한 소통은 가정에서부터 시작된다. 진정한 소통에 필요한 자애도 마찬가지다. 평화를 구현하는 일도 작은 일에서부터 시작되어야 할 것이다. 그렇다고 평화를 구현하려는 인류 전체의 노력을 잠시 포기하자는 말은 아니다. 하지만 우리 자신의 개인적인 삶과 영향권 안에서 공동체의 기본원리를 배우지 않고서 세계평화를 실현하는 유일한 길인 지구 공동체를 향해 얼마나 멀리 나아갈 수 있을지는 의심스럽다.

그러므로 어쨌든 이 책은 사사로운 이야기부터 시작할 것이다. 1부에서는 나 자신의 공동체 경험을 소개하는 데 집중했다. 공동체에서 피상성이나 왜곡 또는 적대감 없이 소통하기 위해 분투하는 동안, 나는 공동체가 나 자신은 물론이고 다른 많은 사람들의 삶에도 매우 중요하다는 것을 깨달았다.

2부에서는 보다 '이론적'인 면에 초점을 맞추었다. 사실 '이론적'이라는 말은 쓰기가 망설여진다. 많은 사람들이 이 말을 '실용적이지 않다'는 의미로 받아들이기 때문이다. 하지만 여기서 나는 개인 차원에서의 공동체 구현과 여러 국가와 문화 사이의 이해를 위한 공동체 구현의 기본개념을 연결하고자 했다. 이것을 이론적이라고 하는 이유는 누구도 이런 연결을 시도한 적이 없기 때문이다. 하지만 시도된 적이 없다고 해서 이것을 비실용적이라고 할 수는 없다. 사실 정말로 비실용적인 것은 이제까지 국제관계를 형성해온 우리의 방식이다. 계속 같은 방식을 시도해왔지만, 이런 방식은 언제나 결함이 있는 것으로 판명되었다. 요컨대 게임에서 지고 있는 게 분명할 때, 규칙의 변경을 진지하게 고려하는 것은 결코 비실용적인 일이 아니다.

3부에서는 2부의 이론을 더욱 구체화시켜서, 공동체 형성과 평화의 문제를 무기경쟁과 기독교 교회, 미국정부라는 세 가지 특정 체제와 연관 지어 설명했다. 이 부분에서 나는 게임의 규칙이 변해야 한다는 점을 다시금 역설했다. 미래를 현 상황의 연장이라는 관점으로밖에 상상할 수 없는 사람들은 이 부분에서 또 다시 '실용적이지 않다'*고 비난할 것이다. 하지만 현재의 상황이 살인적이라는 사실을 직시해야 한다. 인류의 생존을 위해 규칙을 변경하는 것은 이제 선택의 문제가 아니다.

---

* 《What Color Is Your Parachute?》의 저자 리처드 볼레스는 소책자 《The Land of Seven Tomorrows》에서 이 문제와 무기경쟁의 관계를 간결하게 설명했다. 그는 '낡은 사고'와 반대되는 '새로운 사고'에 의해서만 무기경쟁 문제를 해결할 수 있다고 했다. 낡은 사고의 특징은 현재의 시스템에서 논리적으로 도출해낼 수 있는 개혁에 대해서만 생각하는 제한된 능력에 있다. 낡은 사고는 시스템 자체의 근본적인 변화 즉, 다른 일련의 규칙에 따라 움직일 수 있는 가능성은 고려하지 못하는 것 같다.

'구원salvation'이라는 말이 이미 여러 번 등장했다. 정신적인 것과 물질적인 것을 분리해 생각하는 서양문명에서 구원이라는 말은 두 가지 다른 의미를 지닌다. 먼저 육체적 구원physical salvation은 '목숨을 건지다'에서와 같이 죽음으로부터 벗어나는 것을 의미한다. 그렇다면 영혼은 불멸한다고 생각할 때, 영적인 구원spiritual salvation은 무엇을 의미할까? 여기서의 구원은 피부의 상처를 치유해주는 연고salve가 그렇듯, 치유 이상의 어떤 의미를 지닌다.

 영적 치유란 온전해지거나 성스러워지는 하나의 과정이다. 최대한 구체적으로 정의하자면, 나는 갈수록 의식화되어가는 끊임없는 과정을 영적인 치유라고 생각한다. 무신론자인 프로이트도 무의식적인 것을 의식적인 것으로 만드는 것이 심리치유(정신치유)의 목적이라고 했다. 한편 융은 자신의 그림자Shadow를 만나기 거부하는 데서 인간의 악이 비롯된다고 했다. 여기서 그림자는 우리가 알아차리거나 인정하기를 거부하고 계속 의식의 양탄자 밑으로 밀어 넣으려는 우리 자신의 일면을 말한다. 실제로 악에 대한 더 나은 정의 중에는 '호전적 무지'라는 것도 있다. 하지만 어떻게 정의하건, 핵 기술의 가장 놀라운 결과는 육체적 구원과 영적 구원을 더 이상 분리할 수 없는 지경으로 인류 전체를 몰아넣었다는 점일 것이다. 이제 자신의 동기와 우리의 문화에 무관심한 상태로는 더 이상 위기를 모면할 수 없게 된 것이다.

 의식과 무의식의 문제는 이어지는 장에서도 계속 다루었다. 이 책은 결국 영적인 책이 될 수밖에 없다. 우리의 영혼을 구하지 않고서는 위기를 모면할 수 없기 때문이다. 영혼의 치유를 경험하지 않고서는 우리가 만들어놓은 세상의 혼란도 치유할 수 없다.

이 책은 필연적으로 영적인 책일 수밖에 없다. 하지만 특별히 기독교적인 책은 아니다. 앤드루 마벌Andrew Marvell은 그의 '수줍은 애인'에게 '유대 민족이 개종할 때까지' 그녀를 사랑하겠노라고 썼다. 하지만 글쎄, 우리는 그렇게 오래 기다릴 수가 없다. 세상에서 모든 종교와 문화의 차이가 사라져야만, 모든 유대인이 기독교인이 되든지, 모든 기독교인이 이슬람교도가 되든지, 모든 이슬람교도가 힌두교도가 되든지 해야만 세계평화가 이루어진다고 믿는 사람은 문제를 해결하는 데 도움이 안 된다. 오히려 문제를 부채질할 뿐이다. 우리에게는 이런 차이가 소멸되기를 기다릴 시간이 없다. 혹여 시간이 있다 해도, 차이가 없어진 이 '하나의 세계'가 구미에 맞을지는 의심스럽다. 이런 세계가 다양한 재료와 질감을 맛볼 수 있는 샐러드라기보다 모든 재료들이 녹아들어 있는 부드러운 죽 같다 해도 말이다. 해결책은 이와 정반대 방향에 있다. 개개의 문화와 종교가 지닌 차이를 이해하고, 아니 감사히 여기고, 다원화된 세상에서 화합하며 사는 법을 터득하는 것, 이것이 바로 해결책이다.

세계의 어느 종교도 불쾌해하지 않을 미완 상태의 유엔 명상실을 둘러보고 난 후, 마리아 만스Marya Mannes는《빈 방에서의 명상 *Meditations in an Empty Room*》에서 이렇게 썼다.

'그곳에 서 있자니 그 무nothingness가 주는 분위기가 너무 압도적이고 혼란스럽게 다가왔다. 무는 마치 어떤 정신이상 상태를 나타내는 것 같았고, 방은 사면에 충격 방지제를 붙인 감방처럼 느껴졌다. 우리 시대의 가장 큰 문제의 핵심이 바로 여기에 있는 것 같았다. 방 안의 모든 순백색과 무정형, 나약함이 우리의 치유할 수 없는 병을, 우리의 힘을 앗아가는 방관자적 태도를 보여주는 것 같았다. 우리는 결국 아무것도 아닌 것만이 모든 사람을 만족시킬 수 있다고 생각하게 된 것 같다. (………) 이 방의 끔찍한 점은 이 방이 아무런 주장도 하지 않는다는 것이다.'

나는 미국시민이라는 문화적 특수성과 기독교인으로서의 믿음에 근거해서 글을 쓸 수밖에 없다. 이 점을 불쾌하게 여기는 분들이 있다면, 내게 여러분의 특수성과 고유성을 포용할 책임이 있는 것처럼 여러분에게도 똑같은 책임이 있음을 기억해주기 바란다. 어떤 신앙과 문화도 말살시키지 않고 모두 포용할 수 있는 공동체. 이런 공동체야말로 '이 시대의 가장 크고 핵심적인 문제'의 치유책이기 때문이다.

사실 나는 이 책에서 내 나라와 기독교 교회를 여러 관점에서 많이 비판했다. 이 점이 불쾌해 내가 '진정한 기독교인'도 '진정한 미국인'도 아니라고 생각하는 이들도 있을 것이다. 이런 분들은 다음의 두 가지 사실을 기억해주기 바란다. 하나는 내가 소련이나 이슬람 국가들보다는 미합중국과 기독교 교회가 저지르는 잘못에 더 초점을 맞추었다는 점이다. 그 이유는 '알코올의존증환자협회'에서 가르치는 것처럼 '우리가 변화시킬 수 있는 사람은 오직 우리 자신뿐이기 때문이다'. 다른 하나는 내가 조국과 교회를 사랑하는 만큼 기대도 크다는 점이다. 내 조국과 교회는 무한한 잠재력을 갖고 있다. 나는 이 둘이 그 잠재력과 약속에 부응해서 영광스럽게 살아가기를 바란다.

　이 약속은 공동체와 관련된 것이다. 자유와 사랑 안에서 함께 살아가는 사람들에 관한 것이다. '자유'와 '사랑'은 쉬운 단어다. 하지만 이것들을 행동으로 옮기는 것은 쉽지 않다. 진정한 자유는 나를 앞세우는 개인주의와는 다르며 그 이상의 것을 의미한다. 또 진정한 의미의 사랑은 끊임없이 아주 어려운 결단을 요구한다. 공동체는 저절로 이루어지는 것도 아니고, 값싸게 살 수 있는 것도 아니다. 중요한 법칙들을 익히고 지켜야 한다.

　그래도 규칙은 있다! 우리를 살려주는 꽤 분명한 규칙. 이 법칙은 결코 모호하지 않다. 이 책의 목적은 이런 규칙을 소개하고, 이 규칙을 따를 수 있는 용기를 북돋워주는 데 있다. 부디 여러분 각자의 삶에서 이 규칙들을 익힌 후에 전 세계적인 차원에서 이들을 적용하기 바란다. 그것이 바로 세계를 살리는 길이기 때문이다.

M. 스캇 펙
블리스 로드 뉴프레스턴, 코네티컷

3부 해결책

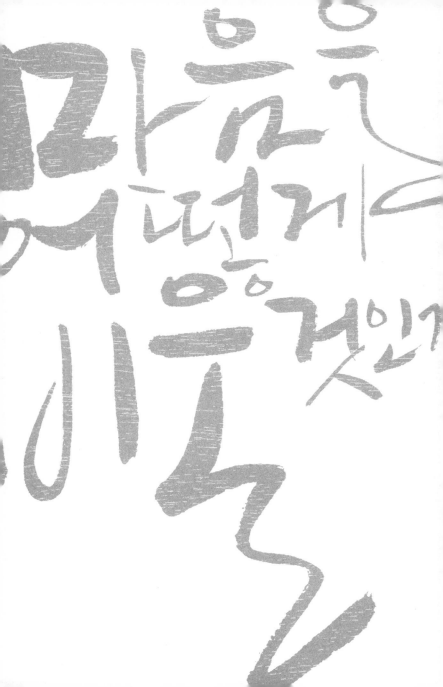

1부

기초

OI
공동체와의 조우

오늘날 공동체를 찾기는 쉽지 않다.

어떤 말들은 시간이 흐르면서 그 의미가 변질된다. 사람들이 내게 정치적 입장을 밝혀달라고 하면, 나는 근본적 보수주의자radical conservative라고 말한다. 하지만 이 날이 목요일이 아니면, 근본적 온건주의자radical moderate라고 답한다. 'radical(근본주의자)'이라는 말은 'root(뿌리)'를 의미하는 라틴어 radix에서 유래되었다. 우리가 흔히 사용하는 '무radish'라는 말도 여기서 유래되었다.

제대로 된 근본주의자는 사물의 뿌리에 다다르고자 하는 사람, 피상적인 것들에 현혹되지 않고 나무가 아니라 숲을 보고자 하는 사람이다. 그러므로 근본주의자가 되는 것은 좋은 일이다. 생각이 깊은 사람이라면 누구나 근본주의자가 될 수 있다. 사전에는 'radical'과 가장 유사한 단어가 'fundamentalist(근본주의자)'라고 되어 있다. 유일하게 의미가 상통하는 단어이기 때문이다. 사물의 뿌리를 찾고자 하는 사람은 곧바로 근본적인 것을 찾으려고 한다. 그러나 북미 문화권에서는 이 두 단어가 반대의 의미로 사용되고 있다. 한 예로, '래디컬리스트radicalist'는 좌익이며 폭탄을 던져대는 무정부주의자로, '펀더멘탈리스트fundamentalist'는 우익에 구시대적인 사고를 하는 사람으로 통용되고 있다.

'공동체Community'라는 말도 마찬가지다. 우리는 우리가 사는 동네도 공동체라고 부르고, 동네에 있는 교회도 공동체라고 부른다. 하지만 우리가 사는 동네는 과세나 행정상의 편의를 위해서 지리적으로 나누어놓은 것일 뿐, 사람들과는 아무런 상관이 없다. 그러므로 동네는 진정한 의미에서 공동체라고 할 수 없다. 그리고 눈으로 직접 확인한 것은 아니지만, 미국의 많은 기독교 교회를 경험한 나로서는 동네에 있는 교회들도 진정한 공동체와는 거리가 멀다고 확신한다.

이처럼 우리는 '공동체'라는 말을 별 생각 없이 피상적으로 사용하고 있다. 반면에 서로 집을 지어주던 서부개척 시대의 '행복했던 옛 시절'을 그리워하는 이들도 많다. 진정한 공동체의 상실을 슬퍼하고 있는 것이다. 물론 내게는 충분한 역사적 지식이 없다. 그래서 그 옛날 서부개척 시대의 조상들이 정말로 오늘날의 우리보다 진정한 공동체가 주는 혜택들을 더 많이 향유하며 살았는지, 아니면 실제로는 존재하지도 않았던 상상 속의 '황금시대'를 동경하고 있는 것은 아닌지 잘 모르겠다. 하지만 한때 우리가 지금 경험하는 것보다 진정한 의미의 공동체를 더욱 잘 알고 있었음을 보여주는 단서들은 분명하게 갖고 있다.

이런 단서의 하나는 미국 매사추세츠만 식민지Massachusetts

Bay Colony의 제1대 총독이었던 존 윈드롭이 1630년에 행한 설교에서도 찾아볼 수 있다. 그는 새로운 땅에 발을 내딛기 직전, 다른 식민지 개척자들에게 했던 연설에서 다음과 같이 촉구했다.

"우리는 함께 기뻐하고, 다른 사람의 일을 우리 일처럼 받아들여야 합니다. 함께 즐거워하고 함께 슬퍼하면서, 함께 땀 흘리고 함께 고생하면서, 하나의 몸을 구성하는 일원으로서 언제나 공동체를 가장 소중히 생각하며 살아야 합니다."*

이로부터 200년이 지난 뒤, 프랑스인 알렉시스 드 토크빌은 신생 미합중국을 여행했다. 그리고 지금까지도 미국인의 특성을 저술한 대표적인 고전으로 평가받는 《미국의 민주주의*Democracy in America*》를 1835년에 발표했다. 그는 이 책에서 미국인들이 그들만의 독특하고 새로운 문화를 창출해낼 수 있었던 '내면의 관습' 혹은 관습 이상의 무엇에 대해 설명했다.** 그에게 가장 인상적이었던 특성의 하나는 미국인들의 개인주의였다. 토크빌은 이 특성을 대단히 높게 평가했다. 그러면서도 개인주의가 다른 특성들과 지속적으로 균형을 이루지 못하면, 미국 사회는 필연적으로 분열과 고립을 피할 수 없을 것이라고 분명히 경고했다.

---

* John Winthrop, 《A Model of Christian Charity》, 《Puritan Political Ideas》, 1558~1794, ed. Edmund S. Morgan (Indianapolis: Bobbs-Merrill, 1965), p 92.

** Alexis de Tocqueville, 《Democracy in America》, trans. George Lawrence, ed. J. P. Mayer (New York : Doubleday Anchor Books, 1969), p 287.

이로부터 150년이 지난 뒤, 존경받는 사회학자 로버트 벨라는 동료와 함께 획기적인 후속편이라 할 수 있는《내면의 관습*Habits of the Heart*》*을 발표했다. 이 책에서 저자들은 미국인의 개인주의가 이미 균형을 잃어 토크빌의 무서운 예언이 현실화되었으며, 고립과 분열이 오늘날의 미국을 지배하고 있다고 강력하게 주장했다.

나는 개인적으로 이런 고립과 분열이 무엇을 의미하는지 잘 안다. 나는 다섯 살 때부터 집을 떠난 스물 셋까지 뉴욕 시내에 있는 아파트에서 부모님과 함께 살았다. 11층인 이 아파트에는 총 22가구가 살았으며, 각 층은 두 세대로 이루어져 있었다. 하지만 작은 로비와 엘리베이터를 사이에 두고 두 세대가 떨어져 있었다. 이런 탓에 나는 앞집 사람들의 성은 알아도, 그 집 아이들의 이름은 전혀 모르고 지냈다. 이곳에 살던 18년 동안, 앞집에 발을 들여놓은 적도 딱 한 번뿐이었다. 또 다른 층에 살던 사람들 중에서 성을 아는 집은 딱 두 곳뿐이었으며, 나머지 18가구의 사람들과는 말을 섞어보지도 못했다. 이 아파트에 근무하던 엘리베이터맨이나 도어맨들의 이름은 대부분 알고 지냈지만, 성은 전혀 알지 못했다.

하지만 더 불가사의하고 놀라운 점은 이 아파트 사회의 미묘한 지리적 고립과 분열이 우리 가정에 정서적으로 그대로 반영돼 나

---

* Robert Bellah et al., 《Habits of the Heart: Individualism and Commitment in American Life》 (Berkeley, Calif: Univ. of California Press, 1985)

타났다는 것이다. 어린 시절 우리 집은 대체로 행복했다. 안정되고 편안한 분위기였다. 부모님 모두 책임감 있고 사려 깊은 분들이라 온기와 애정, 웃음과 축복의 기운이 흘러넘쳤다. 하지만 어떤 종류의 감정은 결코 용납되지 않았다. 이것이 유일한 문제였다.

부모님은 좀처럼 화를 내시는 일이 없었다. 어쩌다 어머니가 슬픔에 겨워 소리 죽여 잠깐 흐느낄 때도 있었지만, 당시 나는 이런 모습을 여성 특유의 감성 때문이라고 생각했다. 성장하는 동안 나는 한번도 불안하다거나 걱정스럽다거나 두렵거나 우울하다거나, 어떤 일이 마음대로 잘 풀리지 않는다는 따위의 말을 부모님에게서 들은 적이 없다. 부모님은 보통의 선량한 미국인답게 '단호한 개인주의자'였으며, 나도 그런 사람으로 성장해주기를 바라셨다. 요컨대 문제는 진정한 내가 될 수 있는 자유가 내게는 없었다는 점이다. 우리 집은 안전하기는 했지만, 내가 마음 놓고 걱정하거나 두려워하거나 우울해하거나 누군가에게 의존할 수 있을 만큼, 편안하게 나 자신으로 존재할 수 있을 만큼 안전하지는 못했다.

그래서일까? 나는 십대 중반에 고혈압을 앓았다. 정말로 '초긴장' 상태였다. 불안할 때면, 내가 불안해한다는 사실 때문에 더 불안해졌다. 우울할 때면, 이런 감정을 느낀다는 사실 때문에 더 우울해졌다. 그러다 서른 살에 정신분석을 받고 나서야 비로소 불안이나 우울은 누구나 겪을 수 있는 자연스러운 감정임을 깨달았다. 또 내가 어느 면에서는 육체적으로나 정신적으로 누군가의 도움을 필요로 하는 의존적인 사람이라는 점도 이해하게 되었다. 그러자 혈압이 내리기 시작했다. 하지만 완전히 치료가 되기까지는 꽤 오랜 시간이 걸렸다. 쉰 살이 된 지금도 나는 남에게 도움을 청하는 것, 약할 때 약해 보이는 것을 두려워하지 않는 것, 필요하다면 남에게 의존하고 도움받는 것을 배워가는 중이다.

달라진 것은 혈압뿐만이 아니었다. 나는 친밀한 관계를 그리워하면서도 정작 사람들과 친밀하게 지내는 데 어려움을 겪고 있었다. 이것은 사실 그리 놀랄 일도 아니었다. 어떤 사람이 내 부모님에게 친구가 있느냐고 물었다면, 부모님은 이렇게 대답했을 것이다. "친구가 있냐구요? 세상에, 그럼요. 해마다 크리스마스에 카드를 1000장도 넘게 받는답니다."

어느 면에서 이것은 맞는 말이었다. 부모님은 사회활동을 활발히 하시면서 많은 이들에게 존경과 사랑을 받는 분들이었기 때문이다. 하지만 친구라는 단어의 진정한 의미를 생각해보면, 부모님에게 진정한 친구가 한 사람이라도 있었는지는 잘 모르겠다. 함께 어울리는 사이좋은 사람들은 있었지만 진정한 친구는 없었던 것 같다. 하지만 부모님은 그런 친구를 원하지도 않았을 것이다. 그분들은 친밀함을 바라지도, 믿지도 않았기 때문이다. 내가 보기에 부모님은 두 분이 사시던 단호한 개인주의 시대의 문화를 대변하는 전형적인 인물이었다.

하지만 내게는 무어라 형용할 수 없는 그리움이 있었다. 나는 마음을 열고 무슨 이야기든 털어놓을 수 있는 대상, 나의 모든 것을 받아들여주는 소녀나 여인 혹은 배우자가 어딘가에 존재하리라 생각했다. 충분히 낭만적인 꿈이었다. 터무니없을 만큼 낭만적인 이 꿈은 정직과 솔직함으로 가득 찬 사회에 대한 그리움으로 이어졌다. 그리고 우연히 혹은 누군가의 은총으로 다양한 형태의 진정한 공동체를 접하고 난 후, 이런 사회가 존재한다는 혹은 한때 존재했거나 언젠가 존재하리라는 사실을 믿게 되었다.

프렌즈 세미너리, 1952~1954년

나는 몇 년 동안 마지못해 뉴잉글랜드에 있는 필립스 엑시터 아카데미Philips Exeter Academy라는 기숙학교에 다녔다. 그러다 열다섯 살이 되던 해, 봄방학을 맞아 집에 왔다가는 학교로 돌아가기를 완강히 거부했다. 부모님은 이 일로 크게 실망하셨다. 당시 엑시터 아카데미는 철저한 개인주의자를 양성하는 전국 최고의 학교였을 것이다. 학교 당국과 교사들은 학생들을 나약한 사람으로 교육하지 않는다는 점에 꽤나 자부심을 가졌다. "경쟁에서는 가장 빠른 사람이 이기는 법이야. 네가 목표에 도달하지 못한다면 그것만큼 유감스러운 일은 없어." 그들은 아마 이렇게 말했을 것이다. 또 이따금 학생과 교사 사이에 친밀한 관계가 형성될 수도 있었지만, 그런 특이한 관계는 권장하지 않았다. 그래서 학생들은 수감자처럼 그들만의 사회를 이루고 지냈으며, 이따금 부도덕하기 이를 데 없는 규범이 이들의 사회를 지배했다. 게다가 이런 사회에 순응해야 한다는 압력도 어마어마해서, 어떤 때는 전체 학생의 절반가량이 왕따 신세로 전락하기도 했다. 나도 처음 2년 동안 '주류' 집단에 들려고 온갖 노력을 기울였지만, 별 효과가 없었다.

그러다 3년째 되던 해에 드디어 '주류' 집단에 낄 수 있었다. 그러나 이렇게 되자마자, 내가 정말로 원하는 것은 주류 집단에 속하는 것이 아님을 분명하게 깨달았다. 잘 교육받은 WASP(White Anglo-Saxon Protestant: 미국사회의 지배계층을 형성하는 앵글로색슨계 백인 신교도—옮긴이)가 되어가는 중이었지만, 지혜롭게도 이 문화의 배타적인 분위기에 곧 질식해버리고 말 것이라는 점을 어렴풋하게나마 느낀 것이다. 결국 나는 학교를 자퇴하고 말았다. 그래서는 안 되는 일이었지만, 당시 내게는 자퇴가 숨쉬기만큼이나 불가피한 일이었다.

이후 나는 1952년 가을부터 뉴욕의 그리니치빌리지 변두리에 있는 작은 퀘이커계 학교 프렌즈 세미너리를 11학년부터 다니게 되었다. 나나 부모님이 무슨 이유로 이 학교를 선택하게 되었는지는 잘 기억나지 않는다. 하지만 이 학교는 모든 면에서 엑시터와 정반대였다. 엑시터는 기숙학교였지만 이 학교는 등하교가 가능했고, 규모도 엑시터와 달리 작았다. 이 학교에는 유치원을 포함해서 13개 학년이 있는 반면, 엑시터에는 4개 학년이 있었다. 이 학교는 남녀공학이지만 엑시터는 남학생만 다닐 수 있었다. 이 학교는 분위기가 '자유로운' 반면, 엑시터는 전통을 중시했다. 그리고 이 학교에는 공동체 의식 같은 것이 있었고, 엑시터에는 그런 것이 전혀 없었다. 고향에 돌아온 것 같은 느낌이었다.

사춘기는 특히 강한 자의식과 극적인 무의식이 묘하게 혼합되어 나타나는 시기다. 놀랍게도 당시 나는 프렌즈 세미너리에서 보낸 2년의 시간과 그 학교가 얼마나 가치 있는지 전혀 의식하지 못했다. 1주일도 안 돼 이곳 생활을 굉장히 편안하게 받아들였지만, 왜 그런지는 한번도 생각해보지 않았다. 나는 지적인 면에서나 성적인 면에서나, 몸과 마음, 영혼의 면에서나 크게 성장했다. 그렇지만 메말라 축 늘어져 있던 초목이 단비에 되살아나는 것처럼, 이런 성장은 아주 자연스럽게 무의식적으로 일어났다.

엑시터에서 11학년 필수과목인 미국역사 수업을 들을 때는 수강생 전원이 학년 말에 10쪽 분량의 독창적인 연구논문을 깨끗하게 타이핑해서 제출해야 했다. 물론 주註와 참고문헌 목록도 완벽하게 기재해야 했다. 열다섯 소년에게 이것은 거의 불가능한 일처럼 여겨졌다. 너무 높아서 도저히 뛰어넘을 수 없는 무시무시한 장애물 경주 같았다. 다음 해 나는 열여섯의 나이로 11학년을 다시 다니면서 필수과목인 역사수업도 다시 들었다. 하지만 이번에는 풍부한 주석과 참고문헌 목록을 첨부해서 40쪽 분량의 논문 네 편을 가뿐하게 작성할 수 있었다. 9개월이라는 짧은 기간에 그 무시무시했던 장애물을 즐거운 학습으로 받아들이게 된 것이다. 물론 나는 이런 변화가 기뻤다. 하지만 기적이라고 부를 만한 이런 변화의 근본적인 이유는 거의 자각하지 못했다.

프렌즈에 다니는 동안 나는 매일 아침 하루를 기대하는 마음으로 눈을 떴다. 엑시터에서는 침대에서 기어 나올 힘마저 없었는데, 어느새 그 기억도 희미해져 갔다. 하지만 나는 새로 발견한 운명을 당연한 것으로 그냥 받아들였다. 내가 얼마나 큰 행운을 얻었는지에 대해서는 한번도 생각해보지 않은 채, 프렌즈의 생활을 당연하게 받아들인 것이다. 그러다 30년도 더 지난 지금에서야 비로소 그때를 되돌아보면서 그 이유를 더듬게 되었다. 기억이 더 많이 살아 있다면 얼마나 좋을까? 이제는 영원히 기억에서 사라져버린 당시의 여러 가지 세부사항들을 기록해두었다면 얼마나 좋을까? 그랬다면 프렌즈라는 학교가 어떻게 해서 그런 독특한 문화를 형성할 수 있었는지 설명할 수 있을 텐데. 하지만 나는 아무것도 기록해두지 않았다. 그래도 이 학교가 정말로 독특했다는 기억만은 분명하게 살아 있다.

퀘이커 교회당은 이 학교에서 없어서는 안 되는 곳의 하나였다. 교회당의 나무의자는 딱딱했지만, 사람들 사이의 경계선은 부드러웠다. 그래도 우리는 선생님들의 이름을 부르거나, 선생님들과 '어울리지'는 않았다. 공손하게 엘러스 선생님, 헌터 박사님이라고 불렀다. 하지만 선생님들은 다정하게 우리를 놀려대기도 했고, 우리도 조심스럽게 그러나 재미있게 선생님들한테 장난을 쳤다. 학생들에게 선생님들은 전혀 두려운 존재가 아니었다. 실제로 선생님들 대부분이 학생들의 장난을 얼마든지 웃어넘길 수 있는 분들이었기 때문이다.

우리 반은 총 인원이 20명 정도였다. 이 가운데 남학생 몇 명만 넥타이를 매고 다녔고, 대부분은 매지 않았다. 특별한 복장 규정이 없었던 것이다(이상하게 어떤 규정도 기억나지 않는다. 규정이 있어도 이로 인해 곤란을 겪은 학생이 아무도 없어서일 것이다). 덕분에 20명의 우리 반 학생들은 각기 다른 스타일로 입고 다녔다. 학생들의 집이 뉴욕의 전 지역에 고루 분포되어 있었고, 가정환경도 제각각 달랐기 때문이다. 종교도 유대교에서 무신론, 천주교, 개신교 등 다양했다. 이슬람교도는 아무도 없었던 걸로 기억하지만, 있었어도 별반 다르지 않았을 것이다. 부모님의 직업도 의사나 변호사, 엔지니어, 노동자, 예술가, 편집인 등 다양했다. 몇몇은 아주 으리으리한 아파트에서 살았지만, 승강기도 없는 작고 비좁은 아파트에 사는 학생도 있었다. 가장 기억나는 것은 바로 이 점이다. 모두가 서로 상당히 달랐다는 점이다.

우리 가운데 몇몇은 평균 A학점을 받았고, 몇몇은 평균 C학점을 받았다. 매우 똑똑하거나, 예쁘거나, 잘생기거나, 신체적으로 성숙했거나 더 세련된 학생들도 있었다. 그렇지만 파벌은 전혀 존재하지 않았다. 따돌림 당하는 친구도 없었다. 모두가 존중받았다. 주말에는 대개 파티가 열렸는데, 초대받은 사람도 초대받지 못한 사람도 없었다. 누구나 참석할 수 있었다. 파티에 오지 않는 학생도 더러 있었는데, 너무 멀리 살거나 할 일이 있거나 뭔가 다른 볼일이 있기 때문이었다. 데이트를 하는 친구도 있었고, 하지 않는 친구도 있었다. 더 친하게 지내는 학생들도 있었지만, 따돌림을 당하는 학생은 한 명도 없었다.

하지만 내 가슴속에 가장 깊이 남아 있는 기억은 나 자신이 아닌 다른 사람이 되기를 꿈꾸거나 노력한 적이 전혀 없다는 것이다. 누구도 나의 변화를 바라지 않았으며, 그들 자신도 다른 사람으로 변하고 싶어 하지 않았다. 덕분에 나는 진정한 나 자신의 모습으로 살 수 있는 완전한 자유를 이때 생전 처음으로 만끽할 수 있었다.

나는 또한 자신도 모르는 사이에 이 역설적인 이야기의 일부가 되어갔다. 프렌즈 세미너리는 개인주의가 팽배할 수 있는 분위기를 지니고 있었다. 하지만 우리는 개개인의 배경이나 종교적인 신념과는 무관하게 모두가 진정한 '친구'로 지냈다. 친구들 사이가 갈라져서 힘들었던 기억은 전혀 없다. 친구들 간에 결집력이 아주 좋았기 때문이다. 몇몇 퀘이커 교도들은 독특하게 자신들을 '친구교'라 부르기도 했다. 학교에서도 어쩌다 한 번 있는 짧은 침묵의 회합을 제외하고는 퀘이커교 교리를 가르치지도 강요하지도 않았다. 하지만 퀘이커교 학교라는 점이 이곳의 독특한 분위기를 자아내는 데 어떤 식으로든 크게 기여했다고 봐도 크게 틀리지는 않을 것이다. 어떻게 해서 이렇게 되었는지는 잘 모르겠지만, 학생들 개개인이 무의식중에 '친구교'의 영향을 받은 것이 분명하다.

이 학교가 이렇듯 좋은 기억으로 남을 수 있었던 데는 확실히 개인주의의 영향이 컸다. 하지만 '단호한' 개인주의는 결코 아니었다. 여기서 다시 '부드러운'이라는 단어가 생각난다. 이 학교에는 단호한 개인주의에 수반되는 경쟁심도 전혀 없었다. 같은 학급의 일원으로서 느끼는 결집력도 유연했다. 그래서 학급 간에도 경쟁의식 같은 건 없었다. 마지막으로 파티에 대한 생각도 마찬가지였다. 학생들 대다수가 저학년이나 고학년, 졸업생이나 다른 학교 친구들과도 데이트를 즐겼다. 이런 데이트 상대들 모두 우리의 파티에 참석했으며, 손위든 손아래든 형제자매들이 함께 파티에 오는 경우도 흔했다. 그래서인지 예전의 내 사고방식과는 다르게, 나보다 어리다고 얕보거나 나이가 많다고 올려다본 기억이 이상하게도 전혀 없다.

기억이 다소 왜곡되었는지 몰라도, 이 시절은 정말이지 내게 황금기였다. 하지만 모든 것이 완벽했다고 말한다면 거짓말일 것이다. 놀랄 만큼 약화되긴 했지만, 사춘기에 흔히 경험하는 불안이 여전히 나를 괴롭혔다. 또 막 움트기 시작한 이성에 대한 호기심도 나를 고통스러운 혼란에 빠뜨렸다. 어떤 선생님은 매력적이었지만 알코올의존증이 심했다. 또 다른 선생님은 아주 지적이고 명석했지만 이상하게 너무 싫었다. 이런 이야기는 얼마든지 계속할 수 있다. 하지만 당시에는 이런 것들을 전혀 의식하지 못했으며, 여러 가지 이유로 입 밖에 내지 않기도 했고, 뭐가 뭔지 전혀 모르고 지내기도 했다. 그래도 이 시절을 돌이켜볼 때 한 가지만은 분명하게 알 수 있다. 이곳에서 보낸 2년 동안 생애 처음으로 진정한 의미의 공동체를 경험했다는 점이다. 이후 12년의 세월이 지나도록 이때와 같은 경험은 다시 해보지 못했다.

캘리포니아, 1967년 2월

나는 샌프란시스코의 레터맨 국군통합병원에서 3년 예정으로 정신과 수련의 생활을 시작했다. 그런데 절반이 지났을 무렵, 정신과 군의관인 맥 배질리Mac Badgely가 의료진에 합류했다. 그가 합류하기 전부터 갖가지 소문들이 나돌았는데, 대부분은 그가 무능하다거나 정신이상자라거나 둘 다라는 것이었다. 하지만 내가 존경하던 어느 교수는 그를 "군에서 가장 위대한 천재"라고 했다. 이 잘생기고 유능한 천재와의 관계에서 겪었던 어려움은 이미 《아직도 가야 할 길》에서도 말한 적이 있다. 당시 나는 무엇보다도 '권위 문제'를 해결하기 위해 정신분석을 받고 있었는데, 이 분석이 그와의 관계에서 겪던 어려움을 해결하는 데 도움이 되었다. 어쨌거나 1966년 초가을, 맥 배질리는 나의 진정한 스승이 되었다.

같은 해 12월, 맥은 36명의 의료진을 위해 2월부터 4월까지 석 달간 세 개의 마라톤집단marathon group(몇 시간 혹은 며칠간 숙식을 함께하면서 수련하는 심리치료집단—옮긴이)을 운영하겠다고 했다. 맥은 얼마간 영국의 타비스톡 연구소Tavistock Institute에서 일한 적이 있는데, 이 연구소에서는 영국인 정신과의사 윌프레드 비온Wilfred Bion의 집단행동에 관한 이론을 가르치고 알렸다. 맥은 이 마라톤집단을 '타비스톡 모델'에 따라 이끌어가겠다고 했다. 각 집단의 참가인원은 12명으로 제한되어 있었으며, 참가 여부는 전적으로 자유의사에 달려 있었다. 그때까지 나는 집단치료나 훈련에서 이렇다 할 효과를 본 적이 없었다. 하지만 맥을 높이 평가하고 있었기 때문에 그가 관여하는 일이라면 무엇이든 참여하고 싶었다. 그래서 2월에 시작하는 첫 번째 마라톤집단에 참가신청서를 냈다. 다른 12명은 3월이나 4월에 시작하는 프로그램에 신청해서 4월에 치료를 시작했고, 나머지 12명은 신청하지 않았다.

처음에 지원한 우리 12명—정신과의사나 심리학자, 사회사업가로 모두 비교적 젊은 남자들이었다—은 2월의 어느 금요일 저녁 8시 30분에 병원에서 가까운 머린 카운티에 있는 공군기지 내의 텅 빈 막사에서 주말모임을 시작했다. 모두들 하루 종일 일하고 난 뒤라 피곤에 찌들어 있었다. 그런데 맥은 이 모임이 일요일 오후에나 끝난다고 했다. 하지만 잠은 잘 수 있는지, 잔다면 몇 시간이나 잘 수 있는지에 대해서는 한마디도 말해주지 않았다. 또 모임에서 무엇을 할지도 구체적으로 알려주지 않았다. 그런데 바로 이 주말모임에서 내 삶에 지울 수 없는 흔적을 남긴 세 가지 사건이 일어났다. 특히 첫 번째 사건은 가장 뜻 깊고 신비로운 체험을 선사했다.

내 옆자리에는 아이오와에서 파견된 젊은 정신과의사가 앉아 있었다. 그런데 그가 내 동부 지역 특유의 타성과 '여자 같은' 옷차림이 마음에 안 든다고 노골적으로 떠벌려댔다. 그래서 나도 중서부 사람들의 촌스러운 태도와 그가 피우는 커다란 시가 냄새가 거슬린다고 쏘아붙였다. 토요일 새벽 2시쯤 그는 잠이 들더니 큰소리로 코를 골기 시작했다. 처음에는 그저 좀 우습게 들리기만 했다. 하지만 몇 분이 지나자 그 가르릉거리는 소리가 참을 수 없을 만큼 역겹게 느껴졌다. 그 소리 때문에 도저히 집중을 할 수 없었다. 저 자식은 왜 다른 사람들처럼 깨어 있을 수 없는 거야? 이 모임에 자원했으면 적어도 흉하게 코 고는 소리로 사람들의 작업을 방해하지 않을 정도의 품위와 자제력은 발휘해야 되는 거 아냐? 이런 생각에 분노가 차곡차곡 쌓이기 시작했다. 그리고 그 옆 재떨이에 이빨자국에 침으로 축축히 젖은 네 개의 악취 풍기는 시가 꽁초가 놓여 있는 것을 보는 순간, 분노는 걷잡을 수 없이 거세졌다. 혐오감이 부글부글 끓어오르면서, 나는 잘못을 허용하지 않는 정의로운 사람으로 변모했다.

그런데 그때 정말로 이상한 일이 벌어졌다. 역겨워하며 그를 보고 있자니 그가 '나 자신'처럼 여겨진 것이다. 아니면 내가 그가 된 걸까? 어쨌든 별안간 나는 그의 의자에 앉아 머리를 뒤로 젖힌 채 코를 골고 있는 나 자신의 모습을 발견했다. 내가 얼마나 피곤한지를 느끼는 순간, 역시 퍼뜩 그가 내 잠자고 있는 부분이고 내가 그의 깨어 있는 부분이라는 깨달음이 일었다. 그는 나 대신 잠자고 있었고, 나는 그를 대신해서 깨어 있었다. 그러자 그에 대한 사랑이 나를 사로잡아버리면서, 불같은 분노와 역겨움, 혐오감이 일순간에 애정과 관심으로 변했다. 나는 이런 상태로 그대로 있었다. 몇 초 후 그가 잠들기 전과 똑같은 모습으로 나를 바라보았지만, 결코 전과 같은 상태로 돌아가지는 않았다. 그를 향한 나의 애정은 사라지지 않았다. 이후 우리는 가장 친한 친구는 되지 못했다. 하지만 내가 다른 곳으로 배치되기 전까지 6개월간 그와 나는 함께 테니스를 즐기면서 지냈다.

어떻게 이런 신비로운 경험을 하게 되었는지는 지금도 모르겠다. 피곤으로 인해 나의 '자아경계'가 느슨해졌기 때문일 수도 있다. 어쨌든 그때는 자기도 모르게 했던 일을 이제는 자발적으로 할 수 있게 되었다. 스스로 자아의 경계를 허물어버릴 때마다, 삶에서 부딪히는 적들은 모두 나의 친척과 같으며 우리는 모두 만물의 이치에 따라 서로에게 각자 맡은 역할을 하고 있음을 다시금 깨닫게 된 것이다. 이후로는 한번도 이렇게 신비로운 경험은 하지 못했다. 아마 더 이상 그럴 필요가 없기 때문일 것이다. 그러나 18년 전에는 이런 경험이 필요했다. 이런 경험이 아니면 아이오와에서 온 그 정신과의사를 사랑하게 될 계기가 없었기 때문이다. 당시의 내게는 무언가로 머리를 한 방 얻어맞고, 스스로 만들어놓은 자기중심적 경계선을 전혀 상상해보지 못한 어떤 힘으로 무너뜨릴 수 있는 계기가 필요했다.

나는 같은 집단에 있던 다른 사람들에게 내가 겪은 신비한 경험을 이야기했다. 그러자 집단 내에 유쾌한 분위기와 친밀한 유대감이 형성되었다. 새벽 5시쯤 우리는 전부 녹초가 되어, 2시간 동안 잠시 눈을 붙이기로 했다. 그런데 토요일 아침 9시경에 다시 모였을 때는 이런 유대감이 사라진 것처럼 느껴졌다. 약간 실망스러웠다. 정오가 되어 점심을 먹으면서 나는 함께 식사하던 두 사람에게 이런 마음을 털어놓았다. 바로 이때 두 번째 잊지 못할 사건이 일어났다.

"왜 그렇게 느끼는지 이해가 안 되는데요." 두 사람 다 이렇게 말했다. "모임은 아주 훌륭하게 진행되고 있어요. 모두들 유익한 시간을 보내고 있습니다. 당신은 아닐지 모르지만 말예요."

이런 인식 차이는 나를 심란하게 만들었다. 그래서 토요일 오후 1시에 모임이 다시 시작되었을 때, 이런 느낌을 이야기했다. 참가자들 모두 이 모임에서 느꼈던 즐거움이나 함께했던 경험에 대해 돌아가면서 이야기했다. 그들의 이야기를 듣고 보니, 내가 확실히 이상한 사람인 것 같았다. 그들은 내게 무언가 문제가 있어서 그들처럼 멋진 시간을 보내지 못하는 것이라고 여기는 듯했고, 나는 점점 더 우울해졌다. 그들 모두 내가 심리치료를 받고 있다는 사실을 알고 있었다. 그래서인지 내가 심리치료사와 겪고 있는 문제를 엉뚱하게도 참가자들에게 드러내고 있다고 생각하기도 했다.

오후 2시가 되었다. 인도자인 맥을 제외하고는 지난 1시간 동안 리처드만 침묵을 지키고 있었다. 리처드는 다소 거리감이 느껴지는 한편, 과묵하며, 매사에 초연한 사람이었다. 그러던 그가 담담하게 말했다. "스카티가 이 집단의 우울증을 대변하고 있는 것 같은데요."

참가자들은 즉시 리처드를 주목하며 소리쳤다. "별 이상한 소리 다 듣겠네요. 말도 안 되는 소립니다. 어떻게 한 사람이 집단의 우울을 대변할 수 있죠? 거 참 이상하네요. 우리는 전혀 우울해하고 있지 않아요."

그러고 나서 그들은 내게 시선을 돌렸다. "스카티, 당신에게 심각한 문제가 있는 게 분명해요. 사실 아주 중요한 문제 같군요. 단기간에 집단에서 해결할 수 있는 문제가 아닌 게 분명합니다. 우선 가능한 빨리 담당 심리치료사를 만나서 얘기하는 게 좋을 것 같네요. 이건 분명히 심리치료로 해결해야 할 문제예요. 이 문제로 우리 모임에 영향을 끼쳐서는 안 됩니다. 당신의 심리문제는 상태가 너무 심각해서 이런 활동에 적합하지 않아요. 당신 자신을 위해서나 우리를 위해서나 지금 즉시 여기서 나가는 게 최선일 듯합니다. 토요일 오후라 해도, 이런 긴급 상황이라면 담당 심리치료사도 오늘밤 당신을 위해 시간을 내줄 거예요."

이제 오후 3시가 되었다. 내 기분은 점점 우울해져서, 사회에서 완전히 버림받은 사람이 된 것 같은 느낌마저 들었다. 결국 나는 내 심리적인 문제로 다른 동료의 기분을 더 이상 우울하게 만들지 않기 위해서 모임을 떠나기로 마음먹었다. 그런데 그 순간, 모임의 인도자인 맥이 그날 처음으로 말문을 열었다.

"1시간쯤 전에 리처드는 스카티가 우리 집단의 우울을 대변하고 있는 것 같다고 이야기했습니다. 그런데 여러분은 그 말을 무시하기로 했어요. 그렇게 하는 것이 옳은 일일지도 모릅니다. 스카티의 우울증이 우리와 아무 관련이 없다고 믿는 게 맞을지도 모르지요. 그래도 내가 관찰한 것을 한 가지 얘기하고 싶네요. 오늘 새벽 5시에 잠깐 눈을 붙이러 갈 때까지 우리는 아주 기분 좋게 웃고 즐겼습니다. 뭐랄까, 유쾌함 그 자체였지요. 여러분도 알다시피 나는 이후 한마디도 안 하고 여러분을 지켜보았습니다. 그런데 오전 9시부터 지금까지 이 가운데 누구도 웃지 않았어요. 사실 지난 6시간 동안 미소조차 짓는 사람이 없었습니다."

몇 분 동안 참가자들 전부 멍하니 침묵을 지켰다. 그러고 나서 한 사람이 말문을 열었다. "전 아내가 보고 싶어요."

"전 아이들이 보고 싶어요." 다른 사람이 고백했다.

"여기 음식은 영 못 먹겠어요." 세 번째 사람이 말했다.

"왜 이런 따분하고 의미 없는 일을 하려고 이렇게 낡은 공군기지까지 먼 길을 와야 했는지 도무지 모르겠어요." 또 다른 사람이 덧붙였다. "그냥 프레시디오에서 했으면 시간도 절약하고, 모임이 없는 시간에는 집에 가서 잠도 잘 수 있었을 텐데 말이죠."

"그리고 맥, 당신이 보여준 지도력도 형편없었어요." 또 한 사람이 거들었다. "당신도 인정했다시피 당신은 지난 6시간 동안 아무 말도 안 했어요. 지도력을 좀 더 발휘했어야 하는 상황이었는데 말이죠."

모든 참가자들이 각자의 분노와 좌절감, 원망—이런 감정들 모두 우울증의 요인이다—을 표출하자, 분위기가 다시 밝아지면서 즐거움으로 가득 찼다. 물론 나의 위치도 버림받은 자에서 선각자로 바뀌었다. 선각자들이 전하는 소식은 나쁜 내용인 경우가 많다. 내가 우리의 작은 사회에서 그랬듯, 선각자들은 사회의 문제점을 꼬집는다. 하지만 사람들은 자신과 관련된 나쁜 얘기는 듣고 싶어 하지 않는다. 선각자들이 흔히 돌팔매질을 당하거나 희생양이 되는 것은 이 때문이다. 이렇듯 작은 선각자처럼 희생양이 된 경험은 너무도 강렬했다. 너무 분명하고 너무 직접적인 경험이어서, 나는 이 일로 많은 것을 배웠다. 우선 이후로는 내 생각이 다른 사람들과 다를 때도 전적으로 내가 잘못됐다고 생각하지 않게 되었다. 또 내가 의견을 활발하게 내놓는 다수에 속해 있을 때도 언제나 내 쪽이 옳다고 확신하지는 않게 되었다.

이 의미 있는 주말에 일어난 일들 가운데 특히 기억에 남는 세 번째 사건은 바로 앞의 사건만큼이나 조용하게 일어났다. 하지만 한편으로는 불합리성을 내포하고 있기도 했다. 참가자들은 나를 희생양으로 만드는 일을 멈추고 자신들의 우울한 마음을 솔직하게 털어놓은 후, 애정이 가득한 분위기에서 평온하게 즐거운 토요일 저녁을 보냈다. 이만하면 그날 밤은 푹 잘 수 있을 것 같았다. 우리는 밤 10시에 모임을 마치면서, 일요일 오전 6시에 다시 계속하기로 했다. 잠에서 깨어나 캘리포니아의 새벽을 함께 맞이할 때도 유쾌한 분위기는 그대로 유지되었다.

그런데 1시간도 안 돼서 불협화음의 징조가 미묘하게 감지되었다. 참가자들은 특정한 이유도 없이 서로를 공격하기 시작했다. 하지만 이를 계기로 우리는 이 모임이 하나의 유기체임을 자각하고, 모임의 건강성을 생각하게 되었다. 오래지 않아 한 사람이 이렇게 말했다. "저, 우리가 바보 같은 짓을 한 것 같아요. 영혼을 잃어버렸단 말입니다. 대체 어떻게 된 거죠?"

그러자 다른 사람이 말을 받았다. "다른 사람은 어떤지 모르지만 전 짜증이 났어요. 왜 짜증이 났는지는 모르겠지만, 인간의 숙명과 영적 성숙에 대해 뜬구름 잡는 얘기를 하면서 한참 옆길로 새서 그런 것 같아요."

몇몇 사람이 고개를 끄덕이며 적극적으로 동감을 표하자 다른 사람이 반박하고 나섰다.

"인간의 숙명과 영적 성숙이 뭐 그렇게 뜬구름 잡는 이야기라고 그러시죠? 제 생각에는 그거야말로 중요한 문제입니다. 그것이야말로 모든 행동의 근원이죠. 삶 전체가 영적인 성숙과 관련되어 있잖아요. 하느님 맙소사, 영적인 성숙이야말로 진짜로 삶의 기본이에요."

이번에도 몇몇 사람들이 동감이라는 듯 크게 고개를 끄덕였다. 그러자 앞서 고개를 끄덕인 이들 가운데 한 명이 말했다. "저는 당신이 '하느님 맙소사'라고 말했을 때 문제를 정확히 지적했다고 생각합니다. 저는 하느님을 믿지 않아요. 여러분이 옆길로 새버린 것도 신을 믿지 않기 때문이에요. 여러분은 하느님과 숙명 그리고 영혼이 마치 실존하는 것처럼 이야기를 쏟아놓고 있어요. 하지만 이 가운데 증명할 수 있는 건 하나도 없지요. 이런 공허한 얘기는 흥미 없어요. 지금 제가 관심 있는 문제는 생활비와 홍역을 앓는 아이, 아내의 비만, 정신분열증을 치료할 방법, 내년에 베트남으로 가는 문제 등입니다."

"우리가 두 편으로 갈라졌다고 말할 수 있겠네요." 다른 사람이 부드럽게 끼어들었다. 논쟁에 대한 그의 유머 섞인 해석에 갑자기 모든 사람들이 웃음을 터뜨렸다. "그래요, 그렇게 말할 수도 있겠네요. 맞아요. 당신 말이 맞아요." 한 사람이 무릎을 치며 소리치자, 또 다른 사람이 껄껄 웃으며 맞장구를 쳤다. "정말 그렇게 볼 수도 있겠는걸."

이렇게 유쾌한 마음을 되찾은 우리는 분열의 양상을 자세히 살펴보기로 했다. 양쪽 편의 인원수는 같았다. 우리 편은 반대편 여섯 명을 시어즈 로벅Sears Roebuck(미국 전역에 수많은 지점을 둔 대표적인 중류 백화점―옮긴이)의 깃발 아래 움직이는 물질주의자들과 같다고 생각했다. 반대로 이 물질주의자들은 우리 편을 성배의 깃발 아래 움직이는 사람들로 보았다. 그래서 우리 편을 성배파로 불렀다. 하지만 맥은 어느 편에도 들지 않았다.

우리는 모두 똑똑한 사람들이었다. 그리고 맥의 말처럼 이미 비온이 명명한 '효과적인 집단'이 되어 있었다. 그래서 짧은 시간 안에 시어즈 로벅파가 영적인 도깨비불을 좇는 성배파를 포기하게 만드는 것은 사실상 불가능했다. 마찬가지로 성배파가 지독한 물질주의인 시어즈 로벅파를 개종시키기도 어려웠다. 우리는 이런 현실을 곧 깨달았다. 그래서 우리는 서로의 의견이 다르다는 점을 인정하고, 양편의 차이점들은 제쳐둔 채 모임을 성공적으로 진행시켜 나가기로 합의했다.

이것이 모임에서 마지막으로 한 일이었다. 그러고 나서 우리는 하나의 유기체로서 이제 곧 해체될 우리의 운명을 완전히 물질주의적이지도, 드러내놓고 영적이지도 않은 태도로 맞이했다. 슬프지만 또 한편 행복한 마음으로 각자 새롭고 상세한 이야기들을 덧붙인 것이다. 이렇게 해서 우리는 산란기에 해변에 올라와 알을 낳고는 바다로 돌아가 죽는 바다 거북이처럼 우리 자신의 신화를 만들어냈다. 그리고 우리가 갓 낳은 알들이 살아남을 수 있을지, 살아남는다면 몇 개나 부화할지는 운명에 맡겼다.

시어즈 로벅파와 성배파 간의 의견충돌을 해소한 과정은 내게 집단의 갈등을 해결한 첫 경험이었다. 이전에는 집단들이 서로의 차이점을 인정하거나 제쳐두고도 변함없이 서로를 사랑할 수 있다는 것을 몰랐다. 물론 모임의 시간이 더 길어졌을 경우, 서로의 차이점을 받아들이는 태도가 어떻게 변했을지는 잘 모르겠다. 하지만 그 짧은 기간 동안 나는 사람들이 서로의 차이점을 인정하고 또 초월할 수 있다는 것을 확인했다.

1967년 2월 맥 배질리가 인도한 마라톤집단에서 특히 기억나는 점은 이 세 가지 사건이다. 하지만 더욱 분명하게 기억나는 것은, 이 사건들보다 훨씬 중요하고 내게 그만큼 강력한 영향을 미친 기쁨이라는 감정이었다.

진정한 의미의 공동체도 결집력은 상당히 다를 수 있다. 프렌즈 세미너리는 비교적 결집력이 약한 공동체였다. 학생과 교사 간에도 거리가 있었다. 학생들은 뉴욕의 여러 지역에 흩어져 살았고, 가족이나 학교 밖의 친구들과 다양한 관계를 형성하고 있었다. 그래서 함께 있을 때를 포함해서 대부분의 시간 동안 주로 관계가 아닌 학업에 집중했다. 그래도 앞에서 이야기했듯이 프렌즈에 다닐 때는 매일 아침 학교에 너무 가고 싶은 마음으로 자리에서 일어났다. 이 마음은 기쁨과 비슷했지만 좀 더 미묘한 어떤 느낌이었다. 정확히 표현하면 그 시절 나는 아주 행복했다고 간단히 말할 수 있다.

반면에 맥 배질리의 집단은 짧은 시간이었지만 결집력이 대단했다. 맥을 포함한 13명이 42시간 동안 거의 75퍼센트를 우리의 관계에 대한 이야기로 보냈다. 물론 이러는 동안 우울과 분노, 짜증, 권태 등의 감정이 집단의 분위기를 지배했다. 더불어 드문드문 기쁨이라는 감정도 찾아왔다. 프렌즈 시절에 경험했던 행복이 열 배로 농축되어 '행복'이라는 평범한 말로는 정의할 수 없는, 오직 '기쁨'으로밖에 표현할 수 없는 감정으로 승화된 것이다.

이런 강렬한 기쁨을 전에도 맛본 적이 있었다. 하지만 기쁨의 상태를 이렇게 자주, 이렇게 지속적으로 경험한 것은 처음이었다. 이런 경험이 처음이었던 터라, 당시에는 뭐라고 표현해야 할지 몰랐다. 하지만 이제는 이런 기쁨이 공동체에서만 느낄 수 있는 감정이라는 것을 안다. 행복하지 않은 감정들처럼 기쁨 역시 공동체의 부산물임을 분명하게 안다. 그저 행복을 구하라. 그러면 행복을 찾기 어려울 것이다. 행복에 연연해하지 않고 행복을 만들어내고 사랑하라. 그러면 대부분의 시간이 행복할 것이다. 기쁨 자체를 추구하는 행동은 결코 기쁨을 가져다주지 않는다. 정확히 자기 일정에 따라 움직이지 못해도 공동체를 만들어가기 위해 노력하는 과정에서 기쁨을 얻을 수 있다. 기쁨은 손에 넣기 힘든 감정이지만, 진정한 의미의 공동체는 부산물처럼 확실하게 기쁨을 가져다준다.

이제 끝맺음을 해야겠다. 맥 배질리의 모임에 참가했던 12명은 그 주말의 모임이 대단히 성공적이었다고 느꼈다. 하지만 4월에 열린 두 번째 마라톤집단은 참담하게 실패했다고 한다. 함께하는 시간 내내 해결되지 않는 갈등과 끊임없는 분노에 지배당했던 게 분명하다. 나는 지금도 두 집단의 경험이 왜 이렇게 달라졌는지 궁금하다. 물론 과학자답게 한 가지 변수를 추측해볼 수는 있다. 첫 번째 집단원들은 가장 빠른 날을 선택했을 만큼 열의가 강하고 적극적이었다. 반면에 두 번째 집단원들은 상반되는 두 마음에 주저하다가 늦은 날짜를 선택했을 것이다. 짐작컨대 우리 집단의 열의와 열린 마음이 성공적인 결과를 낳는 데 주요한 역할을 했을 것이다.

물론 다른 요소들도 영향을 미쳤을 것이다. 비상하다고까지 할 수 있는 맥의 노련함과 애정 어린 리더십이 없었다면, 그가 적용한 타비스톡 모델(6장에서 자세히 설명할 예정이다)이 없었다면, 우리는 짧게나마 공동체를 형성하고 유지할 수 없었을 것이다. 하지만 두 번째 마라톤집단에서 알 수 있듯이, 뛰어난 리더십과 타비스톡 모델이 있다고 해서 누구나 진정한 공동체를 형성할 수 있는 건 아닌 듯하다.

오키나와, 1968~1969년

이후에 경험한 공동체도 전혀 다른 제3의 모습*을 띠고 있었다. 이것은 공동체라고 하기에는 결집력이 약했지만 그래도 공동체였다. 이 집단도 역시 12명의 남자들로 구성되었는데, 이번에는 1년여에 걸쳐 1주일에 평균 1시간 정도 만남을 가졌다. 뜻밖의 이 행복한 경험은 유쾌한 분위기 속에서 기쁨을 맛보게 해주었다. 훨씬 강렬했던 맥 배질리 집단의 공동체 경험과 이번의 공동체 경험 사이에는 다른 연관성도 있었다. 그중에서 내가 초점을 맞추고 싶은 연관성은 신화와 관련된 것이다. 신화 만들기는 진정한 의미의 공동체에서 흔히 볼 수 있는 특징이다. 오키나와의 '테크집단Tech Group'은 가장 정교하고 아름다운 신화를 창조해냈으며, 이런 과정을 지켜보는 것만으로도 내게는 큰 기쁨이었다.

1967년 가을부터 1970년 여름까지 나는 오키나와에 주둔하는 10만 명 이상의 군 관계자와 군 가족들을 위한 정신과 의료 활동을 전담했다. 우리는 주로 외래환자를 진찰하는 일을 했는데, 심각할 정도로 인원이 부족했다. 그래서 부서에 배치된 젊은 사병들을 최대한 활용해야만 했다. 열아홉에서 스물다섯 살 사이의 이 사

---

* 여기에서 '제3의 모습'은 외계에서 온 방문자나 스티븐 스필버그의 경이로운 영화 〈미지와의 조우〉와는 아무 관계가 없다. 하지만 실제적인 의미에서 진정한 공동체 경험은 언제나 제3의 모습과의 긴밀한 만남과 같다.

병들은 약간의 훈련만으로도 놀랄 만큼 능률적으로 심리치료사 역할을 수행해주었다.

이들의 군대 내 직함은 '심리전문가'였는데, 우리는 간단히 '텍스techs'라고 불렀다. 그런데 이들이 이 일을 하게 된 상황은 거의 똑같았다. 당시 베트남전이 치열해지면서 본격적인 징집이 이루어졌다. 대학생들은 어느 정도 평균 학점을 유지하면 졸업 때까지 병역의 의무를 연기할 수 있었다. 하지만 이 평점을 유지하지 못하면 셋 중 하나를 선택해야 했다. 첫 번째는 캐나다로 도망가는 것이었고, 두 번째는 별수 없이 징집을 기다렸다가 보병을 포함해서 누구든 군대가 정해준 자리로 가는 것이었다. 세 번째는 당시로선 가장 현명한 선택이었는데, 자원입대로 징집을 피하는 것이었다. 자원입대한 학생은 가능한 보직들 중에서 취미에 맞는 자리를 선택할 수 있었는데, 대개는 베트남 전장에 투입될 가능성이 적은 자리를 골랐다. 테크들은 대개 이 마지막 경로로 오키나와에 배치된 사람들이었다. 그러므로 이들은 대학에 입학할 만큼 영리하고 성숙했다. 또 심리 관련 일을 택할 정도로 심리학에 관심도 많았다. 개중에는 아직 막연한 관심밖에 없는 사람도 있었지만 말이다.

이들은 오키나와에 배치되기 전 기초훈련과 두 달간의 심리학 추가교육을 받았다. 그런데 시간이 지나면서 이들에게서 두 가지 공통점이 발견되었다. 하나는 무력감이었다. 이들이 자원입대를 선택한 것은 분명한 사실이었다. 하지만 그것은 동의할 수 없는 전쟁과 징집이라는 제도를 피하기 위한 어쩔 수 없는 선택이었을 뿐이다. 다른 하나는 이들이 모두 낙오자라는 점이었다. 이들은 징집

보류에 필요한 학점을 유지하는 데 실패했다. 하지만 그것은 지능이 모자라서가 아니었다. 파티에 빠져 너무 놀았기 때문이기도 했고, 연애나 약물에 취해 지냈기 때문이기도 했다. 그런가 하면 무슨 이유에서인지 공부에 너무 무관심해서 낙오한 학생들도 있었다. 어쨌든 이들은 모두 학점 유지에 실패했고, 이런 실패는 당시 이들의 정체성에 중요한 영향을 미치고 있었다.

맥 배질리의 마라톤집단을 경험하고 난 후, 집단활동에 대한 나의 관심은 점점 커져갔다. 그래서 경험도 쌓고 텍스들의 군대 적응도 도울 생각으로 매주 1시간씩 모임을 갖는 게 어떠냐고 물었다. 그러자 이들은 관심을 보였고, 1968년 5월 중순, 드디어 테크들의 첫 모임이 시작됐다.

그런데 2주 뒤인 6월 초순, 나의 지휘관인 콕스 대령이 전화를 걸어서는 부드럽고 느린 남부 사투리에 거역할 수 없는 어투로 말했다. "스캇, 부탁이 있어서 전화했는데."

"예, 말씀하십시오."

"이 섬에 괜찮은 내 친구가 있거든. 그 친구도 대령인데, 대학에 다니는 아들이 하나 있어. 썩 똘똘한 녀석이지. 미국에서 심리학을 전공하고 있는데, 크리스마스까지는 여기 있을 예정이라네. 그런데 그 아이가 요즘 심심해서 심리학 관련 일을 하고 싶어 한대. 그러니 당분간 병원에서 그 애한테 자원봉사라도 시키면 어떨까 싶은데."

"문제없습니다." 나는 명쾌하게 대답했다. "그렇게 하지요. 언제든 여기로 보내십시오."

그리고 1시간 후 헨리가 병원에 도착했다. 나는 헨리의 모습을 보고 소스라치게 놀랐다. 뇌성마비를 심하게 앓아서 몸의 움직임이 몹시 부자연스러웠기 때문이다. 헨리가 할 수 있는 일이라곤 경련 때문에 뒤틀리는 몸을 이끌고 발을 질질 끌면서 바보처럼 힘없이 병원 복도를 어슬렁대는 것뿐이었다. 게다가 얼굴 한쪽은 축 처져 있고, 말도 빠르고 부정확해서, 익숙해지기 전에는 거의 한마디도 알아들을 수 없었다. 그뿐인가. 침도 자주 흘렸다.

나는 이런 괴물을 보내서 나와 병원을 곤란하게 만든 콕스 대령이 내심 원망스러웠다. 이런 귀신 같은 사람을 창조하신 하느님도 원망스러웠다. 하지만 어찌됐든 헨리와 함께 지내야만 했다. 그래서 내키지는 않았지만 그에게 창구에서 접수 보는 일을 맡겼다. 또 임시 직원인 데다 심리학에 관심도 있었기 때문에 테크집단에 참여시켰다.

그런데 모임을 가져본 결과, 헨리는 내가 만난 이들 중 가장 지적이고 감성적이며 아름다운 사람이었다. 몇 차례 모임을 갖고 난 후 우리 집단은 진정한 공동체가 되었는데, 이럴 수 있었던 데는 헨리의 도움이 컸다. 이후 우리 집단은 '앨버트'의 신화를 엮어가기 시작했다.

기형아로 태어난 앨버트는 프레스노 시장市長의 사생아였다. 앨버트는 손이 하나뿐인 데다 이 손마저 이마 한가운데서 뻗어 나와 있을 정도로 기형이 심했다. 그래서 우리 집단의 일원들은 앨버트를 가리켜 세상에서 '한 손으로 치는 손뼉 소리'(선불교의 유명한 공안 중에 '한 손이 내는 손뼉 소리는 무엇인가?'가 있다)를 들을 수 있는 몇 안 되는 사람의 하나라고 말하곤 했다. 그가 성공적인 노조 결성자가 되어 프레스노의 동성애 새우잡이 어부들을 위한 노동조합을 최초로 결성할 수 있었던 것도 아마 이 독특한 능력과 아버지의 영향 때문이었을 것이다.

프레스노의 새우잡이 어부들이 정말로 동성애자였는지 아니면 단지 동성애자 새우를 잡았던 '이성애자'들이었는지는 분명하게 밝혀지지 않았다. 하지만 어쨌건 이 성공적인 노조 결성을 계기로 앨버트는 오키나와에서 동성애자 새우잡이들을 위한 노조 89지부─당시 동성애자로 밝혀진 군인은 군대에서 추방한다는 법 조항이 89조였다─를 조직해달라는 요청을 받았다. 이렇게 신화는 한 장 한 장 더욱 발전하게 되었고, 우리 집단은 앨버트의 새로운 모험을 매주 유쾌하게 전개해 나갔다.

매주 모임의 일원들이 자신을 수용하고 상대를 수용하는 모습을 지켜보는 것은 아름다운 경험이었다. 이런 수용 덕분에 장애인인 헨리와 심각하게 상처를 받은 신병들─이들이 모두 대학에서 낙오된 학생들이라는 점을 기억하라─, 역시 상처를 안은 나도 이 멋진 신화를 엮어가는 데 동참할 수 있었다. 정신과의사로서 감히 말하는데, 이 신화는 우리 몸과 마음의 장애뿐만 아니라 부모 역할에 대한 우리의 불안, 오키나와 군대에서 느끼는 무력감, 동성애자의 부당한 대우에 대한 환멸, 그리고 우리의 성욕 문제까지 해결할 수 있게 도와주었다.

크리스마스 무렵이 되자 앨버트의 모험은 한 권의 책으로 묶을 수 있는 분량이 되었다. 그런데 애석하게도 우리는 전혀 기록을 해두지 않았다. 1969년 1월 헨리는 미국으로 돌아갔고, 몇 명의 텍스도 군복무를 마쳤다. 이와 동시에 병원은 새로 지은 의료원 건물로 옮겼고, 나는 정신과 총책임자가 되었다. 이런 변화와 늘어난 업무로 인해 우리는 테크집단을 해체했다. 하지만 나는 이 집단의 동지애와 창의성을 언제나 잊지 않았다. 마음의 문제가 극심할 때나 고통이 너무 커서 웃음이 절실할 때도 승리에 빛나는 앨버트의 싱글거리는 웃음만은 떠올릴 수 있었다.

앞으로도 새로운 신화는 계속 이어질 것이다. 신화란 다른 어떤 평범한 이야기보다 인간 조건의 진상을 가장 생생하게 전달해주기 때문이다. 나는 맥 배질리가 이끄는 집단에서 가장 풍성한 단기 공동체를 체험하였다. '산란기에 해변으로 올라와 알을 낳고 다시 바다 속으로 어기적어기적 기어 들어가 죽는 커다란 바다거북이가 된 것 같았던' 우리의 신화는 짧은 기간 함께하면서 많은 열매를 맺은 우리의 현실을 정확하게 표현하고 있다.

한편 장애인인 영웅 앨버트는 최강자에서 최약자에 이르기까지 많은 사람들이 사실은 장애를 가진 영웅이라는 사실을 대변해준다. 신화를 창조하는 것이 공동체의 필수 조건은 아니지만 대부분은 결국 신화를 만들어낸다. 이런 사실은 집단적 창의력이 진정한 공동체에서는 아주 일상적으로 발휘된다는 점을 보여준다.

메인 주 베델, 1972년 6월

내가 어린 시절 단호한 개인주의의 수칙 아래서 어떻게 교육받았는지는 앞에서 설명했다. 불안이나 우울, 무력감 같은 감정은 겉으로 드러내면 안 되었다. "남자는 울지 않는 거야." 이런 가르침 때문에 남자인 나는 당연히 울지도 말아야 했다.

여섯 살 무렵 어느 날 밤, 부모님이 외출했다. 그들은 '해리와 필리스 명동에 나타나다'와 같은 머리기사를 넣어 즉시 모조 신문을 만들어주는 곳 같은 재미있는 선물가게들이 즐비한 브로드웨이 극장가를 거닐었다. 다음날 아침 나는 그런 '선물' 신문을 부모님에게 받았다. 머리기사는 '스캇 펙, 세계 최고의 울보로 서커스에 고용되다'였다.

이것은 분별없는 훈련이었지만 효과는 있었다. 물론 이후 한번도 울지 않았다고는 말할 수 없다. 나는 진부하고 감상적인 영화를 무지무지 좋아했다. 하지만 스스로 용납한 눈물 몇 방울도 극장에 불이 켜지기 전에 언제나 조심스럽게 닦아내곤 했다. 그런데 열아홉 살 때 가장 힘든 시기가 찾아왔다. 3년 동안 나를 많이 좋아했을 뿐 아니라 내게 새로운 세계를 안겨주기도 했던 여자와 헤어진 것이다. 눈물이 비 오듯 흘러내렸다. 그때 우리가 헤어졌던 밤거리는 어두웠지만, 나는 소리 없이 눈물을 흘렸다. 이후 서른여섯 살이 될 때까지 나는 진정으로 울어본 적이 없다.

엑시터와 프렌즈, 미들베리 대학교, 하버드와 컬럼비아 의과대학을 졸업하고 하와이에서 수련의 과정을 마친 다음, 샌프란시스코, 오키나와에서 레지던트 과정을 거치고 워싱턴 D.C.에 갈 때까지, 나는 한번도 진정으로 울어본 적이 없다. 베트남전을 강력하게 반대한 나는 '내부 투쟁'자로서 워싱턴 D.C.에 가기 위해 군에 남았다.

처음에는 투쟁이 신났다. 하지만 곧 힘들어지기 시작하더니 갈수록 견디기 어려워졌다. 규모가 큰 투쟁에서는 제대로 싸워서 이겨본 적이 없었고, 작은 일에서도 대부분 지고 말았다. 몇 번 이겨본 적이 있기는 하지만, 이런 승리들도 반은 사소한 상황 변화나 상부 공권력의 이런저런 철회 공작으로 금세 무효가 되고 말았다. 난 갈수록 지쳐갔다. 이런 식으로 2년을 보내고 난 1972년 6월, 나는 메인 주 베델에 있는 내셔널 트레이닝 래버러토리스National Training Laboratories(NTL) 본부로 파견되었다. 그리고 이곳에서 NTL과 군 간의 협조 가능성을 알아보기 위해 NTL에서 개설한 12일간의 '감수성집단sensitivity groups'을 체험했다.

우리 실험실에는 약 60명의 수련생이 있었는데, 남녀가 대략 반반이었다. 우리는 다 함께 혹은 두 명씩 짝을 짓거나 아주 작은 소집단으로 나뉘어 여러 가지 심리 실습을 하면서 전체 근무 시간의 3분의 1을 보냈다. 실습들은 흥미로웠으며 상당히 유익하고 교육적이기도 했다. 하지만 진정한 보람은 더 많은 시간을 보낸 'T집단'('T'는 Training 첫 글자를 딴 것임―옮긴이)에서 얻을 수 있었다. 우리 수련생들은 네 개의 T집단으로 나뉘었다. 각각의 T집단은 대략 수련생 15명에 책임자 1명으로 구성되었는데, 우리 집단의 책임자는 린디였다. 린디는 성숙하고 경험이 풍부한 정신과의

사였다.

우리 집단은 16명의 매우 다양한 사람들로 이루어졌다. 첫 사흘간은 심한 갈등 속에서 보냈다. 지루하지는 않았지만 이따금씩 불안하고 불쾌했다. 거의 증오에 가득 차 엄청난 분노를 표출할 때도 있었다. 그런데 나흘째 되는 날에 무슨 일이 일어났는지 분위기가 돌변했다. 갑자기 모두가 서로를 좋아하게 된 것이다. 이후로 어떤 이들은 소리 내어 울고, 어떤 짝은 조용히 눈물만 흘렸다. 나는 눈물을 흘리지는 않았다. 하지만 대부분의 시간 동안 내 눈에는 그렁그렁 눈물이 고여 있었다. 그것은 기쁨의 눈물이었다. 엄청난 치유가 이루어지는 것을 목격할 때 나도 모르게 흘리게 되는 기쁨의 눈물.

이후에도 우리에게 갈등의 순간은 찾아왔다. 하지만 분위기가 험악해지지는 않았다. 이 T집단 안에 있으면 안전하다는 느낌이 들었다. 그래서 어렵지 않게 진정한 나 자신으로 존재할 수 있었다. 다시 한 번 고향에 온 것 같은 포근함이 느껴졌다. 이 집단에서 나는 온갖 감정을 다 경험했다. 이 제한된 시간 안에서 우리는 서로 사랑했으며, 나는 크나큰 기쁨을 맛보았다.

열흘째 되는 날 오후, 나는 우울했다. 처음에는 낮잠을 좀 자고 나면 나아질 거라고 무시해버렸다. 너무 강도 높은 활동으로 진이 다 빠져버렸기 때문이라고 생각했기 때문이다. 하지만 우울함의 진짜 이유가 이 모임이 곧 끝나리라는 생각 때문이라는 점을 더 이상 부인할 수 없었다. 서로를 아껴주는 분위기 속에 푹 젖어 지내는 게 너무 행복했다. 그런데 이틀 후면 워싱턴의 그 무겁디무거운 직무로 돌아가야만 하다니. 정말이지 돌아가고 싶지 않았다.

그날 오후 바로 이런 까닭으로 우울해하고 있는데, 사무실로 전화하라는 연락이 왔다. 사소한 일이라고 생각했다. 그런데 상사와 통화하면서 내가 장군 직급으로 진급됐다는 사실을 알게 되었다. 반면에 나의 훌륭한 조언자였던 의무부대 대령은 진급에서 탈락되었다. 나는 그가 준장으로 승진하기를 간절히 바라고 있었다. 그의 군 경력은 이제 끝난 거나 마찬가지였다. 그를 대신해서 진급한 인물은 하필이면 내가 가장 불신하는 관료직 의사였다. 이 소식에 나는 더욱 침울해졌다.

그날 저녁 T집단에서 가장 먼저 발언한 사람은 나였다. 나는 그룹의 일원들에게 몹시 우울하다고 고백한 뒤 그 이유도 설명해주었다. 인사 문제로 기분도 안 좋은데, 모임이 곧 끝나서 워싱턴으로 돌아갈 생각을 하면 슬프기 그지없다고 털어놓았다. 그러자 누군가 이렇게 말했다. "스카티, 당신 손이 떨리고 있어요."

"내 손은 자주 떨려요. 사춘기 때부터 그랬어요." 내가 대답하자, 다른 사람이 물었다.

"당신 팔은 금방 싸우기라도 할 것처럼 잔뜩 긴장되어 있어요. 당신, 화났어요?"

"아니요, 화는 안 났어요." 나는 이렇게 대답했다.

집단의 책임자인 린디가 베개를 집어 들고 자리에서 일어나 내 앞에 와 앉으며 베개를 그와 나 사이에 놓았다.

"당신은 정신과의사예요, 스카티. 우울증은 보통 분노와 관련이 있다는 것을 당신은 알고 있어요. 나는 당신이 정말 화가 났다고 생각해요." 린디의 말에 나는 담담하게 대답했다.

"그렇지만 화가 난 건 아니에요."

그러자 린디가 부드럽게 말했다.

"난 당신이 나를 위해 뭔가를 해주었으면 좋겠어요. 당신은 하고 싶지 않겠지만, 난 당신이 꼭 해주면 좋겠어요. 그것은 우리가 가끔 치료에 활용하는 '베개 두드리기'예요. 이 베개를 두드려줘요. 베개가 군대라고 생각하고, 주먹으로 최대한 세게 내리치세요. 날 위해 그렇게 해주겠어요?"

"그건 좀 우스운 일인데. 하지만 당신을 사랑하니까 그렇게 해보죠."

나는 주먹을 쥐고 베개를 두어 번 약하게 두드렸다.

"이거 정말 쑥스럽네요."

"더 세게 쳐요." 린디가 다그쳤다.

나는 조금 더 세게 쳤다. 그런데도 온몸의 힘이 다 빠져버리는 것 같았다.

"더 세게." 린디가 명령했다. "이 베개가 군대예요. 당신은 군대에 화가 나 있어요. 베개를 쳐요."

"난 화나지 않았어." 나는 힘없이 베개를 두드리며 절망적으로 선언했다. 그러자 린디가 소리쳤다.

"아니, 화난 거야. 당신은 화가 나 있어. 자, 쳐요, 힘껏. 당신은 군대에 화가 나요."

나는 린디가 시키는 대로 조금 더 세게 베개를 두드리면서도 입으로는 이렇게 소리쳤다.

"나는 정말로 군대에 화가 난 게 아니예요. 체제에 불만이 있지 군대에 대해선 그렇지 않습니다. 군대는 체제의 작은 일부분에 지나지 않아요."

"당신은 군대에 화가 나 있어." 린디가 다시 소리쳤다. "자, 쳐요. 당신은 화났어요."

나는 목청을 높여 항변했다.

"난 화난 게 아니에요. 화난 게 아니라 피곤할 뿐입니다!"

순간 이상한 일이 벌어졌다. 내가 힘없이 건성으로 베개를 내리치면서 정신없이 계속 말을 뱉어낸 것이다.

"난 지쳤어. 화난 게 아니란 말이야. 난 말도 못할 정도로 지쳤어."

"계속 쳐요." 린디가 말했다.

"난 화나지 않았어. 난 지쳤을 뿐이야. 내가 얼마나 지쳤는지 당신은 모를 걸. 난 모든 것에 지쳤어."

눈물이 내 뺨을 타고 흘러내렸다.

"계속해요."

린디의 격려에 나는 신음하듯 속마음을 털어놓았다.

"체제가 문제야. 군대는 안 싫어. 더 이상 체제와 못 싸우겠어. 정말 너무 지쳐버렸어. 너무 오랫동안 지쳐 있었어. 너무나 오랫동안 지쳐 있었다구."

피로의 물결이 나를 휘감았다. 나도 모르게 흐느끼기 시작했다. 내가 울고 있음을 깨닫고 나는 울음을 멈추려 했다. 바보가 되고 싶지 않았기 때문이다. 하지만 피로가 너무 쌓여 있어서 울음을 그칠 기운도 없었다. 처음에는 끅끅 하는 흐느낌만 목구멍에서 새어 나왔다. 그러나 파도는 더욱 거세졌다. 패배한 그 모든 싸움들, 낭비한 그 모든 에너지, 결실 없는 그 모든 투쟁들. 나는 이 모두를 떠나보내고 있었다. 나는 울고 또 울었다. 그러다 불쑥 이렇게 내뱉었다.

"그래도 그만둘 수 없어. 누군가는 워싱턴에 있어야 해. 어떻게 하면 내가 도움이 될까? 누군가는 체제 안에서 일해야만 하는데. 난 지쳤어. 그래도 팽개치고 나올 순 없어."

얼굴이 눈물로 범벅이 되었다. 콧물도 흘러내렸지만 더 이상 개의치 않았다. 린디는 베개에 엎드려 있는 나를 잡고 있었다. 다른 사람들도 다가와 나를 잡아주었다. 눈물에 가려 그들의 얼굴이 뿌옇게 보였다. 하지만 누구든 상관없었다. 눈물콧물로 뒤범벅이어도 사랑받고 있는 건 분명하니까. 그래서 나는 밀려오는 감정의 파도에 완전히 자신을 맡겼다. 첫 번째 파도 속에는 워싱턴과 높이 3피트의 '미결' 서류함, 밤늦도록 준비한 입장표명서들, 군대 구석구석에 스며 있는 거짓말, 내가 몰아내려 애썼던 냉담함과 이기심, 암묵적 무관심 등의 감정이 뒤섞여 있었다.

그런데 이 파도를 받아들이자, 더 해묵은 피로의 파도가 밀려왔다. 원만한 결혼생활을 위한 노력과 거의 매일 밤 계속되던 응급실 근무, 의과대학과 수련의 시절 32시간이나 근무를 계속하던 일, 배가 아파 자지러지는 아기를 안고 복도를 동동거린 일 등이 만들어낸 피로의 물결이 밀려오고 또 밀려왔다.

나는 30분 동안이나 흐느껴 울었다. 그러자 어느 여성 참가자가 겁에 질린 목소리로 말했다.

"저렇게 우는 건 처음 봤어요. 사회가 인간에게 얼마나 무서운 짓을 저지르고 있는지 정말 끔찍하군요."

나는 젖은 눈으로 그녀를 보며 씩 웃었다. 하지만 나는 더 이상 울지 않았다. 정말이지 이제는 깃털처럼 마음이 가벼웠다.

"제발 이것만은 알아주세요." 내가 말했다. "이것은 제가 30년간 참던 눈물이에요."

린디는 이제 그의 자리로 돌아가 앉았다. 그가 말했다.

"이런 집단을 이끌 때 원래는 잘 하지 않던 일인데. 하지만 스카티, 당신에게 두 가지를 말하고 싶어요. 하나는 당신과 내가 서로 무척 닮았다는 겁니다. 당신에게 어떻게 해야 한다고는 말하고 싶지 않아요. 하지만 나도 도시 빈민촌에서 3년간 일한 경험이 있다는 것은 말해주고 싶습니다. 난 떠날 수밖에 없었어요. 당신과 같은 심정을 나도 느꼈어요. 그곳에 머물러야 할 사회적 책임이 있었고, 누군가는 거기에 있어야 했지요. 그만두는 것은 비겁하게 책임을 회피하는 짓이라고 생각했어요. 하지만 난 나올 수밖에 없었어요. 살 수가 없었거든요. 스카티, 당신한테 꼭 알려주고 싶은 게 있어요. 난 거기에 더 머물 만큼 강하지 못했어요."

나는 조용히 다시 울기 시작했다. 떠나는 걸 허락한 린디가 고마웠다. 그 허락으로 내가 어떤 결정을 내릴지는 몰랐다.

결정을 내리는 데는 그리 오랜 시간이 걸리지 않았다.

이후 한 달도 안 돼서 나는 개인 사무실을 열 수 있는 지역에서 아내 릴리와 함께 집을 보러 다녔다. 그러다 노동절 무렵 집을 구하고 사직서를 제출했다. 내가 처음 목놓아 울었던 날로부터 넉 달하고 보름이 지난 11월 4일, 우리는 워싱턴을 떠났다.

T집단에 참여하면서 나는 다시 힘겹게 공동체 속으로 걸어 들어갔다. 내가 느낀 기쁨도 소중했지만, 나 자신으로 존재할 수 있는 자유와 공동체의 체험이 인생의 행로를 바꾸어놓았다. 처음으로 진정한 공동체의 치유력을 자각했기 때문이다. 물론 이 힘을 인식하고 있는 사람들은 많다. 많은 사람들이 내가 처했던 것과 같은 환경에서 '절정체험peak experiences'을 했다. 하지만 이런 치유력이 지속적으로 효과를 발하는지는 의문이다. 누구나 다시 계곡으로 내려와야 하기 때문이다. 사실 지속되지 않는 경우가 허다하다. 하지만 나는 그날 저녁 이후 우는 것을 부끄러워하지 않게 되었다. 게다가 이제는 적절한 경우라면 언제든 목놓아 울부짖을 수도, 흐느낄 수도 있다. 어찌 보면 부모님 말씀이 옳았던 것 같다. 나는 '세계 최고의 울보'인 것이다.

대부분의 집단은 진정한 치유효과를 발하지 못한다. 진정한 공동체가 아니기 때문이다. 나의 T집단 경험은 60년대와 70년대 초미국을 휩쓴 '감수성집단운동sensitivity group movement'의 일부분이었다. 이 운동은 이제 대부분 소멸되어버렸다. 그 이유의 하나는 많은 사람들이 감수성집단 경험을 대단히 불쾌하게 받아들였기 때문이다. 이런 집단들에서는 '감수성'이라는 미명 아래 사랑보다 대결을 더 부추겼다. 때로는 이런 대결로 험악한 분위기가 조성되기도 했다. 물론 이 운동의 인도자들은 공동체를 구현하기 위해서 분투했다. 하지만 당시에는 공동체라는 용어도 제대로 정의되지 않았고, 규칙도 정립되지 않았다. 그래서 공동체의 운영도 우연에 맡겨졌다. 어떨 때는 잘 굴러가고, 어떨 때는 그렇지 못했다. 맥 배질리의 두 번째 마라톤집단이 실패한 것처럼, 내가 참여했던 집단을 뺀 세 개의 T집단은 아무런 성과를 거두지 못했다고 한다. 무엇이 이런 결과를 가져왔는지는 모르겠다. 하지만 린디의 지도력은 확실히 세련되고 훌륭했다. 이 점을 빼면 우리의 집단이 성공할 수 있었던 이유는 운이 좋았기 때문인 것 같다.

나는 1972년 6월 말에 이르러서야 내가 진정한 공동체를 경험했다는 걸 깨달았다. 하지만 공동체가 형성되는 이유나 방법은 여전히 몰랐다. 또 당시에는 그것들을 공동체라 부르지 않았지만, 프렌즈 세미너리와 맥 배질리의 마라톤집단, 오키나와의 테크집단, 린디의 T집단 사이에 일맥상통하는 점이 있다는 것도 깨달았다. 이들 네 집단을 통해 나는 다양한 사람들이 변함없이 서로를 사랑하는 집단의 구성원이 되는 체험을 할 수 있었다. 다시는 이런 기회가 없을 것 같았다. 한편으로는 똑같은 체험이 가능할지도 모른다는 느낌이 어렴풋이 들기도 했다. 그리고 전혀 다른 사람들이 서로를 사랑하는 집단을 재현할 수 있다는 가능성을 깨닫고부터 나는 인간의 조건에 대해 완전히 절망하지는 않게 되었다.

02
개인 그리고 단호한
개인주의의 오류

나는 외롭다.

나나 여러분이나 어느 정도는 외로움을 피할 수 없다. 여러분처럼 나도 독자적인 개인이다. 고유한 존재라는 의미다. 이 세상 어디에도 나와 똑같은 사람은 없다. '나라는 실체'는 일찍이 존재했던 그 어떤 '나'와도 다르다. 손가락의 지문처럼 독립된 정체성은 우리를 고유한 개인으로 만들어주고 서로를 구별시킨다.

(일란성쌍생아 같은 변형을 제외하고는) 유전자 코드가 애초에 다르게 되어 있어서, 우리 개개인은 일찍이 존재했던 그 어떤 인간과도 생물학적으로 미묘하게 다를 뿐만 아니라 본질적으로도 다르다. 이것이 자연의 이치다. 수정되는 순간부터 우리는 달라진다. 이것도 모자라 다른 환경에서 태어나 독특한 방식으로 다르게 성장한다.

실제로 많은 사람들은 이것을 자연스러운 일로, 마땅히 그래야만 하는 일로 받아들인다. 기독교인들은 대부분 하느님이 이렇게 모든 영혼을 다르게 설계했다고 믿는다. 기독교 신학자들도 거의 보편적으로 하느님이 다양성을 사랑하고 즐긴다는 결론을 받아들인다. 그리고 인류만큼 다양성을 명백하고 자연스럽게 드러내는 것은 없다.

심리학자들은 하느님의 거룩한 창조라는 개념에 꼭 동의하지는 않는다. 하지만 인간의 고유한 개인성이 필요한 것이라는 점에서는 신학자들과 견해를 같이한다. 심리학자들은 온전히 자기 자신이 되는 것을 인간 발달의 목표로 본다. 한편 신학자들은 이것을 종종 '자유'에의 부름으로 즉, 하느님이 창조한 대로 참된 자신이 되는 자유라고 표현한다. 정신과의사인 카를 융은 이러한 인간 발달의 목표를 '개성화individuation'라고 불렀다. 인간의 발달 과정은 온전하게 자기 자신이 되어가는 과정이다.

우리 대부분은 이 과정을 결코 완성하지 못하며, 아예 가까이 다가가지 못할 수도 있다. 크든 적든 대부분의 사람들이 가족이나 종족, 계급으로부터 벗어나 개성화하는 데 실패한다. 비유적으로 말하면 늙어서까지도 부모와 문화의 앞치마 끈에 묶여 있다. 여전히 어머니와 아버지의 가치관이나 기대에 좌우된다. 여전히 사회의 흐름을 따라가고 특별한 관습 앞에 복종하며 군중에 휩쓸린다. 게으름과 외로워질지도 모른다는 두려움, 책임져야 한다는 두려움, 이름 없는 공포 때문에 스스로 생각하는 방법을 제대로 배우지 못하거나, 고정관념에서 벗어날 용기를 내지 못한다. 하지만 이해 가능한 모든 관점에서 볼 때, 개성화에 실패하는 것은 완전한 인간이 되는 데 실패하는 것과 같다. 우리는 개인이 되어야 하는 소명을 받았다. 고유하고 독자적인 개인으로서의 소명 말이다.

우리에게는 또한 힘을 행사할 소명도 있다. 개성화 과정을 통해 자신을 어떻게 책임질지 배워야 한다. 스스로 결정할 수 있는 판단력과 자율성을 계발해야 한다. 운명의 주인은 아니라 하더라도, 내가 탄 배의 선장은 될 수 있도록 최선의 노력을 기울여야 한다.

나아가 우리는 온전한 인간이 되어야 하는 소명도 받았다. 어떤 천성과 재능을 타고났건, 자신을 온전하게 성장시키는 데 그것을 최대한 사용해야 한다. 여성이라면 남성적인 면을 강화하고, 남성이라면 여성적인 면을 강화해야 한다. 또 성장을 방해하는 약점을 극복해 나가야 한다. 독립된 사고와 행동에 필요한 자부심과 온전함을 충분히 갖추기 위해 노력해야 한다.

하지만 이 모든 것도 하나의 부분일 뿐이다.

온전한 인간이 되어야 할 소명을 받은 것은 사실이다. 그러나 사실 우리는 본래 스스로 온전한 인간이 될 수 없다. 자신에게든 타인에게든 모든 것이 될 수는 없다. 결코 완벽할 수 없다는 말이다. 의사와 변호사, 주식중개인, 농부, 정치가, 석공, 신학자라는 직업을 동시에 수행할 수는 없다. 또 우리에게 힘을 행사할 소명이 있는 것도 사실이다. 하지만 어느 순간 자기 결정에 대한 판단력이 흐려져서 자만하다가 급기야는 자신을 파멸시켜버릴 수도 있다. 개개인이 독특하게 창조되었다는 것도 사실이다. 그러나 현실을 보면 우리는 우리 자체로는 절대 온전한 인간이 될 수 없다. 우리는 필연적으로 사회적인 피조물이다. 단순히 생존을 위해 혹은 옆에 누군가가 필요해서가 아니라, 어떻게든 삶의 의미를 찾기 위해서 서로가 절실하게 필요한. 그리고 역설적이게도 이런 점들이야말로 공동체가 자라날 수 있는 씨앗이다.

많은 사람들이 겪는 일을 하나 이야기해볼까 한다. 릴리와 나는 결혼생활을 둘이 함께하는 공동체 생활처럼 만들기 위해 몇 년 동안 노력했다. 그런데 결혼 초기부터 릴리는 다소 부주의한 면을 드러냈다. 꽃향기를 맡다가 약속을 잊어버리거나 약속한 편지를 쓰지 않는 일이 잦았다. 반면에 나는 좋게 말해서 '목표 지향적'이었다. 비 오는 날을 제외하고 매달 셋째 주 목요일 오후 2시부터 30분간을 꽃향기 맡는 시간으로 정해놓았는데, 이 시간표와 꽃이 피는 시간이 맞지 않으면 꽃향기도 맡지 못할 정도였다. 릴리가 부적절한 듯한 말을 하거나 문명의 가장 중요한 도구인 시계를 무시하는 경향을 보이면 나는 그녀를 비난했다. 마찬가지로 릴리는 나의 지나친 시간 엄수를 못마땅해 했다. 말을 시작할 때마다 꼰대처럼 딱딱하고 고집스럽게 '무엇보다도', '두 번째로', '세 번째로' 또는 '결론적으로'라는 말을 쓰는 것도 마뜩잖게 여겼다. 요컨대 릴리는 자신의 심리학이 더 우월하다고 믿었고, 나는 내 심리학이 더 탁월하다고 우겼다.

그러다 릴리는 아이들을 키우고, 나는 책을 쓰기 시작했다. 아이 양육과 무관하다고 생각하지는 않았지만, 나는 훌륭한 아버지 노릇은 할 수 없었다. 특히 아이들과 놀아주는 데는 젬병이었다. 시간을 정해놓고 아이들과 놀아주려고 해본 적이 있는가? 그러면서도 머릿속으로는 온통 종교적 황홀경에 대해 집필하기로 약속한 원고 생각만 해본 적이 있는가? 그렇다면 아마 내가 어떤 모습이었을지 이해될 것이다.

하지만 릴리는 언제나 넘치는 애정으로 아이들과 놀아주었다. 이런 애정은 아이들에게 내가 주지 못한 토대를 마련해주었다. 그렇다고 릴리가 내 집필 작업에 도움을 주지 않은 것도 아니다. 첫 책《아직도 가야 할 길》의 서문에 적은 것처럼, '릴리가 너무나 많은 것을 주어서 어떤 것이 그녀의 지혜이고 어떤 것이 내 것인지 구별하기는 거의 불가능'하다. 하지만 그녀는 글을 쓸 때 몇 주 혹은 몇 달이 걸릴지 체계적으로 계획을 세울 줄 몰랐다.

그래도 릴리와 나는 서서히 결함으로 여기던 것을 미덕으로, 저주는 축복으로, 약점은 재능으로 받아들이게 되었다. 릴리는 흐름을 타는 재능을, 나는 조직화하는 재능을 지녔다. 한편 나는 아직도 좋은 부모처럼 아이들과 편안하게 놀아주는 법은 터득하지 못했다. 릴리도 모든 일을 완벽하게 체계적으로 처리하지는 못한다. 그렇지만 우리는 서로의 다른 스타일을 재능으로 인정하면서 상대의 재능을 자신의 것으로 서서히 통합해갔다. 물론 이렇게 되기까지는 엄청난 절제가 필요했다. 덕분에 그녀와 나는 독자적인 개인으로서 한층 전인적인 인간으로 성장해 나갔다. 우리가 각자의 한계를 받아들이고 상호 의존의 필요성을 인정하지 않았다면 이런 일은 불가능했을 것이다. 또 결혼생활도 유지되지 못했을 것이다.

이렇게 우리에게는 온전함과 동시에 자신의 불완전성을 인식해야 할 소명이 있다. 즉 힘을 행사하면서도 약점을 인정하는 것, 개별적이면서도 상호의존적인 존재임을 받아들여야 한다. 이런 시각에서 볼 때, 단호한 개인주의가 지닌 윤리적 문제는 이런 역설의 한 면만을 받아들이고 인간성의 한 면만을 수용한다는 것이다. 단호한 개인주의도 물론 우리에게 개성화와 힘, 온전함의 의무가 모두 있다는 것을 인정한다. 하지만 인간의 다른 면은 완전히 부인한다. 즉 이런 목표에 완벽하게는 도달할 수 없으며, 개개인의 독특함 때문에 필연적으로 서로를 필요로 할 수밖에 없는 약하고 불완전한 피조물이라는 사실을 부인하는 것이다.

이런 부인을 유지시켜주는 것은 허세뿐이다. 인간은 결코 완전히 자족적이고 독립적인 존재가 될 수 없는데, 단호한 개인주의의 이상은 그럴 수 있는 것처럼 가장하라고 부추긴다. 약점과 실패를 숨기라고, 한계를 부끄러워하라고, 타인의 눈은 물론이고 자신의 눈에도 초인으로 보이도록 노력하라고 우리를 몰아친다. '완전한 것처럼' 보이라고, 부족한 것이 아무것도 없으며 자신의 삶을 완전히 통제할 수 있는 것처럼 행동하라고 매일 우리를 밀어붙인다. 이런 겉모습을 잃지 말라고 무자비하게 요구하고, 무자비하게 우리를 고립시킨다. 그래서 결국은 진정한 공동체를 불가능하게 만든다.

강연여행을 다니다 보면, 북동 지역이나 남동 지역, 중서부, 남서, 서해안 지역 등 전국 어디서나 공동체의 결여와 이에 대한 갈망을 느끼게 된다. 진정한 공동체가 있을 법한 교회 같은 곳에서 이런 결여와 갈망을 발견할 때는 특히 마음이 아프다.

나는 강연에 참석한 청중에게 종종 이렇게 말한다. "제발 휴식 시간에 질문하지 마세요. 생각을 정리할 시간이 필요합니다. 제 경혐상, 여러분들이 궁금해하는 것은 대개 다른 사람들도 관심을 갖는 문제예요. 그러니까 모든 사람들 앞에서 질문하는 것이 좋습니다." 그런데도 꼭 질문을 하러 오는 사람이 있다. 내가 "질문하지 말라고 했는데요" 하면, 이런 사람은 보통 이렇게 말한다. "예, 알고 있습니다, 박사님. 하지만 이건 제게 무척 중요한 문제예요. 여기에 우리 교회 신자들이 있어서 그들 앞에서는 질문할 수가 없어요."

나는 이것이 예외적인 경우이기를 바란다. 아, 물론 예외적인 교회들도 있다. 하지만 이런 말은 교회를 포함한 '공동체'라는 곳의 신뢰와 친밀도가 얼마나 취약한지를 잘 보여준다.

맞다. 나는 외롭다. 철저하게 고유한 개인이기 때문에 나를 완전히 이해해줄 사람이나 내 입장을 정확히 알아줄 사람은 결코 존재하지 않는다. 인생을 살다보면 혼자 걸어가야만 하는 시기도 있다. 이것은 다른 사람들도 마찬가지다. 또 고독해야만 성취할 수 있는 일도 있다. 하지만 이제 나는 전보다 훨씬 덜 외롭다. 불안과 절망, 무력감이 지극히 인간적인 감정임을 깨닫고, 이런 느낌을 죄책감이나 두려움 없이 나눌 수 있는 장소가 생겼으며, 이런 느낌으로 인해 나를 더 사랑해줄 사람들이 있다는 것을 알고, 강인함 속에 약함이 있고 약함 속에 강인함이 있음도 알고, 살아 있는 공동체를 경험하고 이런 공동체를 찾는 법과 다시 창조하는 법을 배웠기 때문이다.

우리가 특히 더 외로운 이유는 단호한 개인주의 전통에 갇혀 있기 때문이다. 사실 너무 외로워서 타인은 고사하고 스스로에게도 외로움을 인정하지 못하는 사람들이 많다. 주위의 슬프고 얼어붙은 얼굴들을 보면서 화장의 가면, 가장의 가면, 침착의 가면 뒤에 숨겨진 영혼을 찾아보지만 헛수고일 뿐이다. 사실 영혼을 가면 뒤에 숨길 필요는 없는데, 대부분의 사람들이 다른 방법을 찾지 못한다.

그러므로 우리에게는 '온건한 개인주의'라는 새로운 윤리가 절실하게 필요하다. 온건한 개인주의는 누구에게나 있는 약점과 불완전, 결함, 부적응, 죄, 온전함과 자족성의 결여 등의 것들을 자유롭게 공유할 수 있을 때, 진정으로 우리 자신이 될 수 있음을 가르쳐준다. 알코올의존증협회 회원들이 말하는 '나도 괜찮지 않고 당신도 괜찮지 않아. 그래도 괜찮아'로 대변되는 개인주의다. 이런 개인주의는 자아의 장벽과 경계선을 침투 가능한 막처럼 만들어, 우리의 자아는 밖으로 스며 나가게 하고 타인의 자아는 우리 안으로 스며들게 해준다. 상호의존성을 단순한 지적 유행어로가 아니라 가슴 깊은 곳에서 인정하는 개인주의, 진정한 의미의 공동체를 가능하게 해주는 개인주의인 것이다.

03
공동체의 진정한 의미

단호한 개인주의 문화 속에 살면서 우리는 교회 옆자리에 앉은 사람에게조차 솔직하게 말하지 못한다. 그러면서도 '공동체'라는 말을 아무 곳에나 사용한다. 마을이나 교회, 유대교 회당, 남자들 친목회, 아파트 단지, 전문가 협회 등등 어디든 가리지 않고 공동체라는 말을 갖다 붙인다. 이곳에 모인 사람들이 얼마나 활발하게 소통을 하는지는 상관도 않고 말이다. 단어의 오용이 아닐 수 없다.

공동체라는 말을 의미 있게 사용하려면 다음과 같은 집단에 한정해서 써야 한다. 서로 정직하게 소통하는 법을 배운 개인들, 차가운 가면의 이면으로 뚫고 들어가 깊은 관계를 맺을 수 있는 개인들, '함께 기뻐하고 함께 슬퍼하며' '서로 반기고 다른 사람의 입장을 내 것으로 받아들이기'로 약속한 개인들의 집단 말이다. 그러면 이런 흔치 않은 집단은 어떤 형태를 띠고 있을까? 이런 집단은 어떻게 움직일까? 요컨대 진정한 공동체란 어떤 것일까?

우리가 제대로 정의하거나 설명할 수 있는 건 소소한 문제들뿐이다. 한 예로 내 사무실에는 작은 전기 히터가 한 대 있다. 내가 전기 기술자라면 이것을 분해해서 작동 원리를 정확하게 설명하거나 정의 내릴 수 있을 것이다. 전기를 전달하는 전선과 플러그의 관계만 빼고 말이다. 전기의 물리적 법칙이 널리 알려져 있기는 하지만, 전문적인 전기 공학자도 대답할 수 없는 문제들이 있기 마련이다. 전기의 세계가 우리보다 그만큼 광범위하기 때문이다.

세상에는 이런 것들이 많다. 하느님이나 선, 사랑, 악, 죽음, 의식 같은 것들이 그 예다. 너무 광범위해서 여러 가지 측면을 갖고 있다. 그래서 우리는 한 번에 한 가지 측면밖에 묘사하거나 정의할 수 없다. 그래도 이것들의 심층에 도달할 수는 없다. 머지않아 가장 핵심적인 문제에 부딪히고 만다.

공동체도 마찬가지다. 전기처럼 공동체에도 분명한 법칙이 있다. 하지만 공동체에는 신비롭고 기적적이며 깊이를 잴 수 없는 고유한 무언가도 있다. 그러므로 진정한 공동체의 의미를 한마디로 정의하기는 힘들다. 공동체에는 개개인이 모여 만든 집단 이상의 무언가가 있다. 그렇다면 과연 무엇이 더 있을까? 이런 의문은 추상적이라기보다 신비에 가까운 영역으로 우리를 초대한다. 말로는 완전하게 표현해낼 수 없으며 언어 자체를 불완전하게 만드는 영역으로 말이다.

이 대목에서 보석이 떠오른다. 아름다운 보석은 원래 땅속에 묻혀 있듯 공동체의 씨앗은 사회적 종種이라고 할 수 있는 인간성 속에 들어 있다. 하지만 땅속에 파묻혀 있는 보석은 아직 진정한 보석이라고 할 수 없다. 보석이 될 가능성만 있을 뿐이다. 그래서 지

질학자들은 다듬지 않은 거친 상태의 보석을 그냥 돌멩이라고 부른다. 집단도 돌멩이가 보석이 되는 것과 같은 과정을 통해 공동체로 성장한다. 깎고 다듬어야 아름다워진다. 하지만 이 아름다움을 설명하려면 그 단면들을 묘사하는 수밖에 없다. 보석처럼 공동체도 많은 단면들을 지니고 있으며, 각각의 단면들은 말로는 설명할 수 없는 전체의 한 측면일 뿐이기 때문이다.

또 하나 덧붙일 말이 있다. 공동체라는 보석이 너무 섬세하고 아름다워서, 어린 시절의 꿈처럼 이룰 수 없는 비현실적인 것으로 여겨질 수도 있다는 점이다. 벨라와 공저자들이 썼듯이, 공동체라는 개념을 '불합리한 유토피아로, 완전한 사회를 창조하고 싶은 마음의 투사물로 보고 거부감을 느낄 수도 있다. 하지만 우리가 말하는 탈바꿈은 필요할 뿐만 아니라 온건한 것이다. 사실상 공동체 없이는 우리의 미래 자체가 존재하지 않을 수도 있기 때문이다.'* 문제는 우리 사회가 공동체의 결여를 너무도 당연한 것으로 여기고 있다는 점이다. 그래서 공동체를 경험해보지 못한 사람은 쉽게 의문을 품는다. 어떻게 이런 세상에서 공동체의 세계로 나아갈 수 있지? 하지만 이것은 가능하다. 우리는 공동체의 세계로 나아갈 수 있다. 비전문가의 눈에는 돌멩이를 보석으로 만드는 일은 불가능해 보인다는 점을 잊지 말아야 한다.

---

* Robert Bellah et al., 《Habits of the Heart: Individualism and Commitment in American Life》 (Berkeley, Calif: Univ. of California Press, 1985). p 286.

공동체의 여러 측면들은 긴밀하게 서로 연관되어 있다. 한 면이 없으면 나머지 면도 존재할 수 없다. 이 측면들은 상호작용을 통해 서로를 창조함으로써 존재한다. 진정한 공동체의 가장 두드러진 특성들을 일부러 하나씩 따로 떼어서 설명해볼까 한다.

공동체는 포용과 헌신을 통해 전원합의가 이루어지는 곳

공동체는 모든 것을 포용하고 마땅히 그래야 한다.

공동체의 가장 큰 적은 배타성이다. 가난하다거나 회의적이라거나 이혼을 했다거나 죄인이라거나 인종이 다르다거나 국적이 다르다는 이유로 타인을 받아들이지 않는 집단은 공동체가 아니라 공동체에 적대적인 방어요새 같은 파벌에 불과하다.

하지만 포용성은 절대적인 규범은 아니다. 오래 지속되는 공동체들은 어느 정도까지 포용할 것인지를 끊임없이 고민해야 한다. 단기적인 공동체도 때로는 이 어려운 결정을 내려야만 한다. 하지만 대부분의 집단에서는 포용보다 배척하기가 더 쉽다. 클럽이나 회사들은 법이 강요하지 않는 한 타인을 포용하려고 애쓰지 않는다. 반면에 진정한 공동체는 언제나 울타리를 확장하려 노력해야만 존속할 수 있다. 하지만 자신이 옳음을 증명해야 한다는 부담은 배타성을 불러올 수 있다. 진정한 공동체는 '이 사람을 받아들이는 것을 어떻게 정당화할 수 있을까?'라고 묻는 대신, '이 사람을 참여시키지 않는 것이 과연 정당한가?'라고 물어야 한다. 크기나 목적이 비슷한 다른 집단들과 비교해볼 때 공동체는 언제나 포용하는 편이다.

프렌즈 세미너리에서 공동체를 처음 경험했을 때, 상급생과 하급생, 학생과 선생님, 나이가 많은 사람과 적은 사람 간의 유대감은 모두 '돈독했다'. 소외된 집단이나 왕따 같은 것은 없었다. 파티에서도 모든 사람이 환영받았다. 순응하라는 압력도 없었다. 그래서 공동체의 포용성은 자체의 변수에 따라 확장된다. 공동체에는 '전체성'이 있다. 이런 전체성으로 인해 공동체는 다른 성이나 종족, 신조뿐만 아니라 인간 정서의 모든 영역도 포용한다. 웃음과 더불어 눈물도 받아들이고, 믿음과 마찬가지로 두려움도 끌어안는다. 그리고 강경론자나 온건론자, 이성애자와 동성애자, 성배파와 시어즈 로벅파, 수다쟁이와 과묵한 사람 등 삶의 양식이 다른 사람들도 환영해준다. 모든 인간의 차이를 받아들이는 것이다. 모든 개성을 부드럽게 받아들이고 격려해준다.

이런 일이 어떻게 가능할까? 어떻게 차이들을 흡수하고, 어떻게 그리 다른 사람들이 공존할 수 있을까? 핵심은 기꺼이 공존하겠다는 헌신적인 마음에 있다. 공동체의 일원이 되어 공동체에 머무르려면, 구성원들은 어떻게든 곧(빠를수록 좋다) 서로에게 헌신해야 한다. 공동체의 가장 큰 적인 배타성은 두 가지 형태로 나타난다. 상대를 제외시키거나 자신을 소외시키는 것이다. '글쎄, 이 집단은 내게 맞지 않아. 이런저런 면에서 너무 지나쳐. 난 조용히 짐 싸서 집에 가는 게 좋겠어'라고 낮은 소리로 결론짓는 것은 공동체를 파멸시키는 일이나 마찬가지다. 결혼생활에서 '남의 떡이 더 커 보이는데? 나도 그리로 가야겠어' 하고 결론짓는 것이 파괴적인 행위인 것처럼 말이다. 결혼과 마찬가지로 공동체 생활에서도 상황이 순탄하지 않을 때는 그곳에 머물러 있어야 한다. 공동체는 어느 정도 헌신을 요구한다. 벨라가 공저의 부제를 '미국인의 삶에서 개인주의와 헌신'이라고 붙인 것은 우연이 아니다. 우리의 개인주의는 헌신으로 중심을 잡아야 한다.

어려울 때도 공동체에 머물러 있다 보면 '험난한 언덕 다음에 평원이 펼쳐진다'는 것을 곧 깨닫게 된다. 한 친구는 공동체를 '개인적 차이를 초월하는 법을 배우는 집단'이라고 정확하게 정의했다. 하지만 이런 배움에는 시간뿐만 아니라 헌신도 필요하다. 그리고 '초월'은 '지워버리'거나 '무너뜨리는' 것이 아니라, 말 그대로 '넘어서는' 것이다. 공동체의 성취는 산꼭대기에 오르는 것과 같다.

이 초월의 문을 여는 데 가장 중요한 열쇠는 차이를 즐기는 일일 것이다. 공동체에서는 사람들 간의 차이를 무시하거나 부정하거나 감추거나 변화시키는 대신, 선물로 받아들이고 축하한다. 내가 아내의 '즉흥성이라는 재능'을 즐기고, 아내가 나의 '조직성이라는 재능'을 즐기게 된 과정을 생각해보라. 결혼은 두 사람이 만드는 작지만 장기적인 공동체다. 시간과 친밀도 면에서 큰 차이가 있지만, 50명에서 60명의 인원으로 구성된 단기간의 공동체에서도 나는 동일한 과정이 필요함을 깨달았다. 아내와 나는 태도의 변화를 통해 비로소 서로의 차이를 초월하게 되었으며, 그러기까지

20년의 세월이 걸렸다. 하지만 공동체 안에서는 차이를 초월하는 데 대개 8시간의 과정이 필요하다. 두 경우 모두 소외는 감사와 화해로 바뀌고, 초월은 사랑과 깊은 연관성이 있다.

우리는 진정한 공동체에 익숙하지 않다. 그래서 이 초월의 정치를 표현할 적합한 단어도 만들어내지 못했다. 개인적 차이를 수용할 방법을 심사숙고할 때 우리는 흔히 지도력이 강한 인도자에게 의존한다. 이것이 가장 간단한 방법이기 때문일 것이다. 형제자매와의 말다툼을 엄마나 아빠가 해결해줄 것이라고 본능적으로 생각하는 것처럼, 사람들 간의 차이도 자비로운 독재자가 해소해줄 것으로 믿는다. 하지만 개성을 존중하는 공동체는 결코 전체주의적일 수 없다. 그래서 우리는 개인차를 해소하기 위해 민주주의라는 덜 원시적인 방법을 찾는다. 투표를 통해 우세한 쪽을 결정하면, 다수의 지지를 받는 쪽이 지배한다. 하지만 이 과정에서 소수의 열망은 배제된다.

그럼 어떻게 해야 소수를 포용하면서 개인차를 초월할 수 있을까? 수수께끼처럼 여겨질 것이다. 민주주의의 한계를 어떻게 어느 지점에서부터 넘어설 수 있을까?

내가 참여했던 진정한 공동체에서는 1000가지 이상의 결정을 집단적으로 내렸다. 하지만 아직까지 투표를 실시한 적은 없다. 물론 민주적인 기제를 버릴 수 있거나 버려야 한다고 말하려는 것은 아니다. 조직을 철폐해야 한다는 말도 아니다. 단지 공동체에서는 일반적으로 개인의 차이들을 초월하여, 심지어 민주주의조차 넘을 수 있음을 말하려는 것이다. 이런 초월은 오로지 '전원합의'를 통해서만 가능하다. 진정한 공동체에서는 전원합의를 통해 결정을 내리는데, 이런 과정은 배심원 공동체에서 의무적으로 전원합의 결정을 내리는 것과 비슷하다.

그런데 개성을 존중하고 개인의 차이를 꽃피우게 만들어주는 집단이 도대체 어떻게 전원합의에 이를 수 있을까? 공동체의 운영과 관련해 많은 논의를 거쳐도 전원합의에 이르는 과정을 공식화할 수 있을지 의심스럽다. 이 과정 자체가 하나의 모험이기 때문이다. 그리고 여기에는 본질적으로 신비에 가까운 마술적인 무언가가 있다. 하지만 어쨌든 이런 과정은 제대로 작동된다. 앞으로 소개하는 공동체의 여러 측면들을 읽다 보면, 이 과정을 어렴풋이나마 이해할 것이다.

공동체는 현실을 바로 보려고 노력한다

공동체의 두 번째 특징은 사실에 입각한다는 점이다. 한 예로 결혼이라는 공동체에서 아이를 어떻게 대할 것인가 하는 문제로 아내와 의논하면, 혼자서 문제를 다룰 때보다 더 현실에 맞는 대응책을 찾을 가능성이 크다. 이런 면만 봐도 편부모가 자녀에 대해 적절한 결정을 내리기는 지극히 어렵다고 생각한다. 아내와 나는 서로 다른 최선의 방법을 제시하고, 이 방법들을 서로 조정해서 결정을 내린다. 대규모 공동체에서는 이런 과정이 훨씬 더 효과적이다. 60명으로 이루어진 공동체에서는 보통 12가지 이상의 다른 견해가 나온다. 그리고 다양한 재료로 만들어진 전원합의라는 찌개는 보통 두 가지 재료로 만든 요리보다 훨씬 더 창조적이다.

우리는 집단행동을 원시적이라고 보는 사고방식에 익숙해져 있다. 실제로 나도 《거짓의 사람들》에서 집단이 쉽게 악해질 수 있다는 글을 쓴 적이 있다. '군중심리'는 집단의 심리를 제대로 표현한 말이지만 어떤 종류의 집단이든 실제로 공동체인 경우는 드물다. 사실상 일반적 집단과 공동체는 질적으로 굉장히 다르다. 둘은 전혀 다른 모습을 보여준다. 우선 진정한 공동체는 군중심리에 빠져들지 않는다. 공동체가 개성을 존중하고 다양한 관점을 수용하기 때문이다. 실제로 나는 구성원 중 누군가가 갑자기 "잠깐, 저는 그것을 따를 수 없습니다"라고 말할 때, 공동체가 논의를 하거나 어떤 규범을 새롭게 확립하는 것을 여러 번 보았다. 이처럼 개인이 자유롭게 의사를 표현하고 분위기에 억압받지 않는 환경에서는 군중심리가 생길 수 없다. 바로 공동체가 이런 환경을 제공한다.

공동체에서는 관점이 다른 구성원도 포용하고 이런 관점을 표현할 수 있는 자유도 허용하기 때문에 개인이나 부부 혹은 보통의 집단보다 전체 상황을 훨씬 더 잘 인식한다. 그리고 어둠과 빛, 신성함과 속됨, 슬픔과 기쁨, 아름다움과 추함을 모두 통합하기 때문에 더 합리적인 결론에 도달한다. 어느 것도 배제하지 않는다. 이렇게 많은 준거틀을 갖고 있기 때문에 공동체는 현실에 점점 가깝게 접근한다. 덕분에 다른 어떤 인간이나 집단보다도 공동체는 현실에 맞는 결정을 내릴 가능성이 크다.

공동체의 이런 사실주의적인 태도에서 중요하게 짚고 넘어가야 할 측면이 있는데, 바로 겸손함이다. 단호한 개인주의가 사람을 오만하게 만든다면, 공동체의 '온건한' 개인주의는 겸손으로 이끈다. 서로의 재능을 인정하기 시작하면서 자신의 한계도 받아들이게 된다. 또 사람들이 상처를 드러내고 함께 나누는 것을 보면서 자신의 부적합함과 결함도 수용할 수 있게 된다. 인간의 다양성을 자각하면서 상호의존성을 인식하게 되는 것이다. 한 집단이 이렇게 변해가면, 즉 진정한 공동체가 되어가면, 개인은 물론이고 집단 차원에서도 더욱 겸손해지고, 이로 인해 더욱 사실적으로 변화한다. 자, 어떤 집단이 더 지혜롭고 현실적인 결정을 내릴 수 있겠는가? 오만한 집단일까? 아니면 겸손한 집단일까?

공동체는 끊임없는 자기성찰이 필요한 곳

진정한 공동체가 겸손해서 현실적인 시각을 유지할 수 있는 이유의 하나는 성찰 때문이다. 공동체는 스스로를 들여다볼 줄 안다. 자신을 인식하고, 자신을 분명하게 안다. 이렇게 '자신을 아는' 것은 겸손의 전제조건이 된다. 성찰을 다룬 14세기의 고전작품 《무지의 구름 The Cloud of Unknowing》에는 다음과 같은 구절이 나온다.

'본질적으로 온화함이란 자신을 있는 그대로 알고 느끼는 것이다. 자신을 있는 그대로 참되게 알고 느끼는 사람은 누구든지 실제

로 온화하다.'

'성찰'이라는 말에는 여러 가지 의미가 담겨 있다. 하지만 이 의미들은 거의가 자각에 중심을 두고 있다. 성찰의 본질적 목표는 자기 밖의 세계와 자기 안의 세계, 그리고 둘 사이의 관계를 완전히 자각하는 것이다. 상대적으로 자신에 대한 제한적 인식에 안주하는 사람은 진정으로 성찰한다고 할 수 없다. 또 심리적으로 성숙하거나 정서적으로 건강하다고도 분명하게 말하기 힘들다. 자기성찰은 통찰을 얻는 열쇠이며, 통찰은 지혜를 얻는 열쇠다. 플라톤도 아주 직설적으로 이렇게 말했다.

"성찰하지 않는 삶은 살 가치가 없다."

공동체를 만드는 과정에는 시작부터 자기성찰이 요구된다. 구성원 개개인이 자신을 깊이 들여다볼 줄 알아야 집단에 대해서도 점차 깊게 성찰하게 된다. 그러면 다음과 같은 질문도 더욱 자주 던지게 된다. 우리는 무엇을 하고 있는가? 변함없이 목표를 향해 가고 있는가? 우리는 과연 건강한 집단인가? 혹여 영혼을 잃어버리지는 않았나?

공동체의 정신은 한번 획득했다고 해서 영원히 지속되는 것이 아니다. 통조림이나 젤리처럼 만들어서 보존할 수 있는 것이 아니다. 공동체의 정신은 반복적으로 사라져버린다. 1967년 맥 배질리의 마라톤집단이 끝날 무렵, 몇 시간 동안 서로를 보살피며 애정을 나누고 나서 어떻게 다시 언쟁하게 되었는지 떠올려보라. 또 한 가지 기억해야 할 것은 우리가 이런 상태를 빨리 깨달았다는 점이다. 그럴 수 있었던 이유는 우리가 자신을 집단으로 인식해왔기 때문이다. 또 문제의 원인—성배파와 시어즈 로벅파로 나뉜 것—을 재빨리 파악한 덕분에 분열을 극복하고 공동체 정신을 회복할 수 있었다.

어떤 공동체도 언제나 건강한 상태로 있을 수는 없다. 하지만 진정한 공동체는 건강 상태가 나쁘다는 것을 알아채고 신속하게 적절한 치유책을 강구한다. 진정한 공동체는 끊임없이 스스로를 성찰하기 때문이다. 덕분에 오래된 공동체일수록 회복 과정에서 더 효율적이고 건강한 공동체로 성장한다. 반면에 성찰할 줄 모르는 집단은 공동체로 성장하지 못하거나 금세 영원히 해체되어버린다.

공동체는 안전한 곳

나는 서른여섯이 되어서야 진정한 공동체를 통해 '울음이라는 잃어버린 예술'을 다시 터득했다. 이는 결코 우연이 아니다. 하지만 이렇게 재학습을 했는데도 과거에 훈련받은 단호한 개인주의가 어찌나 깊이 몸에 배버렸는지, 지금도 안전한 곳에 있을 때에만 사람들 앞에서 울음을 터뜨린다. 나는 공동체로 되돌아갈 때마다 '눈물이라는 선물'이 되돌아오는 기쁨을 만끽한다. 내가 혼자가 아님을 느끼는 것이다. 집단이 공동체로 성장할 때 그 구성원들이 가장 흔히 하는 말은 "여기서는 안전하다는 느낌이 든다"는 것이다.

이것은 흔치 않은 느낌이다. 대부분의 사람들은 인생의 대부분을 부분적으로만 안전하다고 느끼며 산다. 또 혹여 자유로움을 느껴도, 온전하게 자기 자신으로 존재할 만큼 자유로움을 느끼지도 못한다. 어떤 종류의 집단에서도 완전하게 수용되며 수용될 수 있다고 느끼지 못한다. 이로 인해 새로운 집단에 들어갈 때면 사실상 모든 사람이 잔뜩 방어 자세를 취한다. 이 방어의 벽은 대단히 두껍다. 의식적으로는 마음을 열고 나약함을 감추지 않으려 노력해도, 무의식적 방어는 여전히 강하게 남아 있다. 게다가 처음에 나약함을 그대로 내보여도 두려움이나 적대감, 치유하거나 개종시키려는 단순한 시도들과 맞닥뜨리기 때문에, 결국엔 정말로 용감한 사람을 제외하고 대부분이 방어벽 뒤로 후퇴하고 만다.

일반적인 상황에서는 단숨에 공동체가 형성될 수 없다. 낯선 사람들로 이루어진 집단이 안전하다는 느낌을 주는 진정한 공동체로 성장해 나가려면, 많은 작업을 수행해야 한다. 하지만 일단 성공하면 물꼬가 트인다. 구성원들이 속내를 털어놓아도 안전하다는 것을 깨달으면, 사람들이 자기 말을 경청하고 있는 그대로 받아들이리라는 것을 깨달으면, 수년간 쌓여온 좌절과 상처, 죄책감과 슬픔이 봇물 터지듯 쏟아져 나온다. 그리고 나면 쏟아지는 속도는 더욱 빨라진다.

이로 인해 구성원들은 더 솔직히 더 많이 나약함을 드러내게 된다. 나약함을 드러내도 존중받고 인정받는다는 것을 알기 때문에, 더욱 많이 더욱 솔직하게 나약함을 드러내는 것이다. 그러면 드디어 방어벽이 무너진다. 벽이 무너지면 사랑과 수용이 넘쳐나고 친밀감이 증가하면서 진정한 치유와 변화가 시작된다. 낡은 상처는 치유되고, 낡은 분노는 용서되고, 낡은 저항은 극복된다. 두려움은 희망으로 바뀐다.

그러므로 공동체의 또 다른 특징은 치유하고 변화시키는 것이다. 하지만 나는 이것을 일부러 목록에서 제외했다. 이 특성의 미묘한 점을 사람들이 오해할까봐 두려웠기 때문이다. 또 치유하고 변화시키려는 인간적인 시도들은 대개 공동체를 방해할 수도 있다. 인간의 내면에는 건강health과 전체성wholeness, 신성함holiness(이 세 가지 말은 모두 같은 어근에서 파생되었다)을 향한 자연스러운 열망과 추진력이 깔려 있다. 그런데 대개의 경우 이 추진력, 이 에너지는 두려움의 사슬에 얽매여버리고 방어와 저항으로 인해 힘을 잃는다. 하지만 진정으로 안전한 곳, 방어와 저항이 더 이상 필요 없는 곳에 존재하게 되면, 건강을 향한 추진력은 두려움의 사슬에서 해방된다. 그리고 안전하다는 느낌을 받으면, 자신을 치유하고 변화시키려는 경향이 자연스럽게 드러난다.

노련한 정신과의사들은 일반적으로 이런 진리를 인식하고 있다. 신참이었을 때는 이들도 흔히 환자를 치유하는 것이 자기 일이며, 치유에 성공할 수 있다고 믿는다. 그러다 경험이 쌓이면 자신에게는 치유력이 없으며, 환자의 말을 경청하고 받아들이고 환자와 '치유의 관계'를 확립하는 것이 자신이 할 수 있는 일임을 깨닫는다. 그래서 치유에 초점을 맞추기보다 환자 스스로 자신을 치유할 안전한 장소를 만들어주는 일에 집중한다.

그러므로 역설적으로 들리겠지만, 구성원들이 치유하고 변화시키려는 노력을 멈출 줄 알아야 집단은 치유되고 변화된다. 어느 누구도 당신을 치유하거나 변화시키려 하지 않기에, 고치려 들거나 바꾸려 하지 않기 때문에 공동체는 바로 안전한 곳이다. 이렇게 구성원들이 서로를 있는 그대로 수용하면, 온전한 자기 자신으로 존재할 수 있는 자유를 느낀다. 그러면 방어와 가면을 버리고 자신의 심리적이고 영적인 건강을 자유롭게 추구해서, 결국은 전인적이고 신성한 자아도 찾게 된다.

공동체는 무장해제를 위한 실험실이다

1984년 이틀간의 공동체 체험이 끝나갈 무렵, 중년 후반의 여성이 발표를 했다.

"스카티가 중도에서 하차하면 안 된다고 했지만, 어제 저녁 집에 가서는 남편과 중도 하차를 진지하게 고려해보았어요. 그 바람에 잠을 설쳐서 오늘 아침 여기에 못 올 뻔했지요. 그런데 아주 이상한 일이 일어났습니다. 어제는 여러분 모두를 엄격한 눈으로 보았는데, 오늘은 무슨 이유에선지 온화한 눈으로 보게 되었어요. 그래서 기분이 아주 좋아요."

공동체에서는 일상적으로 일어나는 이런 변화는 '랍비의 선물'에서 묘사된 탈바꿈과 같은 것이다. 노후한 수도원과 죽어가던 집단은 구성원들이 자신과 서로를 '온화한 눈'으로, 존경의 눈으로 바라보게 되면서 진정한 공동체로 되살아났다. 이런 변화는 정확히 우리의 가면이 '벗겨지기' 시작할 때 일어난다. 단호한 개인주의가 팽배한 우리 문화에서는 이런 사실이 이상하게 여겨질 수도 있다. 하지만 평정의 가면을 통해서 서로를 본다는 것은 엄격한 눈으로 본다는 의미다. 가면을 벗고 그 이면의 고통과 용기, 상처, 심오한 존엄성을 보게 되면서, 우리는 진정으로 서로를 같은 인간으로서 존중하기 시작한다.

언젠가 교회 제직회에서 공동체에 대해 말한 적이 있다. 그때 임원 한 명이 지혜로운 말을 했다.

"당신이 말하는 공동체는 사람들이 스스로 엉망진창이라고 고백해야만 가능한 것처럼 들리는데요."

물론 그의 말은 옳았다. 하지만 우리 문화에서 스스로 엉망진창이라고 '고백하는' 것은 참으로 힘든 일이다. 우리는 어두운 고해소에서 신부나 정신과의사에게 비밀을 보장해주겠다는 약속을 받고 은밀하게 행하는 것을 고백이라고 생각한다. 하지만 사실 인간은 누구나 상처 입은 나약한 존재다. 모두가 상처를 안고 있으면서도 상처를 감추어야 한다고 느끼니, 얼마나 이상한 일인가!

쉽게 상처받는 인간의 연약함은 쌍방 통행이 가능한 도로와 같다. 공동체는 우리의 상처와 연약함을 동료에게 드러낼 수 있는 능력을 요구한다. 또 타인의 상처에 영향받고 함께 아파할 수 있는 능력도 요구한다. 그녀가 말한 '온화한 눈'은 바로 이것이었다. 그녀의 눈은 더 이상 걸림돌이 되지 않았고, 덕분에 멋진 느낌을 경험할 수 있었다. 우리의 상처에는 아픔이 있다. 하지만 더 중요한 것은 아픔을 나눌 때 우리에게서 솟아나는 사랑이다. 그래도 부정할 수 없는 사실이 있다. 우리 문화에서는 이런 나눔을 위해 강인한 척 가장해야 한다는 규범을 깨뜨리는 위험을 감수해야 한다는 것이다. 하지만 대부분의 사람들에게 이것은 위험해 보이는 새로운 행동이다.

공동체를 실험실이라고 부르는 것이 이상하게 들릴지도 모르겠다. 실험실이라는 단어가 부드러움이 아니라 딱딱한 기구들로 가득 찬 메마른 장소를 연상시키기 때문이다. 그렇지만 엄격히 말하면 실험실은 실험을 위해 안전하게 디자인된 곳이라고 정의할 수 있다. 우리에게는 이런 장소가 필요하다. 실험을 위해 새로운 방식들을 시도하고 점검해보아야 하기 때문이다. 따라서 실험실은 공동체 안에 있으며, 새로운 유형의 행동을 실험하는 안전한 장소가 된다. 이런 안전한 장소를 제공받으면, 대부분의 사람들은 사랑과 신뢰를 바탕으로 예전보다 더 깊고 자연스럽게 실험할 것이다. 습관적인 방어와 피해의식, 불신과 두려움, 분노와 편견이라는 장애물을 버릴 것이다. 자신을 무장해제하는 실험을 하고, 자기 내면과 집단의 평화를 실현시키는 실험을 할 것이다. 그리고 이런 실험이 효과가 있음을 발견할 것이다.

이런 실험은 우리에게 새로운 경험을 선사하고, 그 경험에서 우리는 새로운 지혜들을 이끌어낸다. 이렇게 진정한 공동체의 참가자들은 자신을 무장해제하는 실험을 통해 평화를 일궈내는 규칙과 평화의 미덕을 터득한다. 그리고 이런 개인적 체험들은 매우 강력해서 지구 차원의 평화를 일궈내는 추진력이 된다.

품위 있게 싸울 수 있는 집단

무장해제를 위한 안전한 실험실인 공동체가 갈등의 온상도 된다는 사실이 얼핏 역설적으로 여겨질지도 모르겠다. 다음의 이야기가 이 역설을 이해하는 데 도움이 될 것이다.

어느 날 수피 한 명이 제자들과 거리를 산책했다. 광장에 이르러 보니, 정부군과 반란세력 사이에 격렬한 싸움이 벌어지고 있었다. 피 흘리는 광경에 질린 학생들이 "스승님, 빨리요, 어느 쪽을 도와야 할지 말씀해주세요"라고 간청했다. 그러자 스승이 대답했다.

"양쪽 다."

혼란스러워진 제자들은 확실한 답을 요구했다.

"양쪽 다요? 왜 양쪽 다 도와야 하죠?"

"권력자들이 국민의 열망을 듣도록 도와야 하고, 또 반란자들은 권력자를 충동적으로 거부하지 않도록 도와야 하니까."

진정한 공동체에는 편이 없다. 언제나 쉽게 배울 수는 없지만, 진정한 공동체에 도달할 무렵이면 구성원들은 파벌이나 당파를 포기하는 법을 배운다. 그리고 상대의 말을 경청하고 거부하지 않는 법도 배운다. 이로 인해 전원합의가 기적적으로 빠르게 이루어지기도 한다. 반면에 긴 논쟁 끝에 전원합의가 이루어지는 경우도 있다. 안전한 곳이라는 말은 공동체에 갈등이 없다는 의미는 아니다. 진정한 공동체는 몸이나 마음의 상처 없이 품위 있고 지혜롭게 갈등을 해결할 수 있는 곳이다. 다시 말해 진정한 공동체는 품위 있게 싸울 수 있는 집단을 의미한다.

하지만 이런 결과는 우연히 얻을 수 있는 게 아니다. 공동체란 검투사들이 무기와 갑옷을 내려놓는 원형경기장, 듣기와 이해하기의 기술을 배우는 곳, 상대방의 재능을 인정하고 한계를 수용하는 곳, 서로의 차이점을 인정하고 상처를 감싸주는 곳, 서로 싸우기보다 함께 투쟁하기로 결단을 내리는 곳이기 때문이다. 사실상 공동체는 가장 특이한 전투장이다. 공동체가 갈등을 해소하는 효과적인 장소인 이유도 바로 여기에 있다.

이것은 대단히 중요한 사실이다. 세상에는 아주 현실적인 갈등들이 있고, 가장 심각한 갈등은 쉽게 사라질 것 같지 않기 때문이다. 그런데도 세상에는 다음과 같은 환상이 널리 퍼져 있다. 간단히 요약하면 '우리의 갈등을 해결할 수 있다면 언젠가는 공동체 안에서 더불어 살아갈 수 있을 것이다'는. 이런 과정을 완전히 거꾸로 밟아가는 일이 가능할까? 그렇다면 진짜 꿈은 다음과 같아야 할 것이다.

'공동체 안에서 더불어 살아갈 수 있다면, 언젠가 우리는 갈등을 해소할 수 있을까?'

구성원 모두가 인도자인 집단

내가 인도하던 집단이 공동체로 성장하고 나면 크지 않던 내 역할도 끝이 난다. 나는 뒤로 물러나 앉아 긴장을 풀고 한 사람의 구성원으로 돌아간다. 공동체의 본질적인 특성 중 하나가 권위를 완전히 분산시키는 것이기 때문이다. 공동체는 반전체주의적antitotalitarian이다. 공동체는 전원합의로 의사를 결정하기 때문에 때로 인도자가 없는 집단으로 부르기도 한다. 하지만 공동체는 구성원 전원이 인도자인 집단이라고 하는 것이 더 정확하다.

공동체는 안전한 곳이다. 그래서 인도자가 되어야 한다는 강박관념이 있는 사람들은 생애 처음으로 자유를 느끼기도 한다. 인도를 안 해도 되기 때문이다. 반면에 습관적으로 수줍어하고 자신을 감추는 성향의 사람들은 편안하게 앞으로 나서서 잠재된 지도력을 발휘하기도 한다. 이로 인해 공동체는 이상적인 의사결정기구가 된다. '사공이 많으면 배가 산으로 간다'라는 속담은 집단의 의사결정이 반드시 서툴고 불완전하다는 의미는 아니다. 집단이 의사소통을 못하면 사실상 공동체가 될 수 없다는 의미다.

1983년 나는 인생에서 어렵고 큰 결정을 내려야 했다. 너무 어려워서 전문가의 조언을 참고해도 혼자서는 결정을 내릴 수 없을 것 같았다. 결국 나는 도움을 청했고, 나를 돕기 위해 전국에서 28명의 사람들이 왔다. 그리고 꽤 현명하게도 우리에게 주어진 사흘의 시간 중에서 80퍼센트를 공동체를 만드는 데 보냈다. 결정할 문제에 집중한 것은 마지막 몇 시간뿐이었다. 덕분에 번개처럼 빨리 지혜로운 결정을 내릴 수 있었다.

공동체의 가장 아름다운 특성 중 하나는 '지도력의 흐름'이다. 이 말은 내가 만들어낸 것이다. 이 흐름 덕분에 우리는 1983년의 공동체에서 그렇게 빨리 그렇게 효과적으로 결정을 내릴 수 있었다. 구성원들은 자기 생각을 자유롭게 표현할 수 있었기 때문에 결정 과정에서 적시에 각자의 능력을 발휘했다. 한 사람이 해결책의 A부분을 제시하면, 다른 사람이 거의 마술에 가까울 정도로 즉각 해결책의 B부분을 내놓았다. 공동체가 구성원들의 지혜를 알아보고 받아들였기 때문이다. 이렇게 지도력은 방 안 전체를 흘러 다녔다.

공동체 안에서 지도력의 흐름은 일상적으로 일어난다. 이런 현상은 사업체나 정부 혹은 어떤 조직체에서 의사결정과정을 개선하려는 사람에게 중요한 시사점을 제공해준다. 어떤 계책이나 임기응변으로는 이런 현상을 불러일으킬 수 없다. 먼저 공동체를 만들어야 하고, 전통적인 위계질서는 당분간만이라도 제쳐두어야 한다. 또 모든 종류의 통제를 없애야 한다. 의사결정과정은 어떤 개인이 아니라 공동체 정신 자체가 이끌어가는 것이기 때문이다.

공동체의 정신은 평화다

공동체는 정신이다. 하지만 '공동체 정신'이라는 익숙한 표현은 일반적인 통념과는 사뭇 다르다. 대부분의 사람들은 공동체 정신을 경쟁심이나 맹목적인 열성으로 생각한다. 승리한 축구팀의 팬들이나 자부심이 대단한 마을 사람들이 보여주는 것 같은 정신 말이다.

아마도 "우리 동네가 당신네 동네보다 나아"라는 말이 이런 공동체 정신을 보여주는 전형적인 표현일 것이다.

하지만 이런 생각은 지극히 얄팍한 뿐만 아니라 공동체 정신을 심각하게 오도하는 것이다. 오직 한 가지 측면만 정확하게 이해한 것이기 때문이다. 진정한 공동체의 구성원들은 함께 즐거워하며 기뻐한다. 무언가를 함께 성취하고, 대단히 가치 있는 무언가를 함께 발견해내고, 앞으로도 '대단한 무언가를 발견해낼' 가능성이 있다는 것을 알기 때문이다. 흔히 생각하는 공동체 정신과 진정한 공동체 정신 사이에 닮은 점은 이것 말고는 없다. 예를 들어 진정한 공동체 정신에는 경쟁적인 면이 전혀 없다. 그러므로 경쟁에 정신을 빼앗긴 집단은 진정한 의미에서 공동체라고 할 수 없다. 경쟁은 언제나 배타성을 낳는데, 진정한 공동체는 포용적이기 때문이다. 그러므로 공동체에 적이 있다면, 처음부터 적을 가졌다면, 공동체는 그 정신을 잃어갈 것이다.

참된 공동체 정신은 평화의 정신이다. 공동체 형성 워크숍의 초기 단계에서 사람들은 흔히 이렇게 묻는다. "우리가 공동체가 되었는지 어떻게 알 수 있지요?" 이것은 불필요한 질문이다. 한 집단이 공동체가 될 때는 정신에 극적인 변화가 일어나기 때문이다. 게다가 변화된 새로운 정신은 손으로 만질 수 있을 정도로 뚜렷하다. 여기에 오해는 있을 수 없다. 공동체를 체험한 사람은 누구나 "우리가 공동체가 되었는지를 어떻게 알지요?"라는 질문이 필요 없음을 안다.

또한 공동체가 된 집단은 평화의 정신이 지배한다는 것을 누구도 의심하지 않는다. 완전히 새로운 평온함이 구성원들에게 전해지기 때문이다. 구성원 모두 조용히 말하는 것 같은데 이상하게도 이들의 목소리는 더욱 잘 전해진다. 침묵의 시간에도 결코 불편함이 느껴지지 않는다. 실제로 침묵은 평온함을 가져다주므로 구성원들은 오히려 침묵을 환영한다. 더 이상 미칠 듯 흥분할 일도 없다. 혼란은 끝났다. 소음이 사라지고 음악이 흐르는 것 같다. 구성원들은 무심히 혹은 귀 기울여 이 음악을 듣는다. 그래도 평화로움이 가득하다.

하지만 정신은 다루기 힘들다. 물질적인 것과 달리 그 자체는 순순히 정의를 내리기도 포착하기도 힘들다. 그래서 공동체가 된 집단도 일반적인 의미의 평화를 항상 느낄 수는 없다. 구성원들은 때로 의견 충돌을 일으키거나 심하게 다툴 수 있다. 이 다툼이 너무 격렬해서, 침묵의 여지도 전혀 혹은 조금밖에 남지 않을 수도 있다. 하지만 이 다툼은 파괴적이라기보다 생산적이다. 사랑에 기초한 투쟁이기 때문에 언제나 전원합의를 향해 움직인다. 이처럼 공동체 정신은 평화와 사랑의 정신과 불가분의 관계에 있다.

사랑과 평화의 '분위기'는 확연히 감지할 수 있다. 그래서 거의 모든 공동체 구성원은 이것을 영혼으로 경험한다. 불가지론자나 무신론자도 대개 공동체 형성 작업을 영적 경험이라고 말할 것이다. 하지만 이 경험을 해석하는 방식은 매우 다르다. 의식이 속된 사람들은 공동체 정신을 집단 자체의 창조물로만 보는 경향이 있다. 그래서 아름다운 경험이라고 여기면서도 그 이상의 무엇이 있다고는 생각하지 않으면서 공동체를 떠난다. 반면에 대부분의 기독교인들은 공동체 정신을 훨씬 복잡하게 이해하곤 한다.

기독교인의 틀에서 보면, 공동체 정신은 순수한 인간 정신도, 오직 집단에 의해서 창조된 것도 아니다. 집단 외적인 것, 집단과 독립된 것이다. 예수가 세례를 받을 때 비둘기의 형태로 강림했다는 성령처럼 공동체 정신을 집단에 강림한 어떤 것으로 본다. 그렇다고 공동체 정신의 강림을 우연적이거나 예측할 수 없는 것으로 보지는 않는다. 그들은 공동체 정신이 준비된 비옥한 땅 위에만 뿌리를 내린다고 믿는다. 그래서 기독교적인 성향이 강한 사람들은 공동체 형성 작업을 성령의 강림을 위한 준비로, 공동체 정신은 성령의 현시顯示로 생각한다.

이것은 공동체가 기독교에서만 일어나는 현상이라는 의미는 아니다. 나는 기독교도와 유대교도, 기독교도와 무신론자, 유대교도와 이슬람교도, 이슬람교도와 힌두교도 사이에서도 공동체가 형성되는 것을 보았다. 또 신앙을 가진 사람이든 그렇지 않은 사람이든 공동체를 발달시킬 수 있다. 이는 기독교 신앙이 공동체를 보장하는 것은 아님을 의미한다. 예수의 제자들이 예수 이름으로 귀신을 쫓는 것을 보고, 사람들은 이것을 손쉬운 방법이라고 생각했다. 그래서 더 이상 생각할 것도 없이 귀신 들린 사람들에게 가서 "예수! 예수! 예수!"라고 외쳤다. 하지만 귀신의 비웃음만 샀을 뿐 아무런 일도 일어나지 않았다.

집단에서도 마찬가지다. 준비되지 않은 기독교인 집단도 둘러앉아 얼굴이 시퍼레질 때까지 "예수! 예수! 예수!"를 외칠 수 있다. 하지만 아무 일도 일어나지 않을 것이다. 그들은 공동체를 향해 조금도 나아가지 못할 것이다. 반면에 종교적 신념이 무엇이건, 예수라는 말을 한 번이라도 사용했건 안 했건, 공동체 정신에 필요한 것, 즉 예수가 가르치고 보여준 사랑과 희생, 절제를 기꺼이 실천하려는 집단의 사람들은 그의 이름으로 함께 모일 것이며, 그도 그곳에 함께할 것이다.

나 역시 기독교적인 준거틀을 갖고 있다. 그래서 평화와 사랑의 정신인 공동체 정신을 예수의 정신과 같은 것으로 본다. 하지만 공동체에 대한 기독교의 이해는 이런 수준도 넘어선다. 하나 안에 셋이 있다는 삼위일체 교리에 따르면, 예수와 하느님, 성령은 어떤 의미에서는 서로 다르지만 또 어떤 의미에서는 서로 같다. 그러므로 공동체 안에 예수가 현존한다는 내 말은 하느님과 성령이 현존한다는 의미이기도 하다.

기독교 사상에서 성령은 특히 지혜와 동일시된다. 지혜는 일종의 계시로 나타난다. 세속적인 우리 인간들은 사고와 연구, 경험을 통해 지혜에 이른다고 생각한다. 지혜는 우리 자신이 성취하는 것이며, 어떻게든 지혜를 얻을 수 있다고 본다. 반면에 기독교 사상가는 사고와 연구, 경험의 가치를 무시하지는 않지만, 지혜의 창조에는 무언가가 더 관련되어 있다고 믿는다. 구체적으로 말하면, 그들은 지혜를 하느님과 성령의 선물이라고 믿는다.

진정한 공동체의 지혜도 기적처럼 보일 때가 많다. 물론 완전히 세속적인 시각으로는 이런 지혜를 표현의 자유와 다원적 재능 발휘, 전원합의의 결과로 설명할 수도 있다. 하지만 나의 종교적인 눈에는 이런 지혜가 신성한 정신이나 신적 개입의 문제에 더 가까운 것으로 보일 때가 있다. 그리고 이것은 공동체 정신에 기쁨의 감정이 자주 수반되는 이유의 하나이기도 하다. 공동체의 구성원들은 그들이 일상적으로 사로잡혀 있던 속된 세계에서 부분적으로나마 일시적으로 벗어났다고 느낀다. 이 순간은 마치 하늘과 땅이 서로 만난 것 같다.

04
공동체의 기원

위기가 있어 공동체가 필요하다

위기에 대응하던 중에 진정한 공동체를 형성하는 경우도 흔하다. 예를 들어 생판 모르던 사람들도 중환자 병동의 대기실에 있다 보면 어느새 희망과 두려움, 기쁨과 슬픔을 나누게 된다. 그들이 사랑하는 사람이 '중환자 명단'에 올라 복도 건너편에 누워 있기 때문이다.

더 큰 규모의 예를 들어보자. 멕시코시티에서 지진이 일어나 1분 만에 건물들이 무너지고 사람들은 죽음으로 내몰렸다. 그러자 갑자기 부자에 가난한 사람들까지 다친 사람들을 구하고 집 없는 사람들을 돌보기 위해 함께 밤낮없이 일했다. 또 갑작스레 인간애를 느낀 사람들이 전국 각지에서, 만남은 고사하고 한번 본 적도 없는 사람들을 위해 기꺼이 지갑과 가슴을 열었다.

문제는 일단 위기가 끝나면 거의 언제나 이런 공동체도 끝난다는 점이다. 사람들이 평범한 일상으로 돌아가면, 공동체 의식이 그들에게서 빠져나가면서 공동체도 사라져버린다. 하지만 그 경험이 너무 아름다워서 위기의 시간을 자주 그리워하기도 한다. 한 예로 많은 소련인들은 레닌그라드가 포위되었던 참혹한 시절을 감상에 젖어 회상한다. 당시에는 모든 사람들이 조직적으로 힘을 합쳤기 때문이다. 또 제2차 세계대전에 참전했던 미국인 가운데는 진흙 구덩이나 다름없던 참호를 지금까지 추억하는 이들도 있다. 당시 두 번 다시 경험할 수 없는 진한 전우애와 삶의 의미를 느꼈기 때문이다.

　　미국에서, 아니 전 세계에서 가장 성공적인 공동체는 아마 알코올의존증환자협회Alcoholics Anonymous일 것이다. 1935년 6월 빌 윌슨은 오하이오 주 아크론 시에서 첫 알코올의존증환자 모임을 시작했다. 이후 두 세대밖에 지나지 않은 오늘날, 알코올의존증환자 가족집단인 알라논Alanon과 알코올의존증환자 자녀집단인 알라틴Alateen, 과식자협회Overeaters Anonymous와 정서장애자협회Emotions Anonymous 같은 집단이 미국 전역의 모든 마을에 존재하게 되었다. 알코올의존증환자협회와 이것을 모델로 한 집단의 구성원들은 동료애를 통해 치유를 받으며 삶의 의미를 되찾고 있다. 그런데 이런 모든 일들은 사실상 견고한 조직도 없이 이루어진다. 현명하게도 설립자들이 지나친 조직화가 공동체 정신과 상반된다는 점을 알았기 때문이다. 그래서 이런 집단들에는 회비도 예산도 건물도 없다. 하지만 미국에서 이들만큼 좋은 영향을 미치고 있는 단체는 없다.

자연재해의 희생자를 돕기 위해 공동체가 만들어진 것처럼, 알코올의존증환자협회도 위기에 처한 사람들과 함께 시작되었다. 사람들은 상처받고 소외되는 순간에 이곳을 찾았다. 자신이 사회에 '통합되지' 않았다는 것을, 도움이 필요하다는 것을, 더 이상 혼자 해낼 수 없다는 것을 깨달은 것이다. 하지만 알코올의존증환자를 특별한 종족이라고 생각하는 것은 그릇된 생각이다. 공동체는 자신을 드러낼 수 있는 안전한 장소다. 그래서 진정한 공동체에 참가한 사람들은 남자든 여자든 누구나 곧 자신이 가진 게 아무것도 없음을 고백한다. 우리는 사실 모두 상처받은 존재들이다. 우리 중 누구도 완전하게 통합되지 못했다. 우리 중 누구도 혼자서는 해낼 수 없다. 대부분의 사람들이 상처 입었다는 사실을 자신은 물론 타인에게도 여전히 감추려고 하지만, 우리 모두는 사실 위기에 처해 있으며 도움이 필요하다. 알코올의존증환자협회 사람들도 더 이상 자신의 중독증을 감추지 말아야 한다. 자신이 엉망진창이라는 것을 고백해야 한다. 위기는 알코올의존증환자협회라는 공동체의 형성 조건이며, 이런 의미에서 알코올의존증은 축복일 수도 있다.

알코올의존증환자협회의 구성원들은 커다란 은총과 지혜로 이 축복을 선택했다. 왜냐하면 그들에게는 처음부터 자신을 '전前 알코올의존증환자'나 '회복된 알코올의존증환자'가 아니라 언제나 '회복 중인 알코올의존증환자'라고 부르는 전통이 있었기 때문이다. 그들이 이런 말을 쓰는 이유는 위기가 언제 어디에나 도사리고 있음을 알기 때문이다. 회복은 결코 완전하지 않아서, 재발의 위험성이 항상 도사리고 있다. 공동체가 필요하고 정신적 성장을 위한 기회가 언제나 열려 있어야 하는 이유도 여기에 있다. 계속되는 알코올의존증의 위기를 인식하는 것이 알코올의존증환자협회가 지닌 장점의 한 측면이다.

알코올의존증환자협회의 주목할 만한 성공은 위기를 매일의 삶에서 일어날 수 있는 것으로 생각할 때 공동체도 일상의 한 부분으로 자리잡으리라는 점을 시사한다. 우리가 매일 위기에 둘러싸여 있다는 생각이 이상하게 느껴질지도 모르겠다. 그렇다면 위기危機라는 한자를 떠올려보자. 여기서 '위'는 '위험'을 뜻하고 '기'는 '감추어진 기회'를 의미한다. 우리는 삶이 매일 기회의 연속이기를 바란다. 대부분의 사람들이 알아차리지 못하고 있지만, 여기에는 마음의 건강에 대한 심오한 진실이 담겨 있다. 대다수의 믿음과는 반대로 건강한 삶은 위기가 없는 삶이 절대 아니다. 사실상 개인의 정신적 건강은 얼마나 일찍 위기에 직면할 수 있느냐로 구별된다.

위기라는 말은 요즘 '중년의 위기'라는 용어를 통해 유행처럼 사용되고 있다. 하지만 이 말은 이미 오래전부터 여성의 갱년기에 흔히 나타나는 증상들을 표현할 때 사용되던 말이다. 여성들은 일반적으로 갱년기에 우울을 경험한다. 하지만 이런 우울은 불가피한 것이 아니다. 아주 간단한 예를 들어보자. 심리적으로 건강한 여자가 경험하는 위기는 다음과 같다. 20대 중반의 어느 날 거울을 들여다보다가 눈가의 주름살을 발견하고는 이제 할리우드에서 나를 스카우트하러 오는 일은 안 일어나겠지 하고 혼자 중얼거린다. 그러다 30대 중반으로 접어들어 막내를 유치원에 보낼 때가 되면, 이제 아이들에게만 집중하던 삶에서 벗어나 나만의 중요한 일을 시작해야 하지 않을까 고민한다. 그러고는 두 번째 직업을 찾기 위해 힘든 노력을 시작한다. 이런 식으로 위기를 잘 넘기고 나면, 이십년 뒤 50대 중반으로 접어들어 폐경이 돼도, 얼굴이 화끈거리고 불끈불끈 짜증이 치솟든 말든 나름대로 순조롭고 행복하게 위기를 통과할 것이다.

하지만 위기를 외면하려는 사람, 할리우드에서 스카우트하러 오리라는 환상에 여전히 빠져 사는 사람, 아이들 말고는 의미심장한 관심사를 개발하려고 노력하지 않은 사람은 심각한 어려움에 봉착할 가능성이 크다. 이로 인해 폐경이 닥치면 ― 이때는 아무리 진하게 화장을 해도 주름살을 감출 수 없고, 자녀들은 그녀를 텅 빈 둥지와 텅 빈 삶 속에 버려두고 집을 떠난다 ― 맥없이 무너져 버리고 만다.

위와 같은 예를 든 이유는 여성이나 중년의 문제를 전형화하기 위해서가 아니다. 여성과는 약간 다르겠지만, 중년의 문제는 남성도 마찬가지로 힘들다. 잘 지나갈 수도 있고 형편없이 좌절할 수도 있다. 쉬운 문제가 아닌 것이다. 하지만 남성의 경우에도 가능한 한 빨리 위기를 직시하고 해결해야 다음 단계로 넘어갈 수 있다. 그래야 건강한 삶을 살 수 있다. 이상하게도 정신적 건강을 가늠하는 최고의 척도는 일생 동안 얼마나 많은 위기들을 겪어냈느냐 하는 데에 있다.

끔찍한 정신병은 환자들을 파괴적이리만치 극적인 삶으로 몰고 간다. 하지만 더 흔한 저주는 극적인 인생에 걸맞은 마음의 준비를 하지 못하고 살아간다는 점이다. 이런 점을 생각해볼 때, 종교적 성향이 강한 사람들에게는 또 다른 이점이 있다. 세속적인 사람들이 삶에서 겪는 부침들은 평범한 것인 반면, 종교적인 사람들은 '영적인 위기들'을 경험한다. 우울증에 걸리는 것보다는 영적인 위기를 맞는 편이 훨씬 존엄해 보인다. 하지만 사실 모든 심리적인 문제들은 인간 정신의 위기로 볼 수 있다. 나는 심리치료를 하면서 종종 사람들에게 그들의 존엄성과 삶의 의미를 가르쳐주는 데 많은 노력을 기울여야 했다.

삶의 위기를 일부러 만들어낼 필요는 없다. 단지 위기가 존재한다는 것을 인정하기만 하면 된다. 실제로 우리는 공동체의 필요성이 극에 달한 시대에 살고 있다는 사실을 인식해야 한다. 물론 우리에게는 선택권이 있다. 계속 그렇지 않은 척 가장하며 살아갈 수도 있다. 개인적으로나 집단적으로 자신과 지구를 파괴해버릴 때까지 위기에 직면하기를 거부할 수도 있다. 종말에 이르기까지 공동체를 외면할 수도 있다. 반대로 삶이라는 드라마에 눈을 떠서 위기 극복에 필요한 단계들을 밟아 나갈 수도 있다.

공동체는 우연히 이루어지기도 한다

공동체에 대한 우리의 욕구와 잠재적 갈망은 이미 말할 수 없이 강력하다. 그래서 어쩌다 우연히 공동체에 발을 늘여놓기도 한다. 누가 봐도 분명한 위기가 아닌 때에도 말이다. 맥 배질리의 마라톤집단과 오키나와의 테크집단, 메인 주 베델에서 열린 린디의 T집단에서 나를 포함한 여러 참가자들이 한 일도 바로 이런 것이었다. 하지만 우리의 참여는 성공해도 그만 못해도 그만이었다. 다른 T집단들과 맥의 다른 집단은 공동체를 이루지 못했다는 것을 기억해야 한다. 공동체는 성공을 거둘 때도 있지만, 그러지 못할 때도 있다.

내가 공동체의 개념에 다시 흥미를 갖게 된 것도 우연히 겪은 어떤 일 때문이었다. 1981년 조지워싱턴 대학으로부터 '영적 성장'을 주제로 워크숍을 진행해달라는 요청을 받았다. 대학 교수나 학문에만 전념하는 진지한 학자가 되어본 적이 없는 나로서는 내가 그럴 만한 자격을 갖췄는지 고민이 됐다. 그러다 워크숍이 있기 몇 달 전, 꽤 학구적인 저널에서 내가 맡은 주제와 연관된 논문을 우연히 읽고 많은 도움을 받았다. 이 논문은 리처드 카츠라는 인류학자가 쓴 〈교육과 변화: 쿵족과 피지족 사이에서 치유자 되기〉* 였는데, 지구 반대편에 있는 두 '원시'사회에서 치유자로 지명된 사람들의 영적 여정을 묘사하고 있었다. 두 원시 문화의 종교체계는 눈에 띌 만큼 서로 달랐다. 그런데 놀랍게도 두 치유자의 영적 여정은 역동성 면에서 똑같았다. 이뿐이 아니었다. 이들의 영적 여

---

* Richard Katz, 〈Education and Transformation: Becoming a Healer Among the !Kung and Fijians〉, Harvard Educational Review, Vol. 51, No. 1 (1981)

정이 보여주는 역동성은 우리 문화에서 기독교 사제나 수녀를 포함한 많은 이들이 경험하는 역동성과도 똑같았다. 이런 사실을 발견하고 나니, 이 논문이 내가 진행하기로 한 워크숍에 적절할 뿐만 아니라 참석하기로 한 60명의 참가자들에게 큰 감동도 안겨주리라는 생각이 들었다. 그래서 논문 60권을 주문해서 워크숍에 가지고 갔다.

나는 먼저 참가자들에게 논문을 한 부씩 나눠주고 30분간 읽게 했다. 논문을 읽은 후에는 침묵 속에서 10분간 그 내용을 명상할 것을 주문했다. 명상이 끝나고 참가자 전원이 둥글게 둘러앉은 후에는 논문에 대해 토론하라고 하고, 토론 주제는 내가 정하겠다고 했다.

나는 이것이 아주 안전하고 지적인 작업이라고 생각했다.

토론이 시작되자 참가자들은 즉각 쿵족과 피지족 그리고 자신들의 영적 여정이 역동성 면에서 비슷하다고 평가했다. 하지만 내가 생각한 주제는 이것이 아니었다. 그들은 내가 관심을 느낀 주제에는 전혀 흥미가 없었다. 이 원시 사회의 치유자들을 향한 깊은 선망만 성급하게 드러냈다.

이 워크숍에 참석한 이들은 주로 교사나 간호사, 치료자, 목회자 등이었다. 이들 자신이 사실상 전문적인 치유자였던 것이다. 그런데도 워싱턴 도심이나 '교외 주택가'에 살면서 활동하는 이들은 자신이 속한 사회와 사람들로부터 철저하게 소외되어 있다고 느꼈다. 반면 논문에 묘사된 것처럼 쿵족과 피지족의 치유자들은 시골의 잘 통합된 작은 촌락에서 환자들과 함께 살았다. 그래서인지

쿵족과 피지족에 대해 이야기할 때 참가자들의 눈에는 갈망이 가득했다. 자연히 워크숍의 초점은 재빨리 그들의 간절한 외로움으로 바뀌었다.

이는 결코 지적인 것이 아니었다.

하지만 이런 초점의 변화는 강력하고 감동적인 치유와 깊은 만족을 선사했다. 명목은 지적인 워크숍이었지만 모두들 공동체에 대한 갈망을 품고 있던 덕분에, 가장 간절하게 바라던 것을 우연히 맛보게 된 것이다. 즉 우리는 비록 짧은 시간이었지만 진정한 공동체가 되었고, 이 놀라운 시간 동안에는 각자의 외로움이 사라지는 것을 느꼈다.

사실 기적이라고 할 만큼 우연히 공동체를 경험했던 이 워크숍 말고, 이전에 내가 진행했던 모든 지적인 워크숍은 그 의미와 효과, 교육적인 가치 면에서 분명하지 않았다. 이 워크숍을 진행한 후로 나는 하나의 도전에 직면했다. 앞으로도 공동체의 기적이 예측대로 다시 일어나도록 워크숍을 진행할 수 있을까? 위기나 우연에 의해서가 아니라 꼼꼼하게 계획한 대로 집단이 공동체로 변화하게 만들 수 있을까?

공동체 설계 과정에서 얻은 결론 몇 가지

대답은 '그렇다'이다.

나는 공동체를 하나의 기적이라고 표현했다. 하지만 당연히 우리는 기적을 예측하거나 통제할 수 있는 것으로 생각하지 않는다. 그보다는 평범 속에 기이한 일이 끼어든 것이라고 생각한다. 그리고 우리 사회에서 공동체가 형성되는 경우는 여전히 드물다. 사실상 평범한 과정에서 특이하게 일어난 일처럼 공동체는 만들어진다. 기적은 자연법칙으로는 설명이 불가능한 현상으로 정의되기도 하지만 그렇다고 기적이 법칙에 위배되는 것이라는 의미는 아니다. 어쩌면 기적은 단지 우리 인간들이 일반적으로 지금 이해하지 못하는 법칙을 따르고 있는지 모른다.

공동체의 형성이 기적이든 아니든, 워싱턴에서 일요워크숍을 진행한 후로 나는 기회가 있을 때마다 의도적으로 그 과정을 재현하려고 했다. 그리고 '공동체 형성 워크숍'도 자주 진행하기 시작했다. 여전히 배우는 과정이었으므로 이런 시도의 대부분은 시행착오로 끝났지만, 덕분에 몇 가지 결론을 얻어낼 수 있었다. 사실이라고 믿을 만큼 나는 이 결론을 확신한다. 가장 기본적인 결론은 다음과 같다.

1. 한 집단이 공동체에 이르는 과정에는 법칙이 있다. 아주 명확한 법칙이나 규칙에 맞춰 기능할 때 집단은 언제든지 진정한 공동체가 된다.

2. '소통하다 communicate'와 '공동체 community'라는 말은 동사와 명사라는 차이는 있지만 어근은 같다. 원활한 소통의 원칙들은 공동체 형성의 기본 원칙이다. 하지만 사람들은 진정한 공동체의

법칙이나 규칙들에 여전히 무지하다. 소통하는 법을 자연스럽게 알 수 있는 것도 아닌데, 아직 서로 대화하는 법을 배우지 않았기 때문이다.

3. 특정 상황에서는 의사소통이나 공동체의 규칙을 자기도 모르게 우연히 발견할 수도 있다. 내가 설명한 공동체들에서 일어난 일도 바로 이런 것이었다. 하지만 이런 과정은 의식하지 못하는 사이에 일어나므로 사람들은 그 규칙을 실천하는 법을 즉시 잊어버린다.

4. 의사소통과 공동체 형성의 규칙은 간단하게 가르칠 수도 있고, 비교적 쉽게 터득할 수도 있다. 이런 의식적인 교육은 규칙을 기억하고 후에 실천하도록 도와준다.

5. 배움은 수동적일 수도 있고 경험적일 수도 있다. 더 어려운 만큼 경험을 통한 배움이 훨씬 효과적이다. 다른 것들과 마찬가지로 의사소통과 공동체의 규칙은 경험을 통해 가장 잘 터득할 수 있다.

6. 사람들은 대부분 의사소통과 공동체 형성 규칙을 배울 능력을 갖고 있으며, 기꺼이 이 규칙들을 따를 것이다. 자신들이 무엇을 하고 있는지 알면, 사실상 어떤 집단이든 진정한 공동체로 성장한다.

내가 위의 결론들을 사실로 확신하며 말하는 데에는 다 이유가 있다. 1981년 조지워싱턴 대학의 워크숍에서 공동체를 경험한 후로 수많은 공동체 형성 워크숍을 진행해보았기 때문이다. 워크숍

때는 거의 언제나 힘든 순간들이 있다. 하지만 결국에는 모든 워크숍이 성공적으로 끝났다. 공동체 형성 여부를 우연의 소산으로 여기던 감수성훈련집단 시절과는 달리, 모든 집단을 공동체로 변화시키는 데 성공한 것이다. 하지만 이 성공은 내 성격과는 거의 혹은 전혀 관계가 없었다. 물론 아무나 공동체를 성공적으로 이끌어내는 인도자가 될 수 있는 것은 아니지만, 내가 선발해서 원칙을 훈련시킨 사람들은 유사한 성공을 거두었을 뿐만 아니라 다른 사람들까지 훈련시키고 있다.

그렇다면 그 원칙과 법칙, 규칙은 무엇일까? 기본적인 것들은 공동체 형성 단계를 묘사하는 과정에서 분명하게 설명할 수 있으며, 이제 그 과정에 접어들려고 한다. 하지만 주의할 것이 있다. 가장 흔하고 가장 하기 쉬운 불평을 꼽으라면 아마 "평생 공동체라고는 전혀 경험해본 적이 없어"일 것이다. 공동체가 우연의 산물이라면, 이런 불평도 정당화될 수 있을 것이다. 하지만 공동체 형성의 법칙들을 알고 나면—더 많은 지식을 갖추도록 요구받겠지만—아무것도 하지 않으면서 공동체를 열망하기만 하는 태도를 더 이상 변명할 수 없을 것이다.

05
공동체가 만들어지는 단계

개인과 마찬가지로 공동체에도 고유한 특성이 있다. 여전히 우리 모두는 인간 조건을 공유하고 있다. 그러므로 의도적으로 공동체를 만들기 위해 모인 집단은 일정한 단계를 거쳐야 한다. 그 단계는 다음과 같다.

사이비 공동체
혼란
마음 비우기
공동체

모든 집단이 정확히 이들 단계를 거쳐 공동체가 되는 것은 아니다. 예를 들어 위기에 대응하기 위해 임시로 형성된 공동체는 얼마 동안 하나 또는 그 이상의 단계를 뛰어넘을 수 있다. 그러므로 나는 분명히 정해진 공식에 따라야 한다고 주장하지는 않는다. 하지만 계획에 따라 공동체를 만드는 과정에서는 이런 순서가 자연스럽고 일반적이다(공동체를 이룬 집단과 폭넓게 작업해본 사람들은 발달 과정에 단계가 있음을 쉽게 알아차린다. 집단 인도자들 간에는 '형성, 격동, 규범, 수행'이라는 단계를 기억하는 방법이 통용되기도 한다. 이런 방법은 무용하지는 않지만 불완전하다).

사이비 공동체

공동체를 만들려는 집단이 가장 흔하게 보여주는 첫 번째 반응은 위장이다. 구성원들은 모든 불협화음을 피하고 서로 지나치리만치 즐겁게 지내면서 즉각 공동체가 되려고 한다. 이런 구성원들이 만들어내는 집단을 나는 '사이비 공동체'라고 부른다. 이런 공동체는 결코 제대로 기능하지 못한다.

사이비 공동체를 처음 접했을 때 나는 무척 당황했다. 전문가들이 만들어낸 공동체였기에 당혹감은 더욱 컸다. 뉴욕 맨해튼의 그리니치빌리지에서 워크숍을 진행하는 동안 사이비 공동체가 만들어졌는데, 구성원들은 성취 지향형의 세련된 뉴욕 사람들이었다. 대부분의 구성원들이 폭넓은 정신분석을 받아왔기 때문에 '머뭇거리면서도 자신의 약한 부분을 내보이는' 일에 익숙했다. 덕분에 몇 분도 안 지나서 자신의 깊은 속내를 상세히 이야기했다. 첫 번째 휴식시간에는 벌써 포옹까지 할 정도였다. 세상에, 이렇게 빨리 공동체가 만들어지다니!

하지만 무엇인가 빠져 있었다. 처음에는 나도 즐거웠다. 누워서 떡 먹기라는 생각마저 들었다. 걱정할 이유가 하나도 없는 것 같았다. 그런데 반나절이 지나자 불편해지기 시작했다. 무엇이 문제인지 콕 짚어 말할 수는 없었지만 공동체에서 항상 느꼈던 황홀하고 기쁘고 흥분된 감정이 느껴지지 않았다. 사실 조금은 지루하기까지 했다. 그렇지만 모든 면에서 그 집단은 진짜 공동체처럼 행동했다. 나는 어떻게 해야 할지 몰랐다. 무언가 조치를 취해야 할지 어떨지도 판단이 안 섰다. 그래서 나머지 반나절을 그냥 흘려보냈다.

그날 밤 잠을 이루지 못했다. 그러다 새벽 무렵 옳은 일인지 여전히 확신은 안 섰지만, 불편한 느낌을 털어놓기로 결심했다. 다음 날 아침, 나는 모두 모였을 때 다음과 같이 말했다.

"여러분은 보기 드물게 세련된 사람들입니다. 그래서 어제 아침 그렇게 빨리 그렇게 쉽게 공동체를 이룰 수 있었던 것 같아요. 하지만 역시 너무 빨랐고 너무 쉬웠습니다. 그래선지 저는 이상한 느낌이 듭니다. 무언가 빠져 있고, 아직은 진정한 공동체를 이루지 못한 것 같아요. 잠시 침묵의 시간을 가진 후에 우리 반응을 살펴보도록 합시다."

그러자 정말로 반응이 나타났다! 침묵이 끝나고 5분도 못 되어 부드럽고 애정이 넘쳐 보이던 사람들이 서로의 목을 조를 것처럼 돌변했다. 동시에 어제의 관계에서 쌓인 분노가 표면으로 올라왔다. 그들은 자신의 이데올로기와 종교로 상대방을 신속하고 맹렬하게 때려눕혔다. 그것은 영광스러운 혼란이었다! 그로 인해 드디어 진정한 공동체 건설 작업을 시작하고, 워크숍이 끝날 때쯤 성공할 수 있었기 때문이다. 구성원들의 세련된 태도 때문에 혼란을 넘어 진정한 공동체를 이루는 과정에 돌입하기까지 하루의 시간이 더 걸리기는 했지만 말이다.

이 일화에서 얻을 수 있는 교훈은 두 가지다. 하나는 즉각 형성되는 공동체를 조심하라는 것이다. 공동체에는 노력과 희생뿐만 아니라 시간도 필요하다. 공동체는 쉽게 이룰 수 있는 것이 아니다. 또 다른 교훈은 세련되지 않은 사람들끼리 공동체를 이루는 일도 세련된 사람들끼리 만드는 것과 다르지 않다는 것이다. 한 예로, 중서부 소도시의 시민 지도자들이 모인 집단만큼 빨리, 효과적으로 공동체를 형성한 집단을 본 적이 없다. 그들은 심리 훈련이라고는 거의 받아본 적이 없는 사람들이었다. 한편으론 세련된 사람들이 위장에 더 능할 수 있다.

사이비 공동체의 구성원들은 위장을 통해서 쉽게 공동체를 이루려고 한다. 물론 계획적으로 악의에 찬 거짓말을 하는 사악하고 의식적인 위장은 아니다. 오히려 사랑받고 싶은 사람들이 갈등을 피하기 위해서 선의의 거짓말을 하거나 자신의 실상이나 감정을 감추는 무의식적이고 가벼운 위장이라고 할 수 있다. 하지만 이런 것도 분명히 위장은 위장이다. 위장은 유혹적이기는 하지만 성취를 방해하는 부적절한 길이다.

사이비 공동체의 본질적인 문제는 갈등을 회피하는 것이다. 집단 내 갈등의 부재不在는 그 자체로는 문제가 되지 않는다. 진정한 공동체는 때로 오래도록 갈등 없이 멋진 시간을 보내기도 한다. 하지만 이것은 갈등을 피하지 않고 해결하는 법을 알고 있기 때문이다. 요컨대 사이비 공동체는 갈등을 회피하고, 진정한 공동체는 갈등을 해소한다.

사이비 공동체를 진단하는 척도는 개인차를 가벼이 여기거나 그에 대한 인식이 부족하거나 무시하는 것이다. 착한 사람들은 예의가 몸에 뱄기 때문에 자신이 무엇을 하는지는 생각지도 않고 그저 예의바르게 행동한다. 사이비 공동체에서는 구성원 모두 예법에 따라 움직이는 것처럼 보인다. 이 예법이란 다음과 같다. 타인의 기분을 상하게 하는 언행은 삼간다. 누군가가 기분을 상하게 하거나 화나게 하거나 짜증스러운 언행을 하더라도 아무 일 없는 듯, 조금도 피해를 입지 않은 것처럼 행동한다. 의견 다툼이 일어날 조짐이 보이면, 가능한 한 빨리 부드럽게 화제를 바꾼다. 훌륭한 안주인이라면 누구나 알고 있는 규칙이다. 이런 규칙은 확실히 집단을 잘 돌아가게 만든다. 하지만 개성과 친밀감, 정직성을 무너뜨리고, 오래 지속될 경우 권태를 유발하기도 한다.

사이비 공동체는 개인차를 부인하면서도 그렇지 않은 척 위장한다. 구성원 모두 예수 그리스도에 대해 똑같은 믿음을 갖고, 소련인들을 똑같이 이해하고 있으며, 똑같은 인생사를 겪은 것처럼 행동한다. 사이비 공동체의 특성 중 하나는 구성원들이 일반화해서 말하는 경향이 있다는 것이다. 그들은 "이혼은 비참한 일이야"라거나 "본능을 믿어야 해", "부모님이 최선을 다했다는 점을 인정해야 돼", "일단 하느님을 알게 됐으면 두려워할 필요가 없어", "예수는 우리를 죄에서 구원해주셨어" 하는 식으로 말한다.

사이비 공동체의 또 한 가지 특징은 위와 같은 포괄적 진술을 서로 묵인한다는 것이다. 예를 들어 구성원 중 누군가가 "하느님을 알게 됐으면 두려워할 필요가 없어"라고 말했다 하자. 그러면 구성원 중 누군가는 이렇게 생각할 것이다. '난 이십 년 전에 하느님을 알았는데 여전히 두려운 걸. 하지만 다른 이들에게 이런 이야기는 안 하는 게 좋을 것 같아.' 갈등의 소지를 피하기 위해 이런 생각을 혼자만 간직하는 것이다. 그러고는 마치 상대방이 보편적인 진리를 이야기한 것처럼 고개를 끄덕여 보이기까지 한다. 사실상 어떤 형태든 의견의 불일치는 피해야 한다는 압박감이 너무 크면, 소통의 경험이 풍부해서 이러한 습관이 진정한 소통에 해롭다는 것을 잘 아는 사람들조차 잘못을 지적하지 못하게 된다. 이런 억압의 결과, 화성에서 온 관찰자가 이런 상황을 목격했다면 아마 인간들은 겉으론 다 달라 보이는데 내면은 똑같다고 결론지을 것이다. 나아가 인간들은 지루하기 짝이 없는 존재라고도 생각할 것이다.

내 경험상 스스로 '공동체'라 부르는 집단은 대부분 사이비 공동체인 경우가 많다. 예를 들어 교회신자들이 보통 개인차를 드러내는 일을 권장하는지 아니면 제지하는지를 생각해본다. 공동체 형성의 첫 단계에서 나타나는 이런 순응주의는 우리 사회의 규범일까? 아니면 예외적인 현상일까? 혹여 사이비 공동체 너머에 무엇인가 있다는 것조차 모르는 사람들이 많은 것은 아닐까?

그리니치빌리지에서 워크숍을 진행한 후로 나는 사이비 공동체를 알아보고 방지하는 것이 쉽다는 점을 깨달았다. 사이비 공동체를 미연에 방지하려면 대개 상투적이고 진부한 말이나 일반화에 딴지를 걸어주기만 하면 된다. 예를 들어 메리가 "이혼은 끔찍한 일이에요"라고 말하면, 나는 이렇게 말할 것이다. "메리, 그건 당신의 느낌을 일반화한 말이에요. 구성원들에게 당신을 예로 들어 설명해도 기분 나빠하지 않길 바라요. 소통을 잘하기 위해선 개인적으로 말하는 법, '나'나 '나의'로 말을 시작하는 법을 배워야 합니다. '이혼은 끔찍하다'는 말을 '내게 이혼은 끔찍한 경험이었다'라고 바꾸어 말하면 어떨까요?" 나의 조언에 메리가 "좋아요, 이혼은 내게 끔찍한 경험이었습니다"라고 말하면, 테레사는 이렇게 말할 것이다. "메리, 그렇게 말해줘서 기뻐요. 지난 20년간 내가 한 일 중에서 가장 잘한 결정이 바로 이혼이었거든요."

이렇게 서로 다른 의견을 존중할 뿐 아니라 밖으로 끌어내도록 북돋우면, 그 집단은 아주 빨리 두 번째 단계인 혼란으로 진행한다.

혼란

누군가를 치유하거나 변화시키겠다는 의도는 좋았지만 방향이 잘못되었을 때는 언제나 혼란이 일어난다. 전형적인 예를 하나 들어본다. 잠시 어색한 침묵이 흐른 뒤 누군가 이렇게 말한다고 하자. "저, 제가 이 워크숍에 참가한 이유는 이런저런 문제 때문인데, 여기서 해결책을 찾을 수 있지 않을까 생각해서입니다." 그러면 다른 이가 이렇게 말한다. "제게도 그런 문제가 있었어요. 저는 이러저러하게 그 문제에서 벗어났어요."

"그래요? 저도 그렇게 해보았어요. 하지만 아무것도 해결되지 않았습니다." 첫 번째 사람의 말에 세 번째 사람이 끼어든다.

"제 경우에는 예수님을 주님으로, 구주로 받아들이자 문제가 해결되었어요. 다른 모든 문제도 마찬가지였습니다."

그러자 첫 번째 사람이 발끈한다.

"유감입니다만, 예수니 구주니 하는 이야기는 별 매력 없습니다. 저와는 상관없는 이야기예요."

이 말에 네 번째 사람이 맞장구를 친다.

"맞아요. 사실 그런 이야기는 역겹죠."

"하지만 그건 진실입니다."

다섯 번째 사람이 참다못해 끼어든다.

이렇게 혼란이 시작된다.

대체로 사람들은 변화에 저항한다. 그래서 타인을 치유하고 변화시키려는 사람은 상대가 화를 내면서 거꾸로 그를 치유하고 변화시키려 들 때까지 똑같은 행동을 열성적으로 계속한다. 이것이야말로 진짜 혼란스러운 상황이다.

혼란은 단순히 하나의 상태가 아니라 공동체 과정의 본질적인 부분이다. 그러므로 사이비 공동체의 경우와 달리, 구성원들이 자각한다고 해서 금방 없어지지는 않는다. 예를 들어 혼란의 시기가 지난 후 내가 "공동체를 잘 이끌어가고 있지는 못한 것 같아요, 안 그런가요?"라고 물으면, 누군가 이렇게 답할 것이다. "아니에요, 이 문제 때문에 그렇습니다." 그러면 누군가는 이렇게 말할 것이다. "아니죠, 저 문제 때문에 그런 겁니다." 그러면 다시 혼란이 시작된다.

사이비 공동체와는 달리, 혼란 단계에서 개인차는 금방 드러난다. 하지만 개인차를 감추거나 무시하는 대신 없애버리려고 한다. 구성원들이 누구의 규범이 우세한지를 놓고 다툼을 벌일 때, 치유하고 변화시키려는 시도 이면에는 사랑이 아니라 구성원들을 규격대로 만들고 제압하려는 의도가 깔려 있다.

그런데 상대를 변화시키려는 욕망은 쟁점이 종교적 문제일 때만 일어나는 것은 아니다. 앞서 이야기한 시민 지도자들은 도시에 이익을 가져다줄 방안에 이견을 보이면서 혼란을 겪었다. 한 사람은 집 없는 사람에게 집을 지어주는 것이 좋은 방법이라고 생각했다. 다른 사람은 노사관계위원회가 가장 중요한 문제라고 보았다. 또 다른 사람은 아동 학대를 줄이는 프로그램이 중요하다고 믿었다. 이로 인해 좋은 의도로 모인 사람들이 서로 지지하는 프로젝트가 달라 충돌을 겪게 되었다. 그들은 자신의 프로젝트가 채택되기를 바라는 마음에 다른 사람들의 생각을 바꾸려 들었다.

혼란 단계는 싸우고 투쟁하는 시기다. 하지만 투쟁이 핵심은 아니다. 아주 잘 발달된 공동체도 싸우고 투쟁해야 할 때가 종종 있다. 그렇지만 그들은 효과적으로 싸우는 법을 터득했다는 점에서 다르다. 혼란 단계의 투쟁은 무질서하다. 그냥 소란스러운 것이 아니라 비창조적이고 비건설적이기까지 하다. 하지만 진정한 공동체에서는 의견 다툼이 있어도 서로의 말에 귀를 기울이려고 노력하면 서로를 존중해주는 화기애애한 분위기가 유지된다. 때로는 놀라울 정도로 고요하고 평화롭기까지 하다. 물론 충분히 성숙한 공동체에서도 논쟁이 과열될 때가 있다. 하지만 이럴 때도 '전원합의'에 이르리라는 것을 알기 때문에 신나는 분위기에서 토론할수 있다. 반면 혼란 단계에서는 그렇지 않다. 별다른 성과 없이 계속 서로를 공격하기 때문에 사이비 공동체처럼 지겹게 느껴진다. 예의도 리듬도 안 느껴진다. 실제로 이런 시기에 집단을 관찰하면 절망적인 기분이 든다. 투쟁에 목적도 성과도 전혀 없기 때문이다. 재미도 느껴지지 않는다.

혼란스러운 상황이 불쾌감을 유발하기 때문에 구성원들은 같은 구성원은 물론이고 인도자도 공격한다. "인도자가 효과적으로 집단을 이끌어주면 이런 말다툼은 일어나지 않을 텐데." 그들은 이렇게 탓할 것이다. 얼마간 맞는 말이다. 상대적으로 인도자의 지도력이 부족해서 자연히 이런 혼란이 야기되는 것일 수도 있기 때문이다. 독재자 같은 권위적인 인도자가 나타나 과제와 목표를 구체적으로 정해주면 이런 혼란은 쉽게 사라질 수도 있다. 문제는 독재자가 이끄는 집단은 공동체가 아니며 결코 공동체가 될 수 없다는 데 있다. 공동체와 전체주의는 양립할 수 없다.

공동체 과정에서 혼란 단계에 지도력의 부재를 느끼면 대개 한 사람 혹은 몇 사람들이 기존의 인도자를 대신하려고 든다. 그(혹은 그들)는 이렇게 말할 것이다. "보세요, 이 상태로는 아무것도 할 수 없어요. 시계 반대 방향으로 돌아가면서 각자 자신의 생각을 이야기해보는 건 어떨까요?", "집단을 여섯이나 여덟 명의 소집단으로 나누면 뭔가 할 수 있지 않을까요?", "소위원회를 만들어서 우리 공동체의 현실을 규명해보는 건 어떨까요? 그러면 우리가 무엇을 하고 있는지 알 수 있을 겁니다."

그런데 이렇게 '제2의 인도자'가 출현할 경우, 이들의 존재 자체가 아니라 이들이 제시한 해결책들이 문제를 유발한다. 형태는 달라도 이들이 제시하는 것은 결국 거의 언제나 '조직으로의 도피'이기 때문이다. 물론 조직화는 혼란의 해결책이 될 수 있다. 실제로 조직화의 일차적인 이유는 혼란을 줄이는 것이다. 문제는 조직화와 공동체 역시 양립할 수 없다는 데 있다. 공동체는 위원회나 위원장이 만드는 것이 아니다. 그렇다고 회사나 교회 같은 조직 안에 일정 수준의 공동체를 만드는 것이 불가능하다는 얘기는 아니다. 나는 무정부주의자가 아니다. 하지만 조직은 어느 정도 구조적 결함을 기꺼이 무릅쓰거나 용인하는 한에서만 자체 내에 일정 수준의 공동체를 형성할 수 있다. 그러므로 공동체가 목적일 경우, 조직화는 혼란의 효과적인 해결책이 될 수 없다.

혼란 단계가 얼마나 오래 지속될지는 인도자와 집단의 특성에 달려 있다. 내가 출구를 가리키자마자 어떤 집단은 혼란에서 벗어날 것이다. 반면에 혼란을 싫어하면서도 고통스럽게 몇 시간이고 적절한 해결책을 받아들이지 않는 집단도 있을 것이다. 한 예로 감수성 훈련을 받는 내내 비생산적인 혼란에 사로잡혀 있던 집단도 많았다.

혼란을 적절하게 해결하기란 쉽지 않다. 혼란이 비생산적이고 불쾌하기 때문에 집단은 사이비 공동체로 퇴보한 것처럼 보일 수도 있다. 하지만 혼란이 반드시 공동체를 최악의 상태로 몰고 가는 것은 아니다. 몇 해 전 혼란에 빠진 대형 교회에 조언을 해준 일이 있다. 혼란이 일기 몇 해 전 교인들은 교회를 이끌 진취적인 목회자를 새로 선출했다. 하지만 그는 교인들의 예상보다 훨씬 독단적으로 교회를 이끌었다. 이로 인해 내가 방문했을 때는 3분의 1도 넘는 교인들이 심각하게 소외돼 있던 반면 대다수는 이런 상황에 만족하고 있었다. 그러나 다투는 소리가 높아지자 신자들도 이런 분열에 깊은 고통을 느꼈다. 하지만 나는 이들의 솔직함과 고통을 숨기지 않는 태도, 서로 싸우면서도 꿋꿋하게 견뎌내는 헌신에서 엄청난 의욕을 감지했다. 즉각적인 해결책을 제시해줄 수는 없었지만 나는 다른 어떤 교회의 신자들보다 그들에게서 강한 의욕이 느껴진다며 위로해주었다.

"여러분의 이런 혼란은 사이비 공동체보다 낫습니다. 여러분의 공동체가 현재 건강하지는 않지만, 문제들에 솔직하게 직면하고는 있으니까요. 싸우는 것이 분열되지 않은 척 가장하는 것보다 훨씬 낫습니다. 고통스럽겠지만 이제부터 시작이에요. 이렇게 싸우면서도 여러분은 편을 갈라 싸우기보다 앞으로 나아가야 한다는 것을 잘 알고 있어요. 앞으로 나아갈 필요성도 못 느끼는 것보다는 이런 상태가 훨씬 희망적입니다."

마음 비우기

"혼란에서 빠져나오는 길은 두 가지밖에 없습니다." 사람들이 논쟁하느라 아무 성과 없이 시간을 허비하고 나면 나는 이렇게 해결책을 제시할 것이다. "하나는 조직을 구성하는 것인데 조직은 결코 공동체가 될 수 없습니다. 또 다른 방법은 마음을 비우는 것입니다."

많은 경우 사람들은 내 말을 무시하고 말다툼을 계속할 것이다. 그러면 나는 잠시 기다렸다가 이렇게 말할 것이다. "저는 혼란에서 벗어나 진정한 공동체를 이루는 유일한 길은 마음을 비우는 것이라고 했습니다. 그런데 여러분은 제 말에 전혀 관심이 없는 것 같군요." 그래도 사람들은 다툼을 계속하겠지만, 마침내는 누군가 짜증이 묻어나는 말투로 이렇게 물을 것이다.

"그런데 도대체 그 마음 비우기란 게 뭡니까?"

일반적으로 사람들이 '마음 비우기'라는 해결책을 선뜻 받아들이지 않는 것은 어쩌면 당연하다. 그렇다고 그것이 '마음 비우기'라는 말의 의미를 잘 몰라서는 아니다. 사람들은 아주 똑똑하다. 그래서 의식의 희미한 한구석에서는 흔히 알고 싶어 하는 것보다 더 많은 것을 알고 있다. 내가 '마음 비우기'라는 말을 입에 올리는 순간, 그들은 무엇이 기다리고 있는지를 이미 예감했다. 그래서 서둘러 받아들이려고 하지 않는 것이다.

마음 비우기는 어려운 일이다. 하지만 공동체 과정에서 가장 핵심적인 것이기도 하다. 마음 비우기는 혼란을 극복하고 진정한 공동체로 나아가게 도와주는 다리와 같다.

사람들이 마음 비우기의 의미를 설명해달라고 하면, 나는 의사소통의 장애물들을 없애는 것이라고 간단하게 설명한다. 그리고 혼란 중에 그들이 보였던 행동을 예로 들면서, 느낌이나 추측, 생각, 동기 같은 것들이 마음을 가득 채워서 그들을 당구공처럼 무감각하게 만들고 있다는 말도 해준다. '단호한' 개인주의에서 '온건한' 개인주의로 전환하는 열쇠는 이런 장애물을 제거하는 데 있다. 진정한 공동체를 이루기 위해 우리가 버려야 하는 가장 일반적인 소통의 장애물은 다음과 같다. 물론 이것들은 서로 연결돼 있다.

기대와 선입견 공동체 형성은 미지의 세계로 들어가는 모험과 같다. 그런데 사람들은 보통 텅 비어 있는 그 미지의 세계를 두려워한다. 그래서 그 세계에 대한 잘못된 기대로 마음을 가득 채운다. 사실상 인간은 어떤 상황도 선입견 없이 받아들이는 경우가 거의 없다. 그리고 그 경험을 자신의 기대에 꿰어 맞추려 한다. 물론 이런 태도가 도움이 될 때도 있지만 대개는 파괴적인 결과를 불러온다. 특히 공동체 형성과 관련해서는 언제나 안 좋은 영향을 미친다. 스스로에 대한 기대치를 비우고, 미리 정해놓은 틀에다 타인의 관계, 우리와 그들과의 관계를 끼워 맞추는 것을 그만둘 수 있어야만, 진정으로 경청하고, 듣고 혹은 경험할 수 있다. 누군가는 이런 사실을 지혜롭게도 이렇게 표현했다. '뭔가 다른 계획을 세웠을 때 우연히 어떤 일이 벌어진 것, 그것이 삶이다.' 그러나 이런 지혜에도 불구하고 우리는 여전히 마음을 열고(비우고) 편안하게 새로운 상황 속으로 들어가지 못한다.

편견들 편견은 의식적이라기보다 무의식적인 것인데, 두 가지 형태로 나타난다. 하나는 낯선 사람을 만났을 때 상대가 어떤 사람인지 경험해보지도 않고 속으로 판단을 내리는 것이다. '저 남자는 여성적이야. 틀림없어, 괴상한 작자가 분명해', '세상에, 저 여자는 90대처럼 보여. 노망이 났을 거야.' 하지만 더 흔한 편견은 아주 짧고 제한된 경험을 기초로 상대를 판단하는 것이다. 나는 워크숍이 끝나기 전에는 어떤 참가자가 진짜 '멍청이'인지 섣불리 판단하지 않는다. 나중에 그 사람에게 재능이 많다는 사실을 발견하곤 하기 때문이다. 짧은 시간에 형성된 공동체를 불신하는 이유의 하나는 공동체 형성에는 충분한 시간이 필요하기 때문이다. 자신의 편견을 자각하고 이 편견을 버리는 데 필요한 시간 말이다.

이념, 종교적 신념, 해결책 누군가를 이렇게 생각한다고 하자. '저 여자는 기독교 교리를 잘 몰라. 나처럼 구원받으려면 멀었어', '저 남자는 강경파 공화당원 사업가가 분명해. 여기에 사귈 만한 사람이 있으면 좋으련만.' 이런 생각이나 느낌을 버리지 않는 한 공동체를 향해 함께 나아가지 못한다. 하지만 이런 이념적이고 종교적인 경직성만 버려야 하는 것은 아니다. '유일하게 올바른 길'이 무엇이라는 생각까지도 버려야 한다. 예를 들어 앞서 이야기한 중서부의 시민 지도자 집단은 자신이 제시한 방안이 유일한 해결책이라는 생각을 버려야 했다.

그렇다고 해서 마음을 비우는 과정에서 어렵게 얻은 감정이나 이해심까지 버려야 한다는 말은 아니다. 몇 해 전 버지니아 주에서 열린 공동체 형성 워크숍은 마음 비우기와 아예 모든 것을 버리는 것이 어떻게 다른지를 잘 보여주었다. 그들은 내가 만난 집단 중 가장 헌신적인 개종자들로 이루어져 있었다. 그래서인지 참가자들은 하느님에 대해 이야기하고 싶어 했는데, 모두 하느님에 대해 다른 생각을 갖고 있었으며 자기 생각이 정확하다고 확신했다. 자연히 우리는 얼마 지나지 않아 엄청난 혼란에 빠져버렸다. 하지만 36시간이 지난 후 혼란에서 벗어나 기적적으로 진정한 공동체를 이루었다. 이때 나는 그들에게 이렇게 말했다. "환상적입니다. 여러분은 어제와 마찬가지로 오늘도 하느님에 대해서 많은 이야기를 하고 있어요. 이런 면에서 여러분은 변하지 않았습니다. 하지만 말하는 방식은 많이 달라졌어요. 어제는 마치 하느님이 자기 뒷주머니에 있는 것처럼 말했는데, 오늘은 하느님에 대해서 겸손하면서도 여유 있게 말하고 있어요."

치유하거나, 변화시키거나, 고치거나, 문제를 해결하려는 욕구 혼란 단계에서 구성원들은 서로를 치유하거나 변화시키려는 노력을 사랑이라고 믿는다. 그래서 이런 노력이 혼란을 불러오면 엄청난 충격에 사로잡힌다. 어쨌든 이웃을 고통에서 구원하거나 빛을 보게끔 돕는 건 존경할 만한 일 아닌가? 그들은 이렇게 생각한다. 하지만 상대를 치유하거나 변화시키려는 시도는 대개가 단순하고 비효과적이며 자기중심적이고 자기만족적인 행동이다.

예를 들어, 친구가 고통받으면 나도 상처를 받는다. 내가 그 고통을 없애주기 위해 무언가를 할 수 있다면 기분이 한결 나아질 것이다. 요컨대 나의 가장 기본적인 치유 동기는 <u>스스로 기분이 좋아지고 싶어서</u>다. 그런데 여기에 몇 가지 문제점이 있다. 하나는 보통 나의 치유법이 친구의 치유법은 될 수 없다는 것이다. 실제로 내 치유법은 친구를 더 기분 나쁘게 만들 수도 있다. 욥이 시련을 겪고 있을 때 친구들이 욥에게 해준 충고가 그를 더욱 비참하게 만들었던 것처럼 말이다. 사실, 친구가 고통을 겪고 있을 때 우리가 할 수 있는 최선의 사랑은 그 고통을 나누는 것이다. 곁에 있는 것 말고는 아무것도 할 수 없을 때조차, 함께 있어주는 것이 고통일지라도 옆에 있어주는 것이 최선이다.

상대의 생각을 변화시키려는 시도도 마찬가지다. 상대의 종교적 신념이나 이념이 나와 다르면, 나는 자신을 의심하게 된다. 이런 기본적인 문제에 확신이 없으면 마음이 편치 않다. 반면에 내 사고방식대로 상대의 생각을 변화시키면 편안해질 것이다. 나아가 이것을 내 믿음이 옳다는 증거로 삼고 구원자 역할까지 맡을 것이다. 내 마음을 열어 상대를 있는 그대로 이해하는 것보다 이 얼마나 쉽고 편한 일인가!

마음 비우기 단계에 들어가면, 서로의 차이를 '해결하거나' 치유하거나 변화시키려는 욕망이, 편안해지고픈 자기중심적 욕망에 불과하다는 것을 문득 혹은 점진적으로 깨닫는다. 그리고 서로의 차이를 이해하고 기쁘게 받아들일 수 있는 정반대의 길이 있을지도 모른다는 생각을 하기 시작한다. 세련되지 않은 중서부 시민 지도자 집단만큼 빨리 이 메시지를 받아들인 집단은 없었다. 함께 작업할 시간이 별로 없었기 때문에 나는 그들에게 퉁명스럽게 말했다. "처음에 말씀드렸듯이 우리가 모인 목적은 공동체 건설이지 도시 문제를 해결하는 게 아닙니다. 그런데 여러분은 자신이 아니라 자신이 제시한 해결책을 설명하는 데만 급급하군요. 제가 듣기에는 전부 좋은 생각들 같습니다. 그런데 문제는 여러분들이 각자의 생각으로 서로를 공격하고 있다는 사실이에요. 원한다면 앞으로 24시간 동안 계속 그렇게 해도 좋습니다. 하지만 솔직히 그런 행동이 오늘 아침 여기로 올 때보다 여러분이나 여러분의 도시를 더 훌륭하게 만들어준다고는 생각하지 않아요. 공동체도 당연히 이룰 수 없겠죠. 정말로 공동체를 만들고 싶다면 그 잘난 제안들에 대한 생각을 내려놓고, 자기 제안을 인정받고 싶다는 욕구도 버려야 합니다. 그렇게 해서 진정한 공동체를 이루면, 단언할 수는 없지만, 여러분의 도시에 유용한 방식으로 함께 일할 수도 있을 거예요. 이제 40분간 긴 휴식을 취할 겁니다. 그동안 각자의 생각을 비우고 서로를 다른 하나의 인간으로 이해해줄 수 있는지 봅시다."

이후 우리는 한 시간도 안 돼서 진정한 공동체를 이루었다.

통제하려는 욕구 공동체를 방해하는 이 장애물은 내게 최대의 공포 대상이다. 내게는 워크숍 인도자로서 구성원들이 통제에서 벗어나지 않는지, 해를 끼치지는 않는지 지켜봐야 하는 의무가 있기 때문이다. 게다가 집단의 성공은 구성원 개개인에게 똑같이 책임이 있다고 말하면서도 정작 속으로는 그렇게 생각하지 못한다. 워크숍이 실패로 끝나면 내게 그 책임이 있다고 생각하는 것이다. 이런 탓에 나는 바람직한 결과를 이끌어내기 위해 조정을 하거나 묘책을 강구하고픈 유혹에 끊임없이 시달린다. 하지만 바람직한 결과 즉, 공동체는 권위적인 인도자의 통제로 만들어지는 것이 아니다. 공동체는 집단 전체가 만들어내야 한다. 그래서 나는 유능한 인도자가 되기 위해 워크숍이 진행되는 동안 대부분 역설적으로 뒤에 물러나 앉아 아무것도 하지 않고 공동체가 이루어지기를 기다린다. 기본적으로 통제 욕구가 강한 나로서는 쉬운 일이 아니다.

원하는 결과를 얻어내기 위한 통제 욕구는 실패에 대한 두려움에 일부분 뿌리를 두고 있다. 그래서 나는 지나친 통제 욕구를 비워내기 위해서 이런 두려움을 지속적으로 털어버린다. 실패를 기꺼이 받아들이는 연습을 하는 것이다. 실제로 대부분의 워크숍은 내가 속으로 이렇게 외친 후에야 성공을 거두었다. "음, 이 워크숍은 실패할 것 같은데. 하지만 난 아무것도 할 수 없어." 이런 타이밍이 우연의 일치에 불과한 것인지는 확신하지 못하겠다.

공동체 형성 과정에서 얻는 교훈은 흔히 일상생활에도 적용할 수 있다. 한 예로 나는 통제 욕구를 버리는 경험을 통해 일상적인 관계는 물론이고 삶을 대하는 태도도 개선할 수 있었다. 다른 이들도 나처럼 공동체를 통해 내려놓는 능력을 키우고, '삶은 해결해야 할 문제가 아니라 살아가야 할 신비다'라는 진리를 이해했다.

공동체를 형성하기 위해 개인들이 버려야 할 것은 정말 다양하다. 나는 늘 사람들에게 휴식 시간이나 한밤의 침묵 속에서 각자 삶에서 가장 비워야 할 것이 무엇인지를 생각해보라고 요구한다. 그러면 그들은 다시 모였을 때 지구의 지형만큼이나 다양한 것들을 이야기한다. "저는 부모에게 인정받고 싶은 마음을 버려야 해요"에서부터 "다른 사람들이 좋아해주기를 바라는 마음", "아들에 대한 분노", "돈에 대한 집착", "신을 원망하는 마음", "동성애자를 혐오하는 마음", "정돈에 대한 강박증" 등등 끝이 없다. 이런 비움은 희생의 과정과 같다. 따라서 공동체를 형성하는 과정에서 마음을 비우는 단계는 희생의 시간이다. 하지만 희생은 힘든 일이다.

"정말로 모든 것을 포기해야만 하나요?"

이 단계에서 어느 사람은 이렇게 울부짖기까지 했다. 그의 물음에 나는 이렇게 답해주었다.

"아닙니다. 당신의 길을 방해하는 것들만 포기하면 돼요."

희생에 고통이 따르는 이유는 그것이 일종의 죽음, 부활을 위한 죽음이기 때문이다. 하지만 머리로 깨달았어도, 이런 죽음은 여전히 미지를 향한 두려운 모험이다. 그래서 대부분의 구성원들은 마음을 비우는 단계 동안 종종 두려움과 희망 사이에서 마비되어버린 것처럼 보인다. 마음 비우기를 재탄생이 아닌 '무無' 또는 전멸의 관점에서 생각하고 느끼기 때문이다.

마틴의 '재탄생'에서는 이런 공포가 가장 극적으로 드러났다. 다소 냉담하고 우울해 보이는 60세의 마틴은 부인과 함께 워크숍에 참석했다. 그는 '일중독자'였지만 덕분에 엄청난 성공을 거둬서 유명하기까지 했다. 그런데 워크숍의 마음 비우기 단계에서 참가자들이 여전히 머리의 차원에서 다루고 있을 때, 마틴이 갑자기

몸을 떨기 시작했다. 순간 그가 발작을 일으킨 줄 알았다. 그는 마치 무아無我 상태에 빠진 사람처럼 신음했다.

"무섭습니다. 내게 무슨 일이 일어나고 있는지 모르겠어. 마음 비우기가 도대체 뭔지, 이게 다 무슨 의미인지 모르겠습니다. 죽을 것만 같아요. 무서워 죽겠습니다."

여러 사람이 그의 주변에 모여 그가 안정을 찾을 때까지 붙잡아주었다. 하지만 위기를 맞은 것이 그의 몸인지 감정인지 누구도 알 수 없었다.

"죽을 것 같습니다." 마틴은 계속 신음했다. "마음 비우기라니, 무슨 소린지 모르겠어요. 난 평생 일을 해왔는데, 그런데 이젠 아무 일도 할 필요가 없다는 말입니까? 무서워요."

마틴의 부인이 손을 잡아주었다. "그래요, 당신은 아무것도 할 필요가 없어요."

"하지만 난 언제나 무언가를 해왔어." 마틴이 계속 말했다. "아무것도 하지 않는다는 것이 무언지 모르겠어. 마음 비우기라니 이게 뭐요? 정말 아무것도 안 해도 된다는 겁니까?"

"마틴, 아무것도 하지 않아도 괜찮아요." 부인이 대답했다.

드디어 마틴이 떨기를 멈추었다. 우리가 5분 정도 그를 안고 있자, 그는 이제 마음 비우기에 대한 두려움, 죽음에 대한 공포가 가라앉았다고 했다. 1시간 정도 지나자 얼굴도 평온함으로 빛났다. 그는 예전의 자신이 깨지고 새로운 모습으로 태어났다는 것을 알았다. 또 자신이 집단 전체를 공동체로 나아가게 도왔다는 것도 깨달았다.

마음 비우기 단계는 말할 수 없이 고통스럽다. 그래서인지 고통에 빠진 사람들은 늘 내게 두 가지 질문을 던진다. 하나는 "마음 비우기 단계를 건너뛰고 공동체로 가는 길은 없는가"인데, 내 대답은 '없다'이다. 다른 하나는 "자기가 깨져버리는 고통을 나누지 않고 공동체로 가는 길은 없나"인데 역시 대답은 '없다'이다.

마음 비우기를 진행하는 동안 몇몇 구성원들은 예전의 자신이 깨지는 고통을, 자신의 패배와 실패, 의심, 두려움, 부족, 죄 등을 나누기 시작한다. 자기가 비워내야 할 것들을 들여다보면서 더 이상 모든 것을 가진 사람처럼 행동하지 않게 된다. 하지만 다른 구성원들은 대개 이들의 말을 주의 깊게 듣지 않는다. 오히려 이들을 치유하고 변화시키려 들거나, 이들의 말을 무시하고 재빨리 화제를 바꾼다. 이로 인해 마음이 여린 사람들은 재빨리 다시 껍질 속으로 숨어버린다. 나를 당장 변화시키려 든다거나 내게서 의미심장한 말을 한마디도 듣지 못한 것처럼 사람들이 행동한다면, 누구든 약점을 고백하기가 쉽지 않을 것이다.

때로는 집단 스스로 구성원들이 고통과 괴로움을 표현하는 걸 방해하기도 한다. 진정으로 들으려면 진실하게 자신을 비워야 하며 '나쁜 소식'에 대한 혐오감조차 버려야 하는데 말이다. 구성원들이 이런 사실을 깨닫지 못하면, 나는 그들 스스로 마음 비우기를 방해하고 있음을 지적할 수밖에 없다. 그러면 어떤 집단은 즉시 그 무감각함을 고친다. 반면에 마음 비우기의 마지막에 이르기까지 안간힘을 쓰며 공동체를 거부하는 집단도 있다. 이런 집단의 경우 흔히 이렇게 말하는 사람도 있다. "보세요, 안 그래도 집에 해결해야 할 문제들이 많아요. 귀한 시간과 돈을 쏟아부으면서 주말 내내 더 많은 짐을 떠안고 싶지는 않다고요. 공동체를 이뤄야 한다는 말에는 대찬성이에요. 하지만 그렇다고 왜 내내 부정적인 일을 해야 하는지 이유를 모르겠네요. 더 좋은 일, 공통적으로 관심 있는 일, 실패가 아닌 성공에 대해 이야기할 수는 없나요? 저는 이 워크숍에서 즐거운 경험을 하고 싶어요. 즐겁지 않은데 공동체가 다 무슨 의미가 있겠어요?"

근본적으로 이 마지막 저항은 사이비 공동체로 도망치려는 시도나 마찬가지다. 이 시점에서 개인차를 부정할 것인지 말지는 더 이상 중요한 문제가 아니다. 그러기에는 너무 많이 와버렸다. 이제는 집단의 전체성을 놓고 씨름해야 한다. 집단이 삶의 밝은 면뿐만 아니라 어두운 면까지도 껴안을 것인가가 이 시점의 중요한 문제라는 말이다. 진정한 공동체는 기쁨을 주기도 하기만 현실적이기도 하다. 그러므로 슬픔과 기쁨을 균형 있는 시각으로 볼 줄 알아야 한다.

이제까지는 마음 비우기에 대해 집단을 구성하는 개개인의 마음과 영혼 안에서만 일어나는 어떤 것으로 이야기했다. 하지만 공동체는 언제나 구성원의 총합 이상의 것이다. 그러므로 사이비 공동체나 혼란, 마음 비우기도 개인적인 단계라기보다는 집단이 겪어 나가는 단계라고 할 수 있다. 집단이 단순한 개인의 집합에서 진정한 공동체로 탈바꿈하는 과정에는 구성원 개개인의 작은 죽음이 필요하다. 이런 과정은 동시에 집단의 죽음, 집단이 죽어가는 과정이기도 하다. 하지만 마음 비우기 단계에서 나는 종종 여기저기 개인이 작은 죽음과 재탄생을 겪는 모습보다 단말마의 고통을 겪어내는 집단을 지켜볼 때 훨씬 더 고통스럽다. 마치 집단 전체가 산고로 몸부림치며 신음하는 것처럼 보이기 때문이다. 개인들은 때로 집단을 대신해서 이렇게 말할 것이다.

"우리가 죽어가고 있는 것 같아요. 집단 전체가 고뇌에 싸여 있습니다. 도와줄 수 없습니까? 공동체를 이루기 위해서는 우리가 죽어야 한다는 걸 미처 몰랐어요."

죽을 때도 빠르고 고요하게 죽는 이가 있는가 하면 힘들게 오래 시간을 끌며 세상을 뜨는 이도 있다. 집단의 정서적인 죽음도 마찬가지다. 그렇지만 내가 경험한 모든 집단은 갑자기든 서서히든 결국 죽음을 완성하고 공동체를 성취하는 데 성공했다. 그들 모두 마음 비우기를 통해, 희생의 시간을 통해 진정한 공동체가 된 것이다. 이것은 인간의 영혼에 대한 특별한 증거다. 이 증거는 올바른 상황이 주어지고 규칙을 인식하기만 하면, 확실하지는 않지만 매우 현실적인 수준에서 인간이 서로를 위해 죽을 수도 있음을 말해준다.

공동체

죽음을 완성하고 마음을 비운 집단은 공동체로 접어든다. 이 마지막 단계에서는 부드러운 고요가 찾아든다. 이것은 일종의 평화다.

집단은 평화에 감싸인다. 그러면 조용하게 한 여인이 자기 이야기를 꺼낸다. 여린 마음으로 자신의 가장 내밀한 이야기를 털어놓는다. 사람들은 한마디 한마디 놓치지 않고 열중해 듣는다. 그녀의 표현력이 그렇게 뛰어난 줄은 이제까지 아무도 몰랐다.

그녀의 이야기가 끝나자 고요가 흐른다. 침묵이 오래 계속돼도, 그리 길게 느껴지지는 않는다. 이 침묵이 불편하지도 않다. 그러자 이 침묵을 깨고 다른 사람이 천천히 이야기를 시작한다. 그도 아주 깊게 자신의 사적인 이야기를 들려준다. 하지만 먼저 이야기한 사람을 치유하거나 변화시키려고 하지는 않는다. 앞 사람의 이야기에 대응하려고 애쓰지도 않는다. 앞사람이 아닌 자신에 대해 이야기하는 것이다. 하지만 다른 사람들은 그가 앞사람의 말을 무시했다고 느끼지 않는다. 제단 위에 있는 앞사람 옆에 그 자신을 나란히 올려놓고 있다고 생각한다.

다시 침묵이 흐른다.

세 번째 사람이 입을 연다. 앞사람의 말에 반응하는 것일 수도 있지만, 이 반응 속에 앞사람을 치유하거나 변화시키려는 의도는 없다. 농담일 수도 있는데, 누구에게든 상처를 주거나 조롱하려는 뜻은 결코 없다. 아니면 짧은 시詩를 읊조릴 수도 있는데, 이 시는 마술처럼 상황에 딱 들어맞는다. 혹은 부드럽고 따뜻한 말일 수도 있는데 이 또한 하나의 선물이 될 것이다.

이제 또 다른 사람이 이야기한다. 이렇게 계속되는 가운데 깊은 슬픔과 비애가 드러나고, 많은 웃음과 기쁨도 터져 나온다. 눈물도 흘러넘친다. 때로는 슬픔의 눈물이, 때로는 기쁨의 눈물이, 혹은 기쁨과 슬픔이 섞인 눈물이. 그러면 더욱 놀라운 일이 일어난다. 엄청난 치유와 변화가 시작되는 것이다. 누구도 상대방을 치유하거나 변화시키려 애쓰지 않았는데도 말이다. 이렇게 공동체는 탄생된다.

그 다음에는 어떤 일이 벌어질까? 집단은 이미 공동체가 되었다. 그렇다면 공동체는 이제 어디로 갈까? 다음 과제는 무엇일까?

이러한 물음들에 정해진 하나의 대답은 없다. 짧은 기간에 공동체를 경험하기 위해 모인 집단일 경우, 일차적인 목표는 그저 공동체 경험을 즐기고 이런 경험이 가져다주는 치유를 통해 도움을 받는 것일지도 모른다. 그렇지만 남은 과제가 하나 더 있다. 집단을 마무리하는 것이다. 끝을 맺어야만 하는 것이다. 서로를 깊이 아끼게 된 남녀가 서로에게 작별 인사를 나눌 시간이 필요한 것처럼 말이다. 구성원들도 공동체가 없는 일상으로 돌아가는 고통을 드러내야 한다. 짧은 기간에 형성된 공동체의 경우에는 특히 스스로 마무리하는 시간이 중요하다. 그리고 가장 좋은 방법은 흔히 마무리를 위한 모종의 의식이나 예식으로 흥겨운 이별 의식을 치르는 것이다.

물론 선거운동을 계획하거나 교회 내부의 분열을 치유하거나 기업체를 합병하는 것 같은 구체적인 문제를 해결하기 위해 모인 집단인 경우에는 이 과제를 성공적으로 수행해야 한다. 하지만 공동체 경험을 충분히 즐기는 시간을 갖고 이런 경험을 공고히 한 후여야만 한다. 문제 해결이 목표인 집단은 언제나 '공동체 형성 먼저, 그 다음이 문제 해결'이라는 규칙을 명심해야 한다.

혹은 공동체의 사활이 걸린 어려운 결정을 내리기 위해서 구성원들이 모인 경우도 있다. 이런 결정은 성급하게 내리면 안 된다. 구성원들이 기쁨의 순간에는 약속을 했다가도 곧 이 약속을 지킬 수 없다는 것을 깨달을 수도 있기 때문이다. 장기적인 약속은 중요한 영향을 미치므로 가볍게 다루면 안 된다.

공동체 전체 혹은 일부가 공동체를 계속 유지하기로 결정하면, 이 공동체는 여러 가지 새로운 과제에 직면한다. 공동체를 유지하기 위해서는 오랜 기간 많은 결정들을 내리고 또 내려야 한다. 이 과정에서 공동체는 자주 혼란 단계나 사이비 공동체 단계로 퇴행한다. 그러면 다시 마음을 비우는 힘든 작업에 들어가야 한다. 하지만 많은 집단이 이 과정에서 실패한다. 한 예로 수녀원과 수도원 중에도 스스로를 '공동체'라고 부르지만 이미 오래전에 경직된 권위적 조직으로 전락하고 만 집단이 많다. 물론 이런 상태로도 사회에 유용한 역할들을 계속 해낼 수는 있다. 하지만 그 역할을 하면서도 기쁨을 느끼지 못하고, 구성원들에게 '안전한 곳'이 되어주지도 못한다. 진정한 공동체의 모습을 유지하는 것이 다른 어떤 과제보다도 중요하다는 점을 잊어버렸기 때문이다.

공동체의 미덕을 너무 강조한 탓에, 공동체의 삶이 평범한 삶보다 더 쉽거나 편안하다고 생각할까봐 걱정스럽다. 사실은 그렇지 않은데 말이다. 하지만 공동체의 삶이 더 활기차고 강렬한 것은 사실이다. 실제로 고뇌도 더 크지만 기쁨도 그만큼 크다. 하지만 공동체 생활의 기쁨은 저절로 얻을 수 있는 게 아니다. 진정한 공동체도 투쟁하는 동안에는 대다수의 구성원들이 기쁨을 경험하지 못한다. 이런 시간에는 불안과 좌절, 피로 등이 공동체를 지배할 것이다. 공동체 전체에 기쁨이 충만해 있을 때에도, 몇몇 구성원은 개인적인 근심과 갈등으로 인해 기쁨을 느낄 여유를 갖지 못할 수도 있다. 그래도 대다수는 공동체의 이런 정서에 감응해서 기쁨의 감정을 느낄 것이다.

그것은 마치 사랑에 빠지는 것과 같다. 공동체 단계로 들어설 때 구성원들은 매우 현실적인 의미에서 집단적으로 사랑에 빠진다. 서로를 만지고 안아주고 싶은 마음이 들 뿐만 아니라 모든 사람을 동시에 안아주고픈 느낌도 든다. 이런 열기가 최고조에 달했을 때 그 에너지는 초자연적 수준에까지 이른다. 황홀경 자체인 것이다. 한 예로 녹스빌 호텔에서 워크숍을 진행할 때 릴리는 공동체와 관련해서 신화적인 이야기를 했다. 마룻바닥 중앙에 있는 전기 코드를 가리키며 "우리 모두가 발전소에서 나오는 전기 에너지에 연결되어 있는 것 같아요"라고 말했을 정도다.

그렇지만 이런 막대한 에너지는 때로 위험도 내포하고 있다. 군중심리가 아니라 집단 섹슈얼리티를 만들어낼 수 있다는 면에서 진정한 공동체도 위험할 수 있다. 구성원들이 서로 사랑에 빠지면 자연히 막대한 양의 성적 에너지가 방출되기 때문이다. 일반적으로 이런 에너지 자체는 해롭지 않다. 하지만 통제 불능 상태로 치닫지 않도록 구성원들이 이 에너지를 자각하는 것이 현명하다. 자칫하다가는 집단 섹슈얼리티를 통제해야 할 경우가 생길 수도 있기 때문이다. 그래도 그조차 억압해서는 안 된다. 단순한 성적 이끌림이나 낭만적 유대보다는 '필리아(형제애나 자매애)'와 '아가

페(정신적 사랑)' 같은 사랑이 더 깊고 가치 있음을 잊지 않으면 된다. 공동체에서 발생하는 성적 에너지는 그 구성원들이 그만큼 기쁨으로 충만해 있다는 신호이므로 공동체는 이를 유용하고 창의적인 목적에 활용할 수 있다.

그러면 공동체의 삶은 기쁨보다 더 깊은 차원과 맞닿을 수 있다. 공동체를 짧게 경험하고 나서 마치 공동체 생활이 '마약'이라도 되는 양 계속해서 공동체를 찾는 이들이 있는 것은 그 때문이다. 비난할 일이 아니다. 이런 기쁨의 '마약'은 누구의 삶에나 필요하다. 하지만 내 경우, 나를 계속 공동체로 이끄는 것은 그 이상의 것이다. 기쁠 때나 고통스러울 때나 공동체 속에서 꿋꿋하게 버티기로 마음먹은 사람들과 함께하면서 나는 오직 한 단어로밖에 표현할 수 없는 어떤 현상에 동참하고 있음을 어렴풋이 깨달았다. 그 단어를 조심스레 사용해본다. 그것은 바로 '영광'이다.

06
공동체의 역학 분석

공동체를 만드는 일은 언제나 모험이다. 하지만 우리는 오직 모험을 통해서만 매우 새로운 것을 배운다. 그래도 미지의 세계로 들어가는 일은 언제나 두려움을 불러일으킨다. 경험이 많은 인도자인 나도 새로운 공동체 형성 과정을 시작할 때마다 일반 참가자들과 똑같이 두려움을 느낀다.

공동체 형성 과정을 완전한 공식으로 정리해서 인도자나 참가자들을 예측 불가능한 미래에 대한 공포에서 벗어나게 해주기는 어렵다. 집단의 구성원들이 독자적인 개성을 지녔듯 각 집단의 공동체 형성 과정도 독특하기 때문이다. 하지만 집단 전체의 행동을 잘 살펴보면, 공동체 형성 과정에 큰 영향을 미치거나 방해가 되기도 하는 특정한 행동양식을 발견할 수 있다. 노련한 인도자는 이런 행동 유형을 파악해야 하며, 집단 구성원도 의식적으로든 무의식적으로든 마찬가지로 이것을 자각해야 한다. 그래야 성공적으로 공동체를 이룰 수 있다.

집단행동의 유형 4가지

영국의 정신과의사 윌프레드 비온은 제2차 세계대전 중에 군인들을 대상으로 집단 심리치료를 하면서 집단행동을 상당히 포괄적으로 이해하게 되었다. 그는 이런 이해를 바탕으로 타비스톡 연구소를 설립해서 많은 수의 집단 인도자를 배출해냈다. 그래서 타비스톡 이론을 적용한 집단 인도 방식을 흔히 '타비스톡 모델'이라 부르기도 한다.

비온은 치료집단이나 감수성집단, 조직집단, 위원회 같은 모든 집단은 과제를 안고 있다고 보았다. 집단의 구성원들은 이 과제를 인지하고 분명히 명시할 수도 있다. 새로운 전화통신 체계를 구축하기 위해 모인 공학자집단 같은 경우가 그렇다. 반면에 과제를 분명하게 의식하지 못하고 모호하게 암시만 받는 경우도 있다. 예를 들어 치료집단의 구성원들은 누구나 치유를 바라는 갈망을 잘 알고 있다. 하지만 치유가 일어나도록 안전하고 수용적인 분위기를 만드는 것이 그들의 성취 과제라는 사실은 전혀 의식하지 못할 수도 있다.

비온은 모든 집단이 머잖아 그들의 과제를 회피하려고 하며, 이런 회피는 몇 가지 양상으로 나타난다고 했다. 그는 이런 회피 양상을 '과제회피가정task-avoidance assumption'이라 하고 네 가지로 분류했다. '도피'와 '싸움', '짝짓기', '의존'이 그것이다. 비온이 '방식style'이 아닌 '가정assumption'이라는 용어를 사용한 이유는 집단이 가정에 따라 움직일 때 그중 특정한 가정에 따라 그들 본연의 임무를 회피하는 것이 목적인 양 행동하기 때문이다.

비온은 또 특정 가정을 받아들이고 있음을 자각해도 과제를 회피하기 위해 즉각 다른 종류의 회피가정으로 옮겨가기 쉽다고 지적했다. 그러므로 그는 이 모든 과제회피가정으로부터 자유로워져야, 다시 말해 집단의 과제를 제대로 파악하고 계속 과제의 완성을 위해 효율적으로 움직여야, 그가 말한 '기능집단working group'이 될 수 있다고 했다.

공동체 역시 기능집단이라고 부를 수도 있겠는데, 하지만 '공동체'라는 용어가 대체로 더 적절한 것 같다. 타비스톡 연구소의 인도자들은 사람들을 기능집단으로 만드는 데 종종 실패했다. '기능집단'은 효율성과 유효성은 중시하는 반면, 공동체 형성에 필요한 사랑과 투신, 희생, 초월성은 강조하지 않았다. 내 생각에 타비스톡 연구소의 인도자들이 이런 가치관을 중시했다면 의뢰인들을 효과적인 기능집단, 즉 공동체를 만드는 데 더 성공했을 것이다.

불완전한 점이 있긴 하지만, 타비스톡 모델은 공동체 형성의 역학을 이해하는 데 매우 중요하다. 비온의 가장 중요하고 획기적인 업적은 집단을 단순히 개인의 집합체로 보지 않고 생명을 지닌 유기체로 보도록 만들었다는 점이다. 그가 말한 '과제회피가정'은 공동체 형성과 유지 과정에서 실제로 구성원들의 행동에 영향을 미친다. 이러한 것을 이해하고 받아들이지 않으면 한 집단이 진정한 공동체를 형성하거나 유지하는 일은 실질적으로 불가능하다.

도피 집단은 골치 아픈 사안이나 문제로부터 도망치려는 경향을 강하게 보여준다. 어려운 사안이나 문제에 직면하기보다 회피하는 것을 집단의 목적으로 생각하는 것 같은 태도를 취한다. 어떤 의미에서 모든 과제회피가정은 도피의 한 형태이며, 개인처럼 집단의 이런 행태도 신경증적인 경향을 띤다.

신경증적으로 파괴적인 집단이 얼마나 도피적인지는 맥 배질리 집단이 내게 책임을 전가하려던 것에서도 알 수 있다. 나는 그때 우울하다고 말했다. 사실상 집단 전체가 우울증에 빠져 있었다. 하지만 집단은 이 우울증을 회피하기 위해 나를 환자로 치부하고 집단에서 몰아내려 했다. 다른 사람에게 책임을 뒤집어씌우는 것은 과제회피가정에서 늘 나타나는 도피의 한 형태다.

가장 일반적인 형태의 집단적 도피는 흔히 '사이비 공동체'에서 발견할 수 있다. 사이비 공동체의 기본적인 과제회피가정은 개인차를 무시하는 것이다. 사이비 공동체에서 볼 수 있는 그 따분한 예절은 건전한 것이든 불건전한 것이든 갈등을 일으키는 모든 요인들을 회피하려는 허식에 불과하다.

집단은 혼란의 시기에 마음 비우기 과정을 회피하기 위해서 조직에 의존하기도 한다. 집단을 몇 개의 하위집단으로 쪼개자는 방안을 제시하는 것이다. 이런 방안은 특히 유혹적으로 들린다. 최대 15명이 집단의 '이상적인' 규모라는 잘못된 생각이 널리 퍼져 있기 때문이다. 하지만 내 경험으로 보자면 이런 제안은 언제나 전체로서의 집단, 진정한 의미의 공동체 형성이라는 집단의 과제로부터 도피하려는 시도다.

공동체를 형성 중인 집단에서 공통적으로 나타나는 또 다른 도피 형태는 고통을 무시하는 일이다. 이런 일은 되풀이해서 일어난다. 사이비 공동체의 의례적인 말이나 혼란 단계의 무질서한 언쟁, 마음 비우기 과정에서 겪는 죽음의 고통 중에 구성원 한 명이―대개 진정한 인도자인데, 여기서는 메리라고 하자― 개인적으로 매우 고통스러운 이야기를 하게 되었다고 하자. 그녀가 눈물이 그렁그렁한 눈으로 말한다.

"울면 안 된다는 거 알아요. 하지만 방금 한 말을 들으니 아버지 생각이 나네요. 아버지는 알코올의존증환자였어요. 저는 어렸을 때 아버지만 저를 진심으로 아껴준다고 생각했어요. 아버지가 저와 놀아주는 걸 좋아했거든요. 언제나 저를 무릎에 앉히곤 했어요. 그런데 제가 서른한 살 때 간경변증으로 돌아가셨어요. 술 때문에 돌아가신 겁니다. 저는 죽음을 자초한 아버지한테 화가 났어요. 아버지한테 버림받은 것 같은 느낌이 들었지요. 저를 정말로 사랑했다면 어떻게든 술을 끊었을 거라고 생각했으니까요. 하지만 이제는 아버지의 죽음과 화해할 수 있을 것 같아요. 아버지의 고통이 무엇이었는지, 어머니와 함께 살아야 한다는 것 자체가 고통이었는지 어땠는지는 정확히 모르지만, 그냥 그렇게 세상을 떠나야 했나보다 생각해요. 하지만 저 자신과는 아직도 화해가 안 돼요." 이제 메리는 드러내놓고 울부짖는다. "아버지께서 돌아가실 때, 제가 아버지를 얼마나 사랑하는지 말씀드리지 못했거든요. 아버지한테 너무 화가 나 있어서 고마움을 전할 마음도 못 냈어요. 그러다보니 이젠 너무 늦어버렸지요. 때를 놓쳐버린 거예요, 영원히."

메리의 말이 끝나고 정확히 5초 후에 래리가 신경질적으로 말한다. "공동체가 뭔지도 모르는 판국에 어떻게 공동체가 될 수 있다는 건지 도통 이해가 안 가는군요." 그러자 매릴린이 쾌활한 목소리로 대답한다. "우리 교회는 공동체를 이루고 있어요. 20명 정도가 매달 마지막 목요일에 각자 음식을 만들어 와서 함께 저녁을 먹어요." 이 말에 버지니아가 덧붙였다.

"우리도 군에 있을 때 그랬어요. 몇몇 사람이 우리 숙소에 모여서는 매달 외국 음식을 만들어 먹었지요. 이달에 멕시코 음식을 먹으면, 다음달에는 중국 음식을 만들어 먹는 식으로요. 소련 음식까지 먹었다니까요. 정말이지 그 보르시치(러시아나 폴란드 사람들이 즐겨 먹는, 비트로 만든 수프—옮긴이)는 끔찍했어요."

운이 좋으면 이때 마크가 현재 벌어지고 있는 상황을 자각하고 이렇게 말할 수도 있다. "잠깐만요. 지금 메리가 울고 있는데 아무 일 없다는 듯 말하고 있잖아요. 메리가 방금 속 얘기를 털어놓았는데, 고작 한다는 얘기가 파트럭(각자 음식을 조금씩 가져 와서 나눠 먹는 식사—옮긴이)이에요? 메리 기분이 어떨지 정말 궁금하네요."

이렇게 되지 않으면 인도자가 개입하고 나설 수도 있다. "이 집단은 구성원의 아픔에 귀를 기울이는 법을 아직 배우지 못한 것 같군요. 모두들 메리의 고통을 함께 나누기는커녕 오히려 무시하고 있어요. 그녀와 더불어 진정한 공동체가 될 수 있는 기회는 회피하고 공동체에 대한 지적인 정의나 이야기하다니."

이런 종류의 개입은 흔히 반복해야 할 필요가 있다. "마음 비우기가 무슨 의미냐고 계속 묻는데, 마음 비우기는 다른 사람이 한 말을 소화시킬 수 있을 만큼 충분히 오랫동안 입을 다물고 있는 것, 충분히 오랫동안 마음을 비우고 있는 것이기도 해요. 그런데 누군가 고통스러운 얘기를 꺼내기만 하면 이 집단은 그 얘기에서 도망가기 위해서 시끄럽게 다른 얘기들을 떠들어대요."

이런 도피는 진정한 공동체가 형성되고 난 후에도 일어날 수 있다. 나는 1972년 내셔널 트레이닝 래버러터리에서 열린 감수성 집단에서 이런 도피의 가장 극적인 예를 목격했다. 내가 생전 처음 타인들 앞에서 드러내놓고 울었던 바로 그 집단이었다. 대단히 유능한 린디의 인도 아래 우리 16명은 금방 하나의 공동체가 되었다. 이후 열흘 동안 우리는 크나큰 사랑과 기쁨 속에서 서로 배우고 치유하는 경험을 했다. 그런데 마지막 날은 좀 지루했다. 우리는 늘 앉던 방석에 앉아서 별 얘기도 없이 시간을 보냈다. 그런데 모임이 끝나기 30분 전 한 사람이 지나가는 말처럼 툭 내뱉었다. "이게 마지막 모임이라니 기분이 좀 이상하네." 하지만 이미 때는 늦었다. 우리에게는 공동체를 떠나 일상으로 돌아간다는 문제를 다루거나 공동체 해체에 충분히 애도를 표할 시간이 없었다.

돌이켜보면 그것은 매우 특이한 현상이었다. 16명이나 되는 사람들이 2주 가까운 기간 동안 생을 변화시킬 극적인 경험들을 함께하면서 서로를 깊이 사랑하고 아끼게 되었는데, 마지막 날 아무 일도 없었다는 듯 행동하다니! 모두들 집단의 해체를 철저히 외면하고 있었다. 헤어질 수밖에 없는 우리 운명으로부터 철저하게 도망치고 있었던 것이다. 그날이 우리의 마지막 날이 아닌 것처럼 행동하게 된 이유는 바로 공동체를 이루는 데 성공했기 때문이다. 그래서 공동체의 해체라는 현실에서 무의식적으로 도망치고자 했던 것이다. 그래서 그 마지막 날 공동체 해체라는 문제를 외면하는 것이 우리의 목적이라도 되는 양 행동했던 것이다. 린디가 우리와 헤어지는 것이 고통스러워 우리의 이런 외면을 내버려둔 것인지, 아니면 마지막으로 우리에게 과제회피를 경험할 기회를 주려 했던 것인지는 지금도 잘 모르겠다. 하지만 어느 쪽이었든 우리 모두 기꺼이 이 회피에 동참했다.

싸움　싸움은 공동체 형성의 두 번째 단계인 '혼란' 단계를 지배하는 과제회피가정이다. 구성원들은 보통 사이비 공동체 상태를 벗어나는 순간 아마추어 심리치료사나 설교자들처럼 행동한다. 모두가 상대방을 치유하거나 변화시키려 애쓰는 것이다. 물론 이것은 아무런 효과도 없다. 하지만 이런 시도가 먹혀들지 않을수록, 구성원들은 상대를 변화시키려고 더욱 기를 쓴다. 그러면 이 과정은 곧 싸움처럼 변한다. 이때 집단은 싸움이라는 과제회피가정 아래 움직인다. 구성원 개개인은 자신이 싸우고 있다고 생각하지는 않지만, 이런 식으로 서로 싸우는 것이 집단의 목적이라고 여긴다. 보통 자신이 타인을 돕고 있을 뿐이라고 생각하지만, 집단은 분노로 가득 차고 몹시 혼란스럽다.

　이때 인도자는 싸움이 과제회피가정의 하나임을 알려주고 이 문제를 해결하는 방법도 제시해야 한다. "여러분은 아마 자신이 공동체를 이루기 위해 노력하고 있다고 생각할 거예요. 하지만 여러분이 하고 있는 일은 싸움뿐입니다. 왜 이렇게 된 걸까요?"

　하지만 이런 개입도 너무 일찍 하면 안 된다. 개입 시기가 너무 빠르면, 집단은 애초에 왜 이처럼 싸우게 되었는지는 자문해보지도 않고, 싸움을 피하는 데만 급급해서 사이비 공동체로 퇴보할 수도 있기 때문이다. 하지만 혼란 상태를 충분히 경험한 경우에는 이런 개입을 통해 '우리가 잘못하고 있는 게 무엇일까?' 하고 자문하게 된다. 그리고 이 문제를 진지하게 고민한 집단은 스스로 답을 찾아내기도 한다. 이런 집단은 대개 아주 약간만 도움을 줘도 된다. 그래서 이런 집단이 자기분석을 제대로 못하는 것처럼 보이면, 나는 이렇게 말해준다. "여러분들이 옥신각신하는 소리를 전부 귀담아 들어봤는데, 여러분 전부 서로를 치유하고 변화시키려 애쓰고 있는 것 같아요. 이처럼 치유하고 변화시키는 것이 자신의 과제인 양 행동하게 된 동기를 먼저 살펴보는 것이 좋을 듯합니다."

그러면 전문적인 심리치료사와 몇 년에 걸쳐 상담해야만 배울 수 있는 것을 구성원 전체가 불과 한두 시간 만에 깨닫는다. 즉 우리 혼자서는 치유하거나 변화할 수 없다는 사실을 깨닫는 것이다. 우리가 할 수 있는 일은 자신의 동기들을 최대한 깊게 들여다보는 것이다. 이렇게 할수록 타인을 바로잡으려는 욕망은 비워지고, 그를 있는 그대로 기꺼이 받아들이고 허용하게 된다. 그러면 자연히 서로를 존중하는 안정된 집단 분위기가 조성된다. 공동체의 본질이랄 수 있는 이런 분위기 속에서는 타인의 강요가 없어도 치유와 변화가 절로 일어난다.

공동체를 이룬 다음에도 싸움은 일어날 수 있다. 중요한 문제를 해결하는 과정에서 집단이 갈등을 겪는 경우들이 왕왕 있다. 그래서 나는 집단이 싸움이라는 과제회피가정에 휘말린 시기를 '혼란'기라고 부른다. 구체적으로 '혼란'기에는 아무 결실도 없는 갈등에 휩싸이거나 철저히 비창조적인 싸움을 일삼는다. 그리고 이런 혼란은 개인차를 포용하기보다 치유하고 변화시키려는 시도로 인해 일어난다. 반면에 참다운 공동체의 투쟁은 진정한 전원합의를 위한 창조적인 마음 비우기 과정에서 일어난다.

짝짓기 구성원들은 흔히 공동체 형성이라는 중심과제를 망각하는 경향이 강하다. 그리고 짝짓기는 이런 결과를 낳는 일반적인 함정의 하나다. 의식적으로든 무의식적으로든 두 사람이나 그 이상의 구성원 간에 연맹이 형성되면, 집단의 성숙에 장애가 될 가능성이 크다.

한 쌍이나 여러 쌍의 부부, 연인, 친구 무리는 공동체 형성을 위한 집단에 거의 언제나 함께 참가한다. 그런데 집단이 혼란 단계에 있을 때 이런 참가자들은 흔히 저희끼리 소곤거리기 시작한다. 다른 구성원들이 이런 행동을 방관하면, 나는 이렇게 말해준다. "다른 구성원들이 '제인과 베티가 방금 뭐라고 소곤거렸을까' 하고 궁금해하지 않을까요? 다른 이들이 소외감을 느낄 수도 있어요. 제인과 베티는 지금 이 집단에 두 사람 말고는 아무도 없는 것처럼 행동하고 있어요. 그렇지 않나요?"

공동체 형성을 경험하던 중에 서로 사랑하는 사이로 발전하는 사람들이 종종 있다. 사실, 사랑을 찾아서 이런 워크숍에 참가하는 사람들도 있다. 물론 이런 일을 꼭 막아야 하는 건 아니다. 하지만 공동체의 통합에 방해가 되면 제한할 필요가 있다. 이렇게 말해주는 것이다. "존과 메리, 두 분이 서로 애정을 느끼게 돼서 우리도 정말 기뻐요. 그런데 다른 구성원들 눈에 두 분이 어떻게 비칠까요? 두 분이 서로 쳐다보며 웃느라고 바빠서 다른 사람들한테는 관심도 없다고 여길 수도 있어요. 쉬는 시간에도 얼마든지 함께 있을 수 있어요. 그러니까 워크숍 중에는 떨어져 앉는 게 좋겠습니다. 다른 분들은 아마 그러길 바랄 거예요."

짝짓기 현상은 이전까지 전혀 다른 집단에 속해 있던 사람들이 공동체를 형성하기 위해 모인 워크숍에서 특히 극심하게 나타난다. 한 예로 나와 동료들은 학생들과 교수진 또는 교수진과 행정담당자, 행정담당자와 학부모 같은 이질적인 집단을 '엮어주는' 모임을 인도해달라는 요청을 여러 번 받았다. 모임을 시작할 때 이런 하위집단들은 일반적으로 같은 구성원들끼리 무지를 지어 앉는다. 그렇다고 이들에게 자리를 바꿔 앉으라고 지시할 필요는 거의 없다. 하지만 이들이 상대 집단을 배척할 때는 언제 어떻게 그러는지를 반드시 지적해줘야 한다. 사실 이질적인 집단들 간의 벽이 허물어져서, 학생이 교수 사이에 앉고, 행정담당자가 학생 틈에 앉고, 노인이 젊은이와 섞여 앉은 모습을 보는 것이야말로 공동체에서나 경험할 수 있는 진정한 기쁨이다.

짝짓기는 장기간 지속되는 공동체에서도 똑같이 파괴적으로 작용한다. 수녀원이나 수도원 같은 종교 공동체는 속세의 공동체에 비해 지속력이 대단히 강하다. 가장 큰 이유는 수사나 수녀들이 함께 지내는 데서 느끼는 단순한 즐거움보다 더 고차원적인 목적을 위해 모였기 때문이다. 하지만 이들도 이 고차원적인 목적을 종종 잊어버린다.

예를 들어 들어온 지 얼마 안 되는 수전과 클라리사 자매가 깊은 우정을 쌓기 시작했다고 하자. 둘은 다른 수녀들과 있는 것보다 둘이 있는 것이 더 즐겁기 때문에 자유 시간을 되도록 함께 보낸다. 그런데 오래지 않아 상황이 미묘하게 잘못 흘러가기 시작한다. 다른 수녀들이 둘을 못마땅해 하는 것이다. 둘은 중요한 의사결정 과정에서도 소외된다. 이런 상황에 괴로워진 수전이 드디어 신참 담당 수녀에게 자신과 클라리사가 수녀원에서 배척당하고 있다고 불만을 토로한다. 그러자 수녀는 이렇게 말한다.

"그 반대일 수도 있어요. 두 분의 우정이 너무 돈독해서 그런지, 두 분은 오직 둘에게만 관심을 쏟는 것 같아요. 둘의 관계에만 너무 관심을 쏟아서 다른 자매들한테는 관심도 없어요. 결국 두 분이 다른 자매들을 배척하고 있는 셈이지요. 다른 자매들이 제게 보고한 내용은 적어도 이렇습니다. 물론 우정은 아주 좋은 것일 수 있어요. 하지만 예전에는 성직자 지망생들에게 지나치게 친밀한 우정은 바람직하지 않다고 가르쳐주곤 했어요. 요즘엔 대개 이런 위험성을 스스로 깨닫게 하는 편이지만요. 쉬운 일은 아니란 거 압니다. 하지만 두 분 모두 우정에 취해서 공동체가 한 몸이라는 걸 잊어버렸거나 두 분이 이곳에 들어온 깊은 목적을 망각한 것은 아닌지 자문해보라고 권하고 싶군요."

의존 모든 과제회피가정 중에서 공동체의 발전에 가장 안 좋은 영향을 미치는 것은 의존이다. 이것은 공동체 인도자들이 가장 해결하기 어려워하는, 고통을 느낄 정도로 어려워하는 문제이기도 하다.

나와 동료들은 공동체의 시작 단계에서부터 이 문제와 씨름한다. 미리 교부되는 안내문을 통해서 이 워크숍은 강론을 듣는 것이 아니라 직접 참여해서 체득하는 시간이라는 점을 참가자들에게 분명히 일깨워주는 것이다. 그러고는 첫 시간에 이 점을 다시 상기시킨다. "인도자에게 의존하면, 다시 말해 인도자가 다 가르쳐주고 구성원들의 짐을 대신 져주길 바라면, 공동체는 만들어질 수 없습니다. 이 공동 작업이 성공하려면 구성원 개개인들이 모두 똑같이 책임감을 가져야 합니다."

그래도 처음에 대부분의 구성원들은 인도자 없이 해내는 것을 달가워하지 않는다. 또 해야 할 일을 그들 스스로 결정하기보다는 대개 지도자가 지시해주는 데 더 의존한다. 이런 태도는 아무 도움이 안 되고, 사실 성장을 방해하는 데도 말이다. 이러면 안 된다는 지시사항을 미리 다 알려주었는데도, 구성원들은 의존이라는 과제회피가정 속으로 급속하게 빠져든다. 그러고는 이런 의존에서 벗어날 때까지, 모든 구성원이 인도자 역할을 하는 진정한 공동체를 이루기까지, 구성원 모두가 하나같이 인도자의 비권위적인 태도를 오해하고 분노하기까지 한다. 실제로 아버지 같은 권위적 인물을 바라는 욕망이 너무 커서 자신들의 요구를 거부하는 인도자를 상징적으로 십자가에 못 박기도 한다.

상징적으로라도 십자가에 못 박히는 것은 견디기 어렵다. 하지만 대개의 경우 이런 일은 불가피하다. 십자형은 단순히 2000년 전의 특별히 위대했던 인도자에게만 일어난 일이 아니다. 십자형은 이상한 하나의 법칙이다. 그래서 공동체를 이끄는 인도자들을 훈련시킬 때마다 나는 거듭 말한다. "여러분은 집단을 위해 기꺼이 죽을 수 있어야 합니다." 하지만 내가 어떤 말을 해줘도, '위대한 아버지'이기를 거부하는 인도자에게 집단이 퍼부어대는 비난을 담담하게 견뎌내기는 고통스럽다.

이런 문제는 지도력의 '강함'과 '약함'에 대한 우리의 정의에 의문을 제기하게 만든다. 공동체를 형성하려면 인도자는 구성원들의 의존성을 바로잡아야 한다. 그러려면 구성원들을 앞에서 끌고 나가는 역할을 인도자 스스로 거부하는 것 말고 다른 방법이 없다. 이런 맥락에서 볼 때, 역설적이게도 강한 인도자는 구성원들을 제대로 이끌지 못했다는 비난을 기꺼이 감수하고 즐겁게 받아들이기까지 하는 인도자라고 할 수 있다. 때로는 가볍고 때로는 살기등등하다는 차이가 있을 뿐, 비난은 언제나 있기 마련이니까 말이다. 내 동료는 이런 상황에서 어느 랍비의 지혜로운 이야기를 떠올렸다. 그때부터 그는 집단이 마음 비우기를 거부하며 혼란 속에서 인도자를 탓하는 끔찍한 시기가 오면 언제나 이 이야기를 들려주었다.

"어느 랍비가 숲에서 길을 잃었어요. 석 달이나 헤매고 헤매도 숲에서 나가는 길은 보이지 않았습니다. 그러던 어느 날 숲에서 같은 회당 사람들을 만났습니다. 그들도 길을 잃고 헤매고 있었지요. 그들은 너무 반가워서 외쳤습니다. '랍비님, 이렇게 만나다니 얼마나 기쁜지 모르겠어요. 이제 저희를 숲 밖으로 인도해주세요!'

그들의 말에 랍비가 대답했습니다. '애석하지만 길을 안내해줄 수가 없네요. 저도 길을 잃었거든요. 하지만 여러분을 위해 해줄 수 있는 일은 있어요. 길을 잃고 헤맨 경험이 여러분보다 많아서, 가면 안 되는 길을 천 가지쯤은 알려줄 수 있지요. 별 도움이 안 돼도 함께 노력하면 빠져나갈 길을 찾을 수 있을 겁니다.'"

이 이야기의 교훈은 분명하다. 하지만 이런 이야기도 별 도움이 안 되는 것을 보면 참으로 놀랍다. 구성원들은 이 이야기도 비난거리로 삼을지 모른다. "게다가 말도 안 되는 얘기를 하고 있잖아요." 그들은 이런 식으로 인도자에게 훈계를 하려 들 것이다.

하지만 인도자에게 가장 힘든 일은 구성원들의 손에 못 박히는 것이 아니다. 스스로 자신을 십자가에 못 박는 것이다. 구성원들이 극성스럽게 요구하는 인도자가 되고픈 유혹을 물리치는 일이 가장 힘들다는 말이다. 사실 이런 인도자 유형에 마음이 쏠리는 이들은 사람들을 이끌어 나가는 일에 꽤 익숙해 있다. 이런 유형은 말을 안 하는 것보다 가르치고 설교하는 것이 훨씬 쉽다. 그래서 우리 같은 사람들은 지배하고 통제하려는 욕구를 끊임없이 비워내야 한다. 나도 '이번에는 공동체 형성에 실패하겠구나' 하고 체념하는 순간 비로소 집단이 공동체로 성장하는 경험을 자주 했다. 이런 타이밍은 우연이 아니다. 권위적인 지도자 역할에 익숙한 사람들은 기꺼이 무력한 상태로 있을 줄 알아야 한다. 말하고 싶은 욕구, 언제나 도움을 주고 싶은 욕구, 스승이 되고 싶은 욕구, 영웅처럼 보이고 싶은 욕구, 신속하게 해답을 제시해주고 싶은 욕구, 소중히 지켜온 자신의 생각을 비울 줄 알아야 한다는 말이다. 이렇게 인도자 스스로가 마음 비우기를 실천해야만 구성원들도 마음 비우는 법을 배울 수 있다.

물론 이렇게 하기란 쉽지 않다. 내게 훈련을 받은 중년의 개신교 목사는 이런 어려움을 잘 표현해주었다. 그는 처음으로 공동체 형성 워크숍을 인도한 후 편지를 보내왔다.

'실패했다고 결론 내린 순간 공동체 형성에 성공하는 경우가 종종 있다는 선생님의 말씀을 항상 기억했습니다. 하지만 별 도움이 안 되더군요. 결국 토요일 밤 저는 아내에게 전화해서 이런 일이 제게 적합하지 않은 모양이라고 한탄했습니다. 제일 먼저 주차장을 벗어날 수 있게 차를 옮겨놓기도 하고요. 하지만 저는 떠나지 않았습니다. 나는 목사이자 사람들을 다루는 일에 대가라고 생각했으니까요. 그러고는 그날 밤 뭔가 방법이 있을 거라고 생각하면서 계속 머리를 짜냈어요. 먼동이 터올 무렵, 전 기독교에 대해 아무것도 모른다는 사실을 드디어 깨달았습니다. 저는 희생의 의미를 전혀 모르고 있었던 겁니다. 제 자아를 죽여야 한다는 사실을 이해하지 못했던 거지요. 그 순간 저는 비로소 죽음을 경험했습니다. 그리고 아침 식사가 끝난 후 우리는 드디어 진정한 공동체로 거듭났죠.'

무엇인가에 자신을 쏟으면 쏟을수록 많은 것을 얻는다. 이것은 오래된 법칙이다. 그러므로 공동체 형성을 위한 인도자로 지목된 사람은 다른 참가자보다 더 많은 것을 얻을 수 있다. 희생이 크겠지만, 그만큼 얻는 것도 많다. 내 친구는 이렇게 편지를 끝맺었다. '모임에 다녀온 후로 부드럽고 상냥해졌다는 말을 많이 듣습니다.

이상할 정도로 기분도 좋고요. 정신이 나간 건지 모르지만, 그래도 좋습니다. 앞으로도 기꺼이 그 일을 또 할 겁니다.'

집단행동을 조정해야 할 때

집단은 개인들의 집합체라기보다 그만의 권리를 지닌 하나의 살아 있는 유기체다. 그러므로 인도자는 언제나 전체로서의 집단에 초점을 맞추어야 한다. 인도자는 구성원들의 개인적 문제나 개성에 관심을 보일 필요가 없다는 말이다. 사실 개인에 대한 관심은 공동체의 발전에 오히려 장애요소가 될 수 있다. 그러므로 인도자는 개인이 아닌 집단의 행동을 해석하는 데만 조정력을 발휘해야 한다. 이것은 일반적인 규칙이다. 그리고 이 모든 조정의 목적은 집단에게 해야 할 것과 하지 말아야 할 것을 가르쳐주는 것이 아니라 집단 스스로 자신의 행동을 자각하도록 일깨워주는 데 있다.

다음은 이런 조정의 전형적인 예다. "이 집단은 구성원 전원이 똑같은 신앙을 가지고 있는 것처럼 행동하는군요", "이 모든 혼란은 상대를 변화시키려는 시도에서 비롯되는 것 같습니다", "제가 보기에는 지금 연장자와 젊은이들이 서로 편을 가르고 있는 것 같아요", "누군가 가슴 아픈 얘기를 꺼내면 다들 화제를 돌려버리는 군요. 서로의 고통에 관해서는 듣고 싶지 않다는 듯이요", "저의 부드러운 지도력에 대한 분노를 떨쳐버려야만 우리가 진정한 공동체를 이룰 수 있지 않을까 합니다."

이런 식으로 인도하면 구성원들도 전체로서의 집단을 생각하게 된다. 처음에는 집단의식을 가진 구성원이 거의 없지만, 공동체를 이루게 될 즈음에는 구성원들이 자신들을 하나의 몸으로 생각하게 되는 것이다. 사실상 이때부터는 구성원들도 효과적으로 집단 조정을 하기 시작한다. 아내를 기분 좋게 해주려고 아내를 따라 억지로 워크숍에 참가한 사업가도 이런 말을 하게 되는 것이다. "집단이 다시 수렁에 빠진 것 같습니다. 우리 자신을 돌아봐야 하지 않을까 싶군요." 이렇게 되면 인도자는 더욱 즐거운 마음으로 '또 한 사람의 구성원' 역할을 수행할 수 있다.

공동체를 이끌어 나가는 데 있어 인도자가 지켜야 할 규칙이 또 있다. 구성원 스스로 조정할 수 없는 문제들만을 조정해야 한다는 것이다. 구성원이 하고 있거나 할 수 있는 조정에 인도자가 개입하면, 그 집단은 구성원 전원이 인도자 역할을 하는 공동체로 성장할 수 없다. 잘 발달된 공동체는 인도자 없이도 모든 문제를 해결해낸다. 이렇게 되기까지 인도자는 인내심을 갖고 오랜 시간 기다려야 한다. 인도자의 눈에 어떤 문제가 보여도, 다른 구성원이 이 문제를 알아차릴 때까지 기다려야 한다. 흔히 유약한 것으로 오해받기도 하지만, 이런 기다림은 꼭 필요하며 인도자가 통제 욕구를 버려야만 비로소 가능하다. 그렇다면 집단에게 아직 당면한 문제를 해결할 능력이 없다고 판단하고 조정을 시작하기까지, 인도자는 얼마나 오래도록 기다려야 할까? 이것은 공동체 형성을 이끄는 인도자로서는 매우 고민스러운 문제의 하나다.

일반적인 규칙에도 예외는 있다. 한 예로 인도자가 특정한 개인의 행동에 초점을 맞추고 조정해야 하는 경우도 가끔 있다. 하지만 이럴 때도 개인이 아닌 집단 전체의 요구를 배려해야 한다. 개인의 행동이 공동체 발전에 분명히 지장을 주고 있지만, 집단 전체가 아직 이 문제에 대처할 능력이 없는 것처럼 보일 때 특히 그래야 한다. 이런 개인 조정을 할 수밖에 없었던 사례 두 가지를 소개한다.

나의 사소한 부주의로 인해 공동체 형성이 주요 목적이라는 점을 워크숍 안내책자에 명시하지 않은 적이 있다. 하지만 워크숍을 개시하면서 공동체를 만드는 것이 목적이라는 점을 분명히 밝혔다. 그러자 참가자들도 공동체를 이루리라는 기대에 한껏 들뜬 것 같았다.

그런데 모임을 시작하고 얼마 지나지 않아, 마샬이라는 이름의 대단히 지적인 중년의 기독교인이 계속 신학에 관한 추상적인 토론을 벌이려고 했다. 다른 사람들이 그의 시도를 저지하자, 그는 안내책자 어디에도 이 워크숍이 공동체 형성을 위한 것이라는 사실이 언급돼 있지 않으며 자신은 종교심리학을 배우려고 워크숍에 참석했다고 불평했다. 그의 불평에 사람들은 안내서에 공동체 형성에 대한 언급은 없지만, 이 워크숍이 기독교에서 말하는 사랑과 절제, 희생의 의미를 체험을 통해서 분명하게 깨닫는 참여적인 과정이라는 점은 명시돼 있다고 반박했다. 그래도 마샬은 지적인 토론을 원한다며 버텼다. 결국 내가 나설 수밖에 없었다. "당신 말이 맞아요, 마샬. 이 워크숍이 공동체 형성을 경험하는 장이라는 사실을 안내서에 명시하지 않았어요. 제가 부주의하게 빠뜨린 겁니다. 더 확실히 밝혀놨어야 했는데 말이죠. 당신 기분 충분히 이해해요. 잘못 찾아왔다는 느낌이 들 겁니다. 제가 사과드리는 게 마땅해요. 제대로 설명해놓지 못해서 미안합니다."

곧 이어진 휴식 시간에 마샬은 위협적으로 다가와 말했다. "정말이지 불쾌합니다. 주말 시간과 돈을 낭비한 것 같아요. 공동체 형성 과정인 줄 알았으면 오지 않았을 겁니다."

그의 말에 내가 다시 사과를 했다. "거듭 사과드리는 것 말고, 어찌 해드려야 할지 모르겠군요. 하지만 워크숍을 신학 토론 모임처럼 만들 수는 없어요. 그것은 집단 전체가 바라는 것이 아니니까요. 당신이 적응하려고 노력해주었으면 좋겠습니다. 하지만 이미 말씀드렸듯이, 제 실수로 실망시켜드린 것은 정말 죄송하게 생각합니다."

모임이 다시 시작된 후에도 마샬은 1시간 동안이나 시무룩한 얼굴로 말없이 있었다. 사람들이 그를 무시하면서, 그는 집단에서 버림받은 자가 되어갔다. 나는 어떻게 해야 좋을지 확신이 안 섰다. 상황이 그렇게 흘러가는 게 마음에 안 들었지만 일단 기다리기로 했다. 그런데 점심 시간 직전 마샬이 또다시 수준 높은 신학 이론을 늘어놓았다. 사람들은 이제 그에게 노골적으로 적개심을 표시했다. 하지만 식사 시간이 다 되어서 이 문제를 충분히 다룰 수 없었다. 식사 후에도 총 교육 과정의 3분의 1이 남아 있었다. 마샬은 자만심이 대단했다. 나까지 공개적으로 그에게 맞서면 심한 모욕감을 느낄 것 같았다. 그렇다고 아무 조치도 취하지 않으면, 다른 참가자들과 마샬의 분노가 워크숍의 성공적인 마무리에 큰 지장을 초래할 것 같았다. 그래서 나는 점심 시간이 시작되자 마샬에게 단 둘이서만 식사를 하자고 청했다.

나는 예의를 갖추느라 시간을 낭비하지 않고 단도직입적으로 말했다. "마샬, 정말 문제가 심각해요." 나는 자리에 앉자마자 이렇게 말했다. "오늘 오전에 안내책자 문제로 당신한테 공개적으로 사과를 했습니다. 그런데도 당신은 휴식 시간에 그 일로 저를 다시 비난했지요. 제 사과를 전혀 받아들이지 않은 겁니다. 그래서 제가 다시 거듭 사과를 했구요. 그런데도 당신은 여전히 워크숍을 신학 토론 모임으로 만들려고 했어요. 이 워크숍이 당신의 기대와 다르다는 점에 대해 저를 아직 용서하지 않은 게 분명합니다. 제가 얼마나 더 사과를 해야 할까요? 안내책자에는 분명 이 워크숍의 목적이 공동체 형성 체험이라는 말은 없어요. 하지만 기독교의 사랑과 절제, 희생을 체득하는 시간이라는 말은 씌어 있습니다. 용서가 기독교 신학의 주된 주제라는 점은 당신도 분명히 알고 있으리라 생각합니다. 이제 이 주말에 당신은 저를 용서하든지 용서 못하는 경험을 하게 될 겁니다. 어떤 경험을 하느냐는 전적으로 당신 마음에 달려 있습니다. 또 알다시피, 워크숍에서 마음 비우기에 대한 이야기를 많이 했는데, 마음 비우기는 다분히 희생과 관련되어 있습니다. 당신이 저를 용서할 수 있는 길은 당신의 기대를 지워버리고 선입견과 욕구도 비우는 것뿐입니다. 기독교에서도 희생을 중요하게 이야기하는데, 이런 희생을 할 것인가도 전적으로 당신 마음에 달렸어요. 체험으로 배우는 것은 힘든 일이지만 당신이 기독교 이론을 실천하느냐 아니냐에 따라 이 워크숍에서 체험하는 내용이 달라질 겁니다."

조언은 효과가 있었다. 마샬이 달라진 것이다. 그는 더 이상 지적인 토론을 시도하지 않았다. 또 오후 휴식 시간에는 이런 일도 있었다. 지적 사고를 중시하는 마샬의 성향을 심하게 비판했던 남성이 몇몇 다른 남성들과 포옹을 했다. 이때 마샬이 그에게 다가가 말했다. "저는 안 안아줘요?" 그는 마샬을 진심으로 안아주었다. 몇몇이 이 광경을 보고 눈시울을 붉혔다. 이후에 시작된 마지막 시간에 마샬은 자신과 의견이 다른 남자와 생전 처음 포옹을 해보았다고 털어놓았다. 몇몇이 또 눈물을 흘렸다. 마샬은 그날 신학을 대단히 공부했다.

개인에 대한 조정은 아주 어려운 일이며, 보통 마샬처럼 말뜻을 잘 알아채지 못하는 경우에 필요하다. 구성원들의 저항이 강력하면 개인을 호되게 비판하는 식의 조정도 필요하다. 하지만 난 마샬에게 그러고 싶지 않았다. 그 누구에게도 그러고 싶지 않다. 대체로 사람들은 비판을 싫어한다. 또 비판에 어떻게 반응할지도 예측하기 어려우므로 이런 식의 조정은 위험할 수 있다. 그러므로 이런 조정은 상황을 철저히 분석한 후에 시작해야 한다.

또 다른 사례도 있다. 총 9시간의 워크숍에서 3분의 1이 지났을 즈음, 다시 말해 참가자들이 통상적인 혼란 단계에 접어들었을 즈음, 나는 아치라는 참가자에게 문제를 일으킬 소지가 있음을 알아차렸다. 아치는 웅변을 하듯 세 번이나 열정적으로 발언했다. 그런데 문제는 무슨 말인지 전혀 알아들을 수 없다는 것이었다. 다른 참가자들도 알아듣지 못하기는 마찬가지였지만, 인정상 아무 말도 안 하는 것 같았다. 오후 워크숍이 끝나갈 무렵, 나는 여전히 혼란 속에서 허우적대는 참가자들에게 그동안 우리가 무엇을 잘못했는지 저녁에 반추해보기 바란다고 했다. 그러고 나는 아치에 대한 생각으로 저녁 시간을 보냈다. 그만큼 그가 혼란스러운 사람이었기 때문이다. 참가자들이 공동체를 이루는 데 성공해도 내가 어떤 식으로든 조정하지 않으면, 그가 공동체를 파괴해버릴 것 같았다. 물론 그렇게 안 되면 좋겠지만, 꼭 그리 될 것만 같았다. 어떻게 해야 좋을지, 조정이 효과가 있을지 확신이 안 섰다.

다음날 아침 우리는 모임을 시작하자마자 곧 마음 비우기 작업에 들어갔다. 이후 참가자들은 급속도로 하나의 공동체가 되었다. 그런데 모두들 공동체를 이룬 기쁨을 만끽하기 시작할 때, 아치는 나름대로 기여를 하고픈 마음에서 예의 그 시적이고 감동적인 연설을 했다. 그러자 어느 여성 참가자가 말했다. "아치, 당신이 어떻게 느끼는지 저도 잘 알아요. 남편이 세상을 떠났을 때 저도 그랬거든요. 처음엔 정말로 화가 났었어요." 이 말에 다른 참가자가 반박했다. "아치 말은 그게 아니었어요. 자신이 얼마나 슬펐는지 말한 겁니다." 아치가 다시 시적인 연설을 하자, 다른 참가자가 말했다. "아치는 슬프기도 하고 화도 났던 것 같은데요." 이 말에 어떤 사람이 반박했다. "제게는 분노한 것처럼 들렸어요." 그러자 다섯 번째 사람이 목청을 높였다. "아니에요, 그건 슬픔이었어요." 이 말에 여섯 번째 사람이 반박했다. "제가 듣기엔 둘 다 아니었어요." 이렇게 해서 참가자들은 다시 혼란 속으로 빠져들었다. 이제는 내가 개입할 수밖에 없었다.

"우리는 지금 혼란에 빠졌어요. 거기에는 다 이유가 있습니다. 아치, 저는 당신에게 아주 복합적인 감정이 들어요." 나는 몹시 걱정스러운 목소리로 말을 이어 나갔다. "한편으로는 당신이 좋습니다. 당신이 시인의 영혼을 지녔다는 것을 아니까요. 열정도 느낄 수 있어요. 당신은 정말 선량하고 속이 깊은 사람인 것 같습니다. 하지만 말하는 훈련이 안 되어 있어요. 왜 그렇게 되었는지는 모르지만 당신의 열정과 영혼이 담긴 시정을 다른 사람들이 이해할 수 있게 표현하는 훈련은 되어 있지 않습니다. 그래서 당신이 이야기를 하면 사람들은 감동을 받으면서도 지금 이 집단처럼 혼돈을 느끼는 것이지요. 저는 당신이 스스로 훈련할 수 있다고 생각합니다. 그러기를 진심으로 바라기도 하고요. 당신 마음속에는 아주 멋진 얘기들이 많이 있으니까요. 그런데 훈련에는 시간이 많이 걸립니다. 남은 하루 동안 이곳에서 그걸 배우기는 힘들다고 생각합니다."

무거운 침묵이 흐르는 가운데 나와 참가자들은 아치의 반응을 기다렸다. 드디어 그가 입을 열었다.

"고마워요, 스카티. 저를 조금이라도 이해해주는 사람은 많지 않은데 당신은 그중 한 사람이에요."

남은 워크숍 시간 동안 아치는 아무 말도 하지 않았다. 하지만 참가자들은 침묵 속에서도 그의 사랑을 느꼈으며, 아치도 그들의 사랑을 온몸으로 느꼈다.

이후 아치가 그의 시적인 영혼을 타인이 이해할 수 있도록 표현하는 훈련을 했는지는 알 수 없다. 하지만 그 뒷이야기가 있다.

그로부터 1년 반이 지난 후 나는 같은 도시에서 같은 제목으로 먼저와 비슷한 공동체 형성 워크숍을 열었다. 그런데 아치가 워크숍 주최자에게 전화를 걸어서 이렇게 말했다고 한다.

"다시 참여하고 싶은데 돈이 없습니다. 혹시 경호원이 필요하면 제가 가겠다고 스카티에게 전해주십시오."

앞에서 이야기한 조정은 개인이나 공동체 모두에게 성공적이었다. 성공할 수 있었던 주요 원인은 마샬과 아치에게 변화할 수 있는 능력, 자신의 행동유형을 버릴 수 있는 능력이 있었기 때문이다. 그런데 이들이 이런 희생을 거부했다면 어떻게 되었을까? 내 경험에 비추어보면, 집단은 딱 한 가지만 빼고 개인의 모든 정신적 병폐들을 다룰 수 있다. 사실 공동체 형성 과정에 가장 기여하는 사람은 흔히 '병이 가장 깊은' 구성원이다. 하지만 집단의 요구에 자신의 요구는 전혀 양보하지 않고, 의식적으로든 무의식적으로든 공동체를 적극적으로 파괴하려는 것 같은 사람들도 드물지만 존재한다. 이전에 내가 《거짓의 사람들》에서 과감하게 '악한'이라고 불렀던 이들이 바로 이런 사람들이다.

물론 이런 사람들은 공동체 형성 과정에 애초부터 관심이 없을 가능성이 크다. 그래서인지 이제까지 100회 이상 총 5000명을 대상으로 워크숍을 진행했지만 이런 사람은 단 두 명밖에 만나지 않았다. 한 명은 공동체를 파괴하는 데 실제로 성공했다. 반면에 다른 한 명은 구성원들이 배척해버렸다. 공동체는 원래 포용적이어야 하므로, 이런 결정을 내리기는 쉽지 않았다. 하지만 공동체 자체의 생존이 위협받을 때는 단호히 결정을 내릴 수밖에 없다. 이런 악한 구성원을 다루는 일은 인도자 혼자서 떠맡으면 안 된다. 악한 구성원은 매우 강하기 때문에 아무리 노련한 인도자라 해도 혼자서는 감당하기 힘들다. 인도자 일을 시작한 지 얼마 안 됐을 때 이런 사람이 우리 공동체를 파괴해버린 일이 일어났다. 나는 혼자 이런 악한과 싸워서 집단을 구하는 것이 나의 책임이라고 생각했다. 하지만 문제는 그녀가 아주 영악하게 반격할 능력을 갖추고 있다는 점이었다. 그녀는 나와 맞설 연합세력을 구축해서는 집단을 계속 양분시켰다.

그러므로 악한 구성원 문제는 집단 전체가 책임감을 갖고 해결해야 한다. 다른 한 사람은 결국 집단을 떠나야만 했다. 그때 나는 그의 문제가 바로 집단의 문제라고 계속 주장했고, 구성원들은 그를 배척해버린 죄책감으로 대단히 고통스러워했다. 하지만 결국에는 이런 과정이 공동체 형성에 촉진제 역할을 했다.

누군가를 배척하기로 결정해도 그 배척은 최소한으로 이루어져야 한다. 위의 경우 구성원들은 그에게 반나절만 집단을 떠나 자신을 돌아보고 온 뒤 다시 노력해달라고 요청했다. 하지만 그는 그 기회를 거부했다. 구성원들이 함께 생활하는 오래된 국제공동체를 도운 적이 있는데, 이 공동체에는 악한 여성이 한 명 있었다. 그녀가 너무 말썽을 일으키자, 구성원들은 집에서 나가달라고 했다. 그러면서 공동체의 친목 도모 시간에는 와도 좋으며, 행동에 변화를 보이면 다시 들어와 살 기회를 주겠다고 했다. 하지만 그녀는 이 기회를 잡지 않았다. 두 사람 모두 공동체로 돌아가는 길을 택하지 않았지만 완전히 추방되지는 않았다. 덕분에 공동체는 부분적으로 배척했다는 점에서 다른 것은 몰라도 죄책감은 상당히 덜 수 있었다.

죄책감으로 공동체가 무력해져서는 안 된다. 하지만 어떤 공동체든 악한 구성원을 부분적으로라도 배척하면 죄책감을 느끼지 않을 수 없다. 배척이 공동체의 제1원칙인 포용성에 위배되기 때문이다. 게다가 악한 사람은 배척당하고 나면 또 다른 공동체를 괴롭히기 쉽다. 그러므로 배척은 결코 악한 구성원을 다스리는 해결책이 못 된다. 공동체 유지에 아무리 필요해도, 진정한 공동체는 누군가를 배척하면 공동체의 중요한 원칙 하나가 실패로 돌아간다는 것을 언제나 잊지 말아야 한다. 이런 실패에 죄책감을 느끼지 못한다면, 그 공동체는 사실 더 이상 진정한 공동체로서 존재하지 못한다. 공동체로 살아남기 위해 배타주의로 흐를 것이기 때문이다. 어떤 구성원에 대한 배척이 혹시 그를 희생양으로 삼는 일은 아닌지 고민하지 않으면, 그 공동체는 희생양을 만들어내기 쉽다. 그러면 결국 공동체는 악한 구성원에 대한 면역성을 잃어버리고 만다. 진정한 공동체를 이루고 산다는 것은 악의 문제로 늘 고통과 긴장 속에 산다는 의미이기도 하다.

한편 악의 문제는 아무리 짜증스러워도 소집단에서는 통계상 드물게 일어난다. 내 경험에 비추어보면 공동체 형성 과정에 제대로 통합되지 못한 사람은 약 5000명 중에서 2명에 불과했다. 제대로 인도하기만 하면, 극소수를 제외한 모든 인간은 지금까지 이야기한 과정이 지향하는 목적에 창조적으로 동참할 수 있을 만큼 충분히 선량하다. 물론 정부나 국가 같은 넓은 차원에서 생각해보면, 인간의 악의 문제는 그 규모가 다르다. 제도적인 악의 문제는 떨쳐버리기 힘든 더 무시무시한 망령과 같다.

공동체의 적정 규모

공동체의 성공 여부는 집단의 크기와는 관련이 없는 것 같다. 나는 한번에 300~400명의 사람들을 이끌어 공동체를 형성한 적이 여러 번 있다. 규모가 큰 수양센터와 1명의 실무 관리자, 20명의 소집단 인도자, 5일의 기간이 필요했다. 하지만 이렇게 공들여 만든 조직체는 그다지 효율적이지 못하다. 이런 점을 경계해야 하지만, 공동체로 인도할 수 있는 집단의 상한선은 정해져 있지 않다. 내 경우, 워크숍의 참가자 수는 최저 25명에서 최고 65명이다. 이 인원이 친밀한 모임을 만드는 데 적당한 최대 규모이기 때문이다.

심리치료사나 집단행동에 대해 잘 아는 사람은 이런 규모에 놀라움을 표할 것이다. 전문가들 사이에는 '이상적인 집단 규모'는 8명에서 15명이며 어떤 집단이든 20명이 넘으면 관리할 수 없다는 생각이 널리 퍼져 있기 때문이다. 1981년 워싱턴 D.C.에서 '지식인 워크숍'에 참가했던 60명이 갑자기 공동체가 되는 것을 경험하기 전에는 나도 그렇게 믿고 있었다.

경험에 의하면, 큰 집단의 공동체 형성을 가능하게 만들어주는 주요 요인은 모든 참가자들에게 발언을 요구하지는 않는 것이다.

전형적인 심리치료집단이나 감수성집단에서 인도자는 한마디도 하지 않는 구성원을 아주 싫어한다. 하지만 나는 비언어적 행위의 위력에 깊은 감명을 받은 적이 있다. 청중 중에는 표정이나 앉은 자세만으로 전문 강연자에게 더 담대하고 더 자신 있고 더 강력하게 연설하도록 용기를 북돋워주는 사람이 있다. 반대로 계속 얼굴을 찌푸리거나 노려보면서 강연자를 힘 빠지게 만드는 사람도 있다. 공동체 형성 집단에서도 마찬가지다. 한마디도 하지 않는 구성원은 말이 가장 많은 구성원만큼이나 집단에 큰 영향을 미친다.

전문가가 아니어도 이 말 없는 구성원이 집단에 마음으로 동참하고 있는지는 잘 알 수 있다. 표정이나 자세를 얼마간 지켜보면 충분히 알 수 있다. 예를 들어 메리라는 젊은 여자가 무리에서 조금 떨어져 앉아서는 지루한 듯 우울하고 멍한 눈빛으로 2시간 동안 창밖만 내다보고 있다고 하자. 그러면 나는 이렇게 말할 것이다. "메리가 상당히 처져 있는데도 여러분은 그냥 무시하고 있는 것 같군요." 하지만 집단의 구성원이 나와 똑같이 느끼고 있다면, 나는 그들에게 언어적 반응을 요구하지는 않을 것이다.

구성원들은 비언어적인 방식으로 공동체에 강력한 영향을 미칠 뿐만 아니라, 주는 만큼 많은 것을 공동체에서 받기도 한다. 한 예로 스물여섯 살의 마거릿은 극도로 수줍어하는 성격 때문에 나와 개인 상담을 시작했다. 1년 반쯤 상담을 지속하고 상태가 호전되었을 때, 나는 근방의 아름다운 장소에서 소집단의 공동체 형성 워크숍을 인도하게 되었다. 이 워크숍이 마거릿에게는 집단에서 편안히 지내는 훈련을 해볼 좋은 기회라는 생각이 들었다. 그래서 참가를 권유했고 그녀는 주저하며 받아들였다. 하지만 마거릿은 실망스럽게도 워크숍에서 이틀 동안 한마디도 하지 않았다. 이 경험이 그녀에게는 별 도움이 안 되는 것 같았다.

그런데 닷새 후 마거릿은 개인 상담에 와서는 환한 얼굴로 워크숍이 일생에서 가장 기쁜 경험이었다고 말했다. "그런 감정을 전에도 느껴본 적이 있어요. 하지만 이번에는 달랐어요. 예전의 감정은 여기서 잠시, 몇 달 후 저기서 잠시 하는 식으로 일시적인 것이었지요. 이번에도 저는 이 기쁨이 곧 사라져버릴 거라고 생각했어요. 그런데 그 기분이 연신 되살아나는 거예요."

공동체가 만들어지는 기간

내 경험에 비추어볼 때 30명에서 60명 사이의 인원이 진정한 공동체를 만드는 데 적당한 기간은 이틀이다. 물론 더 빨리 공동체가 될 수도 있다. 모임을 시작할 때 구성원들에게 일반화해서 말하는 것을 삼가고 자기 느낌과 생각을 말하며, 자신의 약한 면을 숨기지 말고, 남을 치유하거나 변화시키려고 하지도 말며, 마음을 비우고 타인의 말에 진심으로 귀 기울여 즐거움과 고통을 모두 끌어안도록 하라고 지시하면, 몇 시간도 안 돼 진정한 공동체가 만들어지기도 한다. 하지만 이것은 헬리콥터를 타고 산 정상에 오르는 것과 같다. 늪을 통과하고 커다란 바위를 기어 올라가 드디어 산정에 다다르는 것만큼 감격적이지 않다는 말이다. 이 공동체 '급조' 문제와 관련해서 어느 여 성직자는 공동체의 신비를 더 없이 간명하게 표현했다. 그녀는 1일 워크숍을 마치면서 모두가 한마디씩 하는 시간에 자신의 경험을 이렇게 요약했다. "저는 이 1일 워크숍에서 하룻밤 정사의 좋은 점과 나쁜 점을 모두 맛보았어요."

반대의 기이한 현상도 있다. 이틀간의 워크숍에서 어떤 집단은 첫날 이른 오후에, 어떤 집단은 하루를 보내고서, 어떤 집단은 워크숍을 끝내기 4시간 전에야 공동체가 되기도 한다. 그런가 하면 관계를 맺는 전통적인 방식에 매달리다가 워크숍을 끝내기 2시간 전에야 겨우 공동체를 이루는 집단들도 있었다. 하지만 이런 집단의 구성원들도 완전히 만족해서 흔히들 이렇게 말한다.

"이번 모임은 제 생애에 가장 가치 있는 경험이었어요."

12시간을 고생한 끝에 겨우 2시간 공동체를 맛보고 어떻게 이런 말을 할 수 있을까? 하기는 진정한 사랑을 나누고 난 후에, 몇 주 동안이나 구애한 끝에 겨우 성공했다고 투덜거리는 사람은 없을 것이다.

공동체에 대한 헌신

헌신은 공동체 형성에 아주 중요한 요소다. 그러므로 참가자는 공동체가 요구하는 헌신에 준비돼 있어야 한다. 워크숍을 열 때, 나는 모임의 목적은 공동체 형성이며 초기에는 그 과정이 대개 힘들고 고통스럽다는 점을 참가자들에게 미리 편지로 알려준다. 그래서 그들은 끝까지 남아서 함께 폭풍우를 헤쳐 나가야 한다는 각오로 워크숍에 참여한다.

참가자들이 다 모이면 나는 다시 강조한다. "중요한 규칙이 한 가지 있습니다. 그것은 결코 중도하차하면 안 된다는 것입니다." 그러면 도망가고픈 욕구를 느끼는 사람들도 있다. 그래서 나는 총이나 채찍, 쇠사슬, 쇠고랑 같은 것으로 헌신을 강요하지는 않는다고 조심스럽게 덧붙인다.

"하지만 이 집단의 성공 여부는 구성원 개개인에게 달려 있습니다. 워크숍 중에 불만스러운 점이 생길 텐데, 그래도 짐을 꾸려 말없이 나가지 말고 불만을 솔직하게 토로해야 합니다. 여러분에게는 그래야 할 책임이 있으니까요. 모두가 끝까지 남아서 의심과 불안, 분노와 침울, 절망까지 함께 극복해 나가기를 바랍니다."

내 경험상, 참가자 중 평균 3퍼센트는 이런 헌신을 받아들이지 못한다. 이 중 반 정도는 혼란이나 마음 비우기 단계에서 거부감을 보인다. 한 예로, 성공을 거둔 고상한 중년의 여성 심리학자는 59명이 참가한 워크숍에서 과정의 3분의 1가량이 지났을 때 이렇게 선언했다.

"워크숍에 끝까지 참가하겠다던 약속을 깨뜨려야겠어요. 오늘 밤 이 시간이 끝나는 대로 집에 돌아갈 생각입니다. 내일 아침에 다시 돌아오지도 않을 거예요."

나머지 사람들이 즉각 걱정하기 시작했다. "왜 그러세요?" 모두들 와글와글 떠들어댔다. 그러자 그녀가 말했다.

"이 모든 일이 어리석기 짝이 없기 때문이에요. 저는 지난 20년 간 집단을 지도해왔어요. 하지만 20명이 넘는 인원이 공동체를 만든 경우는 한번도 본 적이 없습니다. 절대로 불가능한 일이에요. 이틀로는 확실히 안 됩니다. 여기 이렇게 무기력하게 앉아 다가올 실패에 동참하고 싶지 않아요."

그러자 덜 '고상한' 어느 참가자가 예리하게 말했다.

"당신이 지금 도중하차한 후 우리가 공동체 형성에 성공하면, 당신은 자신이 틀렸다는 걸 영영 알지 못하겠군요."

그러자 심리학자가 응수했다.

"하지만 저는 틀리지 않았어요. 지금 제가 무슨 말을 하고 있는지 잘 압니다. 이게 제 전문 분야니까요. 여러분이 하려고 애쓰는 일은 불가능해요."

결국 그녀는 그날 밤 떠났고, 남은 58명은 이튿날 오전 과정이 끝날 무렵 공동체가 되었다. 그런데 놀랍게도 이후에도 한두 명의 구성원이 떠났다. 그들은 이유도 밝히지 않은 채 그저 조용히 빠져나갔다. 이런저런 이유로 크나큰 사랑을 견뎌낼 수 없는 사람들이 소수 있는 것이다. 사랑을 견딜 수 없다면, 슬픈 일이지만 당분간 이들은 공동체를 이룰 수 없을 것이다.

공동체 만들기를 앞당기는 몇 가지 훈련법

인도자들은 수년에 걸쳐 더 강한 신뢰와 민감성, 친밀성, 의사소통 기술을 위해 다양한 훈련법을 개발해왔다. 이 방법들을 비판할 생각은 없다. 하지만 나는 '방책'이나 '게임'으로 공동체 형성 과정을 순조롭게 만들지 않아도 공동체를 이룰 때 더 강력한 경험을 얻을 수 있다고 생각한다. 그래서 내가 진행하는 공동체 형성 워크숍에서는 특이하게도 '술수'가 전혀 없고 일면 순수하기도 하다. 하지만 '훈련법' 중에는 공동체 형성 과정을 촉진시키는 것들이 몇 가지 있다.

침묵   침묵은 '마음 비우기'를 돕는 최고의 방법이다. 보통의 워크숍에서 우리는 대개 휴식 시간이 끝나고 다시 새 과정을 시작할 때 3분간 침묵한다. 이때 나는 "마음에서 지워야 할 것이 무엇인가 각자 들여다보십시오."라고 말해준다. 또 집단 전체에 마음 비우기가 필요하다고 생각될 때도 언제든 침묵의 시간을 특별히 갖는다. 한 예로, 중서부의 시민 지도자 집단이 뜻은 좋지만 너무 주관적인 도시부흥 계획에 매달릴 때도 그들에게 침묵의 시간으로 마음을 비우게 했다.

또 다른 예로, 고통스러운 혼란 단계에 여전히 머물러 있던 어느 집단은 래리라는 젊은 남자에게 초점을 맞춘 채 허우적댔다. 그들은 래리를 위협적인 존재로 여겼는데, 그들 나름대로는 이유가 있었다. 보다 못한 내가 조정에 나섰다.

"제가 보기에 이렇게 계속 래리에게 초점을 맞추는 것은 뭔가 잘못된 것 같습니다. 서로에 대한 불신감을 래리를 이용해서 표출하는 게 아닌가 싶군요. 래리는 여러 가지 복합적인 동기로 여기 왔다고 했어요. 그런데 그의 동기를 좋은 쪽으로 믿어주려는 사람이 아무도 없어 보입니다. 이런데 어떻게 우리가 공동체를 이룰 수 있겠습니까? 맹목적인 신뢰를 말하는 게 아닙니다. 하지만 절대적인 신뢰와 뚜렷한 이유 없이 상대방을 불신하는 것에는 큰 차이가 있어요. 침묵 시간을 가진 지 20분밖에 안 됐지만, 지금 다시 침묵 속으로 들어가보는 게 좋을 것 같습니다. 이 방에 있는 누군가를 불신하는 마음이 있었다면, 침묵의 시간을 통해 전부 비워버리기 바랍니다."

구성원들은 침묵의 시간을 통해 혼란 단계를 극복하고 곧바로 공동체를 이루었다.

이야기 가장 좋은 학습방법은 체험을 통해 배우는 것이다. 그래서 나는 워크숍을 시작할 때 각 단계를 설명하는 여정표 같은 것도 제공해주지 않고, 피해야 할 함정들도 알려주지 않는다. 구성원들이 직접 문제에 부딪히면서 공동체를 향해 나아가는 것이 더 효과적이라고 생각하기 때문이다.

랍비의 선물 이야기는 이 책의 머리말에서 이미 소개했다. 이 유익한 이야기는 여러 목적에 부합된다. 먼저, 감수성집단운동에 대한 인식에 안 좋은 영향을 미치는 구성원 간의 악의적인 대결을 피하게 만들어준다. 한 예로 신시아와 로저도 악의적으로 서로에게 맞서고 있었다. 중년의 만성 정신분열증 환자인 신시아는 워크숍 초기부터 두서없는 장광설을 쉴 새 없이 늘어놓았다. 나는 그녀의 장광설을 막을 방법을 열심히 고민했다. 그런데 그때 로저가 갑자기 입을 열었다. 공격적인 것만 빼면 흠잡을 데 없는 훌륭한 심리치료사 로저는 감수성훈련집단에 참가한 경험도 많았다.

"신시아, 당신 말은 지루해요."

신시아는 한 대 얻어맞은 사람 같았다. 어안이 벙벙한 듯 아무 말도 하지 못했다. 잠시 후 내가 조정에 나섰다.

"저도 신시아의 말을 잘 이해할 수 없었어요. 로저, 당신처럼 다른 사람도 지루하게 느꼈을 겁니다. 하지만 신시아는 구세주인지도 몰라요. 당신이 이 점을 유념해주었으면 좋겠어요."

그 말에 로저는 다소 풀이 죽었다. 하지만 사랑이 풍부하고 겸손한 사람인지라 즉시 자신의 잘못을 사과했다.

"신시아, 사과하고 싶어요. 지루하게 느꼈어도 당신한테 무례하게 굴면 안 되는 거였어요. 미안해요. 용서해줘요."

그러자 이제껏 용서해달라는 말을 한번도 들어본 적이 없는 듯 신시아는 갑자기 환해진 얼굴로 이렇게 대답했다.

"사실 저한텐 장황하게 말하는 버릇이 있어요. 제 딸아이의 정신과의사도 저더러 제한이 필요하다고 했어요. 그러니 제가 너무 말이 많아지는 것 같으면 부드럽게 일깨워주세요. 그래도 괜찮아요."

그러자 로저가 말했다. "그럼, 제 옆에 와서 앉으실래요? 말이 길어진다 싶으면 제가 당신 무릎에 손을 올려놔줄게요."

신시아는 첫 데이트를 하는 소녀처럼 로저 옆에 가서 앉았다. 그 후에도 신시아는 몇 번 말을 길게 늘어놓거나 횡설수설했다. 하지만 그럴 때마다 로저가 그녀의 무릎에 손을 올려놓아주었고, 그녀는 이야기가 끝나지 않았어도 얼른 말을 그쳤다. 워크숍 이틀째 되는 날에는 한마디도 하지 않았다. 그냥 로저 옆에 평온히 앉아서 그의 손을 잡고 있는 것만으로도 만족한 것 같았다.

워크숍을 시작할 때 참가자들은 '랍비의 선물'을 갖고 즐겨 이야기한다. 그런데 워크숍이 진행되면서는 놀랍게도 이 이야기를 쉽게 잊어버린다. 그래도 그 존중과 온화함의 정신을 되살리는 건 어려운 일이 아니다. 현실을 있는 그대로 직시하는 것이 진정한 공동체의 특성이기 때문이다. 그리고 이 현실을 가능한 한 존중하는 마음으로 받아들이는 것도 공동체의 특성이다.

꿈 꿈도 집단에 중요한 점들을 아주 명쾌하게 시사해줄 수 있다. 이런 꿈은 구성원 개개인이 당시의 필요를 충족시키기 위해서 무의식을 통해 만들어낸다. 공동체 과정에서 인도자들은 야간 휴식 시간이 되기 전 구성원들에게 특별히 생생한 꿈을 꾸면 아무리 하찮고 무의미하게 여겨져도 꼭 기억했다가 이야기해달라고 당부한다. '집단을 위해 꿈을 꾸는' 역할을 하는 사람이 거의 모든 집단에 한두 명은 있기 때문이다.

나이 든 부인이 한 명 있었다. 그녀는 아침마다 절묘한 꿈을 들려주는 것 말고는 말을 거의 안 했다. 공동체 초기 단계에서 흔히 나타나는 현상인데, 공동체 과정의 첫날에 구성원들은 적응을 잘

하지 못한다. 내가 지도력이 없어 보이는데다 그들 자신의 상처도 털어놓기가 힘들었기 때문이다. 그런데 다음날 아침 그 노부인이 제일 먼저 입을 열었다.

"스카티가 우리더러 꿈에 관심을 가지라고 했지요. 제 꿈이 우리 집단하고 어떤 상관이 있는지는 모르겠지만, 여러분이 원한다면 제가 꾼 꿈 이야기를 들려줄게요."

사람들은 기대감으로 말없이 관심을 표했다. "좋아요."

그녀가 말했다. "아무 관련이 없을지도 모르지만, 하여간 저는 무슨 일인가로 꿈속에서 한 친구와 병원 응급실에 있었어요. 끔찍한 사고가 났는지 응급실은 심하게 다친 사람들로 꽉 차 있었습니다. 우리는 의사를 기다리면서 사람들의 상처를 물로 닦고 나서 붕대로 감아주었어요. 마침내 의사가 인턴을 데리고 도착했는데, 실망스럽게도 그 의사는 완전히 무능했어요. 약물에 취한 건지 다른 뭔가에 취한 건지 정신이 나가 있었습니다."

이때 사람들은 의사의 무능이 나의 지도력과 관련된 내용이라고 생각해서인지 웃음을 터뜨렸다. "그런데 그때 아주 이상한 일이 일어났습니다." 그녀가 말을 계속했다. "친구와 제가 유난히 상처가 심한 환자를 내려다보고 있는데, 상처가 점점 커지는 거예요. 그런데 인턴은 옆에 있으면서도 아무 조치도 안 취해요. 다만 환자를 애정 어린 눈으로 바라보기만 했어요. 그때 다시 환자를 내려다봤더니, 정말 놀랍게도 상처가 깨끗이 아물어 있었어요."

집단을 위해 꿈꾸는 이가 우리의 갈 길을 알려준 것이다.

기도, 노래, 예배의식　나는 단체기도의 형이상학적 의미는 잘 모른다. 하지만 공동체의 성숙 과정에서 위기 때 단체기도가 분명한 영향을 미치는 것을 볼 때마다 감명을 받곤 한다. 그래서 종종 구성원들에게 하나가 되어 단체기도를 하라고 넌지시 제의한다. 여기서 중요한 점은 '넌지시 제의'해야 한다는 것이다. 기도를 지시하는 것은 집단의 종교적 다양성을 훼손하는 행위이기 때문이다. 비신자에게 기도를 강요하는 것은 적절하지 않은 행동이다.

노래를 활용할 때도 적절성 문제를 중요하게 고려해야 한다. '죄 짐 맡은 우리 구주'라는 찬송가를 부르는 것은 불가지론자나 무신론자, 유대교 같은 다른 종교를 믿는 구성원들을 심하게 배척하는 행위가 될 수 있다. 진정한 공동체는 다양성을 존중할 줄 알기 때문에, 그때그때 구성원들의 영혼을 대변하면서도 포용적인 노래를 찾아내서 모두가 편안한 마음으로 흥겹게 노래를 부르게 해준다. 이런 행위는 의미가 있을 뿐만 아니라 구성원들의 영혼을 고양시켜주기도 한다.

예배의식도 마찬가지다. 성찬식은 기독교인으로만 구성된 집단에서는 공동체 경험을 마무리하는 황홀한 영적 의식이 될 수 있다. 사실상 모든 단기 공동체에는 모임을 끝낼 때 모종의 의식이 필요하다. 그러므로 공동체를 이룬 집단은 극적으로 기품 있게 모임을 마무리할 수 있도록 잘 다듬은 포용적인 의식을 계발해두어야 한다.

일상으로의 복귀　마무리 의식은 일상으로의 복귀 문제를 해결하는 하나의 방법이기도 하다. 내면의 변화를 겪은 사람들에겐 아무것도 변하지 않은 사회로 복귀하는 일이 몹시 고통스럽고 때로는 충격적일 수도 있다. 감수성집단운동 초창기에도 인도자들은 이 점을 알고 있었다. 공동체를 체험한 사람들에게는 소중한 공동체가 거의 없는 사회로 돌아가는 일이 매우 외로울 수 있다. 그래서 산꼭대기와는 전혀 다른 규칙들이 지배하고 속박하는 협곡으로 돌아갈 때, 인도자들은 최대한 이들에게 준비를 시켜주어야 한다.

하지만 아무리 준비를 많이 해도 복귀의 고통을 완전히 해소할 수는 없다. 400명의 기독교인이 5일간 공동체 형성을 경험한 모임에서 이 사회로의 복귀 문제를 철저하게 다룬 적이 있다. 소집단들이 먼저 복귀 문제를 거론하자, 모임을 마무리하는 의식으로 아름다운 성찬 축제 의식이 열렸다. 의식을 시작하기 직전에 담임목사가 복귀를 주제로 감동적인 설교를 했다. 그는 공동체 경험이 없는 이들에게 그 경험을 설명하는 것이 얼마나 어려운지를 이야기한 뒤 다음과 같이 설교를 끝맺었다.

"집에 있는 사람들은 여러분을 이해하지 못할 것입니다. 뿐만 아니라 여러분의 경험에 대해 들으려고도 하지 않을 거예요. 여러분이 여기 머무는 동안 그들은 가정을 지키고, 돈을 벌고, 자녀를 돌보고, 잔디를 가꾸고, 음식을 만들었습니다. 그래서 자신이 그동안 어떻게 지냈는지, 무슨 문제가 있었는지, 어떤 희생을 치렀는지 이야기하고 싶어 할 거예요. 이곳을 떠나면서 여러분은 집에 있는 가족을 사랑할 마음의 준비를 해야 합니다."

5일 후 나는 이 모임에 참가했던 한 여성에게서 편지를 받았다.

'목사님이 이제 돌아가서 집에 있는 가족을 사랑하라고 말씀해주신 것이 참 좋았어요. 제겐 그것으로 충분했어요. 행복한 결혼생활과 건강한 가족에게로 돌아가는 것이었으니까요. 하지만 저와 같은 차에 탔던 두 여자분들은 문제 많은 가족과 고통스러운 결혼생활로 돌아간다는 생각에 가는 내내 구토를 했습니다.'

복귀의 문제를 해결하는 데는 '준비'라는 해독제가 꼭 필요하다. 하지만 이 해독제가 모든 고통을 없애주는 건 아니다. 다른 해독제는 공동체를 더 많이 만들어내는 것뿐이다.

07
공동체의 유지

우리를 인습적인 행동방식이나 진부한 방어적 태도로 몰고 가는 무질서한 게으름과, 사물이나 관계를 새롭고 더 나은 방식으로 창조하려는 본성이 빚어내는 긴장은 어느 공동체에나 존재한다. 한번 공동체를 이루었다고 영원히 공동체의 모습을 유지할 수는 없는 것도 이러한 긴장 때문이다. 우리는 자연스럽게 퇴보하기도 한다. 가장 수준 높은 집단도 끊임없이 공동체를 들락날락거린다. 공동체를 위협하는 분열 요인들이 언제나 작용하고 있기 때문이다. 그러므로 공동체를 유지하려면, 공동체의 건강성에 지속적으로 관심을 기울여야 한다. 외부 봉사가 공동체의 궁극적인 과제여도, 공동체의 유지를 위한 자기점검을 최우선으로 삼아야 한다.

지금까지 진정한 공동체를 성숙시키는 과정에 우선적으로 초점을 맞추었다. 그래서 흔히 일요일 저녁에 해산하는 주말워크숍에서 형성되는 것 같은 단기공동체와 장기공동체도 구분하지 않았다. 뿐만 아니라 다음과 같은 문제도 생각해보지 않았다. 교회 교구나 유대인 일요학교, 회사 같은 기존의 비교적 안정된 조직체가 공동체로 발달하는 경우에는 어떻게 될까? 어떤 집단에서 처음 만난 사람들이 공동체를 형성했는데, 그 경험이 너무 중요하고 풍요로워서 이 공동체를 유지하기로 한다면 어떻게 될까? 공동체 유지에 주요한 문제나 쟁점은 무엇인가? 공동체를 쓸모없게 분열시키는 힘과 공동체를 활기차게 유지시키는 힘 사이의 긴장은 어떻게 해소해야 할까?

모든 살아 있는 유기체는 긴장 속에서 살아간다. 생명의 존재에 긴장은 불가피하다. 생리학적으로 이런 긴장의 연속을 항상성이라고 한다. 고양이든 사람이든 모든 개체는 잠자는 시간과 깨어 있는 시간 사이의 긴장, 휴식과 운동, 소화와 사냥, 굶주림과 포만감 사이의 긴장 같은, 여러 긴장 속에서 살아간다. 공동체도 마찬가지다. 공동체도 계속해서 존재하려면 긴장 속에서 살아야만 한다. 그리고 우리 인간은 진정한 공동체를 열망하며 공동체의 존속을 위해 열심히 노력한다. 바로 그것이야말로 가장 충만하고 생기 있게 살 수 있는 길이기 때문이다. 그러나 진정한 공동체는 가장 생생하게 살아 있는 실체인 만큼 그 대가로 다른 조직보다 더 많은 긴장을 경험할 수밖에 없다.

공동체 유지를 위해 투쟁할 때 가장 빈번하게 긴장감을 불러일으키는 요인들이다.

규모

체계

권위

포용성

결집력

헌신

개성

목표 설정

예식

이제 '성 앨로이셔스 교단'과 '지하실 집단'이라는 장기공동체가 겪었던 부침들을 갖고 이 변수들을 구체적으로 설명해보겠다. 사실 둘 다 실재했던 공동체는 아니다. 명료성과 완전성, 비밀 보장을 위해 내가 실제로 경험한 공동체와 유사한 공동체를 가상으로 만들어낸 것이다. 공동체 유지를 위해 노력했던 많은 공동체들과 비교해볼 때, 이 두 공동체는 놀라운 성공을 거두었다.

성 앨로이셔스 교단

앤서니 수도사는 시대를 앞서 간 사람이었다. 그는 대공항기를 살았던 중년의 고상한 중산층 '히피'였다. 1895년 시카고의 아일랜드계 천주교 가정에서 태어난 그는 스물두 살에 주교 교구의 신부가 되었다. 5년 동안 교구 일을 한 후에도 끊임없이 탐구하는 성격의 그는 결국 주교에게 심리학을 더 공부하게 해달라고 요청했다.

이 요청이 받아들여져서 그는 1927년에 박사학위를 받았다. 이후 짧은 기간 동안 그는 신부와 수도사, 수녀 집단과 함께 미국에서 이제 막 시작된 집단치료 작업에 참여했다. 이 작업을 통해 많은 공동체를 경험한 그는 그 이상의 것을 갈구하게 되었다. 이로 인해 1929년에는 전통적인 수도원의 교육 수도회에 합류했다. 그러나 해가 갈수록 이 수도회의 '활동적인' 생활에 염증을 느꼈다. 그의 바람과 달리 반성과 명상, 기도의 시간은 말할 것도 없고, 동료 수도사들과 깊은 공동체 의식을 키우고 나눌 시간도 부족했기 때문이다.

그런데 지도력이 뛰어난 앤서니에게는 그와 마찬가지로 명상과 기도로 충만한 생활을 갈망하는 세 명의 추종자가 있었다. 이들은 수도회에 명상과 기도를 주로 하는 지부를 설립하게 해달라고 요청했다. 하지만 이 요청은 거부되었다. 그래서 그들은 베네딕트파나 시스터스파, 카멜라이트파처럼 명상을 많이 하는 전통적인 수도회들을 살펴보았다. 이 수도회들은 주로 기도를 하는 고요한 생활을 유지했지만, 이들이 원하던 긴밀한 공동체는 아니었다. 너무 권위적인 데다 조직적이기도 했다. 앤서니는 갈수록 권위와 조직을 불신하게 되었다. 할 수 없이 그는 대주교에게 새로운 수도회를 만들 수 있게 허락해달라고 청원했다. 하지만 이 청원도 받아들여지지 않았다.

1938년 앤서니와 세 추종자들은 친지들에게서 얻은 돈으로 일리노이 주 동남쪽에 작은 농장 하나를 구입했다. 이로써 그들은 교단의 축복 없이 스스로 성 앨로이셔스 교단을 설립하게 되었다. 이 교단의 조직은 확실했지만, 당시로서는 혁명적이라 할 만큼 비형식적이었다. 네 명의 수도사들은 아침 5시 30분에 일어나, 침묵 명상으로 하루 일과를 시작했다. 미사는 7시에 드렸다. 아침을 먹은 뒤에는 짧은 점심 시간을 빼고 오후 5시에 저녁기도를 올릴 때까지 종일 일을 했다. 그러고 나서 저녁을 먹은 뒤에는 7시부터 9시까지 일과 공동생활, 개개인의 영적 여정 등에 대해 토론했다. 이들은 매우 행복했다. 이들은 오후 9시에 '숙면을 위한' 예배로 하루 일과를 마무리한 뒤 잠자리에 들었다.

처음부터 이들은 관습을 버리고 평범한 작업복을 입었다. 처음에 앤서니의 추종자들은 앤서니를 수도원장이나 상급자로 받들려고 했지만 그는 진정한 공동체란 '전원이 인도자인 곳'이라고 선언하면서 단호하게 반대했다. 그는 어떤 권위든 공동체를 파괴시킬 것이라고 했다. 하지만 수표나 세금 고지서, 각종 증서에 서명하려면 대표자가 필요했다. 앤서니는 그런 대표자를 설정하는 것도 공동체를 위협할 수 있으므로 비효율적이더라도 각 형제들이 모든 수표와 법적 양식에 서명해야 한다고 강력하게 주장했다. 또 이것으로도 부족했는지 모든 형제들이 돌아가며 미사를 집전하는 게 좋다고 했다. 테오도르와 아서는 아직 서품을 받지 않았는데도 말이다. "우리 모두가 신부입니다." 앤서니는 이렇게 말했다. 결국 로마 가톨릭 교회의 법규를 어기는 일이었지만, 모두가 돌아가면서 미사를 집전하기로 합의했다. 형제들 모두 스스로를 가톨릭교도로 생각했지만 형식적으로는 배교자가 되고 만 것이다.

처음에 이들은 작은 농지를 경작하고, 농장을 수리하고, 씨앗과

물건과 장비를 구하고, 농지를 늘리기 위해 모금하는 일을 했다. 얼마 지나지 않아서는 그들의 사유지 안에 있는 작은 창고를 예배실로, 큰 창고를 객사로 개조하는 일에 주력했다. 이렇게 해서 1940년 초에는 이곳을 지나는 걸인들과 이 작은 수도원에 끌려 가끔 찾아오는 구도자들에게 호의를 베풀 수 있게 되었다.

노동의 성과는 이들에게 기쁨과 더불어 새로운 문제도 안겨주었다. 앤서니는 형제들에게 진정한 공동체는 포용적이어야 한다고 분명하게 밝혔다. 그래서 걸인을 포함한 초기의 손님들은 농장 노동과 예배, 식사는 물론이고 형제들의 저녁 모임에도 동참했다. 그러나 이렇게 6개월이 가까워지자, 들락거리는 부랑자들로 인해 공동체 모임은 너무 산만해지고 수도사들도 본래의 공동체 정신을 일부 잃어버리기 시작했다. 결국 많은 기도와 토론, 사색 끝에 앤서니 역시 포용에 한계가 있음을 인정했다. 이들은 노동 시간을 줄여서 저녁 기도 전에 1시간 동안 손님들과 수도자들이 만나 공동체 전체의 문제를 논의하고, 저녁 시간은 수사들만의 핵심적인 공동체 작업에 할애하기로 했다. 그러나 오래지 않아 노동 시간을 더 줄여야만 했다. 어떤 걸인들이 도움을 요청했기 때문이다. 거기다 수사들에게 영적인 가르침을 받으러 오는 방문객도 늘어만 갔다. 육체노동은 이제 늦은 점심과 함께 끝낼 수밖에 없었다.

이후 두 명의 구도자들이 연신 찾아와 수도회에 들어올 수 없는지 물었다. 두 사람은 수사들의 저녁 모임에 동참하면서 무리 없이 빠르게 수도원 공동체의 핵심적인 구성원으로 통합되었다. 그러다 1942년 중반에 이르러서는 청빈과 순결, 순종 서약을 했다.

이로써 이 수도회의 수사는 여섯 명으로 늘어났다. 그런데 이 해에 또 다른 문제가 발생했다. 불합리하게도 수표마다 여섯 수사들이 모두 서명해야 하는 것처럼 단순한 문제가 아니었다. 이것보다 훨씬 중요한 문제였다. 전쟁이 터진 것이다. 수사들은 모두 평화주의자였다. 하지만 성 앨로이셔스 교단이 가톨릭 교회로부터 수도회로 인정받지 못했기 때문에 수사들 모두 징병될 위기에 처하고 말았다. 이 수도회가 진실한 수도회로 인정받도록 누군가 공동체를 대표해서 정부와 교섭을 벌여야만 했다.

앤서니는 이 역할을 거부했다. 결국 새로 들어온 형제 중에서 법대를 졸업하고 잠시 변호사 생활을 했던 데이비드가 그 일을 맡기로 했다. 당시 수도회는 앤서니의 원래 생각에 따라 모든 안건을 만장일치로 처리했다. 그래서 데이비드 형제를 어떤 상황에서도 수도원장이라 부르지 않기로 했다. 이런 호칭이 특별한 권위를 나타내기 때문이었다. 데이비드가 '수탁자'라는 이름을 제안했고, 모두들 이것을 받아들였다. 이후 몇 달 동안 그는 수도회의 법적인 수탁자로서 정부의 인가를 받는 데 성공했다. 또 수표에 서명하고 재정을 관리하는 역할도 맡아했다.

전쟁 기간 동안 수도원은 조용했다. 더 이상 찾아오는 구도자도 없었다. 부랑자 무리도 점차 줄어들었다. 수도회가 유대인을 포함한 난민을 돌보았지만, 대부분의 난민들은 도시 공동체로 옮겨 갔다. 그래서 객사는 보통 텅 비어 있었다. 세 명의 수사들은 아침마다 일손이 턱없이 부족한 지역 농장에 일하러 갔다. 그리고 저녁기도 시간 전에는 평화를 위해 기도했다. 이러다 보니 공부하는 시간이 많아졌고, 수사들의 영적인 삶이 깊어지면서 공동체도 더욱 심오하게 발전했다.

이 시기는 축복받은 휴식기나 마찬가지였다. 전쟁이 끝나면서 일이 터져버렸기 때문이다. 참전 용사 대부분이 영웅 대접을 받으며 귀향한 후 다시 일터와 가정에 안착했다. 하지만 전쟁과 폭력, 악에 상처받은 몇몇 젊은이들은 내면의 목소리에 귀 기울이면서 하느님에게 이끌렸다. 이들은 누군가의 말을 듣고, 혹은 은총을 입어 일리노이 주의 이 작고 목가적인 수도회로 마치 자석에 이끌리듯 찾아들었다. 이리하여 1947년 초에는 객사가 이런 젊은이들로 넘쳐났다. 대부분은 다시 떠나갔지만 개중에는 머물고 싶어 하는 이들도 있었다. 이들은 저녁 공동체 모임에 참가하면서 곧 서약을 했다. 농장 옆에 건물을 더 짓고 예배실도 증축했다. 겨우 3년 만인 1949년 말, 성 앨로이셔스 교단의 수도사는 6명에서 20명으로 늘어났다.

하지만 이 수도원 공동체에는 혼란의 씨앗도 남아 있었다. 전원 합의로 결정을 내리기가 갈수록 어려워진 것이다. 새로 들어온 형제들은 대부분 작게 무리를 지어서 연장자에게 영적인 가르침을 요구했다. 몇몇은 전장에서 영혼에 상처를 크게 입은 터라 공동체 밖에서 정신과치료를 받아야만 했다. 결국 서약한 이들 가운에 몇몇은 몇 달 만에 수도회를 떠나기로 했다. 경제적으로 성 앨로이셔스 교단은 부유해졌다. 땅도 더 많이 사들이고, 공동체에서 하는 사업도 성공해서 잡종 곡식종자를 개발해 판매하기도 했다. 그러나 공동체는 동요하며 혼란 속으로 빠져들고 있었다.

이런 와중에도 수도회가 유지될 수 있었던 것은 무엇보다 전쟁 덕분에 수도사들이 고요한 시간을 보낼 수 있었기 때문이다. 덕분에 전쟁이 끝날 즈음 처음 모였던 여섯 명의 수도사들은 영적으로 더 성숙하고 현명해졌으며, 결속력이 강한 핵심구성원으로 자리매김하게 되었다. 이들은 파벌을 이루거나 그들끼리만 만나는 일이 없이도 조용하게 저녁 모임을 이끌면서 그들 자신이나 젊은 구성원들 모두에게 고통을 안겨주는 힘든 결정들을 내려 나갔다.

이들은 새로운 구성원들을 충분한 준비도 없이 너무 성급하게 받아들였다고 생각했다. 그래서 전통적인 수도원처럼 6개월의 지망기간과 2년의 수사 수련기간을 거쳐야 서약을 할 수 있게 했다. 또 신부서원을 엄격하게 진행하고, 파벌이나 동맹을 만드는 '짝짓기'는 일절 금지하기로 했다. 갓 서약한 몇몇 구성원에게 수도생활에 대한 소명의식이 있는지를 깊이 생각해보게 하자, 대다수가 수도회를 떠났다. 이후 수도회는 남은 정식 수도사들을 중심으로 위원회를 구성해서 한 달에 한 번 회의를 통해 수도회의 주요 현안들을 만장일치로 결정했다. 하지만 지망자와 수련자들은 이 결정과정에서 제외시켰다. 또 여전히 수도원장은 두지 않았지만, 이제 예순이 다 된 앤서니 수사를 설득해서 신참들을 지도하게 했다. 그는 서약에 앞서 지망생과 수련생들을 지도하고 이들의 소명감을 시험하는 일을 맡았다. 이렇게 해서 권위 문제는 당분간 타협점을 찾았다.

1956년에는 서약을 마친 수사가 16명으로 줄었지만, 지망생은 4명, 수련생은 12명이나 되었다. 성 앨로이셔스 교단은 순조롭게 운영하며 혼란을 잘 이겨냈다. 그래도 모든 것이 완벽하지는 않았다. 나이 든 구성원들은 전쟁 전과 전쟁 중에 느꼈던 깊은 기쁨과 유대감이 더 이상 수도원에 존재하지 않는다고 생각했다. 또 신참자의 절반을 차지하는 32명의 젊은이들은 저녁 공동체 모임에서 위원회에 다음과 같은 불만들을 표시했다. 왜 신참들은 가장 중요한 결정 과정에서 배제되어야만 하는가? 신참이라고 수도회에서 2등급 취급을 받는 것이 온당한가? 수도회는 진정한 공동체 정신에 헌신하는 곳이고, 포용성은 공동체 정신의 필수조건이 아닌가? 위원회에서는 신참들이 수도 생활에 진정한 소명의식을 갖고 있는지를 시험한다. 이로 인해 신참들은 살얼음판을 걷듯이 조심하며 지내야 하고 언제나 시험당하는 기분을 느낀다. 왜 꼭 이래야만 하는가? 이것이 과연 진정한 공동체인가?

위원회는 신참들의 불평을 진지하게 받아들였다. 그들은 이 문제들을 다시 논의하고, 기도와 깊은 묵상을 통해 드디어 효과적이고 혁신적인 타협점을 찾아냈다. 먼저 서약을 준비하는 기간으로 지망기간과 수련기간이 꼭 필요하다는 점을 다시 확인했다. 나아가 서약과 소명의식을 엄격하게 심사해야 한다는 점도 다시 확고히 했다. 하지만 신참들을 위원회에서 배제하는 것이 공동체의 이상에 위배된다는 지적은 옳다고 결론지었다. 동시에 이들은 수도회가 너무 커졌다는 점도 깨달았다. 그래서 위원회를 없애고 새 농장을 구입해서, 수도회를 두 개의 자율적인 공간으로 나누어 운영하기로 했다.

이들은 6개월도 안 돼서 30마일 떨어진 곳에 새 농장을 구입했다. 그리고 서약을 마친 수사와 수사 지망생, 수련생들의 절반을 이곳으로 보냈다. 처음의 수도원이 그랬던 것처럼, 이곳에도 수도원장이나 상급자, 대표 같은 직함은 두지 않았다. 두 수도원 모두 법정수탁자와 신참 인도자만 두었다. 매달 마지막 월요일에는 두 수도원의 구성원들이 한데 모여 수도회 전체와 관련된 사안들을 논의하고, 성찬식을 갖거나 잔치를 벌였다.

이런 결정들 덕분에 수도회에는 다시 공동체 정신이 충만해졌다. 그리고 이런 분위기는 다시금 자석처럼 사람들을 끌어들였다. 이로 인해 60년대 수도원 공동체의 수사와 수녀 수는 전국적으로 급감했지만, 성 앨로이셔스 교단의 규모는 두 배도 넘게 늘어났다. 1969년에는 4개의 자율적인 수도원에서 서약을 마친 48명의 수사와 38명의 지망생과 수련생이 생활하게 되었다.

60년대에는 수도 생활에 소명의식을 지닌 젊은이들이 많았다. 하지만 이들은 더 이상 낡고 형식적인 권위를 참아내려 하지 않았다. 그래서 1960년대에는 제2차 바티칸 공의회도 가톨릭 수도원의 감소와 수도원의 건강성 문제를 무엇보다도 우선해서 논의한 후, 서서히 자율성을 확대하고 권위를 없애 나가기 위해 규칙들을 개정했다. 요컨대 성 앨로이셔스 교단은 제2차 바티칸 공의회보다 30년이 앞섰고, 이로써 국가적인 규범에 멋지게 도전한 것이다. 이로 인해 전국 각지의 젊은이들이 수도회를 찾아왔고, 너무도 향기롭고 아름다운 수도회의 모습에 매료되어 이 광포한 개인주의 시대에도 많은 사람이 굳은 결의로 수도회에 투신했다.

하지만 성 앨로이셔스 교단도 개인주의의 문제를 피해갈 수는 없었다. 1962년 여러 형제들은 미시시피 주에서 열리는 프리덤 라이더the Freedom Riders(버스에서 흑인을 앉지 못하게 한 사건이 계기가 돼 미국 남부에서 인종차별에 항거하여 일어난 운동—옮긴이)에 참여하라는 부름을 받았다고 느꼈다. 하지만 대다수의 형제들은 명상적인 생활을 유지해야 한다고 생각했다. 또 다른 형제들이 사회운동에 참여해서 이쪽저쪽 서로 다른 길을 갈 경우 수도회에 미칠 영향도 걱정됐다. 그래서 구성원들은 각자의 수도원에서 많은 시간 기도를 한 후, 매달 열리는 수도원 전체 회의에서 만장일치로 이 문제를 처리했다. 즉 성 앨로이셔스 교단이 특정한 사회문제에 관여하는 것은 적절한 행위이며, 이렇게 참여를 해도 수도회의 안정성은 크게 흔들리지 않으리라고 생각을 모은 것이다. 이로써 서약을 마친 수사 8명이 1963년 초에 미시시피 주로 옮겨갔고, 남은 형제들은 이들의 선교가 성공하기를 매일 기도했다. 이후 1965년 8명 모두 일리노이 주로 돌아왔다.

1967년에도 이와 비슷한 문제가 발생했다. 당시 많은 형제들은 행진을 포함한 여러 가지 방식으로 베트남 전쟁에 항거하고 싶어 했다. 구성원들은 다시 한 번 많은 기도와 묵상을 거친 후 이런 사회참여 행동을 허용하기로 결정했다. 이에 따라 많은 형제들이 반전가두행진에 참여했고, 수도원에 남은 형제들은 이들을 위해 기도했다.

하지만 구성원 개개인의 요청을 전부 들어주지는 않았다. 1970년 몇몇 형제들이 더 명상적인 생활을 허용해줄 것을 청원했다. 두 수도원에서 각각 한 명의 구성원이 작은 은둔처를 따로 지어주고 저녁모임에도 빠질 수 있게 해달라고 요청한 것이다. 하지만 수도회는 지금도 앞으로도 공동체를 최우선으로 삼을 것이며, 저녁모임은 기도와 예식, 묵상만큼 수도회에 본질적인 부분이라고 결정했다. 그러면서 은둔생활이 정말로 필요하다고 느끼면 이런 생활이 가능한 다른 수도회에 들어가도 좋다고 했다. 그러자 서약한 형제 한 명이 성 앨로이셔스 교단을 떠나 트래피스트회 Trappists(1664년 프랑스의 트랍 대수도원에서 창립한 가톨릭 수도회. 절대 침묵 등 엄격한 계율을 지킨다—옮긴이)에 들어갔다. 다른 형제는 특별한 지위 없이 머물기로 했다.

이 해에는 여성과 관련된 큰 문제도 일어났다. 60년대에 수도회를 방문한 손님의 대다수는 여성이었는데, 이 가운데 일부는 더욱 지속적인 관계를 원했다. 형제들은 당시에 한창 대두되던 여성운동을 잘 알고 있었으며, 너나없이 여성운동을 진심으로 지지하기도 했다. 이들은 포용성의 정신에 입각해서, 사회 일부의 여성 소외를 불합리하게 여기고 자신들은 여성을 배제시키는 일이 없는지 살펴보기도 했다. 당시에는 여성은 물론이고 부부까지 받아들이는 실험적인 종교 공동체가 여럿 있었다. 두 명의 형제와 수도회의 친구인 여성 한 명에게 이런 실험을 연구하라는 임무가 주어졌다. 그런데 이들이 알아낸 내용은 그다지 고무적이지 않았다. 독신 서약이 자주 깨지면서 수도사들의 동요로 공동체의 안정성과 수명이 짧아졌다. 요컨대 남녀가 완전히 통합된 생활 형태는 바람직하지 않은 것 같았다. 하지만 형제들은 종교적인 여성들과 배타적인 관계를 맺고 싶지 않았다. 그래서 1972년에 다섯 번째로 오직 여성들만을 위한 거처를 마련했다. 1975년에 이 집은 만원을 이루었고, 덕분에 매달 열리는 수도원 전체모임도 전보다 더욱 활기를 띠게 되었다.

여성과 관련된 문제가 해결되자, 성 앨로이셔스 교단은 곧 다른 고질적인 문제로 주의를 돌렸다. 제2차 바티칸 공의회는 수도원 공동체에 대한 로마 교황청의 엄격한 통제를 완화하기로 했다. 이제는 성 앨로이셔스 교단도 가톨릭으로부터 인가를 받을 수 있게된 것이다. 실제로 대주교 관할구의 대표들이 성 앨로이셔스 교단의 의미 깊은 성공을 파악하고, 이미 화해의 가능성을 조심스럽게 타진해오고 있었다. 그러나 처음에는 많은 이들이 그 가능성조차 생각하기 싫어했다. 30년도 넘게 배교자 집단 취급을 받고, 로마 교회로부터 도움은커녕 방해만 받아왔다는 사실 때문에 여전히 원망의 마음을 품고 있었기 때문이다. 자연히 처음에는 로마 교회 따윈 필요 없다는 정서가 수도회를 지배했다. 그러나 이런 기조도 바뀌기 시작했다. 이제 쇠약할 대로 쇠약해졌지만 정신만큼은 여전히 날카로운 앤서니 형제가 월례 모임에서 이렇게 이야기했기 때문이다. "로마 교회 따위는 필요 없다고요? 사실 그건 중요한 문제가 아닙니다. 지금까지 로마 교회 없이도 완벽하게 잘해왔으니까요. 이제 정말로 중요한 문제는 '로마 교회가 우리를 필요로 하는가'입니다. 다시 말해 로마 가톨릭 교회가 성찬식을 집전하는 곳으로서 우리의 지원을 필요로 하는가 하는 것이 문제예요."

이 말로 문제가 당장 해결되지는 않았다. 하지만 로마 교회가 미국과 전 세계에서 저지른 모든 죄와 더불어 로마 교회를 강도 높게 심판해보는 계기는 되었다. 또 수도회의 형제자매들은 이 말을 계기로 그들이 로마 가톨릭교도로서 인정받고 싶어 하는지도 다시금 살펴보게 되었다. 이런 문제에 전원합의를 보기까지는 꼬박 1년이 걸렸다. 결국 수사들과 수녀들은 로마 가톨릭 교회와 화해하기로 결정했다. 그리고 다음과 같은 뜻을 분명하게 밝혔다.

"우리 성 앨로이셔스 수도회는 공동체의 활력에 초점을 맞추는 우리의 전통에 따라, 공동체의 일원이 된다는 것이 무엇을 의미하는지와 관련해 로마 가톨릭 교회 안에서 지속적으로 지도력을 발휘하라는 부름을 받았다고 생각한다."

이제 마지막 한 가지가 남았다. 제2차 바티칸 공의회에서 규칙이 완화되기는 했지만, 수도회가 교회로부터 인가를 받으려면 여전히 인도자가 필요했다. 성 앨로이셔스 교단은 전통적으로 인도자라는 직함에 불신을 품어왔다. 하지만 이 문제를 해결하는 것은 어렵지 않았다. 수도회의 규모가 계속 커지면서, 로마 교회와 협상할 때든 보험사와 계약할 때든 교단을 대변할 누군가가 필요하다는 점이 갈수록 분명해졌기 때문이다. 이로 인해 구성원들은 수도원장(혹은 수녀원장)이라는 직책을 만들었다. 하지만 남성이든 여성이든 수도원장은 수도회를 대표할 뿐, 중요한 문제를 독단적으로 결정하지는 못한다는 점을 분명히 했다. 대신 매달 열리는 수도회 전체회의나 자율적으로 운영되는 각각의 수도원 건물에서 매일 열리는 회의를 통해 만장일치로 결정을 내리기로 했다. 또 개개의 자율적인 수도원에서 앞으로도 '우두머리'를 두지 않으며 내부에 권위적인 조직체도 만들지 않는다는 점을 다시금 분명히 했다.

성 앨로이셔스 교단이 정식 수도회로 인가를 받고 한 달이 지난 후, 앤서니 형제는 여든한 살의 나이에 어른도 수도원장도 아닌 보통의 신분으로 조용히 숨을 거두었다. 이는 결코 우연이 아닐 것이다. 수도회는 가톨릭 교회의 교구에서 열린 그 어느 장례식보다도 성대하게 그의 죽음을 기리기로 결정했다. 그래서 장장 9개월에 걸쳐 의식을 준비했다. 일리노이 주에서 의식에 적합한 시설을 갖춘 곳은 시카고뿐이었다. 세계 곳곳에서 사람들이 모여들었다. 로마 교황청에서 추기경이 한 명 참석했고, 미국인 추기경도 세 명이나 왔다. 또 대사교 관구와 100개의 교단에서 대표단을 파견하고, 다른 교파에서도 사절단을 보내왔다. 여기에 정치가들도 참석하고, 1000명이 넘는 일리노이 주 농부들도 아내와 아이들을 대동하고 찾아왔다. 의식이 거행되는 호텔의 삭막한 홀을 앤서니의 영혼이 가득 채우고 있는 것 같았다. 그날은 바 여급에서부터 접수 담당자에 이르기까지 모두들 행복해했다.

오늘날 성 앨로이셔스 교단에는 9개의 자율적인 집과 2개의 여성 전용 거처, 7개의 남성 전용 거처가 있다. 이곳에는 서약을 마친 131명의 수사와 수녀, 83명의 지망생과 수련생이 살고 있다. 교회에서 공무로 손님이 찾아오면, 수도회는 서품을 안 받은 사람의 미사 집전을 반대하는지를 묻는다. 그가 반대할 경우에는 서품 받은 형제나 그 지방의 신부가 미사를 집전한다. 안 그러면 각각의 집에서 서품과 상관없이 수사와 수녀들이 약간 변형된 미사를 집전한다. 성 앨로이셔스 교단에서 여성의 서품을 찬성한다는 말은 맞지 않다. 정확히 말하면 이들은 서품제 폐지를 위해 노력 중이다. 성 엘로이셔스 교단은 더 이상 배교적인 공동체는 아니다. 하지만 여전히 '급진적인' 성격은 간직하고 있다. 또 전국에서 가장 급속도로 성장하고 있는 수도회이기도 하다.

성 앨로이셔스 교단은 실재하는 교단이 아니다. 서품을 안 받은 사람의 미사 집전을 오늘날 로마 교회가 실제로 묵인해주는지도 나는 잘 모른다. 성 앨로이셔스 교단은 20세기 말에 특히 성공적으로 운영된 실제 교단들의 특징을 혼합해서 내가 만들어낸 것이다. 하지만 대부분의 수도회는 그렇게 크게 성장하지 못했으며, 앨로이셔스 교단처럼 큰 규모의 공동체를 이루지도 못했다. 이런 사실은 공동체들이 다양한 기준에 따라 계속 스스로를 쇄신시켜야만 활기를 잃지 않을 수 있다는 것을 말해준다.

다른 수도회나 '생활공동체', '계획공동체'와 마찬가지로, 성 앨로이셔스 교단은 대단히 긴밀한 **결집력**을 지닌 사회집단이다. 서로의 삶이 긴밀하게 얽혀 있어서 구성원 간의 상호작용도 대단히 활발하다. 또 조직과 지도력에서 **권위**적인 면을 일부러 최대한 배제했기 때문에 규모와 상관없이 대부분의 긴밀한 공동체와 비교해볼 때 대단히 급진적인 성격을 띠고 있다. 하지만 성 앨로이셔스 교단의 성공 열쇠는 전원합의를 통한 결정 방식에 있는 것 같다. 그래도 권위와 지도력 논쟁으로 인한 긴장이 가시지 않고 있다는 점을 기억해야 한다. 또 지망생과 수련생을 결정 과정에서 배제한 시기가 있었고, 결국은 수도원장을 뽑을 수밖에 없었으며, 서품 문제로 교회 규범에 계속해서 도전해야 했다는 점도 잊지 말아야 한다.

대규모의 긴밀한 공동체들이 그렇듯, 성 앨로이셔스 교단의 **체계**는 보통 수준에 불과했다. 하루 일과는 아침명상에서부터 미사, 노동과 저녁기도, 공동체 모임, 마지막 저녁기도에 이르기까지 아주 조직적으로 짜여 있었다. 이와 달리 정치적으로는 조직화가 안 되어 있어서 위원회도 지정된 인도자도 없었다. 이런 결여에도 불구하고 성 앨로이셔스 교단이 원활하게 운영된 이유는 공동체 모임을 통해 거의 모든 사안들을 전원합의로 결정했기 때문이다.

성 앨로이셔스 교단은 **규모**로 인한 긴장 문제를 풀기 위해서 수도원을 자율적인 소수도원으로 분할했다. 많은 교단이 이렇게 한다. 하지만 다른 교단들은 중앙통제 체계를 유지하려고 한다. 상급자가 거주하는 본건물을 두어 모든 지망생과 수련생들을 훈련시키는 것이다. 성 앨로이셔스 교단은 규모 문제로 계속 어려움을 겪었다. 매달 열리는 대규모 모임도 갈수록 복잡해져서, 결국은 수도원장을 뽑아야만 했다.

교단으로서 성 앨로이셔스 교단은 대단히 **포용적**이다. 하지만 일반 공동체들과 비교해보면 평범한 수준이다. 한편 지망생과 수련생도 결정 과정에 참여시켰으며, 남녀 모두 수도원에 들이고, 서품을 받은 사람과 그렇지 않은 사람 사이에 차별을 두지 않았다. 하지만 서약을 한 사람과 훈련 중인 사람 간에는 차이를 두었으며, 남성과 여성이 거처하는 소수도원을 따로 두고, 가톨릭교단의 정체성을 유지했다. 침례교도나 유대인, 불교도 같은 타종교의 신자들도 환영했지만 공동체에 참여시키지는 않았다. 이로 인해 포용성 문제는 계속 긴장을 불러일으켰다.

개성 문제도 마찬가지였다. 수도회는 공동체가 허용하는 범위 안에서만 구성원들의 적극적인 사회참여를 허용했다. 하지만 다른 개인적인 요청은 받아들이지 않았다. 또 구성원 간의 동맹도 강하게 저지하고, 청빈과 순결, 순종에 대한 전통적인 서약을 철저히 지키게 했다.

다른 종교 교단처럼 성 앨로이셔스 교단은 서약과 관련해서 회원들에게 강도 높은 **헌신**을 요구했다. 결속력이 약한 공동체에서는 좀체 요구하지 않는 수준이었다. 하지만 언제나 그렇듯 긴장은 있기 마련이므로, 성 엘로이셔스 수도회도 공동체 초기에 서약의 중요성을 재차 강조해야만 했다.

목표 설정면에서 놓고 보면, 성 앨로이셔스 교단은 중간적인 성격을 띤다. 사실상 성 앨로이셔스 교단은 완전히 현실 참여적이지도, 그렇다고 완전히 명상적이지도 않은 '혼합적인' 공동체였다. 스스로는 로마 가톨릭교단이라고 정의했지만 교회 내에서는 확실히 행동주의자 쪽에 가까웠다. 그래서 이들은 공동으로 잡종씨앗을 개발하는 일에서부터 개인의 영적 성장을 위한 예식에 이르기까지 다양한 일들을 마다하지 않았다. 하지만 공동체 자체를 중요하게 생각했다는 면에서 성 앨로이셔스 교단은 하나의 우선 과제를 갖고 있었다.

매일 성찬식을 올리고 기도를 드리는 등 엘로이셔스 교단에서는 많은 **예식**을 거행했다. 이런 면에서는 전형적인 종교 교단과 같았다. 비종교적인 공동체에서는 이렇게 많은 예식을 올리지 않기 때문이다. 하지만 이들은 의식과 예배, 놀이를 분명하게 구분했다.

내가 성 엘로이셔스 교단의 역사를 기쁜 마음으로 요약할 수 있는 것은 우연이 아니다. 언젠가 유대인 주일학교의 발전과 유지에 주력하는 장기 공동체를 성공적으로 이끌어온 유대인에게 그 비결을 가르쳐달라고 한 적이 있다. 그는 대답 대신 일곱 살 된 딸에게 주일학교에서 가장 좋은 점이 무엇이냐고 물었다. 그러자 아이는 즉시 이렇게 대답했다.

"아빠, 학교에서는요, 많이 웃어요."

구성원들이 많이 웃고 진심에서 우러난 기쁨을 자주 나누지 않는 공동체가 성공할 수 있다고는 생각하지 않는다.

지금까지 성 엘로이셔스가 공동체의 유지를 위해 일반적인 긴장을 어떻게 다루었는지를 살펴보았다. 이제부터는 전혀 다른 형태의 공동체가 이와 똑같은 긴장을 어떻게 해결하는지 살펴보자.

지하실집단

1961년 5월의 마지막 일요일 오후 12시 30분, 뉴저지 주의 블라이드우드 제일감리교회 목사 피터 샐린저는 공허한 예배가 끝난 것을 기뻐하며 마지막 교인과 악수를 나누고 있었다. 그런데 이때 교회 뒤편의 어두운 곳에서 마흔 살 가량의 잘생긴 남자가 모습을 드러냈다. 신자들 틈에서 본 적이 있는 남자였다. 이 남자는 피터의 손을 잡고 말했다.

"훌륭한 설교였습니다. 하지만 이 말을 하려고 기다린 것은 아니고요, 편하신 시간에 목사님과 이야기를 나누고 싶습니다."

피터는 이 남자에게 즉각 호감을 느꼈다. "지금은 어떻습니까?" 남자가 고개를 끄덕이자, 피터는 그를 목사관 집무실로 안내했다. 그러고 나서 자리를 잡은 뒤 물었다. "무엇을 도와드릴까요?"

"저도 잘 모르겠어요." 남자는 말을 시작했다. "제 이름은 랄프 헨더슨입니다. 심리학자에 기독교인이고요. 흔한 경우는 아니죠. 저는 이 지역 정신병원에서 일합니다. 하지만 이 일에 종교가 끼어들 여지가 없는 것 같아서 혼자만 믿음을 간직하고 있죠. 아내는 근본주의적인 환경에서 자라났기 때문인지 지금은 종교를 혐오합니다. 그래서 아내한테도 종교 문제를 이야기할 수 없습니다. 솔직히 일반적인 예배에 참석하는 것은 별 도움이 안 됩니다. 하지만 선생님은 정말로 진실한 목사님처럼 보였어요. 선생님이 제게 무슨 도움을 줄 수 있을지는 사실 잘 모르겠어요. 그래도 그냥 이야기를 나누고 싶었습니다. 바보처럼 들리시겠지만, 너무 외로워서요. 달리 더 중요한 이유는 없는 것 같아요."

그들은 잠시 말없이 서로를 바라보기만 했다. 드디어 피터가 입을 열었다. "용감하신 분이군요." 그러자 랄프가 의아한 표정으로 물었다. "기분은 좋군요. 그런데 왜 그렇게 말씀하시죠?"

"가장 하기 어려운 말을 하셨으니까요." 피터가 대답했다. "여기서 목회를 본 지 3년이나 됐어요. 여긴 큰 교회고, 저에 대한 평가도 좋죠. 하지만 교인들은 제게 중요한 문제는 거의 얘기하지 않습니다. 누군가 죽었을 때는 물론 말을 하지요. 하지만 그럴 때도 마음은 열지 않습니다. 아시겠지만 이런 얕은 관계 방식에 이젠 신물이 났어요. 외롭기는 저도 마찬가집니다."

"우리 같은 사람은 어떻게 하면 좋을까요?" 랄프의 물음에 피터가 대답했다.

"어떤 기독교인이 그러는데 기독교인 지원집단이라는 게 있답니다. 여기에는 별로 없고, 기독교가 강한 남부와 중서부 지대에 더 많답니다."

"계속하세요."

"자세히는 저도 모릅니다. 한 무리의 사람들이 모여서 선교의 어려움을 해결하도록 서로 돕는다는 것 밖에요. 친구 중에 성공회 신부가 있어요. 저처럼 신자들에게서 소외돼 있다고 느끼는 친구죠. 제 생각에 그 친구는 저희와 기꺼이 합류할 겁니다."

"하지만 저는 선교를 하지 않습니다. 전 목사가 아니에요." 랄프의 말에 피터가 대답했다.

"그런 말씀 마세요. 선교는 누구나 하는 겁니다. 선생님은 정신건강을 돕는 일로 선교를 하고 있는 셈이지요. 그리고 이질적인 직업 세계에서 기독교인이라서 어려움을 겪는다고 이미 말씀하셨어요. 사실 이런 지원집단도 대부분 사업가들이 시작했습니다. 선교에 가장 어려운 분야가 사업이니까요. 사업은 정말이지 이질적인 세계입니다. 어쨌든 요점은 누구나 목사가 될 수 있다는 것입니다. 좋은 목사가 될지 나쁜 목사가 될지 선택하는 것만 남은 거죠. 그리고 좋은 목사가 되려면 자신이 사실은 목사라는 점을 자각해야 합니다. 게다가 선생님은 이미 실제로 선교를 하고 있습니다. 이 사실을 꼭 자각하길 바랍니다."

랄프가 미소 띤 얼굴로 대답했다. "알겠습니다, 두목님."

이렇게 해서 지하실집단이 탄생했다. 두 명의 개신교 목사와 한 명의 기독교도 심리학자는 매주 2시간씩 저녁에 랄프의 지하작업실에서 만났다. 6개월 뒤 랄프가 알게 된 기독교도 정신과의사와 피터가 사귄 가톨릭 신부가 합류했다. 모임은 언제나 3분간의 침묵으로 시작해서, 각자 큰 소리로 짧게 진심어린 기도를 올린 후 끝내기로 정했다. 모임 시간을 2시간으로 하고 침묵으로 시작해서 기도로 끝낸다는 것 말고 체계화된 규칙은 없었다. 하지만 회원들은 마음이 움직일 때마다 원하는 것은 무엇이든 말할 수 있었다. 유일한 규칙은 '방어벽을 내려놓는 것'이었다. 회원들은 되도록 '방어벽을 내려놓자'고 했다. 이들은 곧 그러기 위해서는 자신의 속내를 솔직하게 이야기하고 열린 마음으로 상대의 말을 들어주며 상대를 쉽게 판단하지 말아야 한다는 것을 깨달았다. 덕분에 이들은 진정한 공동체를 이루었다.

1962년 늦겨울 랍비 한 명이 합류했다. 랍비의 합류로 회원들은 이 모임의 정체성을 놓고 토론을 벌였다. 랍비를 받아들였다는 것은 이 모임이 더 이상 '기독교' 지원집단이 아니라는 의미였기 때문이다. 하지만 이것은 중요한 문제가 아닌 것 같았다. 그런데 6개월 후 랄프가 무신론자 동료를 초대하자고 제안하면서 상황은 한층 복잡해졌다. 이 무신론자는 마음이 여린 남자라 공동체를 원하긴 했지만 너무 시끄럽게 무신론을 주장했다. 회원들은 연달아 세 번의 회의를 거친 후에야 그를 받아들였다. 그는 침묵으로 시작하는 것에는 불만이 없지만 기도에는 절대 참여할 수 없다고 했다. 그래서 다른 사람들이 기도하는 것을 용인할 수 있는지, 기도가 진행되는 동안 침묵할 수 있는지를 물었다. 그는 그럴 수 있다고 했다. 이렇게 해서 간단하게 타협이 이루어졌다.

하지만 이 무신론자를 회원으로 받아들이면서, 회원들은 이 모임이 정말로 종교 지원집단인가 하는 근본적인 질문을 던지게 됐다. 다른 회원들은 자신의 믿음이 지원의 중심임을 강조하면서 신앙을 배제한 모임은 원치 않는다고 했다. 무신론자는 다른 회원들이 자기의 무신론을 존중하면 자신도 그들의 신앙에 귀 기울이겠다고 약속했다. 이에 다른 회원들은 자신들의 종교 때문에 무신론자를 배척하지는 않기로 했다. 이로써 집단의 종교적 색채는 그대로 유지하고, 무신론자도 포용하며, 집단의 성격은 그냥 지원집단으로 정의되었다. 이런 포용 과정은 쉽지 않았지만, 이 과정 덕분에 공동체 정신은 더욱 튼튼해졌다.

1963년에는 처음으로 이 집단에 여성이 합류했다. 그녀는 그 주에서 활동하게 된 초기 여성목사들 가운데 한 명이었다. 이런 선구적인 역할 때문인지 그녀는 지원공동체를 절실하게 필요로 했다. 이 집단은 포용의 마음으로 아무 어려움 없이 그녀를 받아들였다. 이후 같은 해에 두 명의 사업가도 합류했다.

1964년 초 랄프 헨더슨은 서부 해안에 있는 대학에서 심리학과 학과장으로 와달라는 제안을 받았다. 그로서는 거절할 수 없는 제안이었다. 그도 집단도 이별을 슬퍼했다. 하지만 이런 슬픔 속에도 많은 기쁨이 있었다. 랄프가 떠나면서, 집단은 새로운 발전의 계기를 만들게 되었기 때문이다. 그때까지도 이들은 매주 랄프의 작업실에서 모임을 갖고 있었다. 이제 다른 장소가 필요했는데, 이 일은 생각보다 간단했다. 회원들이 앞다퉈 집이나 교회, 예배당을 제공했기 때문이다. 하지만 이 문제를 의논하면서, 회원들은 자기들이 지하실에서 모임을 갖는 걸 대단히 좋아한다는 점을 발견했다. 그리고 이런 성향을 갖게 된 연유를 캐 들어간 끝에 세 가지 결론을 얻어냈다.

떠나기 전 랄프는 꿈에서 지하실이 보통 표면의식 밑의 무의식을 상징한다고 지적했다. 이 지적에 따르면, '영spirit' 혹은 '어떤 것'이 무의식을 통해 작업을 촉진시키는 방식에 대다수 회원들이 매료되어 있는 것 같았다. 그래서 지하실을 좋아한 것이다. 둘째로 이들은 지원과 지하실 사이의 유사성에 놀랐다. 한 회원은 "이 집단은 제게 너무 중요해서 때로 제 삶의 기초처럼 여겨집니다"라고 했다. 드디어 회원들은 그들이 뭉칠 수 있었던 이유를 깨달았다. 이것은 무신론자도 마찬가지였다. 요컨대 그들 모두 사회에서 목사나 인도자의 역할을 맡고 있어서 자기 생각을 자유롭게 말할 수 없고, 또 원하는 대로 쉽게 마음을 열 수도 없었다. 그래서 이런 공동체를 필요로 했던 것이다. "우리의 존재 자체가 이 지하실과 같은 거죠." 어느 회원은 이렇게 요약했다. 그러므로 이들이 지하실에서 만나는 걸 좋아하는 것은 자연스러운 일이었다.

이들이 '지하실집단'이라는 명칭을 붙인 것도 같은 이유였다.

이후 여러 해 동안 이들은 모임을 항상 지하실에서 갖기 위해 애썼다. 물론 때로는 카펫이 우아하게 깔린 작업실이나 놀이방에서 만나기도 했다. 그런가 하면 머리 바로 위로는 증기 파이프가 지나가고 옆에는 화로와 온수난방기가 설치되어 있는 비좁은 지하실에서 모이기도 했다. 하지만 이젠 어떤 경우든 지상에서 모이는 것은 생각도 할 수 없게 되었다.

처음에는 모임 도중 담배를 피우거나 맥주를 마시는 회원이 있었다. 하지만 얼마 지나지 않아 이런 행동이 긴밀한 상호작용에 방해가 된다는 결론에 이르렀다. 그래서 '모임 중에는 술과 담배를 일절 금한다'는 불문율이 생겼다. 초기에는 파티 문제도 제기되었다. 회원들이 서로 어울리는 것을 너무 좋아해서 다른 시간에도 만나고 싶어 했다. 그래서 회원들끼리만의 파티와 배우자 동반 파티를 각각 한 번씩 열었다. 그런데 두 번 모두 이상하게 활기도 없고, 모임 때와 달리 공동체 정신도 느껴지지 않았다. 이후 회원들은 그것이 무의미하다고 판단하고 다시는 파티를 열지 않았다. 하지만 모임 이외의 시간에 회원들이 개인적으로 만나면 안 된다는 규칙을 만들지는 않았다. 연애도 금지하지 않았다. 실제로 모임이 25년 넘게 지속되면서, 여러 쌍의 연인과 한 쌍의 부부가 탄생했다. 연인이 된 사람들은 이 사실을 집단에 이야기해야 했다. "비밀을 지키면서 마음을 열 수는 없다"는 불문율이 있었기 때문이다. 그러나 대개의 경우 회원들은 매주 2시간씩 모이는 것 말고는 개인적으로 깊은 관계를 갖지 않기로 했다. 이들에게 모임은 일상 속에 조용히 감추어져 있는 천연자석과 같은 것이었다.

처음 두 해 동안에는 다음과 같은 중요한 문제도 해결해야 했다. 초기에 회원들은 서로에 대해 캐묻고 서로의 삶을 해석해주는 일을 자연스럽게 여겼다. 그러다 서서히 이런 행동은 언제나 얼마간의 혼란을 불러온다는 사실을 깨달았다. 상대를 치유하거나 변화시키려는 노력이 상대에게 도움이 되기보다 안 좋은 영향을 미친다는 점을 저절로 깨달은 것이다. 이로 인해 파티를 열지 않기로 결정했을 때처럼 신속하게 자신들은 치료집단이 아니라는 점을 분명히 했다. 새로운 회원에게도 '우리는 단순한 지원집단일 뿐입니다. 우리의 목적은 사랑이지 치유가 아닙니다'라고 말했다. 하지만 진정한 공동체에서는 항상 그렇듯, 지하실집단의 회원들은 모임을 통해 커다란 치유를 경험했다.

하지만 누구나 그런 것은 아니었다. 1965년은 이들에게 힘든 한 해였다. 그해 2월에 지역 컨트리클럽 관리자인 테드가 합류했다. 그는 매력적인 데다 재치도 있고 붙임성도 좋아서 처음에는 집단에 잘 적응하는 것 같았다. 그런데 4월 첫 모임에 술에 취한 채로 도착했다. 그는 난폭하게 굴었고 자신에게만 주의를 집중하면서 누구의 조언도 듣지 않았다. 회원들이 할 수 있는 일이라고는 멀쩡한 정신으로 집에 돌아갈 수 있도록 커피를 많이 마시게 하는 것뿐이었다.

다음 주 맑은 정신으로 참가한 테드는 크게 뉘우쳤다. 하지만 자신에게 음주 문제가 있다는 것을 부인하며, 예전에는 그런 일이 없었는데 왜 그랬는지 모르겠다고 했다. 회원들은 무슨 문제가 있는 것 아니냐고 물었지만 아무 단서도 얻어낼 수 없었다. 그런데 그 다음 주 테드는 다시 취한 상태로 참가했다. 그의 행동이 너무 난폭해서, 회원들은 다음에 그가 맑은 정신으로 왔을 때 그의 음주 문제를 거론했다. 테드는 자신이 알코올의존증환자가 아니라고 주장하고, 사실은 골프코스를 준비하고 부유한 선수들의 불만을 해결하는 일이 수차례 헛수고로 끝났다고 털어놓았다. 회원들은 이런 고백으로 그의 마음이 진정되었기를 바랐다. 그런데 그러지 못했는지, 다음 모임에 그는 어느 때보다도 만취한 모습으로 나타났다. 몇몇 회원이 그를 지역 병원으로 데려갔지만, 병원에서도 그를 받아주지 않았다. 결국 회원들은 다음 모임에서 알코올의존증환자협회의 대표를 초대했다. 회원들은 이 대표의 도움을 받아가며 계속 테드의 문제를 지적했다. 하지만 테드는 자신이 알코올의존증환자임을 부인했다. 회원들은 여섯 번 중에서 세 번이나 취한 모습으로 나타나는 게 그 증거라고 반박했다. 그러자 테드는 설사 그렇다 해도 자신에게는 이미 지원집단이 있기 때문에 알코올의존증환자협회에 참석할 이유가 없다고 했다. 이것을 보고 협회의 대표는 테드가 아직 "밑바닥까지 가지는 않았다"고 진단했다.

다음 주 테드는 모임에 나타나지 않았다. 회원들은 테드의 문제를 집중적으로 논의했다. 한 회원이 테드의 아내에게 연락해보겠다고 했다. 그 다음 주 테드는 다시 맑은 정신으로 모임에 참석했다. 테드의 아내에게 연락을 취했던 회원은 남편의 알코올의존증을 아내도 잘 알고 있지만 어쩔 도리가 없어서 무력감을 느끼고 있더라고 보고했다. 그래서 그녀에게 알코올의존증증가족집단에 참가해보라고 권유했더니 그 조언을 고맙게 받아들이는 것 같았다고 했다. 그러자 테드는 회원들이 사생활을 간섭하는 건 참을 수 없다고 소리쳤다. 이 말에 회원들 역시 그렇게 나서는 것이 자신들도 쉽지는 않았다고 받아쳤다.

다음 주 테드는 모임 도중에 다시 취한 상태로 나타났다. 바로 그 다음 날 밤 회원들은 테드만 빼고 긴급모임을 가졌다. 테드의 알코올의존증으로 인해 모임이 열 번이나 연이어 완전히 파행으로 치달은 탓에 모임이 망가질지도 모른다는 위기감이 들었기 때문이다. 내키지 않았지만 회원들은 제한을 두기로 결정했다.

테드는 다음 모임 때도 맑은 정신으로 참석했다. 회원들은 이렇게 말했다. "테드, 강요할 수는 없지만, 우리는 당신이 알코올의존증환자협회에 가는 것이 최선이라고 생각해요. 또 우린 당신을 모임에서 쫓아내고 싶지 않아요. 하지만 지난 10주 동안 당신 문제에 집중하느라 아무것도 못했습니다. 당신의 음주문제 때문에 모든 회원을 지원한다는 본래의 목적에 충실하지 못한 거죠. 물론 당신이 모임에 계속 나오는 것은 환영합니다. 하지만 그러려면 필히 맑은 정신을 유지할 수 있어야 해요. 모임에 참가하지 않을 때 술을 마시는 것에 대해서는 관여하지 않을 겁니다. 하지만 당신이 또 술에 취해서 여기 나타나면, 반기지 않을뿐더러 다시는 오지도 못하게 할 거예요."

그러나 테드는 그 다음 모임에도 술에 취해 나타나서는 무례하게도 계속 있겠다고 고집을 부렸다. 할 수 없이 회원들은 즉각 경찰서에 연락했다. 하지만 고발은 안 했기 때문에 경찰은 그냥 테드를 집까지 데려다주기만 했다. 그 후로 테드는 다시는 모임에 나타나지 않았다.

　이후 회원들은 그들의 슬픔과 죄책감을 해결하느라 세 번이나 더 테드 문제에 초점을 맞추었다. 우리가 그의 기대를 저버린 것은 아닐까? 그를 위해 더 해줄 수 있는 일은 없었을까? 해서는 안 되는 일을 한 것은 아닐까? 더 사랑해줄 수는 없었나? 이런 의문에 대해 그들은 최선을 다했다고 최종적으로 결론 내렸다. 또 테드가 이 경험에서 아무것도 배우지 못했을지라도, 적어도 그들만큼은 자신들의 한계를 알게 되었다고 생각했다. 그들은 테드의 아내가 그와 이혼하고 부모님과 살기 위해 알칸사스 주로 돌아가기까지, 1년 동안 그녀를 통해 그의 소식을 들었다. 이사 비용에 보태라고 그녀에게 돈도 모아주었다. 이후 테드가 어떻게 지내는지는 아무도 알 수 없었다. 하지만 그와의 추억은 집단이 모든 문제를 해결해줄 수는 없다는 점을 가르쳐주었다.

　하지만 제한을 두지 않은 경우도 있었다. 초기에 집단에 합류했던 로저라는 사업가는 곧 출장을 많이 가야 하는 자리로 승진했다. 이로 인해 세 번에 한 번꼴로밖에는 참석이 힘들어지자, '탈퇴' 의사를 밝혔다. 하지만 회원들은 가끔이라도 계속 참석하게 허용하자고 만장일치로 합의했다. 이것은 그렇게 어려운 결정은 아니었다. 모임에 대한 로저의 헌신이 그만큼 두드러지고 분명했기 때문이다.

　가장 어려운 문제는 '들락거리는 사람들'을 처리하는 것이었다. 몇 해 동안 매주 열리는 모임에 계속 나왔다 안 나왔다 하는 사람들이 있었다. 이들은 마음이 내킬 때만 참석하고 모임에 대한 책임감도 전혀 없었다. 모임에 헌신적인 회원들은 처음에 이런 사람들을 불쾌하게 여겼다. 왜 이런 사람들의 책임을 면제해줘야 하지? 회원 간의 헌신이 있어야 이 모임의 기본 목적인 지원도 가능한 것 아닌가? 그러나 이 애매한 문제를 놓고 열심히 토론을 벌이면서 서서히 이 문제를 분명히 이해하게 되었다. 먼저, 이 들락거리는 사람들은 테드처럼 모임을 휘저어놓지 않았다. 이들이 드문드문 나온다고 해서 모임이 깨질 만큼 혼란이 일어나지도 않았다. 사실 이들은 모임에 새로운 자극을 불어넣고 통찰을 제공하기도 했다. 마지막으로, 몇몇은 나중에 책임감이 강한 회원이 되기도 했다. 그래서 그들은 몇 년에 걸쳐 한 가지 방책을 만들어냈다. 사람들 중에는 모임에 헌신하기 전에 필히 시험해봐야 하는 이들이 있으므로, 믿을 만한 핵심 회원이 있는 한, 집단은 비헌신적인 사람들이 주는 부담을 견뎌내야 한다는 것이다.

지난 25년 동안 뉴저지 주 지하실집단의 핵심회원은 3명부터 11명까지 다양했다. 현재는 8명이다. 하지만 어떤 의미에서 지하실집단의 규모는 더 커졌다고 할 수 있다. 모임을 창설한 랄프와 피터는 이사 후 새 거주지에 새로운 지원집단을 만들었다. 다른 3명의 회원들도 새로운 집단을 만들었는데, 이 가운데 2개는 결국 해체되었다. 하지만 현재 4개의 도시에 지하실집단이 존재하게 되었다. 이들은 〈더 베이스먼트 블러브*The Basement Blurb*〉라는 연간 소식지를 통해 지난 1년간 각 집단이 겪은 일과 배운 점들을 전하고, 지난 시절을 회고하는 기고자들의 글도 싣는다. 이 소식지는 회원들을 효과적으로 이어주고 이 모임의 전통을 생생하게 전수하는 역할도 하고 있다.

이제 성 앨로이셔스 교단과 지하실집단을 비교하면서, 이들이 장기공동체가 직면할 수밖에 없는 문제들을 어떻게 해결하고 공동체의 유지에 필요한 기본 원칙들을 어떻게 적용해 나갔는지를 살펴본다.

먼저 공동체의 **규모**를 살펴보자. 성 앨로이셔스 교단은 규모 문제로 고민한 적이 있지만, 지하실집단은 전혀 없다. 지하실집단의 경우, 회원들이 각기 다른 직업을 갖고 있어서 회원 수가 유동적이었다. 이로 인해 핵심회원이 11명을 넘어본 적이 없고, 상호지원이라는 집단의 목적에 방해가 될 정도로 집단의 규모가 커진 적도 없다.

지하실집단은 한 주에 2시간씩 만나는 **결집력**이 낮은 공동체였다. 진정한 공동체 중에는 매달 한 번씩 모임을 갖는 곳들도 있는데, 이런 경우에 일반적으로 결속력은 강하지 않다. 반면 성 앨로이셔스 교단은 생활을 함께하고 규칙적으로 예식을 올리며 매일 모임을 열어서 그런지 결집력이 강했다.

지하실집단은 공동체가 보여줄 수 있는 최대의 **포용력**을 갖고 있었다. 관심 있는 사람은 누구든 환영하고, 입회과정이나 단계도 없었으며, 들락거리는 사람들에게도 완전한 회원자격을 부여했다. 이들의 높은 포용성과 비교해보면, 성 앨로이셔스 교단의 포용성은 지극히 낮았다. 하지만 지하실집단도 끝까지 무한한 포용성을 고수할 수는 없었다. 테드는 포용 범위를 넘어서는 행동으로 인해 집단에서 퇴출되었다.

지하실집단은 **개성**도 최대한 존중했다. 단 심한 반사회적 행동은 허용하지 않았다. 결집력이 높았다면 달랐을지도 모른다. 하지만 회원들의 삶이 대부분 공동체 밖에서 이루어졌기 때문에 다양한 생활양식으로 인해 집단의 기능이 방해받는 일은 없었다. 한편 성 엘로이셔스 교단은 은둔자들을 받아들이지 않았으며, 모든 회원에게 똑같은 생활양식을 요구했다. 단 회원이 '사명감'에 불타서 인권운동이나 반전운동을 하겠다고 요청할 경우는 예외였다. 지하실집단이 **헌신**적인 핵심회원들 덕분에 공동체로 살아남았다는 점에 주목해야 한다. 성 엘로이셔스 교단이 2차 세계대전 이후의 격동기를 이겨내고 살아남을 수 있었던 것도 같은 이유 때문이었다. 이것은 공동체의 필수조건이 무엇인지를 잘 보여준다. 요컨대 하나의 집단이 공동체로 성장하려면 구성원들의 강한 헌신이 있어야 하며, 이렇게 성장한 공동체를 유지하는 데는 헌신적인 핵심요원들이 필요하다.

지하실집단은 상대적으로 **체계**가 취약했다. 지하실집단의 모임은 매주 지하실에서 열렸으며, 정시에 시작해서 정시에 끝났다. 하지만 전혀 체계가 없거나 너무 경직되어 있으면 공동체는 성립될 수 없다. 체계가 없으면 혼란이 생기고, 경직되어 있으면 마음을 비울 여유가 없어지기 때문이다. 지하실집단의 경우, 시작할 때 침묵의 시간을 갖고 마칠 때 기도를 하는 것 말고는 모임에 체계가 전혀 없었다. 의제도 없었다. 이로 인해 어느 회원이 먼저 이야기하고 무슨 말을 할지도 몰랐다. 규칙이라고는 마음을 열어놓아야 한다는 것뿐이었다.

지하실집단에는 **권위**도 거의 없었다. 인도자도 없고, 조직력도 극도로 낮았다. 모든 결정은 전원합의로 이루어졌다. 이런 면에서 지하실집단과 성 앨로이셔스 교단은 비슷했다. 물론 공동체 중에는 더 강하고 권위적인 인도자를 가진 곳도 있다. 하지만 권위적인 인도자는 진정한 공동체와 양립할 수 없다. 진정한 공동체는 모든 구성원의 재능을 인정하고 발휘하게 해주기 때문이다.

지하실집단에는 **예식**이라 할 만한 것이 거의 없었다. 모임을 시작하고 끝낼 때 각각 침묵과 개인 기도 시간을 가진 것 말고는 예식을 행하지 않았다. 그것은 이 모임의 **목표 설정**이 분명했다는 사실과도 부분적으로 연관돼 있다. 물론 성 엘로이셔스 교단도 분명한 목적을 갖고 있었지만, 상호지원과 종교적 기념행사, 씨앗의 개발과 판매, 신참자의 훈련, 간헐적인 사회참여 등등 하는 일이 많았기 때문에, 예식도 그만큼 많이 필요했다. 하지만 지하실집단은 집단의 목적을 상호지원이라는 한 가지로 신중하게 제한했다. 이 집단은 무언가를 기리거나 치유하려고 애쓰지 않았다. 하지만 2시간 동안 함께 많이 웃었으며, 이런 시간은 그들에게 많은 치유효과를 가져다주었다.

공동체의 치유효과는 과학적으로 진지하게 더 연구해볼 가치가 있다. 장기공동체에서 하는 경험은 주말에 열리는 공동체 워크숍에서보다 덜 극적이고 덜 황홀하다. 장기공동체의 경우에는 지하실집단에서처럼 경험의 밀도가 떨어지고, 성 앨로이셔스 교단에서처럼 공동체 생활의 한 부분으로 설거지나 돈벌이를 해야 하기 때문이다. 그만큼 장기공동체에서는 치유가 더 느리고 완만하게 이루어진다. 하지만 궁극적으로는 더 깊은 차원에서 치유가 일어난다.

슬럼프에 빠진 공동체, 유지할 것인가 해체할 것인가

진정한 공동체의 미덕은 말할 수 없이 많다. 그러므로 진정한 공동체는 가능한 한 오래 유지되는 것이 좋다. 하지만 이것은 어디까지나 일반론에 의거한 생각일 뿐, 모든 공동체가 꼭 영속해야만 좋다는 의미는 아니다. 개개의 인간처럼 공동체도 수명이 다른 하나의 유기체에 지나지 않으며, 앞으로 살펴보겠지만 다른 공동체에 비해서 더 훌륭한 공동체들도 있다.

알코올의존증환자협회는 수백만 명으로 이루어진 공동체다. 하지만 이 조직은 대단히 느슨해서 수만 개의 하부공동체나 지부들이 체계 없이 연합되어 있다. 새로운 지부들이 끊임없이 생겨나 협회의 전체 규모는 놀랄 만큼 성장하는 것처럼 보이지만, 한편에서는 문을 닫고 없어져버리는 지부들도 있다. 물론 알코올의존증환자협회에서만 이런 현상이 나타나는 것은 아니다. 수십 개의 자율적인 소수도원으로 이루어진 대규모 수도회에서도 어떤 소수도원은 활기가 넘치고 회원이 늘어나는 반면, 어떤 소수도원은 죽어간다.

개인의 수명이 삶의 만족도를 증명하는 기준이 아닌 것처럼, 공동체의 수명도 성공을 재는 최적의 기준은 아니다. 나는 나이 여든에도 여전히 아름다운 사람들을 많이 알고 있다. 그런가 하면 똑같은 나이인데도 오랫동안 피폐한 삶을 살아와서 증오와 악의로 가득 찬 사람들도 알고 있다. 또 젊은 나이에 삶을 마감한 성자들도 알고 있다. 공동체의 적절한 수명은 그 설립 이유에 따라 달라진다. 자신의 잠재력을 충분히 발휘하지 못한 것 같은 공동체들이 있는가 하면, 어떤 공동체는 나이 들어 아무것도 잉태하지 못하는 조직으로 퇴화한 후에도 쓸모없이 오래도록 버텨낸다.

그렇다면 공동체 스스로 해체 준비를 할 때가 됐는지, 아니면 단순한 슬럼프에 빠진 것인지 어떻게 구분할 수 있을까? 변화를 통해 공동체 정신을 되살리면 정말로 공동체를 회복하고 유지할 수 있는지 어떻게 알 수 있을까? 이런 고민에서 자유롭게 해주는 공식은 없지만 도움이 될 만한 원칙은 몇 가지 있다.

첫 번째는 질문을 던지는 것이다. 죽음의 가능성에 대한 생각은 죽음을 재촉하기보다 삶을 더욱 충만하게 살도록 해준다. 그러므로 간담을 서늘케 하는 죽음의 가능성에 주기적으로 직면하는 공동체는 활력을 유지하고 새로 태어나기 위해 더욱 힘차게 노력하거나 더 효율적으로 품위 있게 죽는 문제에 집중하게 된다.

두 번째 원칙은 식별에도 시간이 걸린다는 것이다. 나는 한때 새로운 유형의 사회복지조직을 만들기 위한 장기공동체 회원이 된 적이 있다. 우리는 1년 동안 매주 모임을 열어 목적을 달성하는 데 성공했다. 그런데 회원들은 목적을 이루고도 모임을 해체하기 싫어했다. 이유는 두 가지였다. 하나는 1년 동안 쌓은 진정한 우정을 잃고 싶지 않아서였고, 다른 하나는 우리가 과연 최고의 조직을 만들어냈는지 확신이 안 섰기 때문이다. 그래서 우리는 모임을 이어갔다. 하지만 처음의 정신은 이미 사라지고 없었다. 참석률은 갈수록 낮아졌고, 모임의 횟수도 격주에서 격월로 뜸해졌다. 정신적인 면에서도 참석률 면에서도 나아진 것은 없었다. 그렇게 2년이 흐른 후, 우리는 결국 모임을 해체했다. 만일 집단도 스스로 죽음을 선택할 수 있음을 처음부터 알았더라면, 모임을 그렇게 오래도록 질질 끌지는 않았을 것이다. 하지만 새로운 과제를 탄생시킬 수 있는지를 확인하기 위해 얼마간 기다린 것은 잘한 일이라고 생각한다.

목표 문제와 관련해서, 슬럼프에 빠진 공동체가 자기 갈 길을 확인하는 가장 좋은 방법은 공동체가 목표를 회피하고 있는지 아니면 더 이상 어떤 목표도 없는지를 자문해보는 것이다. 하지만 이 질문은 답하기 어려울 때도 있다. 때로는 집단이 과제에 짓눌려버려서 자신의 회피를 인정하기보다 그냥 집단을 해체시켜버릴 수도 있다. 하지만 스스로 목표를 회피하고 있는지 진지하게 자문해본다면, 자살의 유혹에 빠지지 않고 자연스레 죽음이 다가올 때까지 최선을 다해 작업을 계속할 것이다.

대적 형성enemy formation 과정도 공동체의 유지와 죽음을 논할 때 짚고 넘어가야 하는 문제다. 여느 때 같으면 공동체를 이루지 않았을 집단이 비극이나 자연재해, 적의 공격이나 전쟁 같은 위협과 위기에 직면해서 공동체를 이룬 경우를 우리는 자주 보아왔다.

정말로 위협적인 상황이 닥쳤을 때는 이런 현상을 비난할 수 없다. 하지만 위협에 대한 본능적인 결집반응이 조작될 때는 문제가 달라진다. 대적 형성 과정은 공동체 정신을 잃어버린 집단이 존재하지도 않는 위협을 조작해서 공동체 정신을 되찾으려고 할 때 일어난다. 나치 독일이 가장 잘 알려진 예다. 히틀러는 소수집단인 유대민족에 대한 증오심을 자극해서 독일인들을 결집시켰다. 이것은 널리 만연된 일반적인 경우로, 어떤 문화권에서나 일어날 수 있다. 또 다른 예로, 존슨 대통령도 베트남전에 대한 국회의 지지를 이끌어내기 위해 통킨만 사건(미국의 매독스 호가 통킨만에서 북베트남 해군의 어뢰함 공격을 받았다고 발표함으로써 미국이 베트남전에 참여하게 된 명분을 제공한 사건—옮긴이)을 조작해냈다.

대적 형성은 아마 가장 파괴적인 형태의 인간 행동일 것이다. 집단은 물론이고 개인들도 이런 행동에 가담하며, 두 경우 모두 똑같은 결과에 직면한다. 처음에는 이런 행동이 집단의 기능을 강화하는 것처럼 보일 수도 있지만, 이것은 사실 집단 부패와 죽음의 증상일 뿐이다. 실제로 그 집단은 이미 진정한 공동체이기를 포기하고, 서서히 포용적이라기보다 배타적으로 변하며, 사람들을 '우리 대 그들'로 양분하고 사랑을 잃어버린다. 그리고 자신들이 창조해낸 가공의 적은 곧 실재하는 적이 되어버린다. 단적인 예로, 유대인 대학살은 곧 전투적이고 군사적인 시오니즘을 촉발시켰고, 통킨만 사건은 결과적으로 베트남의 공격적인 사회주의 정권을 강화시켜버렸다. 이처럼 대적 형성은 언제나 자기충족적인 예언이 되고 만다. 존재하지 않던 위협이 예언에 의해 실재하게 되는 것이다.

진정한 공동체를 계속 유지하고 싶으면 언제나 외부가 아닌 내부의 힘에 주의를 기울여야 한다. 또 악에 대항하기보다는 선을 지향해야만 한다. 그렇다고 세상에 존재하는 악의 실재를 부정하자는 말이 아니다. 선을 타락에서 지켜내자는 의미다. 공동체를 이룬 집단이 대적 형성에 빠지기 시작하면, 공동체를 스스로 해체해야 할 때가 된 것은 아닌지, 하다못해 근본적인 변화라도 필요한 것은 아닌지 진지하게 성찰해야 한다. 아무리 좋았던 전통이라 해도 부패를 부추기거나 증오와 파괴의 힘으로 작용한다면 없애버리는 것이 낫다.

진정한 공동체는 만들기도, 유지하기도 쉽지 않다. 하지만 자신은 물론이고 타인들과도 사랑과 평화를 유지하며 살아가는 방법을 모색한다는 공동체의 목표에 이의를 제기할 사람은 없을 것이다. 아니면 혹시 계속 이런 목표에 위배되는 행동을 하면서 그냥 입에 발린 말만 하고 있는 것은 아닐까? 슬프게도 각국의 정부들은 이런 입에 발린 행동들을 범지구적인 차원에서 그대로 드러내고 또 강화시키고 있다.

많은 국가의 정부들이 세계의 평화를 목표로 내세운다. 그러면서도 진정한 공동체답게 행동하지는 않는다. 진정한 공동체의 모습을 보여주는 것이 세계 평화를 이루는 유일한 길인데도 말이다. 진정한 공동체는 악한 구성원을 다룰 때 이 구성원을 축출하는 것이 정당한지 희생양을 만드는 것은 아닌지 끊임없이 고민해야 한다. 그런데 각국 정부는 당연하다는 듯 서로를 악하다고 비난한다. 이런 비난에 과연 정확한 근거가 있을까? 정부들은 이런 판단을 내리기까지 어느 정도나 고민을 했을까? 국제관계에서 희생양을 만들거나 대적 형성을 일으키는 경우는 얼마나 흔한가? 악은 인도자 한 명이 풀 수 있는 문제가 아니다. 공동체 전체가 함께 풀어가야 할 문제다. 그렇다면 국제공동체는 국제관계에서 악의 문제를 어느 정도나 해결할 수 있을까? 한 국가나 국가의 지도자는 이런 문제를 어느 정도까지 해결할 수 있을까?

진정한 공동체를 이루려면 인도자는 되도록 인도에 소극적이거나 통제력을 거의 발휘하지 말아야 한다. 그래야 다른 사람들의 지도력을 이끌어낼 수 있다. 그러면서도 인도자는 자신의 약함을 인정하고, 무능하다는 비난을 감수할 줄 알아야 한다. 국가 지도자들은 이런 비난을 얼마나 감수하고 있는가? 다른 사람들의 지도력을 이끌어내고 발전시킬 마음은 있는가? 진정한 공동체를 이루려면 의존심이라는 과제회피가정을 저지해야 한다. 그렇다면 국가 지도자들은 국민의 의존심을 부추기는 편인가? 아니면 일반적으로 저지하는 편인가? 국가 지도자든 아니든 우리가 선출한 지도자의 강점과 약점에 대해서 우리는 어떻게 생각하는가? 이런 생각은 평화 추구와 관련해서 현실에 얼마나 잘 부합되는가?

공동체를 효과적으로 이루어내려면 인도자는 집단 전체에 초점을 맞추어야 한다. 국제관계와 관련해서 국가 지도자들은 이런 전 세계적인 관심을 유지하는 데 대체로 성공하고 있는가? 아니면 자국의 이익이나 동맹국의 이익을 먼저 생각하는 편인가? 특별한 우정이나 동맹은 짝짓기라는 과제회피가정으로서, 지구공동체 발달에 파괴적인 영향을 미치는 것은 아닌가?

과제회피가정은 이것 말고도 더 있다. 국가 지도자는 국민들이 어렵고 고통스러운 문제에 직면하도록 힘을 북돋워주는가? 아니면 이런 문제들에서 눈을 돌리게 만들고 있나? 그리고 국민들은 과제를 회피하기 위해 이런 문제를 피하게 해주겠다고 약속하는 지도자를 뽑고 있지는 않은가? 도피라는 과제회피가정이 혹 국민의 일차적인 행동방식은 아닐까? 그리고 싸움이라는 과제회피가정은 혼란스러운 국제관계에서 선호하는 방식이 아닐까? 국가 지도자는 전원합의나 화합이 아닌 싸움이 그들의 목적인 것처럼 행동하면서 평화 만들기라는 과제를 완전히 망각하고 있는 것은 아닐까?

모든 면에서 국가의 행동 규칙은 우리가 아는 공동체 형성 규칙들과 일반적으로 반대되는 것 같다. 전쟁이 너무도 쉽게 세계를 파괴시킬 것처럼 보일 때도 우리는 계속 전쟁에 더 가까이 다가가게 만드는 규칙들에 따라 행동한다. 우리는 위기가 공동체 형성을 촉진한다는 것을 안다. 하지만 핵으로 인한 대학살의 위협은 너무 거대하고 만성적인 위기라서 우리는 규칙을 바꿔야 한다는 사실은 깨닫지 못하고 있다.

우리는 공동체의 규칙들을 알고 있다. 또 공동체가 개인의 삶에 가져다주는 치유효과도 잘 안다. 이런 인식을 실천에 옮길 방법을 어떻게든 찾기만 한다면, 공동체의 규칙들이 전 세계에 치유효과를 가져다주지 않을까? 우리는 인간을 흔히 사회적 동물이라고 부른다. 하지만 인간은 아직 공동체적 피조물은 아니다. 우리는 생존을 위해 서로 관계를 맺을 수밖에 없다. 하지만 아직 진정한 공동체적 포용성과 사실주의, 자각, 열린 마음, 헌신의 자세, 개방성, 자유, 평등, 사랑의 마음으로 관계를 맺지는 못하고 있다. 칵테일파티에서 수다를 떨거나 사업을 포함한 여러 영역에서 말다툼을 벌이면서 단순한 사회적 동물로 사는 것으로는 충분하지 않다. 우리에게 가장 본질적이고 중요한 핵심 과제는 단순한 사회적 피조물에서 공동체적 피조물로 탈바꿈하는 것이다. 이것이야말로 인간이 진화할 수 있는 유일한 길이기 때문이다.

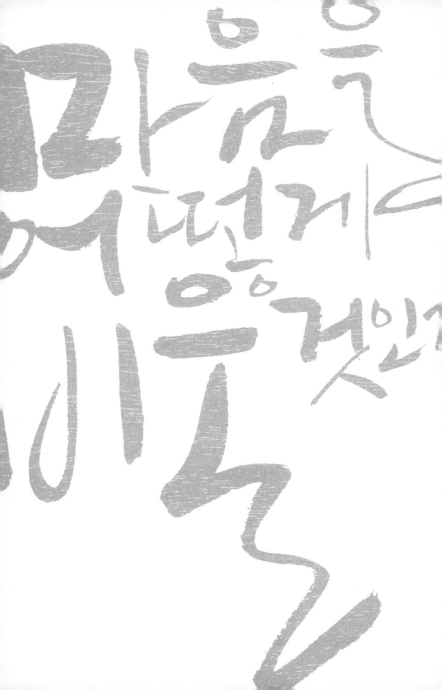

2부

교량

08
인간의 본성

이제까지 우리는 작은 퀘이커계 학교와 40명에서 400명의 사람들이 이틀에서 2주에 걸쳐 소통의 방법을 실험하기 위해 모인 집단, 소도시의 시민 지도자 집단, 한 무리의 교회 신자들, 소규모 지원집단, 수도회 같은 공동체 들을 비교적 지역적인 차원에서 살펴보았다. 이 과정에서 우리는 몇 가지 아주 기본적이고 중요한 원칙을 발견했다. 또 진정한 공동체와 사이비 공동체를 구별하는 방법도 알게 되었고, 타인들과 효과적으로 소통하는 데, 즉 진정한 공동체로 성장하는 데 필수적인 요소들도 이해하게 되었다. 공동체 형성의 역동적인 과정도 분명히 살펴보았고, 공동체 참여와 유지를 어렵게 만드는 문제들도 논의했다. 하지만 이런 과정에서 무엇보다도 중요하게 발견한 점은, 적절한 조건이 주어지면, 소집단의 사람들도 정말 일상적으로 평화롭게 사랑하며 살 수 있다는 것이다.

내게 이런 깨달음은 탐구의 끝이 아니라 시작일 뿐이다. 이런 깨달음 덕분에 새로운 가능성들이 내 앞에 펼쳐져 있는 것을 보게 되었기 때문이다. 소규모 집단에서 가능하다면 대규모 집단에서도 가능하지 않을까? 한 교회에서 가능하다면 다른 모든 교회에서도 가능하지 않을까? 한 소도시의 시민 지도자들에게 가능하다면, 마을 전체, 도시 전체, 나아가 주 전체에서도 가능하지 않을까? 주에서 가능한 일이라면 국가에서도 가능하지 않을까? 한 국가에서 가능하다면 세계의 모든 국가들에서도 가능하지 않을까?

하지만 모든 차이점을 초월하고 현실적인 문제들을 만장일치로 결정하는 사색적인 세계는 상상이 잘 안 될 것이다. 어떻게 그런 세계가 가능할 수 있겠는가? 인종과 문화, 정치적 견해의 차이가 사람들을 갈라놓는 세계, 행동과 반작용의 세계, 지도자와 추종자가 있는 세계에 살고 있는데, 인간의 본성이 그러한데 말이다.

그러므로 세계공동체를 향해 어떻게든 의미 있는 발걸음을 내디디려면, 인간의 본성이 조금이라도 변하거나 변화되어야 한다고 생각할 것이다. 모든 사람들이 어떻게든 같아져야 한다고 생각할 것이다. 하지만 이것 역시 불가능하다. 내가 경험한 바에 의하면 소규모 공동체에서도 이런 생각은 들어맞지 않았다. 그곳에서는 개인의 차이를 받아들였고 또 반겼다. 그렇다면 더 큰 규모의 공동체를 향한 첫걸음은 우리가 모두 똑같지 않으며 결코 같아질 수 없다는 사실을 인정하는 데 있을 것이다.

다원주의의 문제

누구에게나 고유한 개성이 있기에 우리는 불가피하게 다원주의 사회에 살고 있으며, 미국이 다원주의를 인정하는 사회라는 점에 자부심도 느낀다. 인종과 문화적 배경, 세계관과 요구, 전통, 종교, 경제 수단이 다양함에도 불구하고, 2억이 넘는 사람들이 비교적 평화롭게 어우러져 살아간다. 하지만 이런 자부심도 오만하고 편협할 때가 있다. 미국인들은 소련 사회가 소련인의 다양성을 미국과는 다른 방식과 수단으로 감당해낼 수 있다는 점을 잊어버리고, 반대로 소련인들은 미국인들의 성공을 무시하는 경향이 있다. 그러면서도 때때로 다원주의를 찬양한다.

하지만 보통 이 다원주의에도 문제가 있다고 본다. 사실상 미국인이나 소련인이 누리는 평화는 상대적인 것에 지나지 않기 때문이다. 미국에서 백인과 흑인, 인종과 민족이 다른 집단들 간의 관계는 아무리 좋아도 대체로 불편하다. 부자와 가난한 사람이 서로에게 호감을 갖는 일도 드물다. 특수한 이해집단은 그들의 요구를 관철시키기 위해 경쟁하듯 국회로 몰려든다. 기독교 교회는 수많은 교파로 나뉘어 있다. 게다가 루터파 종교회의 논쟁과 제2차 바티칸 공의회 이전파와 이후파 간의 논쟁, 남부 침례교의 진보파와 보수파 간의 논쟁처럼 같은 교파 안에서도 격렬하게 논쟁을 일삼는 경우가 흔하다.

다원주의는 또 세계의 많은 국가들을 특징짓는 요소인데, 국가 간의 사소한 논쟁이 전쟁으로까지 발전하지 않아도, 전 세계 국가들은 국방에 필요한 무기에 연간 3조 달러도 넘는 금액을 지출하고 있다. 하지만 이런 직접적인 경비 이외의 간접적인 부담은 산출조차 불가능하다. 이런 무기들의 파괴력이 어마어마해서 전 세계인이 끊임없이 생존 불안에 시달리고 있는 것이다. 그러므로 군비 확장 '억제'는 다원주의 문제를 악화시키는 것처럼 보인다. 교회나 국가, 전 세계에서 다원주의 문제를 해결할 방법은 오직 하나밖에 없다. 그것은 바로 공동체를 이루는 것이다.

공동체는 함께 어울리는 곳, 그 속에서 사람들은 방어벽 뒤에 숨기보다 그 벽을 낮추는 것을 배우고, 서로의 차이점을 없애려 하는 대신 그것을 수용할 뿐 아니라 그를 통한 대단한 기쁨을 배우는 곳임을 잊지 말아야 한다. 실제로 공동체는 '단호한' 개인주의를 위한 곳이 아니다. 그보다는 '온건한' 개인주의를 위한 곳으로서 다원주의를 권장한다. 진정한 공동체에서는 다원주의가 더 이상 문제되지 않는다. 공동체로 가는 길은 금속을 녹인 찌꺼기 같은 우리의 차이점들을 갖고 황금 같은 조화를 이루어내는 진정한 연금술적 과정이다.

이런 일이 일어나는 과정을 깊이 이해하려면, 우리가 왜 그렇게 서로 다른지, 또 우리 모두가 공유하고 있는 것이 무엇인지를 근본적인 차원에서부터 깨달아야 한다. '인간의 본성은 무엇인가?' 하는 질문에 먼저 답할 수 있어야 한다는 말이다.

인간 본성에 대한 환상

사람들은 대부분 신화란 믿기 어려운 과장된 이야기, 진실이 아닌 현실성 없는 이야기라고 생각한다. 그러나 심리학자들은 신화가 신화일 수 있는 이유는 진실이기 때문이라는 점을 갈수록 분명하게 깨닫는다. 신화는 문화와 시대에 따라 여러 형태로 나타난다. 그러면서도 영속성과 보편성을 갖는 이유는 신화가 위대한 진실을 구체적으로 보여주기 때문이다.

용은 신화 속에 등장하는 생명체다. 요즈음 만화책이나 텔레비전 만화영화에서 불을 내뿜는 상상의 용이 등장하기 이전부터, 유럽 전역에서는 기독교 수도자들이 섬세한 용 그림으로 원고를 장식했다. 중국의 도교 수행자들과 일본의 불교 승려도 마찬가지였다. 인도에서는 힌두교도들이, 아랍에서는 이슬람교도들이 그랬다. 왜일까? 왜 이들은 하필 용을 그려넣었을까? 왜 이 신화적인 동물이 그렇게 전 세계적으로 똑같이 등장하게 된 것일까?

그 이유는 용이 인간을 상징하기 때문이다. 그리고 신화적 상징들이 그렇듯 용은 인간성의 기본 진실과 관련해서 아주 중요한 무언가를 말해준다. 요컨대 우리는 날개가 달린 뱀, 날아다니는 벌레와 같다. 그래서 파충류처럼 땅에 바짝 붙어 살금살금 기어가서는 우리의 동물적 본성으로 인해 진창에 빠지기도 하고 문화적 편견에 흙투성이가 되기도 한다. 반면에 가끔은 새처럼 하늘 높이 날아오를 수도 있어 순간적으로나마 편협한 마음과 사악한 기질을 초월하기도 한다. 인간은 영적인 존재이기도 하기 때문이다. 그래서 나는 때로 환자들에게 이렇게 말해준다. 내면에 숨어 있는 용과 같은 속성을 파악한 후, 이 용의 속성 중에서 더 나태한 면을 발현시킬지 아니면 더 정신적인 면을 발전시킬지를 결정하는 것이 당신이 해야 할 일이라고 말이다.

모든 신화는 이렇게 저렇게 인간의 본성에 대해 말해준다. 그리고 용은 신화적 상징으로서 비교적 단순하다. 하지만 꿈에서처럼 하나의 신화에는 많은 의미가 압축되어 있다. 아담과 이브, 에덴동산, 사과 그리고 뱀(용은 여기에도 살짝 들어와 있다)에 관한 놀라운 이야기를 예로 들어보자. 그것은 신의 은총을 배신한 인간의 타락과 소외에 대한 이야기일까? 아니면 인간이 자의식을 갖게 되는 진화 과정을 담은 이야기일까? 그래서 수치심을 그렇게 인간의 본질적인 면으로 그린 것일까? 아니면 둘 다일까? 이것은 가능한 한 최선의 존재가 되라는 부름에 탐욕과 두려움과 오만과 게으름과 불순종으로 응답한 인간의 이야기이기도 하다. 그리고 인간은 더 이상 자의식을 버리고 세계와 하나가 되는 식으로 돌아갈 수 없으며(이 길은 불타는 검으로 막혀버렸다), 사막의 고통을 견디고 나아가 더 깊은 의식의 단계로 들어가야만 구원받을 수 있다는 것도 말해준다.

이렇게 가장 단순해 보이는 신화에조차 여러 이야기가 담겨 있다. 용처럼 우리 인간 자체가 다면적인 존재이기 때문이다. 사실 이것이 바로 신화가 필요한 이유이기도 하다. 우리의 본성은 너무 다면적이고 역설적이어서, 하나의 단순한 범주를 나타내는 말로는 이 본성을 표현하기가 어렵기 때문이다. 하지만 신화는 우리의 다양한 본성들을 잘 담아내고 포용한다.

　다면적이고 복합적인 인간의 본성을 단순하게 정의하려 들면, 본성의 풍요로움을 제대로 평가하기 힘들다. 이런 시도는 지극히 위험한 일이기도 하다. 거짓은 어떤 것이든 위험하지만, 인간 본성에 대한 오해는 특히 더 위험하다. 이런 오해가 전쟁의 한 원인이 되기 때문이다. 인간의 본성에 대한 주된 오해(환상)는 사람이 다 똑같다는 생각이다. 여러분도 어떤 식으로든 이런 오해에 대해 들어보았을 것이다. '사람들은 전 세계적으로 아주 비슷하다', '겉모습은 달라도 인간은 다 형제다', '정부는 다르지만, 소련 사람들도 근본적으로 우리와 같은 사람이다.'

　이런 오해는 '악한 지도자' 이론의 토대가 되기도 한다. 제2차 세계대전 중에 성장기를 보낸 나도 이 이론에 깊이 세뇌됐다. 당시 많은 사람들은 독일인 친구나 친척을 갖고 있었는데, 이 독일인들도 우리와 같은 인간처럼 보였다. 이처럼 독일 사람들도 '우리와 똑같다'고 믿었기 때문에, 독일인들의 잔혹한 행동을 납득할 수 있는 길은 그들이 어쩌다 사악한 지도자인 미치광이 히틀러의 노예가 되어버렸다고 가정하는 것뿐이었다. 에리히 프롬의 《자유로부터의 도피Escape from Freedom》가 대단히 중요한 저서로 평가받는 이유도 이런 착각을 파헤쳤기 때문이다. 이 책에서 프롬은 독일인들이 히틀러에게 자신들의 신념을 팔아버렸기 때문에 노예로 전락했다는 점을 분명하게 입증했다. 그는 독일인을 이렇게 만든 힘, 독일의 역사와 문화, 사회 속에 뿌리 깊이 박혀 있는 독특한 힘들을 분명히 밝혀냈다. 그리고 히틀러가 독일인들에게서 자유를 빼앗은 것이라기보다 독일인들이 자발적으로 자유로부터 도피한 것이라고 주장했다. 요컨대 독일인들은 히틀러와 공모한 것이나 다름없었다.

이런 통찰이 있은 지 거의 50년이 되어가는 데도, 인간은 모두 똑같다는 단순한 생각은 여전하다. 우리는 여전히 소련 사람들도 '우리와 똑같다'고 믿으며, 소련인들의 국가적인 행동을 납득하기 위해 '악한 지도자' 이론을 적용한다. 그래서 소련인도 사실은 '우리와 똑같이' 민주주의를 갈망하는데, '크렘린에 있는 악한 지도자' 때문에 민주주의를 성취하지 못할 뿐이라고 생각한다. 물론 나치 독일과 소련 정부를 동일시해서 이런 말을 하는 것은 아니다. 그들은 사실 서로 많이 다르다. 하지만 우리는 둘 모두에게 '악한 지도자' 이론을 적용한다. 마치 두 나라가 똑같은 부류의 지도자를 가진 것처럼, 소련인들이 그들의 정부와는 아무 상관도 없는 것처럼 말이다. 한 예로, 《뉴욕타임스》의 모스크바 지국장 헤드릭 스미스는 워터게이트 사건을 계기로 '보통'의 소련인들은 미국인들이 무엇 때문에 야단법석을 떠는지, 왜 그런 사소하고 일상적인 일로 닉슨 같은 강력한 지도자를 사임시키려는지 전혀 이해하지 못하는 것을 발견했다.* 소련인들도 '우리와 똑같이' 순수하게 민주주의를 갈망한다고 철석같이 믿고 있었는데 말이다.

세상사가 그렇게 단순하기만 하다면 얼마나 좋겠는가! 그러나

---

* Hedrick Smith, 《The Russians》(New York: Ballantine Books, 1977), pp. 320~324.

정부가 국민을 완전히 노예화할 수는 없다. 그렇다고 전체주의든 아니든 정부가 국민에게 전혀 영향을 미치지 않고, 국민들을 눈멀게 만들 수 없다는 것은 순진한 생각이다. 미국에서도 국민이 선출한 지도자들이 국민을 장님으로 만들려는 경향을 볼 수 있다. 소련의 전체주의 정부가 나름의 방식으로 국민들을 계속 장님으로 만들려는 것처럼 말이다.

하지만 정부와 국민 간의 상호작용이 소련이나 미국을 포함한 여러 나라에서 똑같은 방식으로 이루어진다고 보는 것도 여전히 단순한 생각이다. 정부와 국민 간의 관계는 계속 이어지는 문화의 춤과 같다. 그리고 국민처럼 문화도 상당히 다르기 때문에, 폭스트롯fox-trot(1914년경에 소개된 이래 유럽과 미국에서 유행한 사교춤—옮긴이)과 왈츠, 폴카와 호라가 다른 것처럼 이 문화의 춤도 각기 다르게 전개된다.

그렇지만 다른 문화권의 사람들 사이에는 비슷한 점이 전혀 없다는 주장도 역시 지나치게 단순한 생각이다. 앞에서 말한 논문 〈교육과 변화: 쿵족과 피지족 사이에서 치유자 되기〉에는 두 원시 문화에서 치유자가 되기 위해 일생 동안 거쳐야 하는 훈련 과정— 대부분 자기훈련 과정이다—이 묘사되어 있다. 두 문화는 구체적으로는 '의학'과 치유에 관한 언어와 개념이 다르고, 전체적으로는 종교도 달랐다. 하지만 치유자들이 여러 해에 걸쳐 경험하는 변화 과정의 역동성은 눈에 띄게 비슷했다. 사실 이 비기독교적인 두 개의 원시 문화에서 치유자들이 거치는 변화의 과정은 우리 문화에서 기독교의 수도자나 수녀, 구도자들이 겪는 과정과 매우 흡사했다. 내 생각에 이런 영적 여정의 역동성은 전 세계 어디에서나 동일한 것 같다. 이런 역동성이야말로 우리 모두가 공유하는 복합적인 본성의 하나이기 때문이다.

이 역동성은 인간의 독특함과 유사성을 동시에 보여주는 또 다른 예다. 한 예로 남자와 여자는 다르다. 해부학적인 차이는 말할 필요도 없다. 하지만 나는 성별과 성sexuality, 생활방식 같은 비해부학적인 부분에서도 남녀가 다르다는 것을 여러 해에 걸쳐 발견했다. 심리적인 여성성과 남성성은 어느 정도나 유전과 문화에 의해 결정될까? 이 문제에 대한 논쟁은 끊임없이 계속되고 있다. 하지만 본성 대 양육 논쟁이 격렬하게 지속되는 동안에도, 남성과 여성의 영혼에 심오한 차이가 있음을 의심하는 사람은 아무도 없다. 나도 이 점을 의심하지 않는다. 하지만 지난 20년간 정신치료를 해오면서, 성숙해가는 과정에서는 남성과 여성 모두 똑같은 정신적·영적 문제들을 해결하고 똑같은 장애물을 뛰어넘어야 한다는 사실에 크게 공감했다. 남자든 여자든 누구나 부모와 배우자, 자녀에게서 독립하는 방법을 배워야 한다. 그리고 이런 개성화 작업을 마친 후에는 순응하는 능력을 키우는 법과 신체적인 노화를 다루는 법, 죽음을 받아들이는 법을 배워야만 한다. 주관적으로나 객관적으로 남자인 나는 여자와 대단히 다르다. 하지만 동시에 우리는 동등한 인간이기도 하다.

주관적으로나 객관적으로 미국인은 소련인과 매우 다르다. 우리는 여러 면에서 다르게 생각한다. 하지만 인간의 유한성에 직면하고 '인간이란 무엇인가' 하는 문제와 씨름한다는 면에서는 똑같다. 안정된 가정에서 자랐든 결손 가정에서 자랐든, 어떤 유전인자를 갖고 있든, 남성이든 여성이든, 소련인이든 미국인이든, 누구나 몸과 함께 정신도 갖고 있다. 바로 이것이 용의 신화가 말하고 있는 인간 현실이다. 인간은 누구나 용과 같다.

그래서 아주 중요한 질문, '인간의 본성이란 무엇인가?'라는 질문에 대한 대답은 역설적일 수밖에 없다. 그 대답은 바로 인간 존재는 아주 다르면서도 아주 비슷하다는 것이다. 하지만 우리 모두가 똑같다면 이 세계가 훨씬 더 단순해질 것이므로, 모든 문화에서는 우리의 차이점을 지나치게 과소평가하는 오류를 범하는 경향이 있다. 문화적 차이는 사실 어마어마하게 큰 데도 말이다. 루스 베네딕트의 저서 《문화의 유형*Patterns of Culture*》은 이런 차이들을 분명하게 보여준다. 그녀는 이 책에서 세 개의 문화를 다루고 있는데, 이 문화들에서 나타나는 지배적인 방식이나 기호, 성 역할, 가치, 기대, 세계관 등은 대단히 다르다. 때로는 정반대의 모습을 보여주기도 한다. 또 어느 문화에서는 '정상'인 것이 다른 문화에서는 분명하게 '비정상'으로 여겨지고, 선악의 개념도 상당 부분 문화에 의해 결정된다.

이런 문화결정론의 또 다른 예를 보면, 미국인들이 소련 공산주의 탓으로 돌리는 악의 개념들이 실제로는 공산주의와 거의 관계가 없다는 것이다. 반체제 인사들을 시베리아로 추방하는 것은 소련의 오랜 전통이었다. 이 전통은 카를 마르크스가 태어나기 전, 레닌이 권력을 잡기 수세기 전부터 이어져왔다. 그러므로 이 전통은 독재적인 것도 공산주의적인 것도 아니다.

또 우리는 외국인들의 여행을 제한하고, 그들에게 소련 사회의 '경이로운 면'들을 거짓으로 꾸며서 과시한다는 이유로 공산주의 지도자들을 비난한다. 하지만 이것도 18세기와 19세기에 차르들이 만든 관습일 뿐이다. 당시 차르들은 관광객들을 위해 가짜 마을을 짓고 농부들이 행복한 모습으로 들어가 살게 했다. 물론 이 농부들은 밤이면 그들의 진짜 오두막으로 돌아갔다. 소련은 사실 전체주의 사회이며, 공산주의 혁명은 전체주의 정부를 또 다른 전체주의 정부로 대체했을 뿐이다. 대다수의 소련인들은 수백 년 동안 강력한 지도자에게 복종하는 경향을 보여왔다. 미국의 지도자들은 소련인들과 현실적으로 협상할 필요가 있다고 되풀이해서 말한다. 하지만 정치적인 차이와 이보다 훨씬 심각한 문화적인 차이를 구별하는 법조차 배우지 않았는데 어떻게 우리가 현실적일 수 있겠는가?

그렇다 해서 어떤 문화적 차이도 변화시킬 수 없다는 말은 아니다. 하지만 예전의 나는 유감스럽게도 변화시킬 수 없다고 생각했다. 오키나와에서 근무하는 동안 나는 정신병원을 방문했다. 나처럼 그곳의 정신병원에 관심을 가진 미국인들이 몇 명 있어서, 우리 병원의 통역사인 세련된 일본 여성이 우리를 위해 일일 견학을 주선했다. 그런데 그 정신병원의 환자들이 다다미에서 자는 것을 보고, 누군가 이렇게 말했다. "여기서는 환자들을 끔찍하게 다루는군요. 일본 병원이 이렇게 형편없으리라고는 생각도 못했어요. 적어도 환자에게 침대 정도는 줄 것으로 생각했는데."

하지만 그 병원은 내가 미국에서 가본 대부분의 주립병원보다 더 깔끔하고 질서정연해 보였다. 그래서 나는 재빨리 그를 꾸짖었다. "이곳이 형편없는 병원이라고 단정 지어서는 안 돼요. 일본 문화에서는 다다미에서 자는 것이 정상이거든요. 환자들은 아마 침대를 보면 놀랄 겁니다. 침대가 뭘 하는 건지도 모를 거예요. 일본 문화에서는 이렇게 자는 걸 더 좋아합니다."

바로 그때 통역사가 나를 꾸짖었다. "이곳이 형편없는 병원이 아닌 건 사실이에요. 그리고 일본의 시골 농부를 침대가 딸린 호텔 방에서 자게 하면, 예, 맞아요, 처음 며칠간은 밤마다 다다미 위에 요를 깔 겁니다. 하지만 침대에서 잘 기회를 한 번이라도 가져본 일본인이라면, 선택의 여지가 주어질 경우 여자든 남자든 다다미에서 자려고 하지 않을 거예요."

문화적 차이도 얼마간 변화시킬 수 있다고 생각하는 사람들은 거의 언제나 자신들의 문화가 우월하고 바람직하기 때문에 다른 문화권의 사람들이 변해야 한다고 생각한다. 하지만 이런 생각은 인간의 본성에 대한 착각이 위험한 지경에까지 이르렀음을 입증할 뿐이다. 뿐만 아니라 모든 인간이 본질적으로 똑같으며 똑같아야 한다는 가정에서 출발한 것이기도 하다. 그래서 이런 생각을 지닌 사람들은 '우리와 똑같이' 변화할 수 없는, 아니 변하지 않을, 변하고 싶어 하지 않는 사람들을 적으로 낙인찍는다. 우리와 생활 방식이 다른 사람들이 다른 나라 사람이든, 다른 문화권의 사람이든, 같은 이웃이든 말이다.

개개인의 본성은 근본적으로 다르며 앞으로도 언제나 다를 것이다. 문화와 경험에 따라 매우 다양한 방식으로 형성되는 것이 인간 본성의 가장 두드러진 특징이기 때문이다. 인간의 본성은 유연하다. 실제로 본성은 변화할 수 있다. 하지만 이런 말은 본성의 아름다움을 표현하는 데 적합하지 않다. '변화할 수 있는 능력'이라는 말이 더 적합할 것이다. 인간 본성의 가장 본질적인 특성은 변화할 수 있는 능력에 있기 때문이다. 그리고 다시 역설적으로, 이 능력은 전쟁의 근본 원인인 동시에 전쟁을 방지하는 근본적인 치유책이기도 하다.

변화할 수 있는 능력

본성은 너무 미묘하고 다면적이어서 한마디로 정의하기 힘들다. 그래도 통칭할 수 있는 어떤 정의가 필요하다. 그래서 나는 "박사님, 인간의 본성은 무엇입니까?"라는 질문을 받으면, 가장 먼저 "인간 본성은 바지를 입고 볼일을 보는 겁니다"라고 대답한다.

결국 여러분이나 나, 우리 모두가 이런 식으로 삶을 시작한다. 일어나는 대로 자연스럽게 행동하고, 마음이 내킬 때는 언제든 볼일을 보는 것이다. 그런데 두 살쯤 되자 어머니(또는 아버지)가 이렇게 말하기 시작한다. "너는 진짜 좋은 아이고 난 너를 무척 사랑한단다. 그러니 그 안 좋은 행동 좀 고치면 고맙겠구나." 처음에 아이는 이 요구를 전혀 이해하지 못한다. 아이가 아는 건 오줌이 마려워지면 소변을 본다는 것뿐이다. 그리고 그 결과는 언제나 흥미롭다. 오히려 아이에게는 오줌을 참고 어떻게든 화장실까지 가서 제 때에 일을 본 뒤 그 흥미로운 물질이 물에 씻겨 내려가는 것을 보는 일이 몹시 부자연스럽게 느껴진다.

하지만 아이와 어머니의 관계가 좋고, 어머니가 참을성이 많으며 지나치게 통제하지 않는 성격이면 더욱 놀라운 일이 일어난다(그러나 불행하게도 이런 좋은 조건이 충족되는 경우는 드물다. 정신과의사들이 아이들의 대소변 훈련에 흥미를 갖는 이유도 여기에 있다). 아이는 혼자 이렇게 생각하는 것이다. '있잖아, 엄마는 훌륭한 어른이고, 지난 몇 년 동안 나한테 엄청 잘 해줬어. 어떻게든 엄마에게 보답하고 선물도 하고 싶어. 하지만 난 작고 연약하고 힘도 없는 어린애에 불과해. 내가 엄마한테 해줄 수 있는 선물이 뭘까? 이 미친 짓만 빼고 말이야.'

그래서 아이는 어머니에 대한 사랑의 선물로 몹시 부자연스러운 짓을 하기 시작한다. 볼일을 보고 싶어도 참았다가 제때에 화장실까지 가서 일을 보는 것이다. 덕분에 네다섯 살이 되면 화장실에 가는 일도 아주 자연스러워진다. 하지만 스트레스를 받거나 피곤해지면 화장실 가기를 잊어버려서 '실수'를 하고 만다. 그러면 아이는 이 모든 골치 아픈 상황을 부자연스럽게 느낀다. 2년이라는 짧은 기간 동안 아이는 사랑의 힘으로 자기 본성을 바꾸는 데 성공한 것이다.

우리가 부여받은 변화 능력은 대단히 특별하다. 그래서 나는 "인간의 본성이 무엇입니까?"라는 질문을 받을 때 가끔은 익살맞게(이것은 역설의 한 면일 뿐이므로) "그런 건 없어요" 하고 대답하기도 한다. 인간을 다른 피조물들과 가장 잘 구별 짓는 것은 반대 방향으로 위치한 손가락도, 훌륭한 후두도, 거대한 대뇌도 아니고, 다른 동물에 비해서 본능이 대단히 부족하다는 점이기 때문이다. 하지만 다른 동물들은 이 유전적인 행동양식 즉 본능이 강해서, 인간보다 더 고정적이고 예정된 성격을 보여준다.

나는 코네티컷 주의 큰 호숫가에 살고 있다. 얼음이 녹는 3월이면 이 호숫가에 갈매기 떼가 날아들었다가 얼음이 어는 12월이면 남쪽으로 떠나간다. 나는 갈매기들이 어디로 가는지 모른다. 그런데 최근에 어떤 사람들이 앨라배마 주의 플로렌스로 갈 거라고 말해주었다. 조류학자 친구들은 이동하는 갈매기는 없다고 말하는데, 그들이 이렇게 말하는 건 아마 이 갈매기들을 못 봤기 때문일 것이다. 어쨌든 철새를 연구하는 과학자들은 새들이 그 작은 두뇌로 별을 보며 항로를 잡아, 매번 정확한 시간에 맞춰 앨라배마 주의 플로렌스에 도착한다는 것을 발견했다. 그런데 이 철새들의 유일한 문제는 자유가 거의 없다는 것이다. 앨라배마 주의 플로렌스가 아니면 아무 데도 갈 곳이 없는 것이다. '글쎄, 이번에는 텍사스 주의 와코나 버뮤다에서 겨울을 나야겠어'라는 생각은 철새들에게는 불가능하다. 반면에 인간은 상대적으로 본능이 부족한 대신 막대한 자유를 누릴 수 있다. 경제적 능력만 있으면 인간은 앨라배마나 버뮤다, 바바도스 어디에서든 겨울을 날 수 있다. 아니면 그냥 집에 머물거나, 본성과 완전히 배치되는 무언가를 하거나, 북쪽의 버몬트 주로 가 얇고 좁은 나뭇조각이나 유리섬유로 만든 스키를 타고 얼어붙은 언덕을 내려올 수도 있다.

우리 행동과 환경을 통제할 수 있는 능력, 자유가 하느님에게서 받은 선물이라고 믿는 사람들이 있다. 한편 어떤 사람들은 이런 능력을 오랜 인간 진화의 최종 결과로 생각한다. 둘 다 진실일 수도 있다. 유년기에서 사춘기를 거쳐 성년기로 넘어가는 심리적 성장 단계를 보면, 우리의 변화 능력을 가장 잘 확인할 수 있다. 하지만 이후에는 변화의 능력까지는 아니더라도, 변화 의지는 훨씬 희미해진다. 나이 들어 삶의 방식이 더 확고해지고 자기 견해가 옳다는 확신도 커지면, 새로운 일에 흥미도 덜 느끼고 더욱 완고해진다. 사실 나도 젊었을 때는 이것이 자연의 이치라고 생각했다. 내가 아는 어른들도 50대, 60대, 70대가 되면서 '본성'이 굳어지는 것처럼 보였기 때문이다.

그런데 스무 살이었을 때, 존 P. 마콴드라는 예순다섯 살의 유명 작가와 여름을 함께 보내면서 이런 생각도 달라졌다. 그 여름, 나는 큰 '충격'을 받았다. 마콴드는 나를 포함한 모든 것에 관심을 보였다. 이전까지 예순다섯 살의 중요한 인물 중에서 스무 살의 하찮은 내게 진짜 관심을 보여준 사람은 한 명도 없었다. 나는 일주일에 서너 번 그와 밤늦게까지 논쟁을 벌였고, 몇 번은 그를 이기기도 했다. 덕분에 나는 그의 마음을 바꿀 수도 있었다. 실제로 그는 이런저런 이유로 일주일에 여러 번 마음을 바꾸었다. 그래서 그 여름이 끝날 무렵 나는 '이 남자는 정신적으로 늙지 않았다'는 사실을 분명히 깨달았다. 심리적인 관점에서 봤을 때, 그는 실제로 대부분의 사춘기 아이들보다 더 빨리 성장하고, 더 유연하며, 오히려 더 젊었다. 나는 처음으로 정신이 늙지 않을 수도 있다는 것을 깨달았다. 그렇다. 우리는 나이가 들면 신체적으로 노쇠해진다. 하지만 정신과 영혼은 늙지 않을 수도 있다.

이제 또 다른 흥미로운 역설에 도달했다. 심리적으로나 영적으로 가장 성숙한 사람이야말로 정신적으로 가장 젊은 사람이라는 점이다. 하지만 우리가 말하는 노년은 대부분 정신적으로나 영적으로 미성숙함을 드러내는 치명적인 마지막 단계다. 흔히들 노년에 대해 '두 번째 아동기'에 접어들었다고 하는 것도 이 때문이다. 실제로 노인이 되면 눈물도 많고 요구도 많아지며 교활하고 자기중심적이 된다. 하지만 이것은 두 번째 아동기에 들어섰기 때문이 아니라, 첫 번째 아동기에서 벗어나지 못했기 때문이다. 성인기의 겉치레가 다 닳아 없어진 것뿐이다.

그래서 '어른 만들기' 작업에 집중하는 심리치료사는 많은 사람들이 옷은 어른처럼 입고 있지만 사실 정서적으로는 어린아이에 불과하다는 것을 잘 안다. 이것은 그들의 환자가 보통 사람들보다 미성숙하기 때문만은 아니다. 오히려 겸손한 자세로 고맙게 환자 역할을 받아들이는 사람은 이 미성숙한 상태에서 빠져나오려는 부름을 받았기 때문에 솔직하게 자신을 드러낼 수 있는 것이다. 이런 사람들은 아직 빠져나갈 길을 찾지 못했어도 정체된 상태를 더 이상 참아내려 하지 않으며, 변화하라는 부름을 기꺼이 받아들인다.

나의 정신적 지주인 아일랜드 예수회의 한 회원은 아일랜드 사투리로 내게 "오 스카티, 어른은 정말 놀라운 존재야!"라고 말했다. 물론 그의 말은 이 세상에 어른이라고 할 만한 사람이 극히 적으므로 진정한 어른은 참으로 놀라운 존재라는 의미였다. 하지만 진정한 어른이 드물다고 해서 절망할 필요는 없다. 진정한 어른이 되려는 사람들이 지난 두 세대 전부터 급속하게 늘고 있기 때문이다. 어쨌든 진정한 어른은 변화의 능력을 계속 발달시키고 발휘하는 사람들이다. 이런 발휘 덕분에 이들은 성장을 위한 여정에서 더 빨리 더 멀리까지 나아간다. 성장하면 할수록 마음속에서 낡은 것을 비워내고 새로운 것을 받아들이는 능력도 더욱 커져서 변화가 일어나게 된다.

그러므로 우리가 어떤 면에서 완전히 다른 사람이 될 수 있는 것은 변화의 능력 덕분이다. 확고하게 고정된 본성이 없으며, 새로운 것, 다른 것, 본능과는 다른 것을 시도할 자유를 가졌기 때문에 우리는 다양한 모습을 띨 수 있고 다양한 길을 선택할 수 있다. 그러므로 인간이라는 종을 가장 잘 특징짓는 것은 다양성이다. 서로 다른 유전인자와 서로 다른 아동기, 다른 문화, 다른 인생 경험, 그리고 무엇보다도 서로 다른 선택들로 인해 우리는 서로 다른 방식으로 변화하거나 스스로를 변화시킨다. 한편 이렇게 너무도 다른 기질과 성격, 문화 때문에 조화롭게 어울려 살지 못하기도 한다. 하지만 이런 변화의 능력을 발휘하면, 유년기와 문화, 과거의 경험을 초월할 수 있고, 차이를 지워버리지 않고도 차이를 초월할 수 있다. 전쟁의 원인이었던 것을 마침내 전쟁을 방지하는 치유책으로 만들 수 있는 것이다.

현실주의와 이상주의, 그리고 낭만주의

세계평화가 불가능하다고 믿는 사람들, 소위 매파들은 일반적으로 스스로를 현실주의자라고 부른다. 이런 호칭은 인간은 본래 호전적이라는 그들의 주요 이론을 그럴싸하게 포장한 것일 뿐이다. 매파들은 기록으로 남아 있는 모든 역사를 봐도, 인간은 어느 시대 어느 문화에서나 전쟁을 해왔다고 주장한다. 하지만 이런 주장은 전혀 정확하지 않다. 예를 들어, 스웨덴과 스위스에서는 수백 년 넘도록 전쟁이 없었다. 하지만 전쟁을 좋아하는 것이 인간 본성의 실상이므로 우리도 현실적으로 이에 적응해서 호전성을 키워야 한다는 매파의 주장은 충분히 사실에 가까운 말이기도 하다.

이 매파들은 비둘기파들을 흔히 이상주의자라고 부르는데, '머리가 빈 이상주의자'나 '머릿속이 뿌연 이상주의자'라는 말을 더 자주 쓴다. 머리가 비었다거나 뿌옇다는 말은 사실이 아니길 바라지만, 이들의 말은 일면 맞다. 우리가 실제로 이상주의자이기 때문이다. 내가 말하는 이상주의자는 인간에게 본성을 변화시키는 능력이 있다고 믿는 사람들이다. 공격성이 후천적으로 습득한 행동양식인지 어느 정도 타고난 것인지는 분명하지 않지만, 인간이 본래 전쟁을 좋아한다고 해도 우리에게는 이런 행동을 변화시킬 잠재력이 있다고 믿는다.

본성의 다른 특성이 무엇이든 가장 두드러진 것은 바로 변화할 수 있는 능력이기 때문이다. 이런 특성은 종족의 진화와 생존을 가장 잘 설명해준다. 그러므로 인간의 본성과 가장 동떨어진 사람은 오히려 현실주의적인 매파들이고, 이상주의적인 비둘기파들의 생각이 실제로 인간성과 더 조화를 이룬다고 볼 수 있다. 이상주의자야말로 진정한 현실주의자인 것이다.

하지만 이상주의적인 비둘기파들이 현실과 동떨어진 경우도 있다. 한 예로, 무장해제를 주제로 워크숍을 연 적이 있다. 참가자들이 모두 열광할 때 내가 무장해제를 하는 데 12년(이것이 우리에게 남은 시간이다)은 걸릴 것 같다고 하자, 몇몇이 얼굴을 떨구었다. 그들은 6개월이면 될 것이라고 생각했던 것이다. 그렇게 생각한 것은 그들이 낭만주의자이기 때문이다. 내가 생각하는 낭만주의자는 변화의 능력이 있으므로 인간은 쉽게 변화를 이뤄낼 수 있다고 믿는 사람들이다. 하지만 변화는 쉽지 않다. 물론 가능하기는 하지만 말이다.

변화가 쉽지 않은 데는 충분한 이유들이 있다. 우리가 말하는 인격을 정의하자면, 정신적 요소들의 일관된 조직패턴이라는 설명이 가장 적합할 것이다. 이 정의에서 핵심은 일관성이다. 개인의 인격에는 일관성이 있고, 문화나 국가의 '인격'에도 일관성이 있다. 그리고 이 일관성 속에는 어두운 면과 밝은 면, 좋은 면과 나쁜 면이 두루 들어 있다.

환자들을 치료하면서 경험한 예를 하나 들어보겠다. 처음으로 나를 만나러 온 환자들은 보통 셔츠 윗단추를 푼 채 편안한 스웨터를 걸치고 슬리퍼까지 신은 나를 발견할 것이다. 두 번째 방문에서 정장에 넥타이를 매고 강연 여행을 떠날 준비를 하고 있는 나를 본다면, 아마 별 문제없을 것이다. 하지만 세 번째 방문에서 내가 길게 늘어진 가운을 입고 세공이 잘된 보석까지 착용하고 있다면, 그들은 더 이상 나를 만나러 오지 않을 가능성이 높다. 내가 항상 같은 모습을 하고 있다는 것도 많은 환자들이 내 진료실을 계속해서 찾는 이유의 하나이기 때문이다. 이런 일관성이 환자들에게 그들이 서 있는 위치를 확인시켜주고, '의지할' 어떤 것이 되어준 것이다. 믿을 만한 인간으로서 자기 역할을 효과적으로 수행하려면 이렇게 어느 정도의 일관성이 필요하다.

하지만 이 일관성에는 어두운 면도 있다. 심리치료사들은 이 어두운 면을 흔히 저항이라고 부른다. 개인의 인격이든 국가의 인격이든 인격은 본질적으로 변화에 저항한다. 심리치료를 받으러 오는 환자들은 이런저런 이유로 변화를 바란다. 하지만 치료가 시작되는 순간부터 그들은 전혀 변화를 원치 않은 것처럼 행동하거나 이를 악물고 변화에 맞서 싸운다. 이때 인간을 자유롭게 만들기 위한 심리치료는 우리에게 진리의 빛도 비춰준다. 처음에는 이 빛이 우리를 미쳐버리게 하지만, 진리는 결국 우리를 자유롭게 만들어준다. '진리가 너희를 자유롭게 하리라'는 말은 이런 저항을 잘 반영한다.

이처럼 우리에게 변화는 쉬운 일이 아니다. 하지만 분명 가능하다. 그리고 이런 가능성은 인간이 누릴 수 있는 축복이다. 이런 축복에 대한 자각은 한때 미국의 이상주의의 토대가 되어주었다. 독립선언과 헌법, 권리장전처럼 미국의 기초가 된 문서들은 매우 심오한 이상을 토대로 만들어졌다. 그리고 이 문서들의 근본적인 기능은 국민들에게 변화의 자유를 최대로 보장하는 사회, 종교와 거주지, 삶의 방식을 자유롭게 바꾸고, 자유로운 정보 교환을 통해 생각도 바꾸고, 주지사도 바꿀 수 있는 사회를 창조하는 것이었다.

200년 전에 새로 태어난 이 나라는 그러나 다른 국가들을 통제하기 위해 돈이나 에너지를 쏟아붓지 않았다. 이것은 주목할 만한 사실이다. 그런데도 거의 100여 개에 가까운 국가들이 차례차례로 미국과 같은 자유를 추구하기 위해 우리의 정신과 정치를 본떴다. 그러나 지난 몇 년 동안 다른 국가들을 조정하기 위해 우리가 쏟아부은 돈과 노력만큼, 정치적이고 정신적인 면에서 우리의 지도력은 반대로 쇠퇴해버렸다. '고립주의'의 미덕과 악덕은 논외로 치더라도, 우리는 전 세계적인 '초강대국'의 역할을 위해 이상주의를 포기하는 악수를 두고 있는 것 같다. 이 시점에서 확실히 우리 사회에서 인간을 변화시키는 가장 효율적인 기구인 알코올의존증환자협회의 유명한 구호를 기억할 필요가 있다.

'당신이 변화시킬 수 있는 사람은 당신 자신뿐이다.'

또 타인들을 변화시키려는 시도는 도리어 혼란을 일으켜 공동체로부터 멀어지게 만드는 경향이 있다는 것도 기억해야 한다. 우리가 최선의 사회를 만드는 일에 집중할 경우, 아무런 압력이 없어도 지구상의 다른 국가들이 다시 우리의 본을 따를지 궁금하다. 그렇게 만들려면 어떤 위험을 무릅쓰고서라도 한때 이 국가를 위대하게 만든 이상주의를 기꺼이 다시 붙잡아야만 한다.

09
변화의 유형

사실 공동체의 핵심은 개인적이고 문화적인 차이를 수용하고 존중하는 것이다. 이런 수용과 존중은 세계평화의 핵심이기도 하다. 이 수용과 존중이 다원주의의 문제를 해결해주기 때문이다. 하지만 이런 해결도 우리가 마음을 비우는 법을 배워야만 가능하다. 그렇다고 세계공동체를 만들기 위해 노력할 때, 모든 개인이나 문화, 사회를 똑같이 성숙하고 훌륭한 것으로 여겨야 하는 것은 아니다. 이런 식으로 생각하면, '우리는 모두 다르다. 하지만 다르다는 면에서 모두 똑같거나 동등하다'는 '인간의 본성에 대한 착각'에 다시 희생물이 되고 만다. 한마디로 이것은 진실이 아니다. 다른 사람들보다 훨씬 성숙한 사람들이 있을 수 있는 것처럼, 어떤 문화도 다른 문화보다 결점이 더 많거나 적을 수 있다.

따라서 강제적으로가 아니라 자연스럽게, 모든 이들에게 똑같이 호감을 느끼고 모든 문화를 똑같이 좋아할 수 있는 경지에 이르도록 애써야 한다. 게일 웹도 고전적인 저서에서 영적 성장의 심충적 측면들에 대해 다음과 같이 썼다. '영적으로 더 깊이 성장할 수록 사랑하는 사람은 많아지지만 좋아하는 사람은 점점 적어진다.'* 이것은 자신의 결점을 충분히 잘 인식하고 치유하게 되면, 자연히 타인의 결점도 더 잘 눈에 들어오기 때문이다. 그러면 물론 결점이나 미성숙함 때문에 타인을 좋아하지 않을 수도 있다. 하지만 스스로 더 깊이 성장하면, 결점을 포함한 모든 면을 받아들이고 더 사랑할 수 있게 된다. 그리스도의 계명은 서로 좋아하라는 것이 아니라 서로 사랑하라는 것이었다.

공동체와 마찬가지로 이런 사랑은 불러일으키기가 쉽지 않다. 이것은 영적 여정의 일부분이다. 이 여정을 이해하지 못하면 인간들은 서로 더 멀어질 수도 있다. 하지만 이 영적 여정의 원칙들을 알면 평화를 불러오는 일을 더 많이 할 수 있다.

영적 성장의 4단계

신체적·심리적 성장에 분명한 단계가 있는 것처럼 영적 발달에도 단계가 있다. 이 주제와 관련해서 가장 널리 읽히는 책은 에모리 대학 제임스 파울러의 저서다.** 하지만 나는 개인적인 경험을 통해

---

* Gale D. Webbe, 《The Night and Nothing》(San Francisco : Harper & Row, 1983), p. 60.

이런 단계들을 확인했다.

　나는 열네 살 무렵 집 근처 교회에 다니면서 처음으로 이런 경험을 했다. 당시 나는 여자애들에게 주로 관심이 있었지만, 기독교가 무엇을 하는 종교인지 알아보는 데도 흥미가 있었다. 그래서 교회를 한 곳 골라 다녔는데, 집에서 가깝기도 하고 또 당시에 가장 유명한 목사가 설교를 했기 때문이기도 했다. 아직 '방송을 통한 설교'가 일반화되지 않은 때였는데 이 목사의 설교는 거의 모든 라디오 주파수를 통해 전국으로 방송되었다. 하지만 열네 살인 내가 보기에도 그는 엉터리 목사가 분명했다. 한편 길 건너 위쪽 교회에서는 이 목사만큼 유명하지는 않지만 그래도 저명한 목사 30인에 드는 조지 버트릭이라는 장로교 목사가 설교를 했다. 그는 거룩한 사람, 진정한 하느님의 자식이 분명했다. 열네 살밖에 안 된 작은 머리로 어떻게 이런 상황을 정리했을까? 당시에 가장 유명한 기독교 목사의 설교를 들어보았지만, 어린 나이에도 내가 그 목사보다 훨씬 나은 것 같았다. 하지만 조지 버트릭은 확실히 다다를 수 없을 만큼 훌쩍 나를 앞서 있었다. 이런 상황을 도저히 이해할 수 없었다. 그래서 기독교는 아무런 의미도 없는 것이라 결론짓고,

---

** James W. Fowler, 《Stages of Faith: The Psychology of Human Development and the Quest for Meaning》(San Francisco: Harper & Row, 1982). James Fowler and Sam Keen, 《Life Maps: Conversations on the Journey of Faith》, ed. Jerome Berryman(Waco, Tex: Word Books, 1978)도 볼 것. 또한 장 피아제, 에릭 에릭슨, 로렌스 콜버그의 저서도 볼 것. 이들은 대략 열거 순서대로 20세기에 파울러의 연구에 대한 지적 토대를 제공해주었다. 파울러는 여섯 단계를 제안했지만, 나는 네 단계로 제한했다. 우리의 체계에는 분명 중복되는 부분이 있지만 서로 모순되는 점은 없다.

이후 30년 동안 기독교에 등을 돌리고 지냈다.

이후에도 중요하지만 이해가 안 되는 일을 경험했는데, 이 경험은 훨씬 점진적으로 이루어졌다. 10년 동안 정신과치료를 하면서 나는 이상한 패턴을 발견했다. 고통과 괴로움에 나를 찾아온 환자들은 처음에는 종교를 믿었는데, 치료 과정을 다 마치고 돌아갈 때는 흔히 무신론자나 불가지론자, 그것도 아니면 회의론자로 변했다. 반면 처음에 무신론자나 회의론자였던 환자들은 치료를 마치고 돌아갈 무렵 신앙심이 깊은 사람으로 바뀌었다. 같은 의사가 같은 치료법으로 환자를 치료했는데, 종교적인 관점에서 전혀 다른 결과가 나타난 것이다. 모든 사람들이 영적으로 같은 상태에 있는 것은 아니라는 점을 깨닫기까지, 나는 이런 상황을 정말로 이해할 수 없었다.

하지만 사람들이 영적으로 같은 상태에 있지 않다는 사실을 깨달으면서, 인간의 영적인 삶에도 분명한 발전 단계들이 있음을 알게 되었다. 나도 이런 단계들을 거쳤다. 하지만 여기서는 대략적으로만 설명하려 한다. 개개인마다 고유의 개성을 갖고 있어서 이런 구분이 언제나 딱 들어맞는 것은 아니기 때문이다. 이런 점을 염두에 두고, 내가 발견한 단계와 이에 대한 설명을 살펴보기 바란다.

단계 I : 혼란, 반사회적
단계 II : 형식적, 제도적
단계 III : 회의적, 개인적
단계 IV : 신비적, 공동체적

대부분의 어린아이들은 단계 I 에 속한다. 아마 어른도 다섯에 한 명꼴로 여기에 속할 것이다. 본질적으로 이 단계에서는 영성이 발달돼 있지 않다. 이 단계의 사람들을 반사회적이라고 부르는 이유는 이 단계의 어른(내가 '거짓의 사람들'이라고 부르는 사람들은 단계 I 에서도 맨 아래에 위치한다)은 대개 타인을 사랑할 줄 모르는 것처럼 보이기 때문이다. 또 사랑하는 척하면서 스스로 사랑한다고 생각해도, 관계에서 본질적으로 상대를 조종하려 들고 자기 잇속만 차리기 때문이다. 이들은 오로지 자신만 생각한다. 또 이 단계의 사람들을 혼란스럽다고 하는 이유는 이들이 기본적으로 줏대가 없기 때문이다. 절제력이 없기 때문에 이들은 자기 의지에 지배당한다. 그런데 그 의지가 시시때때로 바뀌기 때문에 이들에게는 성실성도 부족하다. 그래서 이들은 결국 감옥 신세를 지거나 사회적으로 곤경에 처하는 경우가 흔하다. 반면에 이런 사람들 중에도 야심과 사리를 추구하는 데 상당히 능란해서 기업체 사장이나 영향력 있는 설교자처럼 상당한 지위와 권력을 거머쥐는 이들이 있다.

때때로 이 단계의 사람들은 존재의 혼란에 부딪힌다. 이런 직면은 아마 인간이 겪을 수 있는 가장 고통스러운 경험일 것이다. 하지만 이들은 보통 아무런 변화 없이 이 혼란에서 벗어난다. 한편 변화에 대한 전망을 가질 수 없어 자살하는 이들도 있고, 가끔은 단계 II 로 진화하는 이들도 있다.

이런 진화는 보통 갑작스럽게 극적으로 이루어진다. 나는 하느님이 이런 진화를 가능케 한다고 생각한다. 마치 신이 내려와 영혼을 움켜쥔 다음, 비약적인 발전을 위해 위로 확 끌어올려주는 것 같기 때문이다. 이 과정은 무의식적인 것처럼 보이기도 한다. 그냥 일어나는 것이다. 이런 과정이 의식적으로 이루어지는 것이라면, 그 사람은 아마 자신에게 이렇게 말할 것이다.

'무엇이든, 그것이 무엇이든 이 혼란보다는 나아. 이 혼란에서 벗어날 수만 있다면 무엇이든 할 거야. 나를 다스리기 위해 제도에 복종하는 짓도 서슴지 않을 거야.'

그러나 어떤 사람에게는 이 제도가 감옥이 될 수도 있다. 감옥에서 일하는 사람들은 특별한 유형의 '모범수'들에 대해 잘 안다. 이 모범수들은 협조적이고 순종적이며 절조가 있어서, 동료 수감자와 교도관들에게 모두 인기가 좋다. 이들은 또 모범적으로 수감 생활을 한 덕분에 가석방 처분을 받지만, 사흘 후면 은행 7곳을 털고 17가지나 되는 중죄를 저질러 다시 감옥으로 돌아온다. 그러고는 그들을 지배하는 제도의 벽 안에서 다시금 '모범수'가 된다.

또 다른 사람들에게는 이 제도가 군대일 수도 있다. 군대의 부드러운 부성애적 혹은 모성애적 구조가 이들의 혼란을 정리해준다. 어떤 사람들에게는 회사 같은 꽉 짜인 조직체가 이런 역할을 해주기도 하지만, 대부분의 사람들에게는 교회가 이런 역할을 대신한다.

단계 Ⅱ에 있는 사람들의 행동에는 몇 가지 특징이 있다. 이 단계에 속한 사람들은 대부분 정서적으로 건강한 '잠재기'의 아동이나 교인, 종교를 믿는 사람들이다. 이들이 보여주는 특징의 하나는 종교의 본질과는 대립되는 형식에 집착하는 것이다. 내가 이들을

'제도적' 또는 '형식적'이라고 부르는 것도 그 때문이다. 실제로 이들은 규범이나 예식에 지나치게 집착해서 용어나 음악, 전통적인 절차에 변화가 생기면 매우 불안해한다. 성공회가 새로운 찬송가책을 채택하거나 가톨릭이 제2차 바티칸 공의회를 열었을 때 이것이 가져올 변화를 둘러싸고 그토록 큰 혼란이 일었던 이유도 여기에 있다. 다른 교파나 종교에서도 비슷한 이유로 비슷하게 동요가 인다. 규칙으로부터 자유로운 것처럼 보이는 사람들이 있을 때, 단계 Ⅱ에 있는 사람들이 위협을 느끼는 것은 어쩌면 당연한 일인지도 모른다. 이들을 혼란에서 자유롭게 만들어주는 것이 바로 이런 형식들이기 때문이다.

단계 Ⅱ에 있는 사람들의 종교행위가 보여주는 또 다른 특징은 하느님을 외적이며 초월적인 존재로 바라본다는 점이다. 이들은 성령으로서의 신이나 퀘이커교도들이 말하는 내면의 빛 같은 내면의 편재하는 신을 거의 이해하지 못한다. 그래서 하느님을 자애롭다고 느낄 때도 대개 하느님은 우리를 처벌할 힘을 갖고 있으며 그것을 휘두를 것이라고 생각한다. 이들이 이처럼 하느님을 하늘에 계신 거대하고 자애로운 경찰처럼 생각하는 것은 당연하다. 그것이 바로 이들이 필요로 하는 하느님이며, 이들에게 필요한 종교는 이들을 다스려주는 율법 중심적인 종교이기 때문이다.

이제 단계 Ⅱ에 고착되어 있는 어른 둘이 결혼해서 아이를 낳았다고 상상해보자. 이들은 자녀를 안정된 가정에서 키울 가능성이 크다. 이들에게는 안정성이 가장 중요한 가치이기 때문이다. 이들은 또 자녀를 중요한 존재로 존중해줄 것이다. 교회가 자녀는 중요한 존재이므로 존중하라고 가르치기 때문이다. 하지만 이들의 사랑은 다소 규범적이고 때로 상상력이 부족하기도 하다. 그래도 교회가 사랑하는 법을 가르쳐주므로, 이들은 대체로 아이들을 사랑으로 대한다. 이렇게 안정적이고 따뜻한 가정에서 존중받고 자란 아이는(물론 주일학교에도 나가면서) 기독교의 원리를 엄마의 젖처럼 흡수한다. 불교도 가정에서 자랐다면 불교의 원리를, 이슬람교도의 가정에서 자랐다면 이슬람교의 원리를 흡수할 것이다. 부모가 가진 종교의 원리는 아이들의 가슴에 그대로 새겨진다. 심리학적으로 말해서 '내면화'가 일어나는 것이다.

하지만 이런 원리를 내면화시킨 아이들도 사춘기 후기에는 자율적인 인간이 돼서 더 이상 제도에 의존하지 않는다. 그래서 '이런 말도 안 되는 미신에 휩싸인 구닥다리 교회를 누가 필요로 하겠어?'라고 생각하기 시작한다. 단계 Ⅲ, 즉 회의적이고 개인적인 단계로 옮겨가기 시작하는 것이다. 그리고 부모가 쓸데없이 노발대발하든 말든, 흔히 무신론자나 불가지론자가 되어버린다.

단계 Ⅲ의 사람들은 대개 '비신자'인 경우가 많지만 일반적으로 단계 Ⅱ에 안주해 있는 사람들보다 영적으로 더 진화돼 있다. 또 개인주의적일지는 몰라도 결코 반사회적이지는 않다. 오히려 사회적 문제들에 깊이 관여하고 헌신하는 경우가 흔하다. 세상 돌아가는 문제도 스스로 판단할 줄 알아서 신문에서 읽은 것이라고 전부 믿지는 않는다. 마찬가지로 예수를 부처나 마오쩌둥, 소크라테스와는 다른 구세주나 주를 인정해야만 구원받을 수 있다고도 생각하지 않는다. 이들은 자애롭고 지극히 헌신적인 부모가 된다.

또 회의론자인 만큼 과학자가 되는 경우가 흔한데, 과학자인 이유로 다시 원칙에 얽매이고 만다. 하지만 우리가 과학적인 방법이라 부르는 것도 사실은 감정과 정신의 순간적인 편안함 대신에 더 고차원적인 어떤 것, 다시 말해 진리를 추구할 수 있도록 우리의 놀라운 자기기만 능력을 물리치기 위해 만들어진 관례와 절차의 집적물에 지나지 않는다. 그러므로 진보된 단계 Ⅲ의 사람들은 적극적으로 진리를 찾는 사람들이다.

'구하라 그러면 찾을 것이다'라는 말이 있다. 진리를 충분히 깊고 넓게 추구하면, 단계 Ⅲ의 사람들은 원하는 것을 발견할 것이다. 하지만 이들이 발견한 조각들로는 진리라는 퍼즐을 짜 맞추기 시작할 수는 있어도 완성은 할 수 없다. 실제로 조각을 발견하면 할수록, 퍼즐은 더욱 커지고 방대해진다. 하지만 이들은 '전체 그림'을 희미하게나마 볼 수 있으며, 그 그림이 매우 아름답다는 것을, 그것이 단계 Ⅱ에 있는 부모나 조부모가 믿는 '원시적인 신화나 미신들'과 이상하게도 닮았음을 깨닫는다. 이 시점에서 이들은 신비로운 공동체 단계로 진화한다.

상당히 비난받는 단어 '신비주의'는 정의하기가 쉽지 않다. 신비주의는 여러 가지 형태를 취한다. 하지만 시대를 막론하고 모든 종류의 종교적 믿음을 가진 신비주의자들은 통일성에 대해, 남성과 여성, 무생물을 포함한 모든 피조물과 인간 사이에 존재하는 저변의 연관성에 대해, 보통은 잘 보이지 않는 우주의 근본 바탕에 따라 삼라만상이 어우러지는 것에 대해 말했다. 워크숍에서 내가 그토록 미워하던 옆 사람을 갑자기 나 자신과 동일시했던 일을 기억해보라. 그가 피우고 버린 담배꽁초 냄새에, 그의 코고는 소리에 나는 불쾌해서 어쩔 줄 몰랐다. 그런데 내가 그의 의자에 앉아 있는 것처럼 느껴진 그 이상하고도 신비로운 순간, 그가 나의 잠들어 있는 부분이고 내가 그의 깨어 있는 부분임을 깨달았다. 갑자기 그와 나는 하나로 연결되었다. 아니 단순한 연결을 넘어서, 그와 나는 동일한 단일체를 이루었다.

신비주의는 신비라는 말과도 분명히 연관되어 있다. 신비주의 자들은 엄청난 미지의 세계를 인정하지만 그것을 두려워하기보다는 더 이해하기 위해 더욱 깊이 파고든다. 이해하면 할수록 신비가 더욱 커지리라는 것을 알면서도 말이다. 신비에 대한 이런 사랑은 단순하고 분명한 교리만을 원하고 알려지지 않은 것이나 알 수 없는 것에는 거부감을 느끼는 단계 II의 사람들의 태도와 극명한 대조를 이룬다. 요컨대 단계 IV의 사람들은 신비에 다가가기 위해 종교에 입문하는 반면, 단계 II의 사람들은 대부분 신비로부터 도피하기 위해 종교를 갖는다. 이로 인해 동기가 다르거나 완전히 상반되건, 같은 종교 같은 교파에 입문하는 사람들 사이에서도 혼란이 일어난다. 이런 일은 종교적 다원주의의 뿌리를 영적 발달 단계의 관점에서 바라보기 전에는 결코 이해하지 못할 것이다.

마지막으로 신비주의자들은 대대로 마음 비우기를 이야기하면서 그 미덕도 격찬해왔다. 단계 IV에 신비적, 공동체적이라는 설명을 붙인 이유는 모든 혹은 대다수의 신비주의자들이 공동체 속에서 살기 때문이 아니다. 신비주의자들이야말로 세계가 하나의 공동체인데 그 사실을 자각하지 못해 우리가 편 갈라 싸우는 것임을 가장 잘 알기 때문이다. 이들은 선입견과 편견을 비우는 수행을 하고 모든 것을 연결하는 저변의 보이지 않는 근본구조를 통찰할 수 있기 때문에, 파벌이나 진영, 국경의 관점에서 생각하지 않는다. 세계가 하나임을 아는 것이다.

영적 발달의 네 단계 사이는 물론이고 하나의 단계에도 여러 등급이 있다. 실제로 단계 I과 단계 II 사이에 있는 사람을 우리는 타락자라고 부른다. 이런 남성(간단하게 설명하기 위해서 남성을 예로 들겠다. 여성도 이 사이에 떨어질 수 있지만 좀 더 미묘한 방식으로 그렇게 되는 경향이 있다)은 단계 II의 선한 사람이 다가와 이야기를 나누고 구원해줄 때까지 술과 도박으로 방탕한 생활을 한다. 이후 2년 정도는 술도 안 마시고 경건하게 바른 생활을 이어가지만, 어느 날 다시 술집에 여관, 도박장을 들락거리기 시작한다. 그러다 두 번째로 구원을 받지만 다시 타락해서 단계 I과 II 사이를 계속 왔다 갔다 한다.

마찬가지로 단계 II와 단계 III 사이에서 왔다 갔다 하는 사람들도 있다. 예를 들어 이렇게 생각하는 남성이 있다고 하자. '내가 더 이상 하느님을 믿지 않는 게 아냐. 이렇게 아름다운 나무, 꽃, 구름은 분명 인간 지성이 창조할 수 없는 거야. 어떤 신적 지성이 아주 오래전에 생명을 주었음이 분명해. 하지만 일요일 아침 골프장에서도 이것들은 아름답게 빛나. 교회에서처럼 말이야. 그러니까 골프장에서도 하느님께 예배드릴 수 있어.' 이렇게 몇 년을 보내다가 사업이 어려워지면 두려워하며 생각한다. '하느님 맙소사, 오랫동안 기도를 안 했네.' 그러고는 교회를 다니다가 경제 상황이 좋아지면 다시 서서히 교회를 빠지고 골프장에 나가기 시작한다. 단계 Ⅲ으로 다시 이동한 것이다.

한편 단계 Ⅲ과 단계 Ⅳ 사이에서 왔다 갔다 하는 사람들도 있다. 내 이웃이 딱 그랬다. 마이클은 낮에는 그의 분석적인 생각을 정확하고 섬세하게 표현했다. 하지만 그의 이야기는 따분하기 그지없었다. 그러다가도 저녁에 위스키나 마리화나를 조금 피우고 나면 영적으로 충만해져서 삶과 죽음, 의미와 영광에 대해 이야기했다. 그러면 나는 그 모습에 매료돼서 발치에 앉아 귀를 기울이곤 했다.* 하지만 다음날이 되면 그는 변명하듯 이렇게 말했다. "맙소사, 어젯밤 제가 어떻게 되었었나 봐요. 멍청한 소리들을 지껄이다니. 이제 마리화나하고 술을 끊어야겠어요." 물론 약물 사용을 두둔하고 싶은 마음은 없다. 단지 그의 경우에는 약물 덕분에 긴장이 풀려서 마음이 끌리는 대로 행동할 수 있었다는 말을 하고 싶을 뿐이다. 하지만 그는 날이 밝아 현실적인 생각을 되찾은 후에는 다시 두려움을 느끼고, 단계 Ⅲ의 '이성적'이고 안전한 곳으로 숨어버렸다.

예상하고 있겠지만, 영적 발달 단계가 서로 다른 사람들 사이에는 위협감이 존재한다. 대부분은 자신보다 위 단계에 있는 사람들

---

* Carlos Castenada(Simon and Schuster)가 쓴 초기의 저서 《Don Juan》 참조. 단계 Ⅲ에서 단계 Ⅳ로 전향하는 데 있어 향정신성 약물이 어떤 역할을 하는지 묘사돼 있다. 이런 역할을 묘사한 첫 번째 책은 《The Teachings of Don Juan: A Yaqui Way of Knowledge》(1973)이다.

에게 위협감을 느낀다. 단계 Ⅰ에 있는 사람들은 '모든 것을 다 가진 사람', '얄미우리만치 냉정한 사람'처럼 굴지만, 이런 외적인 모습과 달리 속으로는 거의 모든 것, 모든 사람들에게 위협감을 느낀다. 하지만 단계 Ⅱ의 사람들은 단계 Ⅰ의 사람들(죄인)에게 두려움을 느끼지 않는다. 오히려 죄인을 사랑하라는 계명을 지키려고 노력한다. 하지만 이들은 단계 Ⅲ의 개인주의자나 회의주의자를 두려워하고, 단계 Ⅳ의 신비주의자에게는 더더욱 위협감을 느낀다. 신비주의자는 같은 것을 믿지만 그들보다 훨씬 자유롭게 믿고, 이런 자유로움이 엄청난 두려움을 안겨주기 때문이다. 한편 단계 Ⅲ의 사람들은 단계 Ⅰ이나 Ⅱ의 사람들에게는 위협감을 느끼지 않는다. 이들을 그냥 미신적인 사람들로 치부해버리기 때문이다. 하지만 단계 Ⅳ의 사람들에게는 기가 죽는다. 단계 Ⅳ의 사람들이 자신들처럼 과학적으로 사고하고 논문에 훌륭한 주석을 달 줄 알면서도, 그들과 달리 열정적으로 하느님을 믿기 때문이다.

교사나 치유가, 목사는 영적 발달 단계가 다른 사람들이 이처럼 위협감을 느낀다는 사실을 인식해야 한다. 이런 인식은 아주 중요하다. 그리고 훌륭한 교사나 치유자가 되는 좋은 방법은 환자나 학생보다 한 발짝만 앞서는 것이다. 한 발짝 앞서 있지 않으면 이들을 어디로도 인도할 수 없다. 하지만 두 발짝 앞서 있으면, 이들을 잃기 쉽다. 누가 한걸음 앞서 있으면 대체로 그를 인정하지만, 두 걸음 앞서 있을 경우에는 보통 그를 악하다고 생각하기 때문이다. 소크라테스나 예수가 죽임을 당한 것도 이 때문이다. 사람들은 이들을 악하다고 생각한 것이다.

마찬가지로 두 걸음보다도 아래 단계에 있는 사람에게 다가가 영향을 주기도 매우 어렵다. 그래서 단계 IV의 사람은 영적으로 아무리 뛰어나도 많은 사람들에게 좋은 치료자가 되어주기 힘들다. 일반적으로 단계 I의 사람에게는 단계 II의 사람과 프로그램이 최고의 치료법을 제공해준다. 미국의 정신과의사나 심리학자는 대개 단계 III에 속하며, 단계 II의 사람들이 의존적인 정신 상태에서 벗어나도록 안내해주는 역할을 한다. 한편 단계 IV의 치료자는 이 세계가 신비롭게 서로 연결돼 있음을 깨닫도록 대단히 독립적인 사람들을 인도하는 일에 최선을 다한다. 이렇게 우리는 대부분 한 손으로는 누군가를 끌어올려주고, 다른 한 손은 누군가에 의해 끌어올려진다.

영적 발달 단계를 이해하는 것은 공동체 형성에 매우 중요하다. 단계 IV나 단계 III, 단계 II의 사람만 있는 집단은 하나의 파벌일 뿐 진정한 공동체가 아니다. 진정한 공동체는 모든 단계의 사람들을 포용한다. 이것을 이해하면, 서로 다른 단계의 사람들도 자신들을 분리시키는 위협감을 초월해서 진정한 공동체를 이룰 수 있다.

나는 몇 년 전 소규모의 공동체 형성을 인도하면서 이 가능성을 분명하게 확인했다. 25명이 이틀간의 교육 과정에 참여했는데, 이들은 단계 II에 있는 10명의 근본주의 기독교인과 단계 III에 속하는 4명의 무신론자, 이들의 스승인 지적이고 합리적인 변호사 한 명과 단계 IV에 속하는 10명의 신비주의 기독교인으로 구성되어 있었다. 나는 때때로 '우리가 과연 공동체를 만들 수 있을까?' 하고 절망했다. 근본주의자들은 인도자라는 작자가 담배를 피우고 술까지 마신다며 내게 분개했고, 나의 위선과 중독을 치유하려고 맹렬히 노력했다. 또 신비주의자들은 근본주의자들의 성차별과 편협함, 경직된 사고에 역시 강력하게 도전했다. 그러면서 두 부류 모두 무신론자들을 변화시키기는 데 온몸을 내던졌다. 반면에 무신론자들은 모종의 진리를 깨달았다고 생각하는 기독교인들의 오만을 비웃었다. 하지만 12시간 동안 피 터지는 싸움을 통해 각자의 편협함을 비워낸 덕분에 결국은 서로를 있는 그대로 받아들이게 되었다. 공동체가 된 것이다. 영혼의 발달에도 다양한 단계들이 있다는 것을, 모든 사람이 같은 단계에 있는 것은 아니라는 사실을, 그것이 자연스러운 것임을 깨닫지 못했다면, 이렇게 공동체를 형성할 수 없었을 것이다.

내가 경험한 바에 의하면, 이런 영적 발달 단계는 모든 문화와 종교에서도 그대로 나타난다. 실제로 기독교나 불교, 도교, 이슬람교, 유대교, 힌두교 같은 모든 위대한 종교의 특징 중 하나는 단계 Ⅱ는 물론이고 단계 Ⅳ의 사람들에게도 가르침을 전파하는 능력이 있다는 것이다. 바로 이런 점이 이 종교들을 위대하게 만든다. 이것은 마치 똑같은 말을 단계에 따라 두 가지로 해석하는 것과 같다. '예수는 나의 구세주다'라는 기독교의 가르침을 예로 들어보자. 단계 Ⅱ의 사람은 예수는 요정 같은 대모라는 의미로 이 말을 해석한다. 예수의 이름을 부르는 것을 잊지 않는 한, 어려움에 빠질 때마다 예수가 구원해줄 것이라고 생각하는 것이다. 그것은 진실이며, 예수는 바로 그렇게 해줄 것이다. 하지만 단계 Ⅳ의 사람은 '예수는 당신의 삶과 죽음으로 내게 구원에 이르는 길을 가르쳐주었다'라는 의미로 이 말을 해석한다. 그 또한 진실이다. 완전히 다른 해석이지만 둘 다 진실이다.

내 경험상, 영적 발달의 네 단계는 건강한 심리 발달의 패러다임도 보여준다. 우리는 태어날 때 보통 단계 Ⅰ에 속해 있다. 그러다 태어난 가정이 안정적이고 안전하면, 아동기 중간쯤에 법을 지키고 규칙을 준수하는 사람으로 성장한다. 또 가정이 우리의 독창성과 독립성을 지지하고 격려해주면, 사춘기에는 초보적인 회의론자가 되어 법과 규칙과 신화를 의심하게 된다. 모든 일에 의문을 품게 만드는 이런 성장의 기세를 교회나 부모가 비난과 위협으로 저지하지 않으면, 얼마 후 성인기에 접어들어서는 신화나 법의 밑바탕에 깔린 진정한 의미와 정신을 서서히 이해한다. 하지만 파괴적인 영향을 미치는 가정환경으로 인해 이런저런 단계에 '고착'돼버릴 수도 있다. 반면에 설명하기 어려운 드문 경우이긴 하지만, 예상보다 더 빠르게 높은 단계까지 올라갈 수도 있다. 핀Fynn의 《하느님, 안나예요Mister God, This Is Anna》에서 일곱 살짜리 소녀가 혼란스러워 보이는 아동기 초기에 단계 Ⅳ까지 진입하는 것처럼 말이다.

하지만 영적으로 아무리 높은 단계까지 성장해 올라가도, 우리가 거쳐온 이전 단계의 흔적들이 흔적기관처럼 우리 안에 남아 있다. 예를 들어, 내가 단계 Ⅳ에 오르지 못했다면 이 책을 쓸 수 없었을 것이다. 그래도 스트레스를 심하게 받으면 거짓말하거나 훔치고 싶은 유혹을 강하게 느끼는 단계 Ⅰ의 스캇 펙이 여전히 내 안에 남아 있다. 단지 그가 밖으로 나와 돌아다니지 못하게 편안한 방에 잘 가두어두었을 뿐이다. 내가 이럴 수 있는 이유는 그 존재를 나 스스로 인정하기 때문이다. 이런 태도를 융 학파의 심리학자들은 '그림자의 통합'이라고 부른다. 실제로 이따금 '특별히 세상 경험이 많아 똑똑한 사람'이 필요해서 지하 감옥으로 내려가 창살 뒤에 안전하게 숨어 있는 그에게 조언을 구할 때 말고는 그를 괴롭힐 생각이 내게는 없다.

마찬가지로 내 안에는 단계 Ⅱ의 스캇 펙도 여전히 존재한다. 그는 스트레스와 피로가 극심한 순간이면 곁에 위대한 형이나 위대한 아버지 같은 존재들을 두고 싶어 한다. 이런 존재들이 어렵고 애매한 삶의 문제에 분명하고도 단순한 해답을 제시해주고, 혼자 모든 문제를 해결해야 하는 부담에서 벗어날 수 있는 대체법도 알려줄 것 같기 때문이다. 그런가 하면 명예로운 과학자 모임에서 발표를 해야 할 경우, 극심한 스트레스로 인해 하느님과 관련된 문제는 빼고 신중하게 통제된 주목할 만한 연구 결과만 이야기하면 어떨까 하고 궁리하는 단계 Ⅲ의 스캇 펙도 있다.

이 영적이고 종교적인 단계를 거치는 개인의 발단은 이행이라는 말로 가장 잘 표현할 수 있을 것이다. 단계 Ⅰ에서 단계 Ⅱ로의 이행은 일반적으로 갑작스럽게 극적으로 이루어진다. 반면에 단계 Ⅲ에서 Ⅳ로의 이행은 점진적으로 이루어진다. 나는 《종교로서의 심리학*Psychology as Religion*》을 쓴 심리학자 폴 비츠Paul C. Vitz와 함께한 심포지엄에서 이 단계들에 대해 처음 이야기했다. 질의응답 시간에 폴은 언제 기독교인이 되었냐는 질문을 받았다. 그는 잠시 머리를 긁적이다가 당황스러운 듯 "글쎄요, 1972년에서 1976년 사이일 겁니다"라고 말했다. 이 말을 "그때는 8월 17일 저녁 8시 30분이었습니다!"라는 더 분명한 대답과 비교해보라.

사람들은 보통 단계 Ⅲ에서 Ⅳ로 이행할 때 처음으로 영적 성장이라는 것이 있음을 인식한다. 그러나 이런 자각에도 함정이 있다. 이 성장 과정을 스스로 주도할 수 있다고 착각하는 것이다. '이 시점에서 수피 춤을 추고 트라피스트 수도원을 방문하고 참선을 하고 감수성 훈련을 약간만 하면 열반에 이를 텐데'라고 생각하는 것이다. 하지만 이카루스의 신화가 말해주듯, 그렇게는 되지 않는다. 이카루스는 하느님을 상징하는 태양에 다다르고 싶어, 깃털과 밀랍으로 날개를 만들어 붙였다. 그러나 태양에 가까이 다가간 순간 그 열기에 날개가 녹아, 이카루스는 밑으로 곤두박질쳐 죽고 말았다. 이 신화는 인간의 힘만으로는 하느님께 이를 수 없음을 가르쳐준다. 하느님에게 다다르려면 하느님의 인도를 받아들여야만 한다.

갑작스럽든 점진적으로든 단계 Ⅰ에서 Ⅱ로, 단계 Ⅲ에서 단계 Ⅳ로 이행한 사람들은 다른 면에서 아무리 달라도 한 가지 공통점이 있다. 이행을 스스로 이룬 것이 아니라 하느님이 주신 선물로 본다는 점이다. 나 역시도 확실히 단계 Ⅲ에서 Ⅳ로 점진적으로 이행했을 때 스스로 그 길을 찾을 만큼 똑똑하지 못했다.

단계 Ⅱ에서 단계 Ⅲ으로 옮겨가는 것도 영적 성장의 한 부분이다. 우리는 무신론자나 불가지론자, 아니면 적어도 회의론자로도 변화할 수 있다! 하지만 나는 이런 이행에도 분명 하느님이 관여한다고 믿는다. 사실 교회가 풀어야 하는 중요한 숙제의 하나는 교인들이 단계 Ⅲ에서만 성인기를 보내지 않고 단계 Ⅱ에서 단계 Ⅳ로 이행하게 만드는 방법을 찾는 것이다. 그러나 교회는 이제껏 이 문제를 직면하기보다 회피해왔다. 내 생각에 이처럼 오랜 세월 회의懷疑를 억압해왔다는 것이야말로 기독교 교회가 저지른 가장 큰 두 가지 죄 중 하나다. 이로 인해 많은 사람들이 기독교 공동체를 구현하지도 못하고, 영적 통찰을 영원히 거부하는 상태에 고착되어버리고 말았다. 회의를 기독교의 미덕으로 여기지 않는 한, 기독교의 책임으로 받아들이지 않는 한, 교회는 결코 이 숙제를 풀지 못할 것이다. 우리의 영적 발전에 있어 의문을 품거나 의심하는 일은 도외시할 수도, 도외시해서도 안 된다.

사실 의문을 품는 과정을 통해서만 우리 삶의 목표가 영혼의 성장임을 희미하게나마 자각하기 시작한다. 하지만 앞서 말한 것처럼, 이런 자각에는 함정도 도사리고 있다. 영혼의 성장을 우리 스스로 이끌어갈 수 있다고 착각하는 것이다. 하지만 우리 모두 끝없는 영적 여정에 올라 있으며 영혼의 성장에 끝은 없다는 점을 의식하면, 이런 함정도 뛰어넘을 수 있다. 일단 우리 모두가 영적 여정에 오른 순례자임을 인식하면, 처음으로 우리는 그 길에서 실제로 하느님과 의식적으로 협력하기 시작할 수 있다. 앞서 언급한 심포지엄에서 폴 비츠가 청중에게 이렇게 말한 이유도 여기에 있다. "나는 스캇이 얘기한 단계들에 타당성이 있다고 생각합니다. 내가 임상에서 그 단계들을 활용할지는 모르겠지만 스캇이 말한 단계 Ⅳ가 시작임을 명심하시기 바랍니다."

문화 초월하기

지금까지 설명한 영적 발달 과정은 공동체의 발달 과정과 매우 흡사하다. 단계 Ⅰ의 사람들은 대부분 위선자다. 그들은 원칙이 없다는 점을 숨기면서, 사랑이 넘치는 척 경건한 척 위장한다. 공동체 형성의 첫 단계인 원시적 단계의 특징도 마찬가지로 위선에 있다. 이런 사이비 공동체는 필요한 작업은 아무것도 하지 않으면서 공동체처럼 보이려고 애쓴다.

단계 Ⅱ의 사람들은 원칙, 즉 법을 지키려고 한다. 하지만 법의 정신은 아직 이해하지 못한다. 그로 인해 지나치게 법에 의존하는 편협하고 독선적인 사람이 된다. 또 자신과 생각이 다르면 누구에게든 위협감을 느끼며, '진정한 신자'가 아닌 90퍼센트나 99퍼센트의 사람들을 개종 혹은 구원하는 것이 자신의 책임이라고 생각한다. 이것은 공동체 형성 과정 중 두 번째 단계에서 나타나는 특징, 즉 참가자들이 서로를 인정하기보다 고치려고 격렬하게 시도한다는 점과 유사하다. 이로 인한 혼란은 서로 다른 종교 사이에서 나타나는 혼란이나 같은 종교의 다양한 교파나 당파 사이에서 일어나는 혼란과 같다.

회의를 품는 단계 Ⅲ은 공동체 형성의 핵심 단계인 마음 비우기 단계와 비슷하다. 진정한 공동체를 이루려면 참가자들은 자신에게 질문을 던질 줄 알아야 한다. '내 신앙은 과연 그렇게 확실하고 진실하며 완전한가? 다른 사람들은 아직 구원받지 못했다는 내 결론을 정당화할 만큼 그렇게 확실한가?', '동성애에 대한 내 생각에는 실제와 상관없는 편견이 얼마나 반영되어 있을까?', '모든 종교인을 광신도로 보는 당의 노선을 내가 그대로 받아들인 것은 아닐까?' 이런 질문들은 마음 비우기 과정에서 꼭 필요한 출발점이 되어준다. 선입견이나 편견, 타인을 통제하거나 변화시키려는 욕구에 처음부터 회의나 의심을 품어보지 않으면, 결코 이것들을 비워낼 수 없기 때문이다. 반면 단계 Ⅲ에 고착돼 있는 것은 충분히 의심하지 않았기 때문이다. 단계 Ⅳ로 진입하려면 회의주의에서 비롯된 독단적인 생각들을 비워내야 한다. 과학적으로 측정할 수 없는 것은 인식할 수도, 연구할 가치도 없다는 식의 생각이 그 예다.

그렇다면 진정한 공동체는 전부 단계 Ⅳ의 사람들로 이루어진 집단만 가능하다는 말인가? 역설적이지만 그렇기도 하고 그렇지 않기도 하다. 그럴 수 없는 이유는 참가자들이 이미 익숙한 세상으로 돌아가서도 관습적인 사고를 완전히 버릴 수 있을 만큼 빨리 성장할 수 없기 때문이다. 반면에 그럴 수 있는 이유는 참가자들이 공동체에서 관계를 맺을 때 단계 Ⅳ의 방식으로 행동하는 법을 배웠기 때문이다. 공동체 안에서 그들은 신비주의자들의 오랜 특징인 마음 비우기와 수용, 포용을 실천했다. 그러면서도 단계 Ⅰ과 Ⅱ·Ⅲ·Ⅳ의 개인들이 갖는 기본적인 정체성은 유지했다.

이런 발달 단계에 대한 지식은 매우 중요하다. 서로 다른 단계, 영적으로 서로 다른 지점에 있어도 상대를 수용하게 해주기 때문이다. 이런 수용은 공동체의 선행조건이기도 하며, 마음 비우기 과정을 통해서만 비로소 가능해진다. 하지만 일단 서로를 수용하게 되면, 단계 I · II · III에 있는 사람들도 마치 단계 IV에 있는 사람들처럼 서로를 대할 수 있게 된다. 전체에 대한 사랑과 책임에서부터, 사실상 우리 모두는 배경과 한계를 초월할 수 있게 된다. 그래서 진정한 공동체는 부분의 총합보다 크다. 사실 진정한 공동체는 신비로운 하나의 몸과 같다.

개인의 영적 발달 과정은 하나의 문화 속으로 들어갔다 나오는 여정과도 같다. 에리히 프롬은《건전한 사회 *The Sane Society*》에서 사회화에 대해 '해야만 하는 것을 즐겁게 하는 법을 배우는 과정'이라고 정의했다. 화장실에 가는 것을 자연스럽게 받아들이는 법을 배우는 것도 일종의 사회화인 것이다. 단계 I에서 단계 II로 이행하는 것은 본질적으로 사회와 문화에 비약적으로 적응하는 과정과 같다. 이 시점에서 처음으로 우리는 자신이 속한 종족과 문화, 종교의 가치를 받아들여 자기 것으로 만들기 시작한다. 그러나 단계 II의 사람들은 그들의 '문화에 얽매여' 있다. 무엇인가 그들의 종교적 신념에 의문을 제기할 때 위협감을 느끼는 것처럼 말이다. 그래서 그들의 문화만 유일하게 옳다고 확신한다. 반면에 단계 III에 들어선 사람들은 이제까지 배운 종교 교리를 의심하듯 자신이 태어난 사회의 문화적 가치도 모두 의심하기 시작한다. 그러다 마침내 단계 IV에 이르면, '세계공동체'라는 개념을 이해하면서 문화를 초월하거나 지구적 문화에 속하게 된다.

올더스 헉슬리Aldous Huxley는 신비주의를 일컬어 '영원의 철학'이라고 했다. 신비주의적인 사고와 존재방식이 유사 이래 모든 문화와 시대에 존재해왔기 때문이다. 소수이기는 하지만 전 세계의 모든 종교적 신비주의자들은 놀라운 공통성과 통일성을 보여 왔다. 각기 독특한 개성을 갖고 있었음에도 불구하고 문화에서 오는 인간적 차이들을 초월했기 때문이다.

익히 알던 문화에서 벗어나는 여정은 때로 두려움을 불러일으킬 수 있다. 나의 이런 여정은 부모님의 기대를 저버리고 뉴잉글랜드 지방의 예비학교를 떠난 열다섯 살 때 처음으로 시작되었다. 당시 나는 아무것도 모르면서, 미국을 주도하던 백인 앵글로색슨 기독교도의 문화에서 과감하게 발을 뺐다. 더불어 이 문화가 중시하는 물질적 성공과 순응, '훌륭한 취미'와 '안락한 생활'까지 내팽개쳤다. 하지만 두렵기도 했다. 이제 나는 어떻게 되는 것일까? 나는 아일랜드인도, 이탈리아인도, 폴란드인도, 천주교도도 될 수 없었다. 그렇다고 착한 남부 소년도 될 수 없었다. 뉴욕에 사는 유대인도 될 수 없었다. 나는 흑인도 아니었다. 도대체 나는 어디로 가야만 하는 것일까? 두려웠다. 너무 겁이 나서 당시 정신병원에서 잠깐 제공해준 안식처를 감지덕지 받아들였다. 그곳은 내게 있을 곳을 제공해주었다. 당시 나는 주류 문화에서 벗어나기 시작한 사람들이 그로 인한 불안감을 떨쳐버리기 위해 흔히 정신병원을 찾는다는 사실을 전혀 몰랐다.

나는 지금도 주류 문화로 불리는 것에는 어디에도 속해 있지 않다. 그렇다고 홀로 고립돼 있지도 않다. 나와 같은 처지의 사람들을 여기저기서 서서히 발견하게 되었기 때문이다. 게다가 우리의 처지는 조국도 없는 가난한 사람들, 작은 보트를 타고 영원히 바다 위를 떠돌 수밖에 없는 사람들처럼 그렇게 비참하지도 않다.

오히려 우리는 더 이상 문화적 관습에 얽매이지 않고, 대부분의 사람들보다 훨씬 자유롭게 세계 곳곳을 다닐 수 있다. 물론 외로울 때도 있었다. 하지만 최근에는 문화를 초월한 수만 명의 사람들이 나와 합류했다. 그럴 수 있다 해도 어느 누구도 돌아가지 않겠지만, 영원한 순례자인 우리는 때로 '다시는 고향에 돌아가지 못하리'라는 뼈아픈 슬픔을 경험한다. 내 동료이자 환자, 친구인 랄프처럼.

랄프는 영적 여정을 전부 겪어낸 친구다. 애팔래치아에서 가난하게 태어난 그는 사춘기가 끝날 무렵 단계 I에서 II로 이행한 후, 남부에 있는 근본주의 교회의 목사가 되었다. 60년대에는 시민운동과 반전운동을 통해 자신이 믿었던 모든 가치들을 하나하나 의심해보는 힘든 과정을 시작했다. 사랑과 지적인 교양 속에서 성장하는 동안 은총이 항상 그와 함께했다. 덕분에 그는 위대한 정신적 능력을 지닌 청렴결백한 남자로 성장했으며, 최근에는 애팔래치아에 있는 고향으로 돌아가볼 기회를 얻었다. 그의 질녀가 그 지역 여러 고등학교가 참가하는 대규모 가장행렬에 여섯 여왕 가운데 한 명으로 참여하게 된 것이다. 이 행사의 절정 부분에는 여왕들이 아버지에게 장미 한 송이를 받는 순서가 있었는데 농장 사고로 아버지를 잃은 질녀는 랄프에게 그 역할을 대신해달라고 부탁했다. 그는 "그러마" 하고 애팔래치아로 날아갔다.

다음에 우리가 만났을 때 랄프는 그 행사를 자세히 설명해주었다. 문화인류학자 같은 정확한 눈으로 그는 행사에서 가장 중요한 순간에 여섯 여왕이 모양은 같지만 색상은 저마다 다른 드레스를 입고 등장했다고 이야기했다. 행사가 절정에 달한 중반쯤 여왕들은 드레스와 색깔이 같은 뚜껑 없는 시보레 임팔라 승용차를 타고 축구장을 네 바퀴 돌았다. 하지만 이것 말고 다른 의식들도 있어서, 여왕들은 실제로 오후와 밤에 드레스를 네 번이나 갈아입었다. 랄프는 여사감이 몇 달 전부터 꼼꼼히 준비한 목록을 들고 축구장 탈의실에서 게르만족답게 효율적으로 행사를 감독했다고 했다. 이야기를 들으면서 나는 그의 유머와 풍요로운 감성에 마음을 빼앗기고 말았다.

　그런데 행사 이야기가 끝나갈 즈음 그가 말머리를 바꾸었다. "무슨 이유에선지 돌아온 후로 내내 우울했어요. 비행기 안에서부터 우울해지기 시작했습니다."

　"슬픔과 우울함은 아주 가깝지요." 나는 말했다. "하지만 당신 감정은 슬픔에 더 가까운 것 같네요." 그러자 랄프가 소리쳤다.

　"맞아요. 제가 느끼는 감정은 슬픔입니다. 하지만 왜 이런 감정이 드는지 모르겠어요. 슬플 이유가 없는데 말이죠."

　"아니, 이유가 있습니다." 나는 반박했다.

　"왜요? 왜 제가 슬픔을 느껴야 하지요?"

　"고향을 잃어버렸기 때문이지요."

　랄프는 아리송한 표정을 지었다. "이해가 안 되는데요."

　"당신은 애팔래치아 문화의 복잡한 행사를 위대한 인류학자처럼 아주 객관적인 시각으로 묘사했어요. 당신이 아직 그 문화에 속해 있다면 그럴 수 없었을 겁니다. 당신은 당신의 뿌리에서 분리되었어요. 고향을 잃어버렸다는 말입니다. 제 생각에 당신은 이번 여행을 통해 자기 뿌리에서 아주 멀리 떨어져 나왔다는 것을 깨달은 것 같아요."

랄프의 뺨 위로 눈물이 흘러내렸다.

"바로 맞혔어요. 그런데 우스운 건 슬픔과 함께 기쁨도 존재한 다는 사실이에요. 이곳의 아내와 당신, 내 환자들에게로 돌아오는 것이 저는 기뻤어요. 고향에 머물고 싶은 마음이 없었거든요. 제가 속해 있는 곳은 바로 여기니까요. 하지만 이 소속감은 그곳 사람들 이 느끼는 단순하고 무의식적인 것과는 달라요. 그 단순성, 그 천 진함을 잃어버린 것은 아쉽지만, 그들의 천진함은 거룩한 천진함 이 아니죠. 그냥 순진한 것이라고나 할까. 그들은 저보다 더 심각 한 고통과 근심을 안고 있지만, 세상 걱정은 안 해도 되지요."

문화를 초월한 사람을 복음서만큼 잘 묘사한 글은 어디에도 없 다. 예수 탄생 전후에 자신의 문화를 초월해서 '머리 둘 곳 없는' 성자들이 간혹 있었다. 그래도 당시 이런 사람들은 만 명 중에 한 명 나올까 말까 했다. 하지만 오늘날에는 사정이 다르다. 집에서 쉽게 외국문화를 접하게 해주는 대중매체, 교육받은 문화나 여러 가지 프로그램에 의문을 제기하게 만들어주는 정신치료 같은 여 러 요소들로 인해, 신비적인 영적 발달 단계로 이행해 일상의 문화 를 초월하는 사람들이 불과 한두 세대 만에 1000배는 더 늘어났 다. 물론 오늘날에도 이런 사람들은 20명 중에 1명 정도로 여전히 소수다. 그래서 사람들은 이들의 증가가 인간종족의 진화를 위한 위대한 도약을 의미하는지, 신비적이고 전 지구적인 의식과 세계 공동체를 향한 도약을 의미하는지 여전히 궁금해한다(이 도약에 대한 가장 위대한 예언자는 아마 테야르 드 샤르댕Pierre Teilhard de Chardin일 것이다).

이스라엘

영적 성장 단계에 따라 사람들을 구분하는 일이 분열을 가져올지도 모른다고 우려하는 이들이 있다. 다양한 종류의 신자들을 영적 발달 단계에 따라 명명하는 일이 공동체, 그중에서도 특히 '신앙공동체'에 파괴적인 영향을 미칠 수 있다는 것이다. 권력자집단과 엘리트주의가 나타날지도 모른다는 우려에는 공감한다. 하지만 이런 우려가 정당하다는 생각은 들지 않는다. 역사상 신앙인들의 '공동체'라는 곳도 회의론자나 틀에 맞지 않는 사람을 배척하고 벌하고 때로 죽이기까지 한 것으로 유명하다. 또 사람들이 각기 다른 영적 발달 단계에 있다는 사실을 되풀이해서 체험하면, 이런 체험 덕분에 진정한 공동체를 더욱 잘 형성하고 유지하게 된다. 명심해야 할 것은 비교적 낮은 단계의 사람들도 공동체를 꽤 잘 형성할 수 있으며, 높은 단계의 사람들도 내면에 이전 단계의 흔적들을 갖고 있다는 사실이다. 에드워드 마틴이 〈내 이름은 군단〉이라는 시에서 말한 것도 바로 이런 점이었다.*

　내 지상의 사원 안에 수많은 사람들이 있어.

겸손한 자, 오만한 자

죄를 짓고 상심에 빠진 자

회개하지 않고 고통을 억지로 참는 자

이웃을 제 몸같이 사랑하는 자

명성과 돈만을 좇는 자.

내가 누구인지를 알려면

우리를 좀먹는 사랑으로부터 자유로워져야 하리.

　'이스라엘'이라는 단어의 기본적 의미를 되새기는 것이 도움이 될 수도 있다. 구약성서 앞부분에는 야곱의 이야기가 나온다. 야곱은 분명히 단계 Ⅰ에 속한 사람이었다. 거짓말쟁이, 도둑, 상속권 때문에 형을 속인 협잡꾼. 이 이야기 또는 신화의 시작 부분에서 단계 Ⅰ에 속한 많은 사람들처럼 야곱은 곤경에 빠진다. 어느 날 저녁, 형의 추격에 쫓겨 사막을 방황하던 야곱은 가족을 떠나 홀로 잠잘 곳을 찾는다. 그러다 한밤중에 거구의 이방인을 만난다. 둘은 어둠 속에서 몇 시간 동안 필사적으로 싸움을 벌인다. 드디어 지평선 위로 새벽을 알리는 첫 여명이 밝아올 즈음, 야곱은 자신이 우세를 잡기 시작했다고 느낀다. 의기양양해진 그는 뚜렷한 이유도 없이 자신을 공격한 존재를 없애기 위해 사력을 다한다. 그런데 그

＊ Edward Sanford Martin, 'My Name Is Legion', 《Masterpieces of Religious Verse》, ed. James Dalton Morrison (New York : Harper & Row, 1948), p. 274.

때 이상한 일이 벌어졌다. 그 존재가 손을 뻗어 야곱의 대퇴부를 치자, 대퇴부 뼈가 맥없이 쑥 빠져버린 것이다. 야곱은 절뚝거리면서 이방인에게 매달렸다. 하지만 패배가 확실한 싸움을 계속하려는 것은 아니었다. 완전히 깨져버리고 나서야 비로소 자신이 하느님과 함께 있음을 깨닫고 매달린 것이다. 새벽을 알리는 희미한 여명 속에서 야곱은 자신에게 축복을 내려주기 전에는 결코 떠나지 말라고 간절히 애원했다. 그러자 이방인은 알겠다며 야곱에게 축복을 내려주고, "이제부터 너는 이스라엘이라 불릴 것이다. 이스라엘은 하느님과 씨름한 사람이라는 의미다"라고 말했다.* 이 말을 듣고 야곱은 절룩거리며 미래를 향해 나아갔다.

오늘날 '이스라엘'이라는 말은 세 가지 의미로 쓰인다. 하나는 지중해 동부 해안의 작은 땅덩어리, 짧지만 지극히 험난했던 역사를 지닌 국가를 가리킨다. 두 번째는 긴 고난의 역사를 지닌 채 전 세계에 흩어져 사는 유대인들을 가리킨다. 하지만 가장 기본적인 것은 하느님과 씨름한 사람이라는 의미다. 그래서 이스라엘은 단계 Ⅰ에 있는 모든 사람을 포함한다. 이제 막 싸움을 시작한 사람, 자신을 공격한 사람이 누구인지 아직 모르는 사람, 여전히 완전한 어둠 속에 갇혀 있는 사람, 그래서 여명의 빛도 보지 못하고, 자신의 첫 번째 패배도, 첫 번째 축복도 받아들이지 못한 사람. 이스라

---

* 창세기 32장 22~32절. 나는 이 위대한 신화를 본떠 제목을 지은 것 같은 프레데릭 뷔히너의 뛰어난 설교집 《The Magnificent Defeat》(New York : Seabury, 1968)를 읽고 이 이야기의 의미를 깨달았다.

엘은 이 모든 사람을 의미한다.

이스라엘은 또 한 번 깨지고 축복받아본 사람들, 단계 Ⅱ에 속하는 전 세계의 힌두교도와 이슬람교도, 유대교도와 기독교도, 불교도도 포함한다. 이스라엘은 또 두 번 깨지고 축복받아본 사람들, 소련이나 영국, 아르헨티나, 미국 어디에 살든 스스로 질문을 던지며 위대한 싸움을 계속하는 사람들, 이 모든 무신론자와 불가지론자, 회의론자도 포함한다. 그리고 마지막으로 이스라엘은 세 번 깨지고 축복받아본 사람들, 지구상의 모든 문화를 초월한 신비주의자들, 깨짐 뒤에 축복이 주어진다는 것을 알기에 일부러 깨짐을 추구하는 사람들도 포함한다.

이스라엘은 투쟁하는 모든 초기적 인간성을 포함한다. 이스라엘은 지구상의 모든 잠재적 공동체이며, 우리는 모두 이스라엘이다.

IO
마음을 어떻게
비울 것인가

희생이 필요한 마음 비우기 단계는 공동체를 혼란에서 벗어나게 해주는 다리와 같다. 하지만 마음 비우기 단계는 흔히 다리 위로 올라서기보다 허공 속으로 뛰어드는 것 같은 느낌을 불러일으킨다. 비워내는 것이 이 단계의 일이기 때문이다. 그래도 세계공동체를 발전시키고 그리하여 무사히 위기를 극복하는 일은 무엇보다도 우리 인간이 자신을 얼마나 비워내느냐에 달려 있다.

인도의 신비주의자 크리슈나무르티도 20년 전《아는 것으로부터의 자유》에서 각자가 자신을 비워낼 줄 알아야만 평화를 얻을 수 있다는 점을 분명하게 이야기했다.

모든 전쟁의 책임은 우리 개개인에게 있다. 우리의 공격성과 민족주의, 이기심, 종교와 편견, 이상, 이 모든 것들이 우리를 갈라놓기 때문이다. 우리 자신도 매일의 삶에서 혼란을 방조하고 있고, 우리 역시 전쟁과 분열, 추악함과 야만성, 탐욕이

판을 치는 이 괴물 같은 사회의 일부분이다. 그러므로 현존하는 모든 혼란과 전 세계 모든 불행의 책임이 너와 나 모두에게 있음을 배가 고프거나 아프다는 것을 인식할 때처럼, 머리가 아니라 가슴으로 받아들일 때, 그때에 비로소 우리는 행동할 수 있다.*

우리가 일상적으로 저지르는 원시적인 집단행동을 크리슈나무르티도 '혼란'이라는 말로 표현했다. 하지만 혼란을 제거할 대안은 분명히 있다. 한 예로, 밤 동안 혼란에서 빠져나와 마음 비우기를 한 덕분에 다음날 아침 공동체를 이룰 수 있었던 어느 집단의 참가자는 다음과 같이 보고했다.

저는 지난밤 가게에 있는 꿈을 꾸었습니다. 판매원이 제게 세 가지를 보여주었어요. 아주 우아한 자동차, 다이아몬드 목걸이, 마지막은 한 장의 백지였습니다. 그런데 무언가가 제게 백지를 선택하라고 말했어요. 돈은 문제가 되지 않는 것 같았어요. 자동차든 목걸이든 편하게 고를 수도 있었습니다. 하지만 가게를 떠날 때 이상하게도 제 선택이 옳았다는 느낌이 들었어요. 꿈의 내용은 그게 전부였습니다. 오늘 아침 눈을 뜨고 꿈을 떠올리면서 왜 바보같이 백지를 선택했을까 하고 생각

---

* J. Krishnamurti, 《Freedom from the Known》(New York : Harper & Row, 1969), p. 14.

했지만 우리가 어떻게 공동체를 이루었는지 아는 지금, 제 선택이 참으로 옳았다는 사실을 깨달았습니다.

세속적인 관점에서 보면 백지의 선택은 정말로 이상하게 여겨질 것이다. 하지만 여러 시대에 걸쳐 신비주의자들은 마음 비우기와 명상의 미덕을 누누이 강조했다. 명상은 마음을 비우는 과정이라고 정의하는 게 가장 적절할 것이다. 사실 가장 차원 높은 명상은 아마 선불교에서 말하는 '무심無心'일 것이다. 이것의 목표는 마음을 백지처럼 만드는 것이다.

그런데 왜? 왜 마음을 백지처럼 만들어야 하는 것일까? 마음 비우기를 두려워하는 사람들은 마음 비우기가 목적 자체가 아니라 수단임을 기억해야 한다. 자연은 텅 빈 상태를 싫어한다는 말이 있다. 그래서 마음을 비우는 순간, 빈 마음에 무엇인가 들어온다. 하지만 빈 마음에 무엇이 들어오든 이것을 통제할 수는 없다. 이것이 명상의 미덕이다. 그리고 우리는 이 예견도 예측도 할 수 없는 것, 새로운 것을 통해서만 배운다.

시대를 막론하고 신비주의자들은 '사색가'로도 알려져왔다. 사색과 명상은 밀접하게 연관되어 있다. 사색은 우리가 명상하고 마음을 비우는 순간에 일어나는 예상 밖의 일들을 곰곰이 생각하고 돌이켜보는 과정이다. 그러므로 진정한 사색은 명상을 필요로 한다. 생각을 멈추어야 진정 독창적으로 생각할 수 있게 된다.

사색에는 좁은 의미의 사색과 넓은 의미의 사색이 있다. 좁은 의미의 사색은 단지 삶의 경험들을 곰곰이 반추해보는 것을 말한다. 반면 넓은 의미에서는 삶과 우리의 관계 그리고 삶 속에서 일어나는 일들을 돌이켜보는 것뿐만 아니라 기도하고 명상하는 것도 가리킨다. 엄격하게 봐도 그렇고 내 식대로 생각해도 그렇고, 이 세 가지는 분리되면 안 된다. 실제로 이 세 가지는 섞여 있기 때문이다. 하지만 반성과 명상, 기도로 이루어진 풍요로운 삶의 양식을 가리킬 때 나는 넓은 의미에서 '사색'이라는 말을 사용한다. 사색적인 삶은 최대의 자각을 위해 전념하는 삶의 방식이다.

가장 사색을 잘하는 사람들은 역시 전문적인 종교인들이다. 하지만 꼭 수도사나 수녀가 되어야만 사색적인 삶을 살 수 있는 건 아니다. 사실 하느님을 안 믿어도 사색적으로 살 수 있다. 한 예로, 어느 신학자는 기도란 삶과 삶의 신비에 대한 근원적인 반응 그 이상도 이하도 아니라고 정의했다.* 여러분이 원한다면 '삶' 대신에 하느님이라는 말을 넣어도 상관없다. 어쨌든 삶에 대해 계속 질문을 던지면, 계속 마음을 비우고 열어두어 삶이 주는 대답들을 듣고 그 의미를 곱씹는다면, 누구나 사색하는 사람이 될 수 있다.

진정한 공동체는 언제나 사색한다. 그래서 진정한 공동체는 스스로를 잘 인식한다. 이것은 공동체의 일차적인 특징이기도 하다. 그렇다고 공동체가 일반적인 의미에서 종교적이어야 한다는 의미는 아니다. 하지만 개인들이 어느 정도 마음을 비우고 사색하지 않

---

* Matthew Fox, 《On Becoming a Musical Mystical Bear: Spirituality American Style》(Ramsey, N.J.: Paulist Press, 1976)

는 한, 집단은 결코 공동체가 될 수 없다. 또 공동체가 하나의 유기체임을 염두에 두고 스스로를 계속 사색하지 않으면, 공동체를 유지해 나갈 수 없다. 공동체가 살아남으려면, 무엇을 하건 반복해서 멈출 줄 알아야 한다. 그리고 일이 어떻게 진행되고 있는지, 공동체가 어디로 나아가야 하는지를 숙고해보고, 마음을 비워 그 해답에 귀 기울일 줄 알아야 한다.

마음 비우기의 궁극적인 목표는 마음에 여지를 두는 것이다. 그렇다면 무엇을 위한 자리일까? 종교적인 사람들은 하느님을 위한 자리라고 말할 것이다. 하지만 하느님은 사람들에게 무를 포함해서 너무나 여러 가지 의미를 지닌다. 그러므로 마음 비우기는 타자를 위한 빈자리를 만드는 것이라고 말하는 것이 더 적절할 것이다. 그렇다면 타자란 무엇을 가리킬까? 무엇이든 타자가 될 수 있다. 낯선 문화, 다른 사람들, 예측 불가한 사람들, 새로운 사람들, 더 좋은 사람들 등등 무엇이든 될 수 있다. 공동체의 경우 가장 중요한 것은 타자 즉 이방인이다. 우리 스스로 마음을 비우지 않으면 다른 사람을 우리 마음에 들일 수 없다. 마음을 비워야만 상대의 말에 진심으로 귀 기울일 수 있다. 샘 킨Sam Keen은 《춤추는 신 To a Dancing God》에서 듣기에 필요한 마음 비우기를 다음과 같이 이야기했다. '괄호를 치고 보충하고 침묵하는 훈련은 자기에 대한 자각과 용감한 정직성을 요구한다. 이런 훈련이 없으면 매순간은 이미 보았거나 경험한 일들의 반복에 지나지 않는다. 진정한 새로움을 맛보려면, 사물과 사람과 사건의 고유한 존재가 내 안에 뿌리내리도록 만들려면, 먼저 에고에서 벗어나는 경험을 해야만 한다'

고 했다.

킨은 '익숙한 것에 침묵하고 낯선 것을 즐겁게 받아들이는 것'에 관해서도 이야기했다. 이것을 가능하게 만들어주는 것이 '괄호 치기'든 '보충하기'나 '자아탈피'든, 침묵은 마음 비우기의 가장 본질적인 요소다. 그래서 우리는 공동체 형성 중에 마음 비우기로 인도할 때 으레 침묵을 활용한다. 기독교 신비주의자들도 때로 어떻게 '말씀 전에 침묵이 있었는지'를 이야기한다. 실제로 말씀은 침묵에서 나왔다고 할 수 있다. 당연하다. 최근에 나를 초대한 유명한 오페라 가수는 이런 말을 했다. 내가 침묵에 관심이 있다는 것도 몰랐는데 말이다. "베토벤 작품의 반 이상이 침묵이에요." 침묵이 없으면 음악도 없다. 오직 소음만 있을 뿐이다.

우리의 목적은 평화를 구현하는 것이므로, 정신의 포화 상태와 혼란, 소음에서 비롯된 문화 간 오해를 침묵과 마음 비우기로 분명하게 풀어버린 예를 하나 들어본다. 세계 곳곳에서 모인 신학자들이 국제 심포지엄을 열었다. 총회를 끝낸 뒤 작은 집단으로 나뉘어 토론을 벌이려고 모였는데, 아프리카 전통 종교의 지도자이자 교사인 가나인 남성이 방금 전 강연에서 들은 '고통받는 하느님'에 대한 내용을 도저히 이해 못하겠다고 했다. "그렇게 우스꽝스러운 얘기는 처음 들어요. 하느님은 고통받는 존재가 아닙니다."

그러자 그 집단의 거의 모든 사람들이 디트리히 본회퍼Dietrich Bonhoeffer 같은 이런저런 권위자들의 말을 인용하면서 그렇지 않다고 주장했다. "아뇨. 하느님은 당연히 고통을 받습니다." 이런 반격에 가나인은 한층 격렬한 주장으로 더욱 굳건하게 입장을 고수했다. "내 인생에서 이런 말도 안 되는 얘기는 처음 듣습니다." 하지만 그럴수록 그의 마음을 바꾸려는 집단의 시도는 거세졌다. 저마다 큰 소리로 떠들어대는 통에 선생님이 1시간 자리를 비운 초등학교 3학년 교실처럼 토론장 안이 시끄러워졌다. 더 이상 두고 볼 수가 없어서 나도 모르게 버럭 소리를 질렀다.

"그만하세요. 이 방에 계신 분들의 지능지수는 아마도 평균 160 정도가 될 겁니다. 지금보다 더 훌륭하게 소통할 수 있단 말입니다. 잠깐 멈추고 3분간 침묵한 후에 어떤 일이 일어나는지 봅시다."

사람들은 내 말에 고분고분 따랐다. 침묵이 끝난 후 미국인 한 명이 그의 자녀 사랑에 대해 이야기했다. 지금도 아이들이 보고 싶어서 마음이 아프다고 했다. 아이가 아프거나 다치면 여지없이 마음 아프고, 아이들의 시련과 고난은 고통을 안겨준다고도 했다. 또 아이들의 미래도 걱정되는데, 이런 걱정도 고통스러웠다. 하지만 그의 삶에서 가장 중요한 존재는 아이들이고 이런 사실은 달라지지 않을 것이라고 했다. 그래도 아이들에 대한 사랑은 어느 면에서 그의 존재를 더욱 고통스럽게 만들었다.

"오, 이제 이해가 됩니다." 그의 말을 듣고는 기쁨이 역력한 목소리로 아프리카인이 소리쳤다. "당연히 사랑에는 아픔이 따르지요. 우리가 아이들 때문에 가슴 아파하는 것처럼, 하느님도 우리를 사랑하시므로 가슴 아파하실 겁니다. 그런데 우리 말에서 '고통' 이라는 단어는 신체의 고통, 즉 물리적 아픔만을 가리킵니다. 그리고 우리는 하느님에게 몸이 있다고는 믿지 않아요. 하느님은 순수한 영혼이니까요. 그래서 하느님이 신체적 아픔을 경험하는 것처럼 말하는 것이 불합리하게 여겨졌던 겁니다. 하느님이 가슴 아프냐고요? 물론이지요. 하느님은 가슴 아파합니다."

문화가 같건 다르건 이런 오해는 사람들 사이에서 하루에도 수없이 일어난다. 우리가 쓰는 언어의 의미와 전통적인 이미지들을 비워내고, '익숙한 것에 대해 침묵하며', 따로 떼놓고 생각하는 일을 잘 못하기 때문이다. 소련 공산당 총리였던 니키타 흐루시초프가 미국을 방문했을 때의 일이 생각난다. 그는 연설을 시작할 때 머리 위에서 박수를 치면서 펄쩍펄쩍 뛰었다. 이런 모습에 미국인들은 몹시 분개했다. 예전에는 미국인을 파묻어버리겠다고 하더니, 이제는 여기 미국 땅에서 마치 권투시합에 승리한 프로선수처럼 우쭐해서 펄쩍펄쩍 뛰어? 그런데 몇 년 후 나는 소련 문화에 정통한 사람에게 이런 행동은 전통적으로 '바다 건너 우정의 악수를 나누다'라는 의미라는 말을 들었다.

기존의 문화적 이미지나 지적 이미지, 기대를 스스로 비워내지 않으면, 결코 타인을 이해할 수 없고 타인의 말에도 귀 기울일 수 없다. 사실상 공감조차 불가능해지는 것이다. 정신과의사인 알프레드 마굴리스도 〈공감을 향하여: 경탄의 사용〉이라는 최근 논문에서 괄호치기와 마음 비우기에 대해 다음과 같이 이야기했다.

프로이트는 공감empathy이 '에고에 본질적으로 이질적인 것을 이해하도록 만드는 데 큰 역할을 한다'고 했다. (중략) 키츠는 형들에게 쓴 그 유명한 편지에서 셰익스피어에게 '소극적

인 수용능력, 즉 사실과 이성을 초조하게 좇지 않고 불확실성
과 신비, 의문 속에 머물 수 있는 능력이 있다'고 했다. 키츠의
이 말은 치료자나 시인들의 딜레마를 아주 정확하게 포착해
내고 있다. 후설과 프로이트도 이 '초조한 좇음'을 지양하라
고 했다. 여러 가지에 골고루 관심을 두고 세상 돌아가는 일에
대한 판단을 유보할 수 있으려면, 이 소극적인 수용능력, 알고
자 하는 욕구를 억제하는 능력이 있어야 한다.

(중략) 이미 알려져 있는 것에 대한 부정은 익숙한 것들을
쓰러뜨려버린다. 이런 의미에서 소극적인 수용능력은 의지적
이고 공격적이기까지 한 행위다. (중략) 치료자가 자기를 부
정하는 행위는 일종의 자기 공격을 요구한다. 마음을 가라앉
히고, 알지 못하는 것에 순응하며, 기존의 자기를 한쪽으로 밀
어놓아야 하기 때문이다. 치료자가 강력한 영향을 견뎌내고
타인을 위해 자기를 부정하는 것, 때때로 기진맥진할 정도로
힘든 치료 작업의 한 가지 본질은 아마 이것일 것이다.*

마음을 비우는 과정, 즉 키츠가 '소극적인 수용능력'이라고 부
른 것을 실행에 옮기는 과정은 필연적으로 지속적인 과정일 수밖
에 없다. 예수에게는 이런 능력이 있었으며, 문화를 초월한 공감과

---

* Alfred Margulies, 'Toward Empathy: The Uses of Wonder', 《American Journal of Psychiatry》
Vol. 141, No.9 (Sept. 1984), pp. 1025~30.

사랑으로 편견을 극복하는 데 이 능력을 발휘했다. 다음은 복음서에 나오는 여러 가지 기이한 사건 가운데서 가장 이상한 사건이 일어났을 때, 예수의 마음속으로 어떤 대화가 오갔을지 내 마음대로 한번 상상해본 것이다(마태복음 15장 21~28절).

　　예수는 티레와 시돈 근처에서 제자들과 머물렀다. 그는 '사역 중'이었는데, 몹시 지쳐서 휴식이 필요했다. 이런 때는 예수를 혼자 있게 해주는 것이 좋았다. 이것을 잘 아는지라 제자들은 그들끼리 분주하게 허드렛일에 매달렸다. 예수는 햇볕이 내리쬐는 곳에 앉아, 언제나 그렇듯 편안하고 은혜로운 하느님 안에서 온몸으로 스며드는 온기와 고요, 고독을 만끽했다.

　　그런데 갑자기 근처의 작은 언덕에서 한 여자가 나타나 종종걸음으로 그에게 다가왔다. 입고 있는 옷을 보니 이스라엘 사람은 아니었다. 가까이 할 수 없는 더러운 가나안 사람, 이방인이 분명했다. 순간 예수는 혐오감으로 몸을 움츠렸다. 그녀가 독특한 억양으로 지껄이기 시작했다. 예수는 분노에 휩싸여버렸다. 어쩌다 만끽하는 귀중한 평화의 순간을 도대체 무슨 권리로 방해하는 거야? 예수는 더 이상 움츠러들지 않고 냅다 달려가 그녀의 뺨을 때리고 발로 걷어차버리고 싶은 충동을 느꼈다. 하지만 예수는 마음 비우기를 해오던 습관으로 이런 충동을 누르고 그의 내면을 들여다보았다. '혼란스러워. 질려버린 것 같아. 내가 지금 뭘 하고 있는 거지? 고요하게 마음을 비워야 해.'

　　예수는 돌아서서 여자를 피해 천막으로 뛰어 들어갔다. 그러곤

구석에 웅크리고 앉아 하느님께 물었다. "하느님, 왜 저들은 저를 내버려두지 않는 겁니까? 확실히 당신은 제가 저 여자 일에 상관하지 않기를 바라시지요? 그렇죠? 하지만 지금 저는 당신께 묻습니다. 그러니 마음을 비우게 해주십시오. 말씀을 들려주십시오."

하지만 하느님의 대답은 들리지 않았다. 천막 밖에서 여자가 제자들에게 지껄여대는 소리만 들릴 뿐이었다. 예수는 제자들이 그녀를 쫓아 보내기를 바랐다. 들어보니 제자들도 그러려고 애쓰는 것 같았다. 하지만 그녀가 거부했다. 결국 제자 둘이 천막 안으로 들어와 예수에게 말했다. "도저히 저 여자를 돌려보낼 수가 없습니다. 스승님이 바쁘다고 해도 소용이 없어요. 허락하시면, 어떻게든 저희가 저 여자를 살펴주겠습니다."

예수는 제자들을 바라보며 무의식적으로 이렇게 말했다. "내가 여기 온 이유는 이스라엘의 길 잃은 양들을 돌보기 위함이니라." 그러나 그 순간 마음 비우기 습관이 다시 내면을 휘어잡았다. '아버지여, 사실입니까? 그것이 정녕 당신이 저를 이곳으로 보낸 이유인가요? 다시 의문이 이는구나. 마음을 비우고, 귀 기울여 들어야 해.' 예수가 이런 생각을 하고 있는 사이 제자가 물었다.

"그래서 그녀를 쫓아버리라는 말씀인가요?"

'아버지, 제가 여기 온 이유가 이스라엘 사람들만을 돌보기 위해서인가요? 마음을 비우고 들어야 해. 오, 아냐, 하느님, 당신은 진정 제가 모든 이들을 돌보기를 바라시나요? 어떤 사람이든 누구든 돌보기를 바라시나요? 마음을 비우고 하느님의 목소리를 들어야 해.'

"어떻게 할까요?" 예수의 침묵에 제자들이 대답을 재촉했다.

하지만 예수는 마음을 비운 채 계속 침묵을 지켰다. 바람에 움직이는 구름의 그림자처럼 얼굴에 극심한 고뇌가 스치고 지나갔다. 드디어 예수가 입을 열었다. "그 여자를 들여보내라."

제자들이 놀란 얼굴로 멍하니 서 있자 예수가 짜증스럽게 되풀이했다. "그녀를 들여보내라고 했느니라." 그러면서 예수는 생각했다. '그래, 이제 됐어. 난 약속했어. 품위 있게 그 약속을 지키는 거야. 마음을 비우고 듣는 거야. 그녀의 억양에는 신경 쓰지 말아. 마음을 비우고 그녀의 말에 귀 기울이자고.'

천막이 열리고 가까이 해서는 안 되는 천민인 그녀가 들어왔다. 그녀가 잠시 주저하자 예수는 마음을 비우자고 재차 다짐했다.

"주님," 그 여자는 무릎을 꿇으면서 말했다. "흉악하게도 제 딸이 귀신이 들렸나이다. 고쳐주소서, 제발."

'오 하느님, 또 귀신 들렸다는 얘기군.' 예수는 생각했다. '제겐 힘이 없습니다. 너무 피곤해요, 아버지. 그런데 이젠 제게 가나안의 귀신까지 보내셨어요. 아냐, 그래도 마음을 비워야 해. 어쨌든 어린아이가 아닌가. 불쌍한 아이야. 하지만 가나안의 아이지. 내가 온 세상을 책임질 수는 없어.'

예수는 상반되는 감정들 중에서 부정적인 감정을 한껏 여자에게 풀어댔다. "아이가 먹어야 할 음식을 빼앗아 개에게 던져주는 것은 옳은 일이 아니지." 그러나 말이 끝나는 순간 다시 마음 비우기 습관에 따라 내면으로 눈을 돌렸다. '나는 공정하지도 친절하지도 않았어. 마음을 비워. 여자의 말에 귀 기울이고, 그녀의 옷에도 억양에도 신경 쓰지 마. 마음을 열고 들어야 해.' 여자가 다시 말했다. "주여, 당신이 옳습니다. 하지만 개들도 아이의 식탁에서 떨어지는 부스러기를 먹을 수 있나이다."

순간 예수의 눈에 눈물이 고였다. '오, 이렇게 겸손하다니. 이렇게 겸손한 사람을 안 만나줄 수는 없지. 이스라엘 사람들이 저렇게 겸손할 수 있다면. 아버지, 당신께서 제게 다시 가르침을 주셨습니다. 당신은 저를 가르치기 위해 이 여자를 보내셨습니다, 그렇지요? 제가 온 세상을 보살피기 위해서 왔다는 것을 가르쳐주려고 이 여자를 보낸 겁니다.' 예수는 이렇게 생각했다. 눈에는 여전히 눈물이 고여 있었고, 몸에서는 사랑이 뿜어져 나왔다. "오, 여자여, 네 믿음이 크도다. 네 소원대로 되리라." 예수는 기쁨에 찬 목소리로 이렇게 외쳤다.

마음을 비우는 데는 훈련이 필요하다. 이는 집단이 공동체가 되기 위해 거쳐야 하는 과정 중에서 가장 어려운 부분이다. 다른 훈련과 마찬가지로 이 마음 비우기 훈련도 습관을 들이면 더욱 쉽게 할 수 있다. 예수도 아마 그랬을 것이다. 하지만 습관을 들인다 해도 고통스럽기는 마찬가지다. 마음을 비우려면 언제나 자기를 부정하고 알려는 욕구를 부정하며 희생할 줄 알아야 하기 때문이다.

20세기 초 소련의 작은 마을에 살았던 랍비에 대한 이야기다. 그는 '모름을 인정'하고, 마음 비우고 사는 법을 터득한 사람이었다. 몇 년간 우주의 신비와 심오한 종교적 의문들을 파고들던 그는 드디어 해답을 얻었다. 사람이 삼라만상의 근본에 이르면, 확실하게 알 수 있는 것은 아무것도 없음을 깨닫게 된다는 것이 그 해답이었다.

그런데 이런 결론을 얻고 얼마 안 지나서 아침에 마을 광장을 지나는데, 코사크인 경찰관 하나가 그에게 다가와 물었다. 경찰관은 마침 기분이 안 좋던 터라 랍비에게 화풀이를 하려고 했다.

"어이, 선생. 어디 가는 중이신가?"

"나도 모르오."

랍비의 대답에 분통이 터진 경찰이 꽥 소리를 질렀다. "모르다니, 대체 뭔 소리요? 지난 20년 동안 매일같이 11시만 되면 이 광장을 가로질러 회당에 기도하러 가놓고선, 모른다니 뭘 몰라? 지금도 회당을 향해 가면서 어디 가는지 모른다니, 그게 말이 된다고 생각하시오? 날 바보로 만들려나본데, 그럴 수 없다는 걸 분명하게 가르쳐주지."

경찰은 랍비를 붙잡아 감옥으로 끌고 갔다. 그런데 경찰이 랍비를 감방에 밀어 넣으려는 순간, 랍비가 뒤를 돌아보며 말했다.

"보시오, 내 모른다고 하지 않았소. 사람 일은 모르는 법이오."

불확실한 모름의 상태를 힘들어하지 않는 사람은 거의 없다. 과거와 현재, 미래를 아는 것이, 무엇보다도 자기를 아는 것이 인간 경험의 궁극적인 목표라고들 집요하게 가르쳐왔기 때문이다. 사람들이 내게 이런 부탁을 가장 많이 하는 이유도 그 때문이다.

"박사님, 우리가 옳은 일을 하고 있는지 알 수 있는 방법을 가르쳐주세요."

나는 그런 방법은 없다고 대답하고, 다시금 예수의 이야기를 들려준다. 약간 다르기는 하지만 예수의 마음속에도 성스러운 면과 인간적인 면 두 가지가 있었다고 말이다. 예수는 성스러운 면으로 인해 자신이 십자형을 당하리라는 것(정치적 식견이 조금이라도 있는 사람이라면 이것을 인식했을 것이다)과 사흘 뒤에 부활하리라는 것, 반석인 베드로 위에 교회가 세워지리라는 것, 결국에는 이 모든 일이 비극이 아닌 희극이 되리라는 것을 알고 있었던 것 같다. 하지만 그의 인간적인 면은 이것들을 전혀 몰랐던 것 같다. 겟세마네 동산에서 피땀 흘리던 예수는 바로 이 인간적인 예수였다. 그때가 결정의 순간이었는데 그는 이것을 몰랐다. 자신이 사흘 후에 부활하리라는 것을, 교회가 그의 반석인 베드로 위에 세워지리라는 것을, 오늘날 그를 몇 억의 사람들이 경배하리라는 것을 아무런 의심 없이 100퍼센트 확신할 수 있었다면, 십자형을 현명한 투자로 받아들였을 것이다. 100퍼센트 보장된 영광에 비하면 3시간이나 6시간의 고통쯤은 아무것도 아니라고 여겼을 것이다. 하지만 예수는 몰랐다. 그러면서도 미지의 구름 속으로, 스스로도 확신하지 못하는 하느님의 품속으로 자신의 존재를 던졌다. 그의 희생이 가능할 수 있었던 것은 바로 이 때문이다.

우리도 마찬가지다. 우리의 사랑과 희생은 기꺼이 알려고 들지 않을 때 가장 잘 나타난다. 일상적인 예로, 자녀 양육을 생각해보자. 열여섯 살 된 딸이 부모에게 "엄마, 아빠, 이번 주 토요일 밤에 외출해서 새벽 2시까지 있다가 와도 돼요?"라고 묻는다. 그러면 부모는 보통 세 가지 반응을 보인다. 하나는 "안 돼, 절대 안 돼. 귀가 시간이 10시라는 건 너도 잘 알잖아" 하고 반응하는 것이다. 또 다른 반응은 "물론이지. 네가 원하는 대로 하렴" 하고 허락하는 것이다. 두 반응의 특징은 절대적인 확신에서 비롯되었으며 쉽게 내린 결정이라는 점이다. 어머니와 아버지 모두 생각이나 특별한 노력 없이 성급하게 즉각 형식적으로 반사적인 결정을 내렸다.

반면에 좋은 부모는 딸의 질문을 진지하게 받아들이고 생각을 거듭한다. '그래도 될까? 그럼 안 되나? 어찌해야 하지? 아이의 귀가 시간은 분명히 10시야. 하지만 그건 열네 살이었을 때 정한 거야. 지금은 현실성이 떨어질지도 몰라. 하지만 파티에서 술을 마실 텐데, 그건 좀 걱정스러워. 그래도 학교에서 공부도 잘하고 숙제도 책임감 있게 하잖아? 그러니까 책임감을 믿고 인정해주어야 해. 그런데 딸과 함께 갈 소년이 너무 어려 보인단 말이야. 이걸 어쩐담? 타협해야 하나? 무엇이 최선의 타협일까? 아, 정말 모르겠네. 귀가 시간을 자정으로 할까? 아님 새벽 1시? 오후 11시? 모르겠네, 몇 시로 하지?'

하지만 부모가 어떤 결정을 내리느냐는 별로 중요하지 않다. 어떤 결정이든 깊이 생각한 후에 내릴 것이기 때문이다. 한편 딸은 부모의 결정에 완전히 만족하지 못할 수도 있다. 하지만 부모가 자신의 질문을, 자신의 존재를 진지하게 받아들였다는 점은 알 것이다. 부모가 편견이 없는 상태, 마음을 비운 상태에서 고민을 거듭할 정도로 자기 존재를 소중히 여기고 있음을 알 것이다. 자신이 사랑받고 있음을 확인하는 것이다.

그래서 나는 이런 피할 수 없는 질문에 정해진 답은 없다고 말해주고, 다음과 같이 덧붙인다. "무의식은 언제나 의식보다 한 걸음 앞서 있습니다. 그래서 자신이 옳은 일을 하는지를 아는 것은 불가능해요(아는 것은 의식의 기능이기 때문에). 하지만 의지가 부단히 선을 지향하면, 무엇이 선인지 애매할 때 충분히 고통받을 마음이 있으면, 무의식은 언제나 의식보다 한 걸음 앞서서 옳은 방향을 향해 갈 겁니다." 다시 말해 옳은 일이라는 확신이 없을 때에도 옳은 일을 하게 되리라는 의미다.

확실성을 추구하는 사람들, 자신이 아는 것에 틀림이 없다고 주장하는 사람들은 모호성을 견디지 못한다. '애매한'이라는 말은 '불확실한' 혹은 '의심스러운', '한 가지 이상의 의미가 있는'이라는 뜻이다. 또 애매하다는 것은 모르거나 영원히 알 수 없는 상태를 의미하기 때문에, 사람들은 모호성으로 인해 큰 어려움을 겪는다. 하지만 영적 성장 과정에서 단계 IV로 들어서면 모호성을 편안하게 받아들이기 시작한다. 모든 것을 '흑백'으로 나눌 수는 없으며, 사물에는 여러 차원이 있고, 그 차원들의 의미가 종종 모순적이기도 하다는 점을 깨닫는다. 그래서 모든 문화와 종교의 신비주의자들은 '이것이나 저것' 혹은 '둘 다'가 아닌 역설의 언어를 사용한다. 요컨대 모호성을 받아들이고 역설적으로 사고하는 능력은 마음 비우기의 특징이자 평화 구현의 필요조건이다.

기독교의 역설 가운데서 가장 인상적이고 유명한 것은 '목숨을 얻으려는 자는 잃을 것이요, 나를 위해 목숨을 내놓는 자는 얻을 것이다'(마태복음 10장 39절)라는 예수의 말씀이다. 이 말은 우리 모두가 예수처럼 몸을 내던져 희생해야 한다는 의미가 아니다. 심리적 자아를 죽여야 구원이 가능하다는 말이다. 심리적 자아의 희생은 마음 비우기에도 필요하다. 이런 희생은 보통 신체적 죽음이 아니라, 편견의 죽음, 이데올로기의 죽음, 전통적인 문화적 시각의 죽음을 의미한다. 하다못해 '흑백'이나 '이것/저것'으로 나누어 생각하는 딱딱한 사고방식의 죽음도 이런 희생에 포함된다.

엘리자베스 퀴블러-로스Elisabeth Kübler-Ross는 용기를 내어 죽어가는 사람들에게 죽음의 느낌을 물어본 최초의 사람이다. 그녀는 이 작업을 통해서 걸작《죽음과 죽어감On death and Dying》을 썼다. 이 책에서는 죽음에 직면했을 때 사람들이 연속적으로 경험하는 다섯 단계의 심리적 과정—부인, 분노, 협상, 절망, 수용—을 자세히 설명하고 있다. 먼저 사람들은 죽음이라는 현실을 그저 '부인'한다. '내 검사 결과를 다른 사람 것과 혼동한 것이 틀림없어'라고 생각하는 것이다. 그러다 검사 결과가 사실임을 깨달으면, 의사나 간호사, 병원, 가족, 하느님에게 '분노'한다. 그리고 이런 단계가 지나면 '협상'을 한다. '교회에 가서 기도하면 암이 나을지도 몰라' 또는 '아이들에게 더 잘하면, 신장병은 더 이상 악화되지 않을 거야' 하고 생각한다. 그러다 정말로 출구가 없음을 깨달으면, 옴짝달싹할 수 없다는 것을 깨달으면 '절망'한다. 하지만 이 단계에서 치료자들이 흔히 말하는 절망 '극복'에 성공하면, 진정으로 자신의 죽음을 '수용'하는 다섯 번째 단계에 이른다. 평화와 고요, 영혼의 빛이 지배하는 놀랍도록 아름다운 단계, 부활과 같은 단계에 오르는 것이다.

하지만 죽어가는 사람들이 모두 이 단계들을 거치는 것은 아니다. 많은 사람들은 여전히 부정이나 분노, 협상, 절망 속에서 죽어간다. 절망에 부딪혔을 때 너무 고통스러워서 부정이나 분노, 협상의 단계로 퇴행하기 때문이다. 절망을 '극복'하지 못하는 것이다.

하지만 퀴블러-로스의 작업에서 가장 흥미로운 점은 신체의 죽음에 동반되는 심리적 과정이 아니다. 심리적 성장 과정에서 영적으로 어떤 중요한 변화나 진보를 경험할 때도 이와 똑같은 단계를 똑같은 순서로 겪는다는 사실에 있다. 모든 변화는 일종의 죽음이고, 모든 성장에는 절망을 극복할 용기가 필요한 것이다.

한 예로 친구들이 나의 인격적인 결함을 딱 꼬집어서 비판했다고 하자. 처음에는 이런 비판을 부인할 것이다. '이 친구, 오늘 아침 기분이 영 아닌가보네' 하고 무시하거나 '아내한테 할 화풀이를 왜 나한테 하는 거야' 하고 생각하면서, 친구의 비판이 사실 나와는 무관하다고 믿는다. 그러다 친구들이 계속 비판을 해대면 화를 낸다. '니들이 뭔데 내 일에 간섭이야?'라거나 '니들은 내 사정을 몰라', '니들 일에나 신경 써'라고 생각하거나 말한다. 하지만 친구들이 나를 사랑하는 마음으로 계속 잔소리를 해대면 협상을 한다. '사실 최근에는 친구들을 다정하게 대해주지 않았어. 친구들에게 아주 잘하고 있다는 말도 안 해줬고.' 하고 생각하는 것이다. 그래서 친구들이 비판을 그만두었으면 하는 바람으로 미소를 지어보이거나 다정하게 대해준다. 그래도 효과가 없으면, 다시 말해 친구들이 집요하게 비판을 계속하면, 그 비판이 진실일지도 모른다고 생각한다.' 어쩌면 내가 정말로 잘못된 건지도 몰라.' 이런 생각으로 인해 절망에 빠진다. 하지만 이런 절망적인 생각에 굴하지 않고, 친구들의 비판을 깊이 곱씹고 분석하다 보면, 나의 근본적인 인격적 결함을 깨닫게 된다. 나아가 이 결함만 따로 분리해서 그것에 이름을 붙이고, 궁극적으로는 결합을 뿌리째 뽑아버리는 작업을 시작할 수도 있다. 이렇게 나의 일부를 죽이고 비우는 작업에 성공하면, 절망의 끝에서 더 나은 사람으로 새로 태어날 수 있다. 어느 의미에서 일종의 부활인 것이다.

퀴블러-로스가 말한 죽음의 단계는 이처럼 개인의 영적 성장이나 공동체 형성 과정에서 나타나는 단계들과도 아주 흡사하다. 이 모든 것이 변화와 관련되어 있기 때문이다. 마음 비우기와 절망, 죽음이 비슷한 이유도 이것들이 변화를 위해 반드시 거쳐야만 하는 기본적인 단계의 부수물이기 때문이다. 다섯 단계들은 인간의 본성에 기본적인 것이며, 개인이든 집단이든, 작은 집단이든 큰 집단이든, 인간의 변화 과정에서 나타나는 기본 양식이자 규칙이기도 하다.

한 예로, 1964년부터 1974년까지 베트남전과 관련해서 미국인들이 보여준 행동을 살펴보자. 미국 정부의 정책이 베트남에서 먹혀들지 않는다는 증거들이 쌓이자, 미국인들은 처음에 이 증거들을 부인했다. 정책은 훌륭한데, 군사 고문관과 정책을 실현할 예산이 부족할 뿐이라고 생각했다. 하지만 정책이 계속해서 실패로 끝나자 화를 내기 시작했다. '베트남 사람들한테 본때를 보여줘야 해', '여차하면 베트남을 초토화시켜버릴 수도 있어' 이런 생각에 정규 사단을 투입했다. 그러고는 '죽도록' 폭탄을 떨어뜨렸다. 분노를 노골적으로 드러낸 것이다. 적의 전사자 수를 집계하고, 적군의 시체를 병력수송차량 뒤에 매달고 다녔다. 말라이 학살 같은 끔찍한 사건들은 바로 이런 시기에 일어났다. 그러나 미국의 정책은 계속 실패로 끝났다.

그러자 미국인들은 드디어 협상 단계에 접어들었다. '명예로운 평화'를 시도하게 된 것이다. 어떤 식으로든 미국의 잘못을 인정하지 않고 전쟁을 끝내는 이 명예로운 평화를 얻기까지 무려 5년이나 걸렸다. 하지만 객관적으로 봤을 때는 이 협상도 실패였다. 사실상 미국이 전쟁에서 졌기 때문이다. 세계에서 가장 '강력한' 국가가 세계에서 가장 '무력한' 국가 중 하나에게 패한 것이다. 미국 정부는 수만 명의 병사들을 후퇴시켰고, '적군'이 이 땅을 점령했다. 하지만 개인의 의식만큼 자기기만에 능한 집단의식은 어떻게든 미국이 협상에서 이겼다고 믿고 싶어 했다. '우리가 책동한 이 큰 전쟁에서 우리는 진 게 아냐. 안 그래? 실제로 항복한 게 아니잖아? 우린 그냥 '성가신 상황'에서 발을 뺐을 뿐이야.' 이렇게 생각했다.

요컨대 미국인들은 베트남전이 불러일으킨 심리적 절망감을 정직하게 충분히 겪어내려고 하지 않았다. 나는 이 점이 베트남전의 가장 큰 비극이라고 생각한다. 우리는 조국이 저지른 죄악을 집단적으로 인정하는 데 실패했다. 결코 공개적으로 사과하지 않았으며, 미국이 틀렸다는 점도 인정하지 않았다. 절망의 과정을 겪어내지 않은 탓에, 실패를 통해 성장하고 변화하는 법을 배우지 못한 것이다. 그래서 공산주의와 제3세계 국가들에 대한 정책도 완전히는 아니지만 대체로 변하지 않게 되었다. 미국인들은 지금도 베트남 전쟁이 아예 일어나지도 않았던 것처럼 행동한다.

마음 비우기와 절망, 심리적 죽음 사이에는 등가관계가 성립된다. 이것들은 혼란과 공동체, 퇴폐와 재생, 죄와 개혁을 이어주는 교량과 같다. 내가 무장해제를 주제로 한 워크숍에서 마지막 시간에 '절망을 어떻게 이겨낼 것인가?' 하는 문제에 초점을 맞춘 것도 이런 이유 때문이었다.

마음 비우기 과정 — 절망과 희생의 고통을 이겨내는 과정 — 의 핵심은 기꺼이 내려놓고 기꺼이 순응하는 것이다. 공동체 형성 과정에서 내가 구성원 개개인의 문제에 주목하는 경우는 드물다. 하지만 참가자가 무엇인가를 내려놓는 데 특별히 어려움을 겪거나 과거에 대한 집착이나 분노를 털어내지 못할 때, "어렸을 때 아버지가 날 성적으로 희롱한 행동을 용서할 수 없어"라거나 "이혼했을 때 교회가 나를 함부로 취급했어. 도저히 분노를 참을 수가 없어"라고 말할 때면 가끔 다음과 같은 이야기를 들려준다.*

비오는 날 부소와 당고라는 두 승려가 절을 향하고 있었다. 길을 반쯤 갔을 때 거대한 진흙 웅덩이가 나왔다. 그런데 아름다운 옷을 입은 젊은 여인이 난감한 표정으로 구석에 서 있었다. 부소는 그녀에게 다가가 길을 건너는 데 도움이 필요하냐고 물었다. 그렇다고 대답하자, 부소는 "그러면 내 등에 업히시오" 하면서 등을 내밀었다. 부소는 젊은 여인을 등에 업고 힘들게 웅덩이를 건넌 다음

---

* 나는 이 이야기를 이 책에서 읽었다. 《The Monk and the Woman》, in Anthony de Melo, S.J., The Song Bird (Chicago, Loyola Univ. Press, 1983), p. 138.

그녀를 조심스럽게 내려주었다. 그러고 나서 부소와 당고는 비를 뚫고 계속 길을 갔다.

둘은 밤이 되기 전 목적지에 도착했다. 둘 다 지치고 허기진 상태였다. 둘은 씻고 나서 다른 승려들에게 식사 대접을 받았다. 그런데 식사 후에 당고가 부소에게 물었다. "자네, 어떻게 그럴 수가 있나? 어떻게 여자를 업을 수가 있지? 승려는 여인을 멀리해야 한다는 걸 자네도 알지 않나. 그런데도 여자에게 등을 내주다니. 그것도 젊고 아리따운 여인에게 말이야. 사람들이 자네를 보았다면 뭐라 했겠나? 자네는 자네의 서약과 우리의 질서를 더럽혔네. 어떻게 그럴 수가 있지?" 그러자 부소가 당고를 빤히 바라보며 말했다. "당고, 자네는 아직도 그 여인을 업고 있나? 난 5시간 전에 이미 내려놓았는데 말이야."

앞에서 말한 대로 마음 비우기의 목적은 새로운 것을 받아들일 여지를 만드는 것이다. 더 나은 무언가를 얻기 위해 내려놓는 것이다. 평화가 전쟁보다 낫다는 점은 논의의 여지가 없는 사실이다. 그러므로 우리가 자문해야 할 문제는 분명하다. 평화를 얻기 위해 우리는 스스로 무엇을 비워야 하는가? 어떤 전통적인 태도와 행동 방식을 버려야 하는가? 우리가 품고 다니는 견해와 정책, 이해, 분노 중에서 시대에 뒤떨어진 것은 무엇인가? 어떤 숨겨진 가능성을 위해 마음을 열고 비워야 하는가?

II
마음 여림

우리는 '마음 비우기'를—타자가 낯선 생각이든 이방인이든 하느님이든—'타자에 대한 개방'이라고 정의했다. 그런데 이 타자가 위험한 인물이라면 어떻게 될까? 새로운 생각이 잘못된 것이라면 어떻게 될까? 이방인이 살인자라면, 타자의 생각이 악한 생각이라면 어떻게 될까? 우리가 상처받는 것은 아닐까?

그렇다. 실제로 우리는 상처를 받는다. 개방성은 우리에게 유약함을, 기꺼이 상처 입을 수 있는 능력과 자발적인 의지를 요구한다. 하지만 이것은 흑백으로 나눌 수 있는 단순한 문제가 아니다. '상처받는다'라는 말 자체도 애매하다. '피해를 입는다'는 의미도 있고, 단순히 '아프다'는 의미도 있기 때문이다. 그래서 나는 이 두 가지 의미의 차이를 구별하기 위해서 때로 청중 가운데 미지의 고통을 체험하는 실험에 자원할 만큼 상처받을 준비가 된 사람이 있느냐고 묻는다. 그러면 언제나 몇몇 용감한 사람들이 자원하고, 나는 그들의 팔 위쪽을 세게 꼬집는다. "아픕니까?"라고 물으면, 피해자는 팔을 문지르면서 "네" 하고 약간 슬프게 대답한다. 그러면 나는 다시 "내 행동이 당신에게 피해를 입혔습니까?"라고 묻는다. 그는 몇 초 동안 생각한 후에 "확실히 아프기는 했지만 피해를 입었다고 할 순 없어요"라고 대답한다. 요컨대 분쇄기에 일부러 팔을 집어넣는 사람은 지독한 바보임에 틀림없다. 아무런 의미도 없이 피해를 자처하는 행위이기 때문이다. 하지만 상처받지 않고 살아가려 한다면 결코 제대로 살 수 없을 것이다. 자해를 막기 위해 벽면에 부드러운 패드를 댄 방 안에서 산다면 몰라도 말이다.

'상처받기 쉬운 상태, 마음 여림'이라는 말도 애매하기는 마찬가지다. 육체적 상처와 정서적 상처를 구별하고 있지 않기 때문이다. 이 말이 가리키는 상처는 어린아이가 무릎을 긁힐 위험성을 무릅쓰면서 나무에 올라가는 것과는 다르다. 이것은 정서적인 아픔과 더 관계가 있다. 우울과 절망, 두려움과 불안, 번뇌와 슬픔, 분노와 용서의 고뇌, 혼란과 의심, 비판과 거부를 경험하면서 기꺼이 고통을 감수하려 들지 않는 한 풍요로운 삶은 불가능하다. 이런 정서적 소용돌이가 결여된 삶은 우리 자신은 물론이고 타인들에게도 의미가 없다. 상처를 기꺼이 감수하지 않으면 치유도 불가능하다.

귀신을 쫓아내는 의식에 참여하기 전, 나는 이 일에 흥미를 가진 남자 한 명을 치료팀에 참가시킬지 결정해야 했다. 하지만 판단하기가 어려워 그 스스로 결정하게 했다. "팀에 들어오는 것을 환영합니다. 하지만 그 전에 사랑하는 마음을 가져야 해요. 내가 말하는 사랑이란, 치유와 자기보호 사이에서 갈등이 생길 때 자기보호를 포기하는 겁니다." 이렇게 말하자 현명하게도 그는 참여를 포기했다.

치유자인 예수가 가르쳐준 것이 있다면, 구원의 길은 마음 여림 속에 있다는 것이다. 그래서 그는 로마 사람들과 세리들과 인정받지 못하는 사람들(당시의 성 차별적인 문화 속에서는 여자들도 인정받지 못했다), 추방된 사람들과 외국인들, 가나안 사람들과 사마리아 사람들, 병든 사람들과 귀신 들린 사람들, 문둥병자들과 감염된 사람들 사이를 상처를 두려워하지 않는 여린 마음으로 걸어 다녔다. 그리고 죽음을 다가왔을 때도 기존의 질서가 가하는 견디기 힘든 고통에 여린 마음으로 자신을 내맡겼다. 신학자 도로티 죌레가 하느님이 예수를 일방적으로 무장해제시켰다고 말한 것도 이 때문이다.*

훌륭한 신학은 훌륭한 심리학을 만든다. 신학이 훌륭하다는 것은 그것이 진실하다는 의미다. 그리고 진실한 신학은 짧은 기간에는 몰라도 장기적으로는 영향을 미친다. 그렇다면 우리가 스스로 마음 여림 상태로 타인을 대하면 어떤 일이 벌어질까? "저는 절제에 관한 모든 것을 책으로 썼습니다. 하지만 담배를 끊을 만큼의 자기절제력도 없어요. 그래서 때때로 제 자신이 위선자, 진짜 사기꾼처럼 여겨집니다. 올바른 길에 서 있지 않다는 생각까지 들고요. 가끔은 제가 어디에 있는지도 모르겠어요. 길을 잃은 것 같아 두렵

---

* Dorothee Sölle, 《Of War and Love》(Maryknoll, New York : Orbis Books, 1984), p. 97.

습니다. 피곤하기도 하고요. 쉰 살밖에 안 됐는데 너무 피곤해요. 외롭기도 하고요. 절 좀 도와주시겠어요?” 하고 말하면 무슨 일이 벌어질까? 이렇게 내 약점을 드러내면 타인들은 어떤 반응을 보일까? 분명히 그들도 무장을 해제할 것이다. 그리고 이렇게 말해줄 것이다 “당신은 진실한 사람 같군요. 저도 피곤하고 두렵고 외롭습니다. 아무렴요. 제가 할 수 있는 방식으로 당신을 도와드리죠.”

반대로 모든 것이 완벽한 듯, 스스로 마음의 방어벽을 치고 모든 것을 빈틈없이 해내는 냉철하고 똘똘한 사람인 척, 완전히 삶을 통제하는 단호한 개인주의자인 척 가장하면 어떤 일이 벌어질까? 타인들도 마음의 방어벽을 치고 모든 것을 완벽하게 해내는 냉철하고 똘똘한 사람인 양 행동할 것이다. 그러면 우리의 사적인 인간관계는 두 대의 빈 탱크가 밤에 충돌하는 것 같은 양상을 보일 것이다.

이런 일은 국가 간의 관계에서도 마찬가지다. 우리의 국제정책이란 공격받지 않을 만큼 최대한 강해지는 것이다. 물론 다른 국가도 마찬가지다. 하지만 이것은 아무런 희망도 없는 정책이다. 이런 정책은 평화적 관계를 불가능하게 하고, 세계공동체는 더더욱 불가능하게 만든다. 더 많은 죽음과 파괴를 가져올 뿐이다. 먼저 약점을 보여줄 수 있는 유약한 상태를 주도하기 전에는 빠져나갈 길이 없다.

이 말을 단순하게 받아들이지 않았으면 좋겠다. 내가 말하는 것은 어리석음에 기인한 유약함이 아니다. 릴리와 내가 몇 년 동안이나 그랬던 것처럼 미국의 수도 중심가에 사는 사람에게 자물쇠를 모두 열어놓고 살라는 말도 아니다. 그렇게 하면 내일도 아닌 바로 오늘밤에 도둑을 맞을 게 뻔하기 때문이다. 내가 말하는 것은 자발적인 마음 여림이다. 미국에는 지구상의 모든 사람들을 열 번도 넘게 날려버릴 만큼 많은 핵무기가 있다고 한다. 우리가 이 핵무기의 반을 없애는 일에 앞장선다면, 자발적인 마음 여림과 평화 구축의 극적인 상징이 되지 않을까? 그래도 우리에게는 전 세계를 다섯 번이나 날려버릴 핵무기가 여전히 남아 있다!

하지만 물리적 무기들을 없애는 것만이 유일한 방법은 아니다. 개인적으로나 집단적으로 우리는 다른 방법으로도 우리 마음을 여린 상태로 만들 수 있다. 키스 밀러와 내가 이 문제를 두고 함께 강연한다면, 그는 이렇게 말할 것이다. "핵무기의 반을 없애는 것이 우리가 할 수 있는 최선의 방법이라는 스카티의 말에 저는 무조건 동의하지는 않습니다. 저는 우리가 소련인들에게 사과해야 한다고 생각합니다. 그들에게 기독교인답지 않게 행동했다고 사과해야 해요. 그들을 진심으로 사랑해주지 않았다고, 축복해주지 않았다고, 성공을 기뻐해주지 않았다고 말입니다. 우리는 그들을 우리 자신처럼 사랑하지 않았어요. 그러므로 우리는 미안하다고, 용서해달라고 겸허하게 말해야 합니다." 모든 형태의 마음 여림에는 믿음이라는 작은 발판이 필요한데, 어떤 사람들에게는 자신의 불완전성을 인정하는 것보다 무기의 절반을 없애는 것이 더 쉬울지도 모른다.

나는 매파 사람들과 부분적 무장해제를 두고 토론을 벌인 적이 있다. 하지만 조금도 논의를 진전시킬 수 없었다. 그들이 '통제적 정신 상태'나 '만일 ~한다면 어떡하나?' 하는 심리 상태를 갖고 있기 때문이었다. 그들은 모든 우연성들을 통제할 수 있는 세계, 위험이 없는 세계에서 살아야 하고 또 살 수 있다고 느낀다. 그래서 우리가 먼저 독자적으로 핵무기를 반으로 줄이자는 내 제안이나, 소련인들에게 사과해야 한다는 키스의 제안이나, 이런 종류의 다른 제안에 대해 언제나 일관된 반응을 보인다.

"다 좋다. 그런데 소련인들이 이런 시도를 평화를 조성하기 위한 노력으로 보지 않고 유약함의 징조로 해석하면 어떡하나? 이런 시도를 악용하면 어떡할 텐가?"

문제는 언제나 '만일 ~한다면 어떡하나?' 하고 생각하는 것이다. 매파 사람들은 스스로를 현실주의자라고 생각한다. 하지만 실제로는 현실에 직면하고 싶어 하지 않는다. 그들은 두려움과 불신에 사로잡혀 경직되고 일차원적인 행태를 보여준다. 두려움이 유발하는 전형적인 행태가 바로 이런 모습이다. 이런 모습은 때로 우스울 정도다. 이들은 이렇게 말하기도 한다. "펙 박사님, 아무 위험 없이 마음 여림을 보여줄 수 있는 방법을 제시해보세요. 그럼 기꺼이 그렇게 하겠습니다."

자신의 불완전성을 보여주는 마음 여림의 핵심은 위험을 무릅쓰는 것이다. 여기서 우리는 다시 한 번 역설적으로 생각하는 법을 배우고, 여러 차원에서 생각하는 법도 배워야 한다. 수피 나시밴드 Nagshband의 말처럼 '사람들이 눈물을 흘리라고 말할 때, 이 말은 '언제나 눈물을 흘려라'라는 의미는 아니다. '울지 마라'는 말도 영원한 어릿광대가 되라는 의미는 아니다.'* 마찬가지로 우리는 소련인들을 우리와 똑같다거나 완전한 이방인이라거나 악인이라는 식으로 결론 내려서도 안 되고, 마음 여림을 완전한 견고함 대 절대적 평화주의의 문제로 생각해서도 안 된다. 우리가 할 일은 어떤 사람에게 여리게 행동하고 어떤 사람에게는 그렇게 행동하지 않을지, 언제 어떻게 어느 정도로 그렇게 해야 할지를 슬기롭게 구분하는 것이다.

예수는 그 앞에 놓인 많은 함정을 대단히 노련하게 피해갔고, 인격을 손상시키지 않으면서도 십자가형을 미룰 수 있는 한 오래도록 미루었다. 그러므로 우리의 소명은 완전히 무방비 상태가 되는 것이 아니다. 기독교를 매우 진지하게 생각하는 사람이라면 누구나 십자가형이 1950년 전 한 고독한 남자에게 일어난 사건만은 아님을 깨달을 것이다. 또 삶을 충만하게 살려면 기꺼이 타인과 나누고 타인을 위해 살려는 마음을 가져야 한다는 것도 깨달을 것이다. 그리고 상처를 두려워하지 않고 마음이 여린 상태로 살려면 완전히 거부당하거나 타인에게 이용당하는 것 같은 위험성을 피할 수 없음도 알 것이다. 이런 위험성은 언제나 존재한다.

단호한 개인주의 문화에서는 무엇보다도 자신의 불완전함이나 문제, 신경증, 죄 또는 실패의 경험을 드러내는 것이 가장 어렵다. 이런 것들을 '약함'의 증거로 생각하기 때문이다. 개인적으로나 국가적으로나 모두가 나약한 존재들이므로, 이런 생각은 우습기

---

* Idries Shah, 《The Way of the Sufi》(New York : Dutton paperback, 1970), p. 150.

그지없는 문화적 태도다. 모두가 문제와 불완전함, 신경증, 죄, 실패를 안고 산다. 그러므로 이것들을 감추는 것은 결국 거짓말을 하는 것이나 마찬가지다.

자신을 기독교도라고 여기는 사람들에게는 특히 이런 태도가 어처구니없다. 일반적인 잣대로 보면, '주님'은 결국 유약한 상태로 살다가 죽은 실패자에 불과하기 때문이다. 지방의 보잘것없는 정치범으로 살다가 자신보다도 더 평범한 두 범죄자들 사이에서 처형당한 남자, 처형자들에게 모욕당하고, 추종자들에게 배반당하고, 친구들에게까지 버림받은 남자, 세속적으로 볼 때 완전한 실패자에 불과한 사람을 경배하다니 이 얼마나 어처구니없는 일인가.

기독교도에게 가장 훌륭한 좌우명은 아마 '약함 속의 강함'(고린도후서 12장 9절)일 것이다. 참다운 교회의 교인이 되는 첫째 조건은 자신이 죄인임을 인식하는 것이다. 이것은 역설적인 유약함으로 세상을 지배하는 하느님을 경배하는 약자들의 교회에 아주 적절한 태도다. 하지만 '주관자와 권력자'(에베소서 6장 12절)들의 세상—이런 세상을 바울은 사탄의 규칙에 따라 움직이는 세상이라고 했다—에 더 헌신하는 대부분의 사람들에게는 이런 교리가 이상하게 여겨질 것이다. G. K. 체스터튼이 아주 잘 설명한 것처럼 '기독교의 이상은 시도된 적도 없고 부족한 부분이 발견되지도 않았다. 사실 실현하기 어려운 이상으로 여겨져 시도조차 이루어지지 않았다.'*

마음 여림은 상처받을 위험을 무릅쓰는 능력을 의미한다. 이런 능력은 흔히 우리의 상처와 망가진 모습, 무능력, 약함, 실패와 미숙함 등을 보여줄 때 가장 분명하게 드러난다. 나는 예수가 순전히 희생하기 위해서 추방당한 자들과 불구자 사이를 여린 마음으로 걸어다녔다고 생각하지 않는다. 그들과 함께하고 싶어서 그랬을 것이다. 우리는 명백하게 불완전한 사람들 사이에서만 공동체를 발견할 수 있고, 명백하게 불완전한 국가들 사이에서만 평화를 발견할 수 있다. 불완전함은 모든 인간이 공유하는 몇 안 되는 특성 가운데 하나다.

나는 때로 정신과치료를 정직 게임이라고 부른다. 치료를 받으러 오는 사람들은 대부분 거짓말 때문에 고통스러워한다. 부모나 형제자매, 선생님이나 대중매체의 거짓말이나 그들 스스로가 자신에게 한 거짓말 때문에 고통받는다. 이런 거짓말은 환자와 의사가 거의 완벽하게 정직해질 수 있는 분위기에서만 고칠 수 있다. 그래서 정신과의사는 적절하다면 기꺼이 정직해지고, 자신의 부족함도 철저하게 '직면'할 수 있어야 한다. 실제로 정직한 사람만이 세상에서 치유자의 역할을 해낼 수 있다. 우리 시대의 고전 작품 헨리 나우웬Henri Nouwen의 《상처 입은 치유자 *The Wounded Healer*》는 우연히 나온 것이 아니다. 언젠가 공동체 형성을 위한 워크숍에서 누군가가 "우리가 서로에게 줄 수 있는 가장 위대한

---

* G. K. Chesterton, 'What's Wrong with the World?' Pt. I, chap. 5, 1910, in 《Bartlett's Familiar Quotations》(Boston : Little, Brown, 1980), p. 742.

선물은 우리 자신의 상처다"라고 말한 것과 같다. 진정한 치유자가 되려면 상처를 받아야 한다. 상처받은 자만이 치유자가 될 수 있다.

미국과 소련을 포함한 거의 모든 국가는 무력은 물론이고 정치의 모든 면에서도 최대한 약점을 드러내지 않으려고 한다. 약점 없는 나라처럼 행동한다. 무오류주의는 로마 교황에게만 해당하는 것이 아니다. 소련은 물론이고 미국도 실수나 죄를 인정하지 않는다. 정치가들은 상처를 불허하는 강함과 무오류성이라는 거짓된 이미지의 함정에 빠져 있다. 그러나 강함에 대한 이런 원시적인 이미지를 기꺼이 버려야만, 약하면서도 강한 존재가 되어 다른 국가들을 지구 공동체로 인도할 수 있다.

약하면서도 강한 존재? 우리는 다시 한 번 역설에 직면한다. 개인으로서든 국가로서든 상처받지 않으려고 어느 선을 넘어서서 지나치게 애쓰면, 더욱 커다란 위험에 직면한다. 이것은 삶의 피할 수 없는 역설 중 하나다. 그러나 국가로서의 미국은 오래전에 이 선을 넘어버렸다. 끊임없이 새로운 무기체계를 보태고 반격에 위협으로 응수한 결과, 상황은 더욱 치명적으로 악화되기만 했다. 상처를 두려워하지 않는 여림과 약함을 주도적으로 드러내는 것 말고는 다른 해결책이 없다.

우리는 '주도'라는 말을 많이 들었다. 정부가 대중매체를 통해 '무기 경쟁을 멈추기' 위해 '대담하고 새로운 시도'를 했다고 밝힌 적이 얼마나 많은가? 정부의 이런 발표를 들으면서 우리는 소련인들이 왜 반응을 보이지 않는지 의아해했고, 이런 무반응을 그들이 악하다는 증거로 여겼다. 어쨌든 소련의 '주도' 역시 아무것도 이루어낸 것 같지 않았다. 그러나 우리는 이 단어를 부정직하게 사용했다. 원래 '주도'는 위험을 감수하는 것은 물론이고 자진해서 독자적으로 행동하는 것까지 모두 의미한다. 그런데 우리의 '주도'는 어느 쪽도 포함하지 않는다. 우리는 단지 "당신이 그것을 없애면 우리도 없애겠소"라고 말할 뿐이다. 이런 제안은 언제나 상대를 염두에 둔 것이며, 어떤 위험도 감수하지 않겠다는 것이나 마찬가지다. 이처럼 우리가 말하는 '주도'는 술책에 불과하기 때문에 필연적으로 상대의 술책을 불러일으킨다. 이 반대의 경우도 같다. 미국에서 출간된 어떤 책의 부제, '양보하지 않으면서 합의에 이르도록 협상하기'*는 이런 문제를 상징적으로 잘 보여준다. 마찬가지로 우리는 '협상'이라는 말도 일반적으로 잘못 사용하고 있다.

공동체를 형성하려면 언제나 용감한 몇 사람이 먼저 시작해야 한다. 진심으로 솔선수범하는 사람이 있어야 하는 것이다. 한 사람 한 사람이 진심으로 거부나 상처의 위험성을 무릅쓰면, 집단은 상처를 두려워하지 않는 여린 마음과 정직성을 갖춘 집단으로 한 차원 높게 발전(혹은 퇴보)한다. 이것은 언제나 개인적이고, 언제나 일방적이며, 언제나 위험이 뒤따른다. 이것이 공동체의 현실이다.

---

* Roger Fisher and William Ury, 《Getting to Yes: Negotiating Agreement Without Giving In》(New York : Penguin Books, 1981)

나는 유화정책을 옹호하는 것은 아니다. 지난 60년 동안 여러 차례의 사건들을 통해 분명히 깨달았듯이 유화정책은 너무 단순하다. 하지만 무력에만 의존하는 억제정책도 단순하기는 마찬가지다. 지도자들은 평화가 선사하는 안전함은 거저 얻을 수 있는 게 아니라고 말한다. 맞는 말이다. 동의한다. 역설적이게도 평화가 선사하는 안전함은 위험을 무릅쓰는 행위를 통해서만 얻을 수 있다. 그런데 이상하게도 지금 우리가 무릅쓰려는 위험은 전쟁뿐인 것 같다. 무기경쟁의 문제는 우리가 평화를 위해 너무 많은 위험을 무릅쓰려 한다는 것이 아니다. 오히려 너무 위험을 무릅쓰지 않으려 한다는 것이 핵심문제. 우리에게는 '강함을 통한 평화'보다는 훨씬 더 복합적이고 다차원적이 전략이 필요하다. 구체적으로 말하면, 공동체를 형성하는 '약함을 통한 평화'라는 전략도 최소한 같은 추진력으로 동시에 실천해야 한다. 그러지 않으면 희망은 없다. 위험을 감수하지 않는 여림은 있을 수 없고, 여림 없이는 공동체도 존재할 수 없으며, 공동체가 없으면 평화도, 궁극적으로는 생명도 있을 수 없기 때문이다.

I2
통합과 통합성

공동체는 통합적이다. 성별이나 나이, 종교, 문화, 관점, 삶의 방식, 발달 단계가 다른 사람들을 받아들여서 이 구성원들의 총합보다 더욱 크고 위대한 전체를 만들어낸다. 하지만 통합은 융합과는 다르다. 통합은 특색 없는 평균치를 만들어내는 것이 아니다. 그보다는 각 재료들의 고유성을 보존하면서도 이것을 초월한 맛까지 살려낸 샐러드를 만들어내는 일과 같다. 그러므로 공동체는 다원주의의 문제를 해결하기 위해 다양성을 말살하지는 않는다. 대신 다양성을 추구하고, 다양한 관점을 환영하며, 반대 의견을 포용하고, 모든 문제의 다른 측면을 보고 싶어 한다. 공동체는 '전체적'이기 때문에 인간 존재들을 통합해서 잘 기능하는 하나의 신비로운 몸체를 만들어낸다.

'통합성'이라는 말은 '통합하다'라는 동사에서 나왔다. 진정한 공동체는 언제나 통합성이라는 특징을 보여준다. 에릭 에릭슨Erik Erikson이 개인의 심리사회적 발달의 최종 단계를 '통합성'이라고 본 것도 우연이 아니다. 개인이 보여주는 가장 신비롭고 전체적인 기능 형태가 통합성인 것처럼, 공동체의 가장 고차원적인 기능도 통합성이다. 반대로 개인과 집단이 보여주는 가장 저급한 행태는, 다시 말해 가장 악하고 파괴적인 행태는 통합성의 결여다.

우리 심리학자들은 '통합하다'라는 동사의 반대말로 '칸막이 하다'라는 말을 사용한다. 이 말은 적절하게 서로 연결되어 있는 일들을 철저히 구분된 정신적인 칸막이에 집어넣는 놀라운 능력을 가리킨다. 이렇게 칸막이에 넣어진 것들은 서로 부딪치는 일도 없어서 어떤 상처도 일으키지 않는다.

어느 사업가를 예로 들어보자. 그는 일요일 아침마다 교회에 나가서 신과 신의 피조물, 다른 인간들을 사랑한다고 말한다. 하지만 월요일 아침이면 아무 거리낌 없이 독이 든 폐수를 가까운 하천에 흘려보낸다. 한 칸에는 종교를, 다른 칸에는 사업을 따로 집어넣고 있기 때문이다. 이런 사람을 우리는 '일요일 아침 기독교인'이라고 부른다. 이런 삶의 방식은 편리할지는 몰라도 결코 통합적이지는 않다.

통합성에는 반드시 고통이 뒤따른다. 문제들이 서로 부딪혀도 내버려둘 줄 알아야 하고, 상충적인 욕구와 요구, 사욕들이 불러일으키는 긴장을 충분히 경험해야 하며, 이것들로 인해 정서적으로 상처도 받아봐야 통합성을 획득할 수 있다. 예를 들어 미국의 동전에는 '우리는 하느님을 믿습니다'라는 문구가 새겨져 있다. 그런데 이런 나라가 무기를 생산하고 판매하는 주요 국가다. 이런 사실을 어떻게 받아들여야 할까? 그냥 맘 편하게 받아들일까? 우리 내면의 다른 칸막이에 두어야 할까? 아니면 이 모순을 짚어보고, 고통스럽더라도 모순을 해결하기 위해 노력해야 할까? 아니면 통합성을 의식해서 동전의 문구를 '우리는 무기를 믿습니다' 라거나 '우리는 하느님을 부분적으로 믿습니다'라고 바꿔야 할까?

통합성에 항상 고통이 뒤따르는 것처럼, 공동체에도 고통이 뒤따른다. 공동체는 구성원들과 공동체 전체의 상충적인 욕구, 요구, 이익이 불러오는 긴장에 대해 완전히 마음을 비우고 열린 상태를 유지해야 한다. 그러면서 갈등의 회피가 아니라 화해를 추구해야 한다. 화해의 열쇠는 마음 비우기라는 고통스러운 희생 과정에 있다. 공동체는 언제나 구성원 스스로가 마음을 비워서 다른 관점이나 새로운 의견을 받아들일 여지를 만들도록 돕는다. 이렇게 공동체는 공동체 자체와 구성원 모두가 고통스럽지만 기쁜 마음으로 훨씬 발전된 단계인 통합성에 이르도록 끊임없이 부추긴다.

공동체를 형성하고 평화를 구축하려면 전쟁을 알리는 북소리와는 다른 북소리에 맞춰 나아가야 한다. 서로 다른 북소리를 알아듣는 능력은 우리에게 아주 중요하다. 이 능력의 핵심은 통합성의 소리와 통합성이 결여된 소리를 구별해내는 데 있을 것이다.

무엇이 빠졌나?

통합성을 이루기는 어렵다. 하지만 통합성을 시험하는 것은 어이없을 만큼 간단하다. 통합성이 존재하는지 그렇지 않은지를 구별하고 싶으면 한 가지만 질문해보면 된다. 무엇이 빠졌는가? 무언가 누락된 것이 있는가?

나는 열다섯 살 때 이 방법을 처음으로 적용해보았다. 신문에서 한국전쟁과 관련된 뉴스들을 찾아 읽을 때였다. 나는 매일 아침 《뉴욕타임스》에 나오는 한국전쟁 관련 통계자료들을 열심히 읽었다. '미그기 31대 격추. 모든 미국 비행기 피해 없이 돌아옴.' 다음 날엔 '미그기 34대 격추. 미국 비행기 1대 약간의 손상.' 다음날엔 '미그기 20대 격추. 미국 비행기 1대와 조종사 1명 실종.' 기사와 사설의 정보에 따르면, 미국 비행기는 소련 미그기보다 확실히 기술적으로 우수하고, 조종사들도 북한이나 중국 조종사들보다 더 노련하고 똑똑했다. 다음날에는 '미그기 37대 격추. 모든 미국 비행기 피해 없이 돌아옴.' 이런 식의 기사가 이어졌다. 이렇게 하루가 가고 달이 갔다. 처음에 나는 미국의 승리에 커다란 자부심을 느꼈다. 그런데 갈수록 불편함이 느껴졌다. 신문이 주는 정보에 따르면, 북한이나 중국, 소련은 저개발 국가였다. 그들의 전투기도 질이 떨어지고 조종사도 미숙할 게 분명했다. 그런데 '어떻게 이 저개발 국가들이 매일 몇십 대씩 격추당하면서도 수많은 전투기를 계속 출격시킬 수 있는 것일까?' 이런 의문이 고개를 들기 시작했다. 내가 얻은 정보들은 뭔가 맞아떨어지지 않았다. 하나 또는 그 이상의 정보가 왜곡돼 있거나, 다시 말해 거짓이거나, 한 가지 이상의 정보가 빠져 있는 게 분명했다. 이때부터 나는 신문이 제공하는 정보들을 무조건 다 믿지는 않기로 했다. 그리고 실제로 이후로는 신문에서 읽은 것들을 믿지 않았다.

이로부터 10여 년 후 나는 아인 랜드Ayn Rand가 쓴 방대하고 매혹적인 소설《어깨를 움츠린 아틀라스Atlas Shrugged》를 읽었다. 이 책에서 저자는 단호한 개인주의와 자유경제에 관한 철학을 그럴듯하게 주장했다. 하지만 이 철학이 내포한 무엇인가가 불편했다. 그게 무엇인지 딱 꼬집어낼 수는 없었지만, 그것은 계속 나를 괴롭혔다. 그러던 어느 날 수천 페이지에 걸쳐 사회 변화와 많은 사람들의 극적인 삶을 그린 이 책에 핵심적으로 아이들이 없다는 점을 발견했다. 이 책에는 실제로 아이들이 등장하지 않았다. 마치 그녀가 사는 사회에는 아이들이 아예 존재하지 않는 것처럼, 책 속에는 아이들이 빠져 있었다. 바로 이 점이 단호한 개인주의와 무제한의 자본주의가 충분히 인식하지 못하는 사회적 상황이다. 우리 사회에는 아이들도 있고, 아이들처럼 보살펴야 할 어른도 있다는 점을 생각하지 못하는 것이다.

5년 후 정신과 수련의 생활을 하던 초기에 나는 '환자가 말하지 않은 것이 말한 것보다 더 중요하다'는 것도 배웠다. 이것은 훌륭한 법칙이다. 예를 들어, 아주 건강한 환자라면 정신치료를 하는 몇 시간 동안 자신의 현재와 과거, 미래를 통합해서 이야기할 것이다. 어린 시절에 대해서는 일절 언급하지 않고 현재와 미래만 이야기한다면, 아직 통합되고 해결되지 않은 어린 시절의 중요한 문제가 적어도 한 가지는 있으므로 이 문제를 꼬집어내야만 완전한 치유가 가능하다는 것을 감지할 것이다. 혹은 어린 시절과 미래에 대해서만 이야기한다면, 친밀한 사람들과의 관계나 어떤 위기로 인해 '지금 여기의 삶'에 대처하는 데 어려움을 겪고 있음을 파악할 수 있다. 또 미래를 전혀 언급하지 않는다면, 환자에게 환상이나 희망과 관련된 문제가 있을지도 모른다고 짐작할 수 있다.

이제 몇십 년을 건너뛰어, 대법원이 흑백분리정책 철폐를 결정한 지 31년이 지난 1985년으로 가보자. 알칸사스 주 리틀록 시에서 강연할 기회가 있었다. 이 공개강연에는 900명이 참석했는데 흑인은 단 한 사람도 없었다. 특정 도시를 비난하려고 이 예를 드는 것이 아니다. 이런 현상은 이보다는 덜하지만 다른 도시에서도 되풀이되고 있다. 이 예를 드는 이유는 통합성의 결핍이 언제나 무언가 빠져 있는 현실을 반영한다는 점을 지적하기 위해서다. 청중을 둘러보는 순간, 우리 사회의 불완전한 통합이 확연하게 눈에 들어왔다. 흑인들이 빠져 있었던 것이다. 다른 사회와 우리의 짧은 역사를 감안하면, 우리는 인종통합 영역에서 분명한 진보를 이루었다. 하지만 아직 갈 길이 멀다.

통합성을 시험하는 또 다른 방법은 이해가 좀 어려울 수도 있다. 전체 그림에서 한 조각도 빠진 게 없다면, 모든 차원이 통합되고 채색돼 있다면, 역설을 보게 될 개연성이 아주 높다. 근원적으로, 사실상 모든 진리는 역설적이다. 불교 서적들은 이 점을 기독교 서적들보다 더 분명하게 보여준다. 특히 선불교는 역설을 훈련할 수 있는 이상적인 학교다. 내가 좋아하는 농담이 하나 있다. '전구를 바꾸려면 얼마나 많은 선승들이 있어야 할까?' 대답은 '둘'이다. '한 명은 전구를 바꾸기 위해서. 그리고 또 한 명은 전구를 바꾸지 않기 위해서.'

일차원적인 서양인들에게는 이 대답이 심오하기는커녕 어리석게 보일 것이다. 이런 오류를 범하지 않도록, 이 책이 그저 '나'만의 책이 될 수 없는 이유를 설명해보겠다. 내가 이 책을 쓴 이유는단지 다른 사람들이 책을 쓰지 않기 때문이다. 내가 책을 쓰는 데는 출판업자나 편집자, 도서상인, 농부, 목수 같은 많은 사람들의노동이 필요하다. 이들 각자가 맡은 일을 해내야만 내가 전문적으로 책을 쓸 수 있다. 그래서 나는 일반적인 원칙에서 전문화를 반대하지 않는다. 하지만 전문화로 인해 이것은 내 책이라거나 내 나라라는 식으로 구분하는 사고방식에 젖어들면, 전체 그림을 못 보고 오류에 빠지게 된다.

어떤 개념이 역설적이라는 것은 이 개념에서 통합성과 진리의냄새가 느껴진다는 의미다. 반대로 어떤 개념이 조금도 역설적이지 않다면, 이 개념이 전체에서 어떤 측면을 통합하는 데 실패한것은 아닌지 의심해봐야 한다. 다시 한 번 단호한 개인주의 윤리를예로 들어보자. 이 윤리에는 역설적인 면이 전혀 없다. 이것은 진리의 한 면만을 중시한다. 우리에게는 개성화와 완전성, 자족성을이룰 의무가 있다고 이야기하는 것이다. 이로써 단호한 개인주의는 똑같은 진리의 다른 면 즉, 자신의 불충분함과 상처, 상호의존성을 인정할 줄도 알아야 한다는 점을 무시하는 오류를 범한다. 그리고 이런 오류로 인해 위험한 자기중심주의를 더욱 강화시킨다.그러나 사실 우리는 혼자 살 수도, 자기만을 위해 살 수도 없다. 실제로 불교에서는 자아를 고립된 실체로 보는 생각은 환상일 따름이라고 가르친다. 통합적인 생각을 하지도, 하려고도 않을 경우 많은 사람들이 쉽게 이런 환상에 빠진다.

통합적으로 생각하면, 흙과 비, 해뿐만 아니라 농부와 출판업자, 도서상인도 내 삶에 영양분을 공급해주었다는 것을 깨닫게 된다. 또 환자와 아내, 아이들, 다른 스승들, 다시 말해 가정과 사회를 포함한 모든 창조물이 내 삶을 풍요롭게 만들어주었다는 것도. 그러므로 나 자신이 가족이나 사회, 생태계보다 더 중요하다고는 생각할 수 없다. 이런 사고방식은 스스로를 분리시키는 것이나 마찬가지다. 통합적으로 생각하는 순간, 우리 모두는 사실 관리인이라는 것, 모든 부분에서 관리인의 책임을 거부할 수 없음을 깨달을 것이다.

사실 통합성을 얻기 위해 노력할수록, '나의'라는 말을 덜 사용하게 된다. '나의' 아내는 내 소유가 아니기 때문이다. '나의' 아이들의 정체성도 내게서 영향받은 부분이 극히 일부에 지나지 않는다. 어떤 의미에서 내가 번 돈은 내 것이지만, 더 높은 차원에서 보면 부모님과 좋은 선생님들, 좋은 대학, 내가 쓴 책을 읽어주는 독자, 약간의 재능처럼 내게 요구할 지혜조차 없는 온갖 행운이 가져다 준 하나의 선물이다. 또 내가 코네티컷 주에 소유한 재산은 법률상 '나의 것'이지만, 나 이전에 많은 세대의 백인과 인디언들이 농사를 지었던 땅이다. 나는 앞으로도 많은 세대의 사람들이 이 땅에서 계속 농사짓기를 바란다. 정원의 꽃들도 '나의' 꽃이 아니다. 나는 꽃을 만들어낼 줄 모른다. 그저 관리하거나 키울 수 있을 뿐이다.

관리인은 고립주의자일 수 없다. 더 이상 '이 집단은 나와 맞지 않아'라거나 '니카라과는 나와 아무 상관없어', '에티오피아에서

굶주리는 사람들한테는 관심 없어'라고 말하면 안 된다. '니카라과나 에티오피아에서 벌어지는 일들에는 정부 지도자들이나 신경 쓰면 돼. 그런 문제는 정치인들 전문이잖아. 그들이 알아서 할 일이지 내가 신경 쓸 일은 아냐'라는 말도 통합적으로 사고하는 사람이라면 결코 해선 안 된다. 우리의 이런 태도로 인해 정치 지도자들은 그들이 일으킨 베트남전에서 더욱 깊은 수렁 속으로 빠져들었다.

불행하게도 미국정부는 전 세계의 독재자가 되려는 시도를 합리화하는 데에 통합성이 고립주의와 반대된다는 개념을 이용했다. 그래서 미국인들은 '세계의 경찰' 역할을 하는 것이 우리의 권리라고 생각했다. 하지만 이것은 고립주의만큼이나 오만하고 비통합적이며 자기중심적인 생각이다. 게다가 다른 민족국가들도 세계의 경찰이 되고자 하기 때문에, 이것은 이론적으로 실행 불가능하며 실제로도 무기경쟁과 국제적 간섭을 부추기는 결과를 초래했다. 이 부분에서 우리는 단순한 흑백 논리적 사고, 이것 아니면 저것이라는 이분법적 사고, 일차원적이고 원시적인 사고, 고립주의자가 되건 지구의 지배자가 되건 선택해야 한다는 사고가 어떤 위험성을 안고 있는지 다시 확인할 수 있다. 더 역설적이고 다차원적인 세계관, 지적 작업을 많이 요구하는 세계관이 정말로 필요하다는 것을 다시금 확인할 수 있다.

세계관은 바로 종교이고, 따라서 모든 전쟁은 '성스러운 전쟁'이다. 그러므로 전쟁으로부터 멀어지려면, 참다운 종교와 거짓된 종교, 참다운 예언자와 거짓된 예언자, 통합된 세계관과 그렇지 않은 세계관을 식별해내는 지적 기준을 발전시켜야 한다. 그렇지 않으면 피 흘리는 전쟁터에서 승리하는 것만이 옳다는 힘의 논리가 유일한 기준이 될 것이다.

공동체는 다양한 관점이나 종교를 통합해야 하고 또 통합할 수 있다. 그렇다고 모든 종교적 사상과 실천이 똑같이 성숙하거나 타당한 것은 아니다. 참된 종교를 식별하는 기준은 무엇일까? 진정한 종교는 포괄성과 역설이 특징이다. 거짓된 종교는 편파성과 전체 통합의 실패로 감지할 수 있다. 이를 더욱 분명히 설명하기 위해 대부분의 미국인들에게는 고향과 같은 종교, 기독교 교리를 살펴본다.

이단과 역설

신앙이라는 명목으로 행해지는 거짓된 사고와 거짓된 표현을 이단이라고 한다.

나는 6년 전까지만 해도 이단에 대해 최소한의 개념도, 관심도 전혀 없었다. 사실 이단이라는 말은 종교재판을 연상시켰으며, 본질적으로 위험하고 부적절하게 중세나 암흑시대로 되돌아가는 것처럼 여겨졌다. 그런데 당시 귀신 들린 환자를 치료할 일이 생겼다. 그 환자는 자살과 살인충동 때문에 계속 병원 신세를 져야만 했다. 악령을 쫓아내기 한 달 전 나는 예비조사 차원에서 "예수에 대해 말해보세요"라고 했다. 그러자 그녀는 종이 한 장을 집어 들고 십자가를 그렸다. "위쪽에 세 명의 예수가 있어요. 왼쪽에도 두 명, 오른쪽에도 두 명, 여기 아래쪽에도 세 명의 예수가 있고요."

"그건 그만두고요." 나는 질환의 핵심을 꿰뚫어보기 위해 이렇게 물었다. "예수가 어떻게 죽었지요?"

"십자가에서 처형되었습니다."

무언가 나에게 이렇게 묻게 했다. "그 일이 고통스러웠나요?"

"아, 아니요."

"아니라고요?" 나는 놀라서 물었다.

"아니요, 알다시피 그리스도의 의식은 너무 고차원적이어서 그는 자신을 성체聖體 속에 투영해서 십자가에서 떠났어요."

내게는 이것이 '뉴에이지' 식의 터무니없는 대답처럼 여겨졌다. 그래서 그날 저녁 그 환자를 상담하고 있던 경험 많은 가톨릭 신부와 이야기하기 전까지는 그 대답에 의미를 부여하지 않았다. 나는 그녀의 말이 너무 기이하게 여겨져서, 대화 중에 그 이야기를 꺼냈다. 그러자 신부는 즉시 이렇게 대답했다. "오, 그게 바로 그리스도 가현설이에요."

"도대체 그리스도 가현설이란 게 뭡니까?"

"그리스도 가현설은 초기의 이단 교회에서 주장한 것입니다. 이 이단자들은 예수가 완전한 신이고 그의 인간성은 현상에 불과하다고 믿었죠."

이렇게 해서 나는 이단에 관심을 갖게 되었다. 알고 보니 그 환자는 걸어다니는 기독교 이단 교과서였다. 그리고 기독교 이단은 자칭 기독교인만이 지을 수 있는 죄였다. 힌두교도나 이슬람교도, 불가지론자라면 원하는 것은 무엇이든 믿을 수 있고, 기독교 사상가들은 대개 이 믿음의 진실성에는 관심을 두지 않는다. 하지만 기독교 이단자들은 자신의 생각을 기독교 교리라고 주장하면서 실제로는 기독교 교리의 진리를 심각하게 왜곡하거나 훼손하고 희석시킨다.

그리스도 가현설 속에서도 이단의 파격적인 면을 쉽게 확인할 수 있다. 그녀의 믿음대로 예수가 완전히 신성하며 그의 인간성이 현상에 불과하다면, 예수가 십자가에서 당한 고통은 단지 신성한 속임수에 불과하고 예수의 희생(기독교가 말하고자 하는 핵심)도 하늘의 속임수, 환상에 지나지 않는다. 요컨대 그리스도 가현설은 기독교 교리의 핵심에 극심한 타격을 입히고 있는 것이다.

하지만 그리스도 가현설과 반대되는 믿음, 즉 예수가 완전한 인간이었다는 믿음도 기독교 교리를 철저하게 훼손하고 있다는 점에 유의해야 한다. 예수가 완전한 인간이라면, 하느님은 '우리 중 한 명처럼 살다 죽기 위해' 내려오지 않았을 것이고, 신적인 사랑이나 희생도 없었을 것이다. 그러면 당연히 예수는 유일한 메시아가 아닐 것이다. 예수가 인간이라면, 제임스 존스나 문선명도 메시아가 될 수 있는 것이다.

따라서 기독교 교리의 핵심에는 역설이 있다. 예수는 완전한 신도 인간도 아닌 둘 다라는 점이다. 역설적으로 그는 인간의 아들인 동시에 하느님의 아들이기도 하다. 하지만 단순히 50퍼센트는 하느님이고 50퍼센트는 인간인 것도 아니다. 역설은 확실하게 구분되는 것이 아니고, 완전하게 이해할 수 없는 신비를 통해 구분을 초월한다. 그러면서도 순수하게 논리적인 것보다 더 사실적인 경우가 흔하다.

기독교에서든 다른 종교에서든, 대부분의 이단은 우리가 역설의 양면을 포용하지 못할 때 생긴다. 예를 들어, 역설적으로 하느님은 당신의 '조용하고 작은 목소리'로 우리 안에 존재하고 동시에 당신의 초월적이고 광대한 타자성으로 우리 밖에도 계신다. 기독교인으로서 나는 이것을 완전한 실재라고 말하련다. 역설의 한 면에만 초점을 맞추면 우리는 어려움을 겪게 된다. 내면의 신만을 인정하는 '내재성' 학파에 함몰되면, 자아도취적인 사소한 생각 하나하나를 계시로 볼 수 있다. 반면에 외적인 신에만 초점을 맞추는 '초월성' 학파에 완전히 빠져버리면, 내가 '정통의 이단'이라고 말하는 함정에 빠질 가능성이 높다. 하느님이 완전히 우리 밖에 있다면, 어떻게 유한자인 인간과 소통할 수 있겠는가? 이런 물음에 대해, 초월주의자들은 하느님이 마술적인 방법으로 모세나 그리스도, 사도 바울 같은 선택된 소수의 예언자와 소통한다고 답할 것이다. 그리고 하느님과 소통할 수 없는 불쌍한 사람들을 대신해서 사제계급이 이런 예언자들의 말을 해석해주는 것이라고 답할 것이다. 정통교리는 이렇게 만들어지고, 이런 교리의 수호자들은 필요하다면 살인과 고문을 통해서라도 억지로 이 교리를 사람들의 목구멍 속으로 밀어넣는다. 종교 재판관들도 마찬가지였다. 그들은 희생자들의 내면에 존재하는 신성을 부인함으로써 그들이 이단이라는 명목으로 처형한 사람들보다 더욱 악랄한 이단자가 되었다.

또 다른 예를 들어보자. 15세기 전 매우 근면한 아일랜드인 승려였던 펠라기우스Pelagius는 선행을 통해서만 구원받을 수 있다고 설교했다. 그러나 이 가르침은 무언가를 성취했을 때 지극히 비현실적인 자부심을 갖게 한다는 문제점이 있었다. 그래서 그의 가르침은 펠라기아니즘Pelagianism이라는 이단으로 널리 알려지게 되었다. 한편 3세기 전에는 오직 은총을 통해서만 구원받을 수 있다고 믿었던 기독교인 집단도 있었다. 이들은 이런 믿음에 따라 소극적으로 둘러앉아서 은총이 주어지기만을 조용히 기다렸다. 그래서 이들을 정적주의자Quietists라고 불렀다. 이들의 교리는 가난한 사람에게 먹을 것을 주거나 헐벗은 사람에게 입을 것을 주는 일, 아픈 사람을 고치는 일, 수감자들을 전도하는 일 같은 사회적 행동을 전혀 독려하지 않았다. 모두 예수가 우리에게 하라고 가르쳤던 일들인데도 말이다. 그러므로 정적주의도 이단이 분명했다. 구원은 은총과 선행이 역설적으로 결합되어 있을 때 주어지는 결과다. 그 결합은 어떤 수학 공식으로도 설명하기 어려울 만큼 충분히 불가사의하다.

몇 가지 명심해야 할 점들이 있다. 첫째, 오래된 기독교 이단은 아직까지도 모두 건재하다. 이런 이단들은 그리스도 가현설을 믿던 나의 환자처럼 개인은 물론이고 집단도 곤경에 빠뜨린다. 종교재판도 이단이 사회적 차원에서 영향을 미친 결과다.

둘째, 이단은 기독교만의 문제는 아니다. 모든 종교에는 나름의 이단이 있다. 또 서로 다른 종교끼리 똑같은 이단을 믿는 경우도 있다. 예를 들어 이슬람교도 중에도 몇몇 기독교도처럼 구원이 은총과 선행의 결과로 주어진다는 역설을 잘 이해하지 못하는 사람들이 있을 수 있다.

셋째, 넓은 의미에서 보면 반쪽의 진리에 불과한 이단은 특별히 종교적인 현상만은 아니다. 역설의 한 측면만을 주장하는 단호한 개인주의는 종교적인 사람들은 물론이고 세속적인 사람들에게도 이단이다. 그래서 단호한 개인주의는 특정 교리와 마찬가지로 파괴적이다.

넷째, 모든 이단은 영적 의미를 함축하고 있다. 개인적으로든 국가적으로든 우리가 상처받지 않을 수도 있다는 생각은 특별히 세속적이지도 그렇다고 종교적이지도 않은 또 다른 이단이다. 이 것은 영혼의 병에서 생겨나 이 병을 더욱 심화시키는데, 모든 종교의 심오한 사상가들은 이것이 이단임을 인식한다.

다섯째, 모든 이단은 현실을 왜곡시키므로 파괴적인 잠재력이 있다. 마음 여림의 문제와 관련해서, 모하메드는 "신을 믿어라. 그러나 먼저 너의 낙타를 묶어라"라고 했다. '양면적'이고 역설적이라는 점에서 이것은 참된 말이다. 하지만 모든 에너지를 낙타를 묶는 데만, 고삐를 죄고 또 죄는 데만 쏟아붓는 사람과 국가들이 있다. 우리가 무기체계를 구축하고 또 구축하면서도 또 다른 무기체계를 구축하면 드디어 우리 자신을 철저히 완벽하게 지킬 수 있다고 생각하는 것처럼 말이다. 그러나 이런 과정에서 우리는 하느님을 망각한다. 신의 은총에 의존하는 동시에 두려움 없이 자신의 나약함을 드러내고 위험도 감수할 줄 알아야 함을 잊고 있다. 또 전문화를 핑계로 역설을 회피하면서 목사들에게 이렇게 말하기도 한다. "당신들은 평화를 위해서 기도하세요. 하지만 고삐를 묶는 일은 우리 정치가들한테 맡겨야 합니다." 그런데 문제는 우리의 낙타를 묶는 밧줄에 이미 37개나 매듭이 나 있다는 점이다. 이 많은 매듭들을 풀어야만, 무기체계들을 하나하나 해체시켜야만, 믿음을 갖고 위험을 감수할 줄 알아야만 다시 자유롭게 작업을 해나 갈 수 있다.

마지막으로, 이단은 행동을 좌우할 때만 파괴적이다. 생각으로만 남아 있다면야 이단도 큰 문제는 안 된다. 문제는 행동이다. 기독교 성인처럼 행동하는 무신론자도 있고, 범죄자처럼 행동하는 자칭 기독교인—이런 사람들이 진짜 범죄자다—도 있다. '그 열매로 그들을 알지니'라고 가르친 예수보다 이것을 더 잘 아는 사람은 없다. '멋진 사람은 멋지게 행동하는 사람이다'라는 말도 똑같은 사실을 나타낸다.

이런 사실을 토대로 결론을 내린다면, 생각은 어떤 형태든 용인해야 하는 반면, 행동 중에는 그러지 않아야 할 것도 있다. 결국 중요한 것은 행동이다. 테드가 지하실집단에서 쫓겨난 이유도 그의 생각이 아니라 행동 때문이었다. 나는 공동체에서 기이한 생각을 하는 사람들을 많이 접했다. 하지만 공동체 형성에 투신한 사람들 가운데 이단적인 생각을 드러내서 공동체 발달을 저해하는 사람은 본 적이 없다. 또 공동체에서는 다양성을 통합하기 때문에 여러 가지 편파적인 생각들이 모여 통합적인 생각을 이루고, 처음에는 단순하게 사고하던 구성원들도 점차 복합적이고 역설적이며 유연하고 건전하게 사고하기 시작한다. 이로 인해 포용성을 갖춘 진정한 공동체는 아무리 거짓되고 불완전하고 이단적이어도 모든 믿음이나 신학체계를 받아들인다. 반대로 아무리 어리석고 유치하다 해도 그런 믿음을 가졌다는 이유로 개인을 제외시키려 들면, 언제나 파괴적인 영향이 미친다. 여기에서 우리는 또 다른 역설을 배울 수 있다. 이단을 학대하는 자체도 이단이라는 것이다.

신성모독을 꿰뚫고 통합의 세계로

결국 중요한 것은 행동이다. 이단적인(비현실적인) 사고가 위험한 이유는 비현실적인 만큼 위험할 수밖에 없는 행동을 불러일으키는 경향이 있기 때문이다. 반대로 아무리 옳고 바른 믿음도 옳거나 정의로운 행동을 이끌어내지 못하면 '종교적'이라고도 할 수 없다.

진정한 종교적 믿음은 근원적이어야 한다. 종교적 물음과 문제들은 창조와 파괴, 자연과 목적, 선과 악 같은 궁극적인 것들에 대한 근본적이고 기본적인 관심에서 비롯된다. 그러므로 근원적이지 않은 종교적 믿음이 있다면, 검은 고양이가 불운을 의미한다고 믿는 것 같은 미신에 불과한 것은 아닌지 의심해봐야 한다. 한편 경제적이고 정치적인 행동이 깊은 신념과 무관하다면, 이런 행동은 뿌리도 토대도 없는 것이다. 이런 행동은 비통합적이다. 통합성이 결여돼 있다. 달리 말하면, 종교적 믿음의 고백이 그 사람의 경제적·정치적·사회적 행동을 결정하는 데 의미가 없다면, 그 고백은 거짓이다.

이것은 두 가지 심각한 문제를 초래한다. 하나는 교회와 국가의 분리 문제다. 종교의 자유라는 유산은 미국의 가장 큰 축복 가운데 하나다. 정부가 특정 종교의 신앙 체계를 시민에게 강요하지 않는 것은 민주주의의 주춧돌이며 문명사에 진화를 가져온 첫걸음이다. 하지만 이런 제약으로 인해 시민들도 정치와 경제의 영역에서 종교적 견해를 표현하지 못한다면, 종교는 철저히 '개인화'되어 결국엔 피상적인 종교 행위만 남을 것이다. 그러면 우리는 '일요일 아침 기독교인' 같은 종교인으로 전락하고 의미 없는 종교적 자유만 보장받을 것이다.

이것이 내가 교회와 국가의 분리도 문제라고 말한 이유다. 국가와 종교의 합일은 종교적 자유의 죽음을 의미하는 반면, 완전한 분리는 진정한 종교의 죽음을 의미한다. 이 문제를 해결하는 데는 확실히 중도中道가 필요하다. 종교적 자유와 종교적 표현의 경쟁적인 욕구 사이에서 미묘하면서도 역설적인 균형점을 찾고 또 찾아내는 것이다. 못지않게 분명한 점은 이 문제를 단순하게 생각하면 혼란만 가중된다는 것이다.* 이 문제를 해결하는 데 가장 유용한 것은 통합적인 사고와 통합성이 결여된 사고를 식별해내는 능력이다.

종교적 믿음과 행동을 통합하려는 욕구가 불러일으키는 또 다른 문제는 신성모독이다. 십계명의 순서는 아무렇게나 정해진 것이 아니다. 모든 죄의 근원은 제1 계명과 제2 계명(우상숭배)을 어기는 것이다. 하지만 제3계명을 어기는 것도 커다란 죄다.

　제3계명 — '너는 너의 여호와 하나님의 이름을 망령되이 일컫지 마라' — 을 어기는 것을 신성모독이라 한다. 사람들은 이것을 우상숭배보다 덜 중요하게 생각하지만, 사실 두 배는 더 사악한 일이다. 나는 전국을 돌아다니는 동안 사람들이 신성모독의 본질을 일반적으로 오해하고 있다는 사실을 발견하고 놀랐다. 대부분의 사람들은 욕설이나 외설적인 말을 하는 걸 신성모독이라고 생각한다. 망치로 손가락을 내리쳤을 때 '갓 댐God damm'이라고 하거나 실수를 깨닫고 '오, 주여Oh, Christ'라고 말하는 것을 신성모독

＊ 이런 이유로 교회와 국가의 분리에 대한 분석은 책 한 권 분량은 된다. 그러나 단순한 사고는 관련 문제들도 덮어버린다. 인공유산에 대한 논쟁을 다루는 방식이 그 예다. 이 문제에 단순한 해결책은 없다. 이 문제를 통합적으로 생각하는 사람은 분열을 느낄 것이다. 인공유산이 일종의 살인이며, 그것을 인정하는 정책이 알베르트 슈바이처가 말한 '생명에 대한 외경'을 감소시키는 경향이 있다는 것은 분명하다. 한편 원하지 않는 임신을 했는데도 인공유산을 선택할 수 없다면 부모와 아이에게 막대한 고통이 초래될 것이다. 결국 통합적으로 생각하는 사람은 갈등을 겪을 수밖에 없다. 법적으로 '유산은 안 된다'라고 말하는 것은 간단하다. 하지만 무엇인가 빠져 있고, 고려하지 않은 점이 있다. 통합적으로 사고하는 사람이라면 자신의 삶과 임신에 대해 책임질 권리를 개인에게서 빼앗아 결국 방치되게 하지는 않는다. 누군가는 책임을 져야 한다. 통합적으로 사고하는 사람은, 자기 자식에게 하는 이야기가 아니라면, 하나의 공동체로서 부모와 앞으로 태어날 아이의 심리적 건강과 재정적인 문제를 기꺼이 책임져줄 의향이 없다면, '유산하면 안 된다'라고 말하지 않을 것이다.

　물론 현재 이 나라에서는 비용을 치르거나 책임을 져줄 진정한 공동체를 시작조차 안 하고 있다. 결과적으로 어디에도 책임을 지우지 않는 인공유산 금지법은 시대를 거스르게 만들기만 할 것이다. 이 법안으로 우리는 결국 30년 전처럼 가난한 사람들은 양복걸이로 인공유산을 하고, 부자들은 수술을 받으러 해외로 나가거나 다른 빠져나갈 구멍을 찾게 될 뿐이다. 나는 이 나라에 충분한 자격을 갖춘 공동체가 생겨나서 자비와 통합성 아래 '유산하면 안 된다'라고 말해줄 날이 오기를 고대한다. 그러나 그날이 올 때까지 우리는 진정한 공동체가 예외 아닌 표준이 될 더 나은 미래를 향해 바라건대 최대한 신속하게 움직이면서 이 문제로 계속 갈등하며 살아야 한다.

으로 여긴다. 하지만 이런 것들은 제3계명과는 전혀 상관이 없다.

물론 하느님은 우리가 그에게 화를 내기보다는 좋아해주기를 더 바랄 것이다. 또 불행의 원인을 하느님에게 돌리고 저주해도 우리를 아주 너그럽게 용서해줄 것이다. 이런 분노는 무지하고 미성숙한 짓임은 분명하지만, 우리가 여전히 하느님과 관계를 유지하고 있기 때문이다. 하느님은 우리가 그에게 끊임없이 만족하기를 기대하지는 않을 것이다. 아내라 해서, 남편이라 해서 언제나 배우자의 행동을 기쁘게 받아들이리라 기대하지 않는 것처럼 말이다.

아무리 깊은 관계라도 모든 관계에는 혼란이 있기 마련이다. 사실 이런 혼란은 필요하기도 하다. 그리고 하느님은 워낙 위대해서 우리가 때때로 당신을 저주해도(신을 욕하는 것은 그렇게 중요한 일이 아니다) 대단히 신경을 쓰진 않으시리라 생각한다. 하느님을 진정 분노케 하는 것은 우리가 당신을 이용할 때다. 하느님과 관계 없으면서 관계있는 척 가장하기 위해 하느님의 이름을 이용할 때 말이다. 신성모독이란 바로 이런 것이다.

아주 달랐던 두 가지 경험이 생각난다. 이슬람교의 위대한 스승인 이드리에스 샤가 토요일과 일요일에 연이어 하는 강연회에 참석한 적이 있다. 일요일의 강연이 끝날 무렵 그가 말했다. "저는 지금까지 4시간 동안 강연을 했어요. 하지만 여러분이 알아챘을지 모르겠는데, '사랑'이나 '하느님'이라는 단어를 한 번도 쓰지 않았습니다. 우리 수피교도는 이런 단어를 가볍게 쓰지 않아요. 이 단어들은…… 이 단어들은 신성하니까요."

다른 경험은 우연히 주말을 함께 보냈던 한 쌍의 부부(우연히,

나의 '나쁜' 언어를 비판하느라 고생했던 사람들)와 관련된 것이다. 그들은 아주 종교적인 사람들처럼 보였다. 말끝마다 "주님이 이렇게 했다"거나 "주님이 그렇게 했다"고 했다. 그러면서 정작 한다는 이야기는 누가 누구와 바람을 피운다거나 누가 이혼을 한다거나, 누가 교회에 제대로 안 나온다거나, 누구네 자식들에게 슬픈 일이 닥쳤다거나 하는 따위가 전부였다. 나는 그들의 말버릇에 대해 아무 말도 하지 않았다. 하지만 주말이 끝나 드디어 그들에게서 도망쳐 나왔을 때 한 번만 더 "주님이 이렇게 했다"는 말을 들었다면 아마 토하고 말았을 것이다.

이 부부가 종교적 언어를 뻔뻔하게 남용한 것이야말로 '하느님의 이름을 망령되이 일컫지 마라'는 계명을 어긴 것이다. 이들은 자신의 천박함을 숨기기 위해 하느님을 보잘것없는 존재로 만들어버렸다. 하지만 자신의 조잡함을 숨기기 위해 종교적 언어를 사용한 이들의 전략은 그들 자신 말고는 누구에게도 효과가 없었다.

나는 이 부부가 심각하게 신성을 모독했다고는 생각하지 않는다. 내가 아는 한 이들은 습관적으로 남의 얘기를 했을 뿐, 더 큰 죄는 저지르지 않았다. 심각한 신성모독은 훨씬 교묘해서 지적하거나 설명하기도 어렵고, 그만큼 파급 효과도 크다. 하지만 정도에 상관없이 신성모독은 거짓말 중의 거짓말이다. 신성한 것을 이용해 세속적인 면을 감추는 짓이며, 죄책감을 덜기 위해 누가 봐도 분명한 순수성을 이용하고, 상스러움을 감추기 위해 고상함을 이용하고, 추악함을 감추기 위해 아름다움을 이용하고, 악행을 미화하기 위해 거룩함을 이용하는 짓이다. 경건을 위장하고 이렇게 위장한 경건을 의도적으로 이용하는 짓이다. 모든 거짓말이 통합성의 결여를 드러내지만, 신성모독이야말로 통합성이 가장 심각하게 결여된 결과인 것이다. 그리고 이런 신성모독을 불러일으키는 가장 기본적인 심리적 과정은 칸막이하기라는 심리적 속임수다.

신성모독에는 정말로 악마적인 측면이 있다. 'diabolic(악마적)'이라는 말은 '따로 던지다'라는 뜻의 그리스어 동사 diabolein에서 유래되었다. 반대말은 '함께 던지다'라는 의미의 그리스어 sym-bolein일 것이다. 따라서 '상징적symbolic'이란 말은 통합을 가리키고 '악마적diabolic'이란 말은 칸막이하기를 가리킨다. 그리고 신성모독은 언제나 행동을 요구한다는 점을 기억해야 한다. 가끔 불경스러운 생각을 해도 이 생각을 행동으로 옮기지 않는 사람은 신성모독자가 아니다. 오히려 입으로는 신성한 생각을 떠벌리면서 행동은 불경스럽게 하는 사람이 신성모독자다. 요컨대 신성모독은 칸막이하기의 한 가지 형태로서 일상적으로 진리를 떠벌리면서도 한편으로는 밥 먹듯 거짓을 행하는 것이다.

이렇게 해서 다시 원점으로 돌아왔다. 통합성의 결여에서 비롯된 행동, 칸막이하기를 보여주는 행동은 어떤 형태든 신성모독이다. '일요일에는 아침마다 교회에 나가서 하느님과 하느님의 피조물, 같은 인간들을 사랑한다고 믿다가도, 월요일 아침이 되면 아무 거리낌없이 독이 든 폐수를 가까운 하천에 흘려보내는 사업가', 즉 '일요일 아침 기독교인'은 신성을 모독하고 있는 것이다. 이처럼 정도나 의식, 의도와 상관없이 종교를 칸막이하는 행동은 명백히 신성모독이다. 그러므로 동전 위에 '우리는 하느님을 믿습니다'라고 새겨넣고는 이 세계에서 주도적으로 무기를 생산·판매하고 있다는 사실은 우리가 대규모로 신성을 모독하고 있음을 말해준다.

미국인들에게 신성모독은 예외가 아니라 일반적이다. 그만큼 미국인들의 삶은 심하게 칸막이되어 있다. 어떤 것이 일상적인 것으로 굳어지면 대개 이것과 지나치게 유착돼 제대로 조망하지 못한다. 한 예로, 우리는 우리가 쓰는 동전에 너무 익숙해져 있어서 동전 위에 뭐라고 새겨져 있는지 생각조차 해보지 않는다. 그러므로 정상으로 간주되는 것이나 관습에서 악을 발견하기란 쉬운 일이 아니다. 우리가 보는 신문도 매일같이 방대한 양의 통계자료들을 퍼부어서, 결국에는 이 자료들이 말하는 '정상적'인 행동이 실은 광적인 것임을 깨닫지 못할 정도로 무감각하게 만들어버린다. 교회와 사회가 습관적으로 저지르는 신성모독을 깨닫지 못하게 만드는 이런 유착은 허용하지 말아야 한다. 여러분이 이런 유착에 분노하기를 바란다. 하지만 이런 일로 낙담할 필요는 없다. 사실상 미국인들이 정부와 교회에서 벌어지는 신성모독에 대해 갈수록 엄격해지고 있다는 고무적인 신호가 많이 나타나고 있기 때문이다.

처음에 나는 과학과 종교를 통합하는 내 작업을 많은 사람들이 수용하는 것을 보고 무척 놀랐다. 사람들은 마치 내가 완전히 새로운 무엇인가를 말한 것처럼 내 책을 읽고 흥분했다. 하지만 나의 글은 내가 태어나기도 전에 존재했던 권위자들의 말에 대한 이해에 깊이 뿌리박고 있다. 그런데 도대체 뭐가 그렇게 다르다고 그러는 것일까? 나는 내 글이 아니라 내 글을 읽는 사람들의 태도가 달라졌음을 점차로 깨달았다. 사람들이 변한 것이다! 그리고 이 변화에 대해 사색하면서 과학과 종교의 통합보다도 더 중요한 요소가 작용했음을 발견했다. 다행히 인류가 지나친 전문화 시대에서 빠져나와 통합의 시대로 들어가고 있던 것이다.

내가 '다행히'라고 말한 데는 여러 가지 이유가 있다. 먼저, 지나친 전문화 속에는 악이 존재할 수밖에 없다. 베트남전 당시 나는 정부 관료들과 국방성 복도를 누비면서 전쟁에 대해 이야기하곤 했다. 그들이 하는 이야기는 주로 이랬다. "오, 그래요, 펙 박사님. 박사님 말씀 다 이해해요. 이해합니다. 하지만 박사님도 아시다시피 우린 군수품과에 불과해요. 네이팜탄을 만들어서 베트남에 보내는 일을 관리할 뿐 전쟁을 책임지지는 않습니다. 그건 정책 문제예요. 통로 저쪽에 있는 정책과 관리들과 이야기해보시는 게 좋겠습니다." 그래서 통로 끝의 정책과를 찾아가면 그들은 이렇게 말했다. "오, 그래요, 펙 박사님. 박사님 말씀 다 이해해요. 이해합니다. 하지만 박사님도 아시다시피 여기 정책과에서는 정책을 집행만 합니다. 정책은 백악관에서 만들어요. 백악관에서 일하는 관리들과 이야기해보시죠." 1971년 당시 국방성은 이처럼 전쟁과 전혀 상관없는 듯 행동했다. 이것은 기업과 대학, 심지어는 교회처럼 전문화된 작은 부서들과 국을 거느리고 있으며, 집단의식 자체가 지나치게 칸막이되고 세분화되고 옅어지기 쉬운 모든 거대조직에서 일어나는 현상이었다.

지나친 전문화 시대에서 벗어나 통합의 시대로 나아가려는 움직임은 종교와 과학의 통합에서만 나타나고 있지는 않다. 모든 분야에서 이런 움직임을 찾아볼 수 있다. 알코올의존증방지협회나 전인의학운동, 생태운동 모두 이런 통합 운동의 하나다. 종교와 정치의 통합이나 종교와 경제의 통합이 점점 늘어나는 것도 고무적인 현상이다. 전국가톨릭주교회의에서 목회자의 편지를 통해 핵무기 경쟁을 비난한 것도 역사적으로 우연이 아니다. 하지만 낡은 전문화의 관점에서 이런 행동을 비난하는 사람들도 있다. "주교들이 그런 문제를 거론하는 건 옳지 않습니다. 교회와 국가의 분리주의를 어기는 일이에요. 당신들은 성당 안에 머물러 있어야 합니다. 당신들이 있어야 할 자리는 성당이니까요. 무기경쟁은 정치가들의 전문 분야이니 정치가들에게 맡겨야 합니다."

하지만 다행히도 전문 영역을 분리해야 한다는 이런 낡은 사고방식은 깨지고 있다. 지나친 전문화 시대에서 벗어나 통합의 시대로 나아가야 한다는 움직임이 일고 있기 때문이다. 기존의 문화를 초월해서 '더 이상 전문화를 지지하지 않는' 사람들이 급격하게 증가하고 있다. 이들은 신성모독을 꿰뚫는 법을 배웠고, 이들이 동원할 수 있는 모든 힘을 동원해서 통합을 주장하고 있다.

여기서 우리는 통합을 주장하는 세력이 커짐에 따라 통합을 반대하는 세력이 더욱 악랄하게 반격해올 가능성도 있다는 점을 직시해야 한다. 이런 싸움은 곧 벌어질지도 모른다. 한 예로, 지금까지 무장해제운동은 무기경쟁을 통제하고 조장해서 이익을 얻는 기존 세력에 위협을 가할 만큼 강력하지 못했다. 하지만 이제 상황이 달라지고 있다. 앞으로 더 커지겠지만, 무장해제운동이 계속 힘을 키워감에 따라 이 운동의 신뢰성을 떨어뜨리려는 목적으로 누군가 실제로 전쟁을 시작할 수도 있다. 그러므로 평화를 지지하는 사람들은 참으로 '뱀처럼 지혜롭고 비둘기처럼 순결해야' 한다.

하지만 반대 세력이 커져도 평화운동은 계속 성장할 것이다. 이 운동을 하는 사람들 중에 여행을 많이 못하는 사람들은 고립 상태에 놓인 듯 내가 다른 지역의 소식을 들려주면 놀라워한다. 미국 전역에서 통합성에 대한 기준이 높아지고 있다. 그것도 아주 빠르게. 이것은 민중에서부터 비롯된 현상이다. 기독교 교회 전체, 사실상 모든 교파가 거의 폭발적으로 평화에 대한 윤리적 책임에 눈 뜨고 있다. 모든 기독교인이 목회자가 되라는 부름을 받음에 따라 전문화로 인한 목사와 평신도 간의 분리도 깨지고 있다.

사람들은 또 대기업과 거대 정부가 통제하는 대중매체를 의심하기 시작했다. 정치선전에도 갈수록 날카로운 후각을 들이대고 있다. 칸막이하기를 간파해내는 능력도 점점 커진다. 우리의 직감은 정치가들의 뻔한 속임수뿐만 아니라 신성모독적인 통합성의 결여도 더욱 민감하게 포착해낸다. 희망을 가질 만하다. 지나친 전문화의 시대에서 벗어나 통합의 시대로 진입하고 있기 때문이다. 우리는 분명 나아가고 있다.

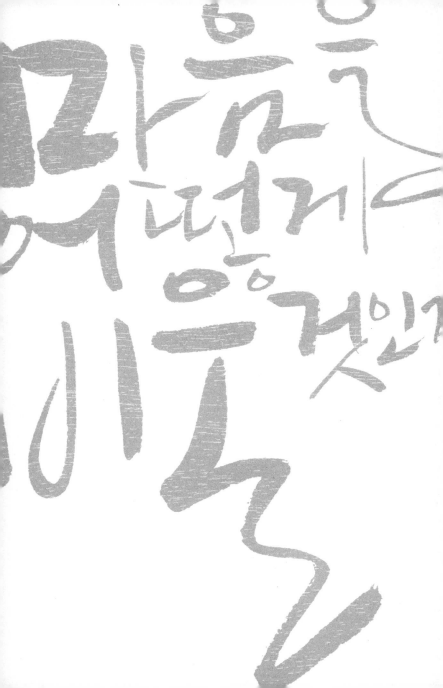

3부
해결책

13
공동체와 의사소통

의사소통은 글이나 말, 언어나 비언어적 수단 등 다양한 형태로 이루어진다. 마찬가지로 소통의 효과를 판단하는 기준도 다양하다. 분명한가 아니면 모호한가? 장황한가 아니면 정확한가? 철저한가? 제한적인가? 산문적인가? 시적인가? 이런 것들이 판단 기준이다. 하지만 다른 모든 기준보다 중요한 한 가지 기준이 있다. 소통으로 사람들 사이의 이해가 더 깊어졌는가 아니면 더 어려워졌는가 하는 점이다. 둘 혹은 더 많은 사람들 사이의 관계가 향상되었다면, 전반적으로 효과적인 소통이었다고 판단할 수 있다. 반면에 오히려 혼란이나 오해, 왜곡, 의심 혹은 반감이 생겼다면 소통이 효과 없었다고 결론내릴 수 있다. 소통의 당사자가 사악해서 일부러 불신과 적의의 씨앗을 뿌리려 하고, 그 목적을 달성하는 경우도 마찬가지다.

　의사소통의 전반적인 목적은 인간 사이의 화해이며 화해여야 한다. 궁극적으로 소통은 인간들을 서로 부당하게 갈라놓는 오해의 벽과 장애물을 낮추거나 없애는 역할을 수행해야 한다. 여기서 '궁극적으로'라는 말은 중요한 의미를 갖는다. 우리를 갈라놓는 장애물이라는 명확한 실상에 초점을 맞춰 그것을 무너뜨리려면, 때로는 정면으로 마주한, 심지어 분노에 찬 의사소통도 필요하다. 예를 들어 공동체를 형성할 때도 처음에는 개개인의 차이를 드러내고 싸워야만, 궁극적으로 이런 차이들을 수용하고 존중함으로써 차이를 초월할 수 있다.

하지만 그러려면 언제나 효과적인 의사소통의 근본 목적을 잊지 말아야 한다. 안 그러면 소통은 과제회피적인 양상을 띤다. 서로 다른 사람들이 화해라는 개념을 잊어버린 채 대면하면, 오로지 서로 싸우기 위해서 '함께' 있는 것처럼 행동할 수 있다. 의사소통의 참된 과업은 우리 사이에 사랑과 조화를 창조하는 것이다. 그것은 평화 만들기다.

공동체 형성에 적용되는 규칙은 효과적인 의사소통을 위한 규칙들과 같다. 그래서 공동체 형성 워크숍의 핵심도 소통의 규칙들을 배우는 것이다. 소통은 모든 인간관계의 토대이기 때문에 공동체 형성을 위한 규칙들은 둘 이상의 사람들이 모인 곳 어디에나 충분히 적용할 수 있다. 평화 만들기와 화해, 즉 공동체 건설은 전지구적 차원의 문제일 뿐만 아니라 모든 기업과 교회, 이웃, 가족과 관련된 문제이기도 하다.

공동체와 소통, 평화 사이는 물론이고, 이것들과 통합성의 개념 사이에도 기본적으로 등식이 성립된다. 지나친 전문화 시대에서 벗어나 통합의 시대로 나아가려는 움직임은 기본적으로 공동체운동과 일치한다. 그리고 이런 움직임은 현재 인간관계의 모든 층위에 그대로 반영되어 나타난다.

한 예로, 내가 어렸을 때는 '아이들은 그 자리에 있어도 되지만 얌전히 있어야 한다'라는 격언이 있었다. 당시 이런 격언은 농담이 아니었다. 그만큼 아이와 부모는 완전히 별개의 계급으로 분리─전문화─되어 있었다. 그러나 이런 질서로 인해 아이와 부모 사이의 소통을 방해하는 장애물들이 생겨났다. 남편과 아내 사이도 그랬다. 어렸을 때 어머니가 비용이 많이 들어도 꼭 가고 싶던 온천 여행을 가지 못한 이유를 이렇게 설명했던 기억이 난다.

"네 아버지 허락 없이는 아버지 돈을 쓸 수 없었거든."

그러나 이렇게 가족 구성원을 일류, 이류, 삼류계급으로 나누는 일은 이제 무너지고 있다. 남편과 아내는 더 이상 전적으로 돈 벌어오는 사람과 아이 키우는 사람으로 구분되지 않는다. 건강한 가정이라면 자식이 부모에게 특정한 방식으로 '말대꾸'하는 것을 실제로 권장해야 한다는 데에 권위자들도 대체로 동의한다. 우리가 변하고 있는 것이다.

물론 단순한 일은 아무것도 없다. 어린아이들은 차도로 뛰어들지 마라는 지시에는 말대꾸하면 안 된다. 자식을 보호하는 데 필요하다면 부모는 권위도 행사해야 한다. 사춘기 후반에 접어든 청소년을 공동체적인 가정에 완전히 묶어두어서는 안 된다. 자기 힘으로 독립하는 법을 배우는 것이 청소년들의 과제이기 때문이다. 또 결혼생활에서 남편과 아내의 역할 분화가 효율적일 뿐만 아니라 건강한 경우도 있다. 공동체의 규칙들을 어린아이가 있는 가족과 어른들로만 이루어진 주말 공동체 형성 워크숍에 똑같이 적용해서는 안 된다. 그렇다고 이런 규칙들을 아예 적용하지 마라는 말은 아니다. 가족을 공동체의 방향으로 이끌어가는 것이 현대 심리학의 전체적인 흐름이다. 보통의 일반적인 가정이 공동체의 방향으로 나아가려면 아직 갈 길이 멀다. 하지만 우리는 변하고 있다.

마찬가지로 기업의 지나친 전문화도 와해되기 시작했다. 1968년 어떤 기업의 상급관리자가 내게 중간관리자들에게 어떻게 동기를 부여해줘야 하느냐고 물었다. "이렇게도 저렇게도 해봤는데 여전히 비생산적이에요. 어떻게 해야 할까요?" 나는 이렇게 답해주었다. "당신의 고민을 해결할 열쇠는 그들이 갖고 있을 겁니다. 그들에게 어떻게 하면 더 의욕을 갖고 생산적으로 업무를 처리할 수 있는지 물어볼 생각은 안 해보셨습니까?" 그는 그런 생각은 해보지도 않았고, 해볼 필요도 없다고 정색하고 거절했다. 하지만 이제는 그도 그렇게 어리석지는 않을 것이다. 소통에 장애만 되는 권위적 시스템을 엄격하게 유지하느라 직원과 함께 문제를 해결하는 일을 피하지는 않을 것이다. 공동체 원칙을 적용해 기업의 생산성을 증가시킬 방법들이 많다는 인식이 확산됨에 따라, 노동과 경영 간의 엄격한 시대착오적 구분이 사라져가고 있기 때문이다.

다시 말하는데 단순한 것은 아무것도 없다. 공동체는 구성원 모두가 인도자인 집단이다. 하지만 기업에는 권위적인 구조가 필요하다. 나는 공동체장려재단의 이사다. 공동체 건설은 자신이 속한 집단에서부터 시작되어야 하므로, 우리는 이사진과 직원들 간의 공동체 의식을 증진시키기 위해 열심히 노력한다. 하지만 재단도 복잡한 사업체이기 때문에, 이사장에서부터 회장, 각 부서의 본부장, 행정 실무자에게로 연결되는 분명한 명령체계가 없으면 각자가 역할을 수행하기 힘들다. 이것은 양자택일이 아니라 둘 다 챙겨야 할 문제다.

기업체들이 공동체의 원칙을 받아들이고 있지만 아직은 시작에 불과하다. 보건이나 교육 같은 서비스 사업도 아직 낡은 방식으로 운영되고 있다. 한 예로 정신과의사들은 '치유공동체'의 효과들을 머리로는 잘 안다. 하지만 이런 가능성을 거의 실현시키지 않고 있다. 의사나 간호사 모두 서로에게 나약한 모습을 보이지 않으려고만 한다. 하물며 환자에게는 말할 것도 없다. 이로 인해 필요한 권위체계는 자기존중감이 가장 결여된 봉사대상, 즉 환자들을 최하층으로 만드는 전문화된 계급체계로 변질돼버린다. 마찬가지로 나는 대학에서 공동체에 대해 강연할 때 다음과 같은 불평을 여러 번 들었다. "교수님들은 끼리끼리 어울리고 우리를 존중해주지도 않아요." 그래도 곳곳의 대학이나 병원에서 공동체를 적극적으로 실현하려는 실험이 이따금씩 이루어진다. 우리는 확실히 변하고 있는 것이다.

덕분에 40년 전에는 거의 존재하지도 않았던 책들, 결혼생활과 가정, 기업 내에서의 의사소통에 관한 대중적인 책들이 이제는 서점에 넘쳐난다. 물론 질적인 면에서는 아쉬운 점이 많지만, 그래도 나아지고 있는 것 같다. 이렇게 가정이나 기업 내에서 공동체를 형성하는 것도 중요하지만, 사실은 전 지구 차원에서 평화를 구축하는 것이 더 시급하다. 그러나 전쟁과 평화 사이의 균형을 깨뜨릴 수 있는 체제들은 공동체 개념에 거의 영향을 받지 않는다. 이런 체제 내부와 체제 사이에서는 소통이 크게 부족하며, 사실상 공동체에 위배되는 규칙들이 계속해서 지켜지고 있다. 무기경쟁체제와 기독교 교회, 미국정부 모두 이런 체제에 포함된다. 하지만 희망은 있다. 아이젠하워 대통령의 말처럼 "사람들이 평화를 간절히 원하므로 정부는 길에서 비켜서서 사람들이 평화를 누리게 해주어야" 하기 때문이다.*

* Dwight D. Eisenhower, 《London Sunday Times》, 1960. Quoted in 'Treasury of Presidential Quotations'(Chicago : Follett Publishing Co., 1964), p. 209.

14
무기경쟁의 차원

기관으로서의 무기경쟁

무기경쟁을 '기관'으로 분류하는 것이 이상하게 여겨질 것이다. 일반적으로 우리는 은행 같은 하나의 건물이나 대학 같은 건물들의 집합체를 기관으로 생각하기 때문이다. 또 기관은 규칙과 전통, 직원과 예산, 건물을 가진 안정된 조직체, 때로는 무의미해 보이기까지 하는 조직체를 의미하는데, '무기경쟁'이라는 말은 끊임없이 변화하는 불안정한 어떤 과정처럼 들린다.

하지만 불행하게도 무기경쟁은 기관과 아주 흡사하다. 무기경쟁체제는 건물은 물론이고 다른 부동산도 많이 갖고 있다. 내가 군대에 있을 때 기초 훈련소의 하나였던 레오나드 우드 요새는 미주리 주에서 네 번째로 큰 도시였다. 최근에 플로리다 주의 멕시코만 북부 지역에서 강연할 기회가 있었는데, 이곳에서 주교 관구나 시민회관이라기보다 과도하게 큰 군지기 같은 지역을 보았다. 예산을 따져봐도, 무기경쟁에 세계에서 가장 많은 예산—연간 1조 달러도 넘는다—이 투입되는데, 이 예산의 3분의 1 가량을 미국 국민이 부담한다. 무기경쟁체제는 단순히 큰 사업이 아니라 수천만 명에게 일자리를 제공해주는, 세계에서 가장 큰 사업인 것이다.

물론 유사 이래로 부족이나 종족들은 임시로 무기를 비축하곤 했다. 하지만 50년 전부터는 무기경쟁이 저절로 계속되는 기관으로 굳어져버렸다. 그 규모도 날로 커진다. 모든 기관들이 이런 성장을 부러워할 것이다. 게다가 이런 엄청난 성장세에도 불안의 조짐은 보이지 않는다. 무기경쟁은 이례적일 정도로 안정적이고 지속적이고 고정적이어서 마치 반석 위에 세워진 것처럼 보인다.

최근에 나는 정치학자 멀포드 시블리Mulford Sibley가 1961년에 쓴《일방적 주도와 무장해제Unilateral Initiatives and Disarmament》를 다시 읽었다. 우리는 '미래에 올 충격'과 '메가트렌드'에 대해 이야기하며 급속한 사회변화를 개탄한다. 그런데 시블리가 책에서 말한 내용들은 출판 당시와 마찬가지로 현재 상황에도 잘 들어맞는다. 무기경쟁에 관한 한 아무것도 변하지 않은 것이다. 이런 변화의 부재에는 제도화의 낌새가 느껴지는 무언가가, 본질적으로 추하다 못해 악의 냄새까지 풍기는 무언가가 존재한다. 초기 기독교 신학자인 오리겐도 이렇게 말했다. "영혼은 진보를 지지하지만, 악은 본질적으로 진보를 거부한다." 이유가 무엇이건, 무기경쟁을 저지하는 부분에서 우리는 확실히 조금도 진보하지 못했다.

기관은 적합성에 상관없이 영속화하려는 경향을 띤다. 그래서 일반적으로 유용성이 사라진 후에도 오랫동안 존속한다. 이것은 순전히 관성의 문제다. 그리고 기관의 규모가 클수록, 고용인과 건물이 많을수록, 이런 관성과 영속의 힘도 더 크다. 이로 인해 미주리 주에서 네 번째로 큰 도시나 군수산업체를 없애고자 할 때는 누구나 저항에 부딪힌다. 여러 차원에서 볼 때 무기경쟁은 가장 큰 기관이다. 그러므로 그 자체의 규모 때문에라도 획기적인 조치를 취하지 않는 한 문명이 사라질 때까지 계속 존속할 것이다. 존재이유가 모두 사라져도 새로운 존재 이유를 만들어내 계속 존속하려 들 것이며, 지금도 그러고 있다. 요컨대 무기경쟁은 그냥 사라져버리지는 않을 것이다. 적극적으로 파괴시켜버려야만 무기경쟁을 무너뜨릴 수 있다.

그러므로 평화를 구축하는 데는 행동이 필요하다. 조용히 저항하는 세부전략이 필요한 경우들도 있겠지만, 이런 전략들도 강력한 행동을 포함하는 큰 틀 안에서 이루어져야 한다. 반대로 평화만들기에 있어 가장 큰 장애물은 소극적인 태도다. 비정상적인 무기경쟁이 지속될 수 있는 이유는 이와 직간접적으로 연관된 사람들의 저항과 관성 때문이기도 하지만, 외부에 있는 사람들의 소극적인 태도 때문이기도 하다.

사실 이런 소극성을 만들어내는 주요한 결정요인은 바로 무기경쟁의 제도적 특성이다. 무기경쟁체제가 너무 거대하고 굳건해서 개개인의 능력으로는 아무것도 할 수 없는 것처럼 여겨지는 것이다. '시청을 상대로 싸울 수는 없다'는 말이 있는데, 무기경쟁체제는 시청보다 훨씬 더 거대하다. 그러므로 '현실적인' 사람은 누구도 싸우려 들지 않을 것이다. 반대로 싸움을 시작할 만큼 '이상적인' 사람은 금방 짓밟혀버릴 것이다. 그렇지 않은가? 결국 희망이 없어 보인다. 하지만 무기경쟁을 영속화시키는 가장 큰 요인은 개개인의 이런 절망감과 무력감이다.

도처에 퍼져 있는, 핵무기에 의한 대량살상 위협은 우리가 통제할 수 없는 어떤 힘이 만들어낸 불쾌하고 우연한 상황이 아니다. 이런 위협은 마음 비우기와 통합, 마음 여림 같은 공동체 건설에 필요한 원칙들을 받아들이지 못한 결과다. 하지만 이런 실패는 극복할 수 있다. 이런 실패에 꼭 묶여 있는 것은 아니다. 우리의 체제속에는 창조적 변화로 실패를 뒤집을 여지가 충분히 있다. 궁극적으로 평화를 위해서는 변화에 대한 저항과 무력감을 극복해야 한다. 하지만 그러기 위해서는 먼저 첫 번째 적인 무력감과 직면해야 한다.

무력함이라는 심리

무기경쟁을 존속시키는 가장 강력하고 음험한 요인은 무관심이다. 이 심각한 광기에 대한 무관심은 여러 원인에서 비롯되지만, 이 가운데 가장 중요한 원인은 사람들 사이에 전반적으로 퍼져 있는 무력감일 것이다. 흔히 못 배우고 가난한 소외 계층만 이런 무력감을 느낀다고 생각할 수도 있다. 그래서 많이 배우고 교양 있고 호기심

많은 사람들이 이런 감정을 느낄 때는 더더욱 눈에 띈다.

1984년 여름 나는 '영성과 공동체'라는 주제로 열린 5일간의 컨퍼런스에서 강연을 했다. 350명이나 되는 참가자들은 모두 교육 수준이 높은 영적 구도자들이었다. 나는 이들이 소집단 활동에 잘 참여하도록, 첫날 오전에 마음 여림이라는 문제를 이야기하고 이것이 군비축소에 미칠 몇 가지 영향들도 넌지시 알려주었다. 그러자 질의응답 시간에 무기경쟁에 대해서 더 이야기할 계획이냐는 질문이 나왔다. 나는 앞으로 며칠간 이 문제를 본격적으로 이야기해볼 생각이라고 대답했다. 그러자 이어진 소집단 모임에서 많은 불평이 쏟아져 나왔다. 그날 저녁 나는 준비한 내용을 무시하고, 강연 계획에 반대하는 사람들이 있는 걸 보니 우리가 벌써 중요한 공동체 문제에 직면한 것이 분명하다는 말로 강연을 시작했다. 그러고는 무기경쟁에 대한 강연을 듣고 싶지 않은 사람들은 모두 손을 들어보라고 했다.

대략 25퍼센트인 90여 명의 사람들이 손을 들었다.

"여러분은 중요한 소수집단을 대표합니다. 여러분이 계속 그렇게 느낀다면 무기경쟁에 대한 강연을 그만둘 생각입니다. 하지만 그 전에 이 문제를 다루어보고 싶습니다. 먼저, 제가 말하려는 내용을 이미 알고 있어서 강연을 듣고 싶지 않은 분은 몇이나 됩니까?"

아무도 손을 들지 않았다.

"그러면 다음 중에서 한 가지나 그 이상의 이유로 무기경쟁 이야기를 듣고 싶지 않은 분은 몇이나 됩니까? 먼저, 영성과 아무 관계가 없다고 생각하기 때문이다. 다음은 그런 이야기는 이제 듣기도 지겹다. 이미 마음을 정했기 때문에 더 이상 정보가 필요 없다. 전부 가망 없는 짓이고 할 수 있는 일이 아무것도 없다고 생각하기 때문이다."

90명 모두가 손을 들었다.

나는 통합에 대해 간략하게 이야기하고, 왜 영성이 칸막이되어서는 안 되는지, 기독교 정신이 경제·정치적 행동과 왜 통합될 필요가 있는지도 설명했다. 그러고 나서 다그 할마르셸드Dag Hammarskjöld가 《표적Markings》에서 말한 '우리 시대에는 반드시 행동이라는 세계를 통과해야만 거룩함에 도달할 수 있다'는 가르침을 끝으로 토론 시간을 주었다. 결국 참가자들은 무기경쟁에 대한 강연을 듣기로 전원합의했다.

이것은 예외적인 경우가 아니다. 내가 청중의 마음을 바꿀 수 있었던 이유가 듣기 싫어도 들어야 하는 상황이었기 때문이라는 점만 빼면 그렇다. 어느 도시에서건 무장해제와 관련된 강연을 할 때면 다른 주제로 강연할 때에 비해 참석 인원이 반도 안 되게 줄어든다. 그만큼 사람들이 이 주제에 무관심한 것이다. 자신의 영적 여정에 대해서는 무엇인가 할 수 있다고 느끼는 반면, 무기경쟁에 대해서는 아무것도 할 수 없다고 생각하기 때문이다.

내가 아는 한, 무기경쟁에 대한 일반적인 무관심과 무력감을 웅변적으로 가장 잘 드러내준 강연은 1981년 니컬러스 험프리 박사가 영국에서 열린 세 번째 브로노프스키 기념 강연회에서 한 '자정 4분 전'이었다.* 강연 초반에 험프리 박사는 소련 주재 미국 대사였던 조지 캐넌 교수가 1981년 초 워싱턴에서 했던 강연을 인용했다. "우리는 무기를, 미사일을 비축 또 비축하고 있습니다. (중략) 마치 최면에 걸린 희생자들처럼, 꿈꾸고 있는 사람들처럼, 바다를 향해 가는 나그네쥐들처럼." 그러고 나서 험프리는 계속해서 다음과 같이 말했다.

《핵과학회지 the Bulletin of the Atomic Scientists》표지에 실린 지구 종말 시계는 몇 년 전부터 자정 10분 전에 맞춰져 있었는데, 지난 1월에 6분이 지났습니다. 이제 4분밖에 안 남은 거죠. 여기서 간단한 질문을 하나 던지고 싶습니다. 왜? 왜 우리는 쥐들처럼 행동하는 것일까? 왜 이런 일이 일어나도 그냥 두고 보기만 하는 것일까? 마운트배튼 경의 말처럼 '우리가 살고 있는 세상이 파괴되려 하는데 어떻게 아무것도 하지 않을 수 있단 말인가?'

마운트배튼은 이 질문을 던진 연설에서 이렇게도 말했습니다. '절벽을 향해 무모하게 돌진하는 것 같은 끔찍한 무기 경쟁의 실상을 보고 이 재앙에 책임 있는 사람들은 정신 차리고 브레이크를 걸기 위해 노력할 것인가? 대답은 '아니요' 입니다.' 저는 어떻게 그 대답이 '아니요'일 수 있는지 묻고 싶습니다.

---

* BBC-2에서 방송되었고, 1981년 10월 29일자 《The Listener》에 실렸다.

아마도 분명한 대답이었는지도 모릅니다. 다만 우린 답은 모른다는. 하지만 어떻게 무기경쟁의 위험을 모르거나 무시해버릴 수 있을까요? 어떻게 주변에서 타고 있는 모닥불로 인해 불이 날 수도 있다는 생각을 못할 수 있나요? 실제로 모닥불은 더 활활 타오르는데 어떻게 위험은 줄어들 거라고 생각할 수 있을까요?

어렸을 때 저희 집에는 에이잭스라는 오래된 애완거북이가 있었습니다. 그런데 어느 가을, 동면할 집을 찾던 에이잭스는 아버지가 가이 픽스Guy Fawkes 데이(1605년 영국에서 일어난 구교도들의 화약음모사건을 기념하는 날. 주동자가 가이 픽스였다—옮긴이)를 위해 준비해둔 장작더미와 고사리 덤불 속으로 아무도 모르게 기어 들어갔습니다. 더 많은 장작들이 쌓이면서 에이잭스는 더 안전하다고 느꼈을 것입니다. 매일 서리와 비로부터 더 안전하게 피할 수 있었을 테니까요. 하지만 11월 5일 거북은 결국 모닥불과 함께 재로 변해버렸습니다. 무기를 비축하고 또 비축하는 것이 우리를 더 안전하게 해준다고 믿는 사람들이 아직도 있단 말입니까? 무기들이 보장하는 안전에 비하면 위험은 아무것도 아니라고 믿는 사람들이 아직도 있단 말입니까?

험프리 박사는 이렇게 시작해 무관심과 소극성, 최면, 침묵, 무력감의 심리처럼 무기경쟁과 관련된 모든 심리들을 검토해 나갔다. 험프리 박사는 (다른 죄들 중에서도) 무력감의 뿌리—그는 이것을 침묵이라고 불렀다—를 특히 더 분명하게 설명했다. 그의 말에서는 영국적인 느낌이 풍겼지만, 미국 사회도 똑같이 잘 묘사해 주었다.

옛날에는 왕들이 나쁜 소식을 전하는 사자使者를 죽였다고 합니다. 플로셰어즈 에이트Plowshares Eight(미국의 반핵운동단체—옮긴이)가 당할 뻔했던 것처럼, 오늘날 미국에서는 법으로 사자들에게 침묵을 강요하죠. 소련에서는 정신병원에 감금할지도 모릅니다. 이것 말고도 나쁜 소식을 누설할지도 모르는 사람들을 교묘하게 제지하는 방법은 많이 있습니다. 우리 영국에서는 사회적으로 웃음거리를 만드는 방법을 가장 효과적으로 활용하죠. 핵폭탄이라는 달갑지 않은 문제를 직시하게 만드는 사람은 신중하지 못하다는 죄로 조롱당하거나 푸대접을 받거나 조소와 비웃음의 대상이 됩니다.

우리는 누구나 모욕을 가할 때 흔히 쓰는 말이 무엇인지 잘 알고 있습니다. '이상주의자'나 '평화주의자', '도덕주의자', '독선주의자' (중략) 우리는 이런 말들을 오랫동안 들어왔습니다. (중략)

속으로야 어떻게 생각하든, 공공연하게 핵폭탄을 반대한다고 말해선 안 된다고 자기를 합리화시키는 것은 그리 놀랄 일도 아닙니다. 귀족과 철학자, 배우, 신부들 모두 이렇게 하고 있으니까요. 자기 의견을 드러낼 수 있는 사람들인데도 말이지요. 하지만 그 외의 우리 같은 사람들은 어떻습니까? 우리는 모든 것을 고려해보고, 대체로 조용히 있기를 좋아합니다. 물이 발 주위에서 찰랑거릴 때도, 비명을 지르거나 찬송가를 부르거나 인류 역사 전체에서 가장 중요한 문제를 지적하는 것은 우리 방식이 아니죠. 하지만 가장 먼저 공포에 질리는 사람은 물에 젖는 사람입니다.

나는 무력감의 뿌리 중에서 가장 질긴 것이 무지나 지식의 결핍이라고 생각한다. 사람들이 무기경쟁이라는 문제에 직면할 때 무력감을 느끼는 이유는 그저 이 문제의 본질을 이해하지 못하기 때문이다. 그래서 빠져나가는 길도 모르는 것이다. 심리학자나 신학자들도 대부분 정치와 경제에 대한 식견이 없어서 무기경쟁 문제를 잘 모른다. 하지만 가장 안 좋은 것은, 무기경쟁을 '책임지고 있는' 정치가나 기업가들도 무기경쟁과 연관된 심리학이나 신학을 몰라서 무기경쟁 문제를 제대로 이해하지 못한다는 점이다. 그리고 마지막으로 이들 대부분은 공동체에 대한 이해가 없기 때문에 문제를 더 이해하지 못한다. 그러므로 공동체에 대한 이해에 무기경쟁을 영속화시키는 요소들에 대한 이해가 더해지면, 더 이상 무력감을 느끼지 않게 된다. 빠져나갈 길이 보이는 것이다.

때로는 강압적인 정신치료도 필요하다

내 경우, 삶을 더 단순하게 꾸릴 수 있을지는 몰라도, 현 시점에서 통합성을 유지하면서 완벽한 평화주의자가 될 수는 없다. 세상에는 개인적인 것이든 집단적인 것이든 악이 존재하는데, 아직은 최소한으로 부드럽게 힘을 행사하거나, 위협을 가하지 않고 악을 억제할 방법을 찾아내지 못했기 때문이다. 덜 해로운 다른 광기들도 때로 힘을 사용해야만 치유하거나 억제할 수 있는 것 같다. 정신과 의사들이 이런 불운한 현실을 깨닫는 데는 그리 오랜 시간이 걸리지 않는다.

정신과 수련의 생활을 시작하고 처음으로 당직 근무를 선 날 밤 응급실에서 호출이 왔다. 가보니 극단적인 피해망상 증상으로 더 이상 자신을 돌볼 수 없는 군인의 아내가 와 있었다. 환자가 군인이었다면 아무것도 문제될 것이 없었다. 군의관인 내게는 본인 의사와 상관없이 환자를 입원시킬 권한이 있었기 때문이다. 하지만 군인의 친지는 환자 본인이 동의해야만 입원시킬 수 있었다. 서류에 환자의 서명을 받아야만 했다. 나는 먼저 이런 사실을 군인의 아내에게 설명해주고, 우리 병원이 최고의 수준을 자랑하며, 현재 상태로는 필히 입원 치료를 받아야 하고, 입원하면 분명히 양질의 보살핌을 받을 것이라고 말해주었다. 그러고 나서 동의서에 서명하지 않겠느냐고 물었다.

대답은 "아니요"였다.

나는 반드시 입원해야만 하는 이유를 참을성 있게 다시 설명했다. 스스로를 해칠 만큼 상태가 안 좋기 때문에 입원 동의서에 자발적으로 서명하지 않으면, 경찰서에 전화를 걸어서 당신을 시립병원으로 이송하라고 할 수밖에 없다. 거기 가면 정신과의사 두 명이 다시 당신을 검사할 것이다. 그러면 그들도 분명히 입원 치료가 절실하다고 판단해서 당신의 의지와는 상관없이 시립병원에 입원시킬 것이다. 그런데 시립병원이란 데는 불결한 데다 환자들을 거칠게 다루는 형편없는 곳이다……. 이런 등등의 상황을 말해주고 나서, 그러니 차라리 우리 병원에 입원하는 편이 낫지 않겠느냐고 물었다. 그러나 역시 대답은 "아니요"였다.

나는 확실하고 유일하게 현명한 결정이 무엇인지를 설명하면서 다시 그녀와 3시간이나 실랑이했다. 그녀는 이따금 서류에 서명할 듯 펜을 들었다가도 이내 내려놓곤 했다. 또 몇 번이나 이름의 첫 글자를 쓰다가 멈췄다. 결국 새벽 2시에 이르러 나는 포기하고 말았다. 좌절감과 무력감에 기진맥진한 나는 경찰서로 전화를 걸었다. 그런데 응급실로 와서 그녀를 데려가달라고 말하는 중에 그녀가 갑자기 펜을 집어 들며 말했다. "알았어요, 서명할게요."

열흘 후 나는 다시 응급실 당직을 섰다. 그런데 지난번과 같은 일이 세세한 부분까지 그대로 되풀이되었다. 다른 점이라곤 환자가 다른 군인의 아내라는 것뿐이었다. 이번에도 환자는 절실하게 입원이 필요했다. 나는 밤 11시부터 다음날 새벽 2시까지 전처럼 그녀와 씨름했다. 예전 환자처럼 그녀도 펜을 들었다 놨다 들었다 놨다 했다. 그리고 이번에도 나는 새벽 2시에 경찰서에 전화를 걸었고, 역시 통화 중에 환자는 동의서에 서명했다.

비슷한 환자를 세 번째로 만났을 때 나는 이전과 다르게 대처했다. 입원이 필요한 이유는 똑같이 설명해주되 딱 3분의 결정시간을 준 것이다. "3분 안에 결정해서 서명하지 않으면 경찰을 부르겠습니다." 나는 이렇게 말했다. 그러고 나서 3분 후, 환자가 서명을 하지 않자 경찰서에 전화를 걸었다. 경찰과 통화를 하는 사이 환자는 동의서에 서명했다. 예전에는 해결하는 데 3시간이나 걸렸는데 이번에는 20분밖에 걸리지 않았다. 결과와 그 결과를 얻어내기까지의 과정은 똑같았지만 효율성은 열 배나 증가한 것이다. 이런 게 바로 정신과 수련의 한 부분인 것 같다. 이런 일을 계기로 나는 정신적으로 너무 불안정해서 자신이나 타인을 해칠 수 있는 사람들을 효과적으로 다루려면 아주 가끔 위협도 필요하다는 점을 분명히 깨달았다. 하지만 강제력이나 위협이 잘못 적용되는 경우도 있다.

내가 정신과 수련을 시작하기 1년 전, 위의 병원에서는 환자들이 식당을 나설 때 칼이나 포크 같은 위험한 도구들을 숨기지 않았는지 몸을 수색하는 관행이 있었다. 이런 수색에서 매주 12개의 식사용 칼이 발견되었다. 그런데도 많은 도구들이 없어졌고, 병동에선 일주일에 두 번꼴로 이런 도구들을 이용한 싸움이 벌어졌다. 이런 관행도 그다지 효과적이지 않은 것 같았다.

그래서 병원 직원들은 대담하게 실험을 감행해보기로 했다. 환자들을 수색하는 대신, 그들이 식당에 들어오기 전과 후에 식기류를 세어보면 어떤 일이 벌어질지 궁금했던 것이다. 그들은 결과를 확신할 수 없는 상황에서도 용감하게 실험을 감행했다. 그 결과 없어진 수저는 그 달 말까지 일주일에 하나꼴로 줄어들었다. 그 분기가 끝날 무렵에는 식기류를 이용한 싸움이 한 달에 한 번도 채 일어나지 않았다.

여러 해 동안 전국은 물론 전 세계의 정신병원에서 이런 실험이 되풀이되었다. 그 결과는 언제나 같았다. 정신병 환자들에게 일상적으로 강제력이나 위협을 행사하면 어김없이 의도보다 폭력적이고 파괴적인 행동이 실제로 더 많이 발생했다. 이 결과는 '자기충족예언'이라는 오래된 심리학적 원리를 다시금 확인시켜주었다. 어떤 사람이 어떤 방식으로 행동하리라고 오랫 동안 강력하게 예언하면, 그 사람은 실제로 그렇게 행동한다. 예를 들어, 딸에게 100번이나 200번쯤 '너는 커서 창녀가 될 거야'라고 말하면 실제로 딸은 창녀가 될 가능성이 높다. 마치 난폭한 미치광이를 대하듯 오랫동안 사람들을 대해보라. 그러면 분명 난폭한 미치광이가 되고도 남을 것이다.

이런 사실이 시사하는 점은 무엇인가? 드물지만 악이나 광기어린 행동을 다스리기 위해선 위협이나 강제력을 써야 하는 경우도 있다. 반면에 강제력이나 위협을 일상적으로 사용하는 것은 위험하고 자멸적인 방법이라는 것도 말해준다. 이것을 국가에 적용해보면, 나치하의 독일 같은 파괴적인 국가들을 다스리거나 변화시키는 데는 때로 위협이나 강제력도 필요하다는 점을 분명히 알 수 있다. 한편 강제력이나 위협을 일상적으로 행사하는 현재의 우리 정책이 국제적인 대혼란을 개선하기는커녕 오히려 더 부추길 수 있다는 점도 분명하게 확인할 수 있다.

강제력을 사용하든 안 하든 문제를 피할 수 없기는 마찬가지지만, 기존의 국제관계에서 일상적으로 강제력이나 위협을 사용하는 정책을 고수한다면 더더욱 어려운 상황에 직면할 것이 분명하다. 나는 아직도 우리 인간이 경찰 없는 세계에서 살아갈 준비가 안 되어 있다고 생각한다. 문제는 누구의 경찰이냐 하는 것이다.

국가체제는 무기경쟁의 발단

정치학자들은 세계를 구성하는 정치체계를 '국가체제'라 부른다. 세계는 여러 국가로 나뉘어 있다. 국가는 '지리적 영토와 이 영토의 내적·외적 주권을 소유하는 정부'라고 정의한다. 내적 주권은 자국의 영토 안에서 일어나는 일들을 결정할 권리가 오로지 정부에게만 있다는 의미이고, 외적 주권은 타국과의 관계를 결정할 권리가 오로지 정부에게만 있다는 의미다.

역사적 증거들을 놓고 보면, 국가나 정부도 개인과 마찬가지로 때로 광적이거나 사악해질 수 있다. 또 개인적인 것이든 국가적인 것이든 인간의 악이나 광기를 다루는 데는 때로 강제력이나 위협이 필요하다. 그러므로 미국이라는 국가가 간단히 그리고 일방적으로 칼을 두드려 쟁기 날을 만들어야 한다고 주장하는 것은 순진한 행동에 지나지 않는다. 우리의 일차적인 목표는 가능한 한 빨리 우리의 칼을, 우리의 총과 폭탄, 탱크와 미사일 일체를 유엔이나 다른 초국가적 정부에게 맡기는 것이어야 한다.

그런데 이런 제안에는 문제점이 있다. 어떤 국가가 불법적이거나 비도덕적인 행위를 저질러도 유엔은 적절한 초국가적 경찰력을 유지하거나 휘두를 수 없게 되어 있다는 점이다. 이것은 단지 각료와 무기의 문제가 아니다. 유엔에게는 그럴 힘이 없다. 그리고 유엔이 경찰력을 갖지 못하는 정확한 이유는 유엔에 가입한 나라들이 원하지 않기 때문이다. 모든 가입국이 자국의 권한을 포기하고 싶어 하지 않기 때문이다. 사실상 초국가적 정부와 국가체제는 양립이 불가능하다.

최근 유엔의 기관인 국제사법재판소에서 미국의 니카라과 내전 개입이 불법이라고 선언하자, 미국 정부는 이 판결을 지켜야 할 의무가 없다고 대응했다. 국가체제 안에서는 유엔의 기관인 국제사법재판소의 판결을 무시할 권리가 있었던 것이다. 하지만 국가들이 이렇듯 유엔에 복종하지 않는다면, 어떻게 국제 경찰력이 존재할 수 있겠는가? 국가들이 완전한 외적 주권을 소유하고 앞으로도 계속 소유를 주장한다면, 어떻게 국제법이 강제력을 띨 수 있겠는가? 미국이 지금처럼 타국과의 관계 형성에서 고유의 권리를 계속 주장한다면 결국엔 효율적인 유엔을 원하는 척 가장만 하게 되지 않겠는가?

국가체제는 무기경쟁이 발생하게 된 기반이다. 어떤 소식이 전해지는 데 워싱턴에서 런던까지는 6주, 워싱턴에서 베이징까지는 6개월이 걸리던 200년 전에는 전 세계가 여러 국가체제로 나뉘어 있어도 별 문제가 안 됐다. 하지만 지금처럼 즉각적인 글로벌 통신과 즉각적인 세계적 대학살이 가능한 테크놀로지 시대에는 국가 체제는 희망도 없고 쓸모도 없다. 인류가 생존하려면, 세계의 국가들이 외적 주권을 초국가 정부에 실질적으로 양도할 수 있도록 국가체제를 개편해야 한다.

1984년 많은 미국인들은 텔레비전에서 방영된 영화 〈그날 이후〉를 보고 공포에 질려버렸다. 이 영화는 미국의 한 중부 도시가 핵 공격을 받은 후의 상황을 묘사한 것이었다. 나는 의사로서 그런 시나리오를 수백 번도 넘게 상상해보았기 때문에 영화가 실상을 충분히 보여주지 못했다고 생각했다. 나를 정말로 경악하게 만든 것은 영화 방영 후에 실시된 '〈그날 이후〉, 이후'라는 토론이었다. 정치적 우익인 윌리엄 버클리에서부터 좌익 인사인 엘리 위즐까지 미국에서 가장 똑똑하고 훌륭하다는 여섯 명의 나이 지긋한 사람들 모두 절망에 빠져 앉아 있었기 때문이다. 이들은 무기경쟁에 대해 토론하면서 끝없는 협상만을 주장했다. 확실한 해결책이 될 수 있는 진정 대범한 혁신안은 누구도 제시하지 못했다. 물론 이 현명할 것 같은 사람들은 인류가 부족에서 도시국가로, 도시국가에서 국가로 진화해왔다는 것을 모두 알고 있었다. 하지만 국가체제를 넘어서는 더 나은 진화 방향을 제시할 만큼 선견지명을 갖춘 사람은 한 명도 없었다. 누구도 국가체제가 외적 주권을 희생해야만 궁극적으로 국제 평화도 가능하다는 명백한 사실을 용감하게 말하지 못했다.

사실 미국인들은 이런 희생의 개념을 아주 편안히 받아들이고 있을 것이다. 확실히 우리는 개인으로서 외적인 주권을 초개인적인 어떤 존재에게 넘겨주는 데 꽤 익숙하기 때문이다. 예를 들어, 이웃 사람이 쓰레기를 우리집 뒷마당에 버리는 걸 보고 항의했는데도 계속 버린다고 하자. 옛날 같으면 6연발식 총을 꺼내 이웃 사람을 쏴 죽였을지도 모른다. 하지만 오늘날에는 내 감정이야 어떻든 믿을 만한 변호사를 통해 군청이나 주법원이 이웃 사람에게 금지 명령을 내리도록 할 것이다. 아니면 피해 보상을 위해 소송을 제기할 수도 있다. 요컨대 우리는 의견 대립이 있을 때 이웃 사람의 코에 한방 먹일 권리를 군이나 주, 연방법원 같은 초인적인 기관에 오래전부터 넘겨준 것이다. 미국을 '법치국가'라고 부르는 이유도 여기에 있다. 실제로 더 이상 '거친 서부시대'가 아니기 때문에 이웃을 공격하거나 '법을 내 손안에 두려고 하면' 더 큰 곤경에 빠질 수 있다.

사실 미국 시민들이 외적 주권의 포기를 자연스럽게 느끼는 이유는 법치국가라는 것 말고도 또 있다. 그 이유는 주들을 연합하기 위해 그런 권리를 포기했기 때문이다. 200여 년 전 새로 생긴 주들은 헌법을 비준하면서 주로서의 외적 주권의 상당 부분을 포기했다. 각 주들이 외적 주권을 기꺼이 포기하지 않았다면 주들의 연합인 미합중국은 탄생하지 못하고, 좁고 긴 북미 대륙 안에 13개나 30개 혹은 300개의 개별적인 '국가'만 생겨났을 것이다. 이런 역사적 경험으로 볼 때 미국은 세계의 모든 국가들 중에서 세계를 지구합중국의 관점에서 생각하는 데 가장 잘 적응할 수 있다.

하지만 많은 '지성인'들은 세계정부를 불가능하다고 생각하고, 이것을 실현할 수 있다고 믿는 사람들을 비웃는다. "아, 그건 낡은 상아탑이 만들어낸 세계연방운동에 불과해. 그 이상주의자들은 아무것도 실현하지 못했어. 국제연맹도 실패했고 유엔도 제 기능을 못하고 있어." 하지만 이들은 미국이 국제연맹에 가입하기를 거부했고 유엔의 힘을 약화시키는 데도 일조했다는 사실은 대충 얼버무리고 넘어간다. 기독교 정신과 마찬가지로, 세계정부도 '시도 결과 부적절한 것으로 드러난 것이 아니라 한 번도 시도된 적이 없다.'

주권포기는 전통적 의미의 국가체제 종말을 의미한다. 하지만 국가나 국가적 차이들이 사라진다는 의미는 아니다. 언젠가 골다 메이어Golda Meir가《뉴에이지 저널New Age Journal》에서 말한 대로 "오케스트라가 생긴다고 바이올린이 없어지지는 않는 것처럼 세계정부가 생긴다고 국가가 사라지는 것은 아니다." 우리가 이야기하는 것은 단지 부분적이고 선별적인 주권포기일 뿐이다. 법은 쓰레기 처리 같은 사소한 문제로 이웃에게 총을 쏘면 안 된다고 명시하고 있다. 하지만 이웃과 친구가 되어야만 한다거나, 저녁 식사에 초대해야 한다거나, 같은 옷을 입어야 한다거나, 이웃과 같은 교회에 나가야 한다고는 명시하지 않는다. 사실 법은 이웃과 나의 권리를 보호하면서 극단적인 경우에만 우리 관계에 개입한다.

내적 주권의 문제에도 똑같은 원칙을 적용할 수 있다. 우리가 영향력 있는 초국가적 정부를 발전시킨다면, 이런 정부는 대학살을 저지른 나치 독일 같은 국가의 내정에 분명히 개입할 것이다. 하지만 초국가 정부가 어떤 국가에게 공산주의 국가가 되어야 한다거나 자본주의, 기독교, 이슬람교, 힌두교 국가가 되어야 한다고 명령하는 일은 일어나지 않을 것이다. 마찬가지로 법은 아주 극단적인 상황에서만 나의 내적 주권과 개인적인 삶의 양식에 개입할 것이다. 자녀에게 성폭력을 가해서는 안 된다거나 공공장소에서 벌거벗고 다니면 안 된다고 말할 수 있지만, 나나 자녀가 어떤 옷을 입을지에 대해서는 관여하지 않는다는 말이다.

사실 이런 초국가 정부만이 국가적 차이를 존중하고 나아가 환영할 수 있다. 어느 정도 진정한 세계공동체를 형성하기 전에는 초국가 정부를 이룰 수 없기 때문이다. 초국가 정부를 만드는 데 필요한 역설적 요구조건은 공동체의 역설적 요구조건과 같다. 공동체는 전체의 행복을 위해 개인적 차이들을 초월할 수 있는 집단이다. 이런 초월을 위해서는 특정한 태도를 희생하고 편견을 없애며 공동체 형성과 유지에 필요한 규칙에 순응하고 개인적 권리를 일정 부분 포기해야 한다. 하지만 이런 희생과 순응의 일차적인 목적은 더욱 커다란 다양성과 자유로운 표현, 창조성, 생기와 기쁨, 평화를 구축하는 데 있다.

그래도 어느 정도 순종해야 한다는 역설은 여전히 해결하기 어려운 문제다. 이것은 모든 국가에도 해당된다. 미국은 한 세기 만에 고립주의에서 벗어나 세계강국으로 부상했다. 그러나 이 사이에 약간의 주권도 그 어떤 나라보다 포기하지 않으려 하게 되었다. 가장 강력하고 부유한 나라인 만큼 잃을 것도 가장 많다고 생각해서 그런 것 같다. 하지만 우리가 초국가 정부와 공동체의 요구에 진심으로 기꺼이 따라야만, 소련을 포함한 여러 국가들이 세계평화에 진정한 장애물인지도 분명해질 것이다. 그때까지는 조국과 사회에 대한 진정한 애국심과는 상관없이, 어느 것이 양이고 어느 것이 염소이며 우리가 어디에 속하는지를 잘 구별하지 못하는 미국인들이 나를 포함해서 계속 늘어날 것이다.

그리고 우리가 초국가 정부와 국제공동체에 순종하지 않는 한, 우리는 계속 미국이 '세계의 경찰' 역할을 하는 것이 당연하다고 믿을 것이다. 하지만 소련인들도 자신들이 세계 경찰이 되어야 한다고 믿으며, 다른 국가도 그들의 영향권 안에서는 우두머리가 되고 싶어 한다. 우리는 이런 것도 별로 중요하게 생각하지 않는 것 같다. 심지어 소련이나 쿠바, 리비아보다는 미국이 낫다고 말하는 사람도 있을 것이다. 어쩌면 그럴지도 모른다. 하지만 이 얼마나 불합리한 생각인가! 이 얼마나 위험한 생각인가! 소련의 오만보다 미국의 오만이 덜 위험하다고는 확신할 수 없다. 세계 경찰이 될 권리를 자임하는 것이 자만심의 한 측면이라고 한다면, 모든 자만에는 악이 존재하고 더 큰 악의 가능성도 있다. 스스로를 구원하고 싶다면 인간성에 복종해야만 한다. 그것도 빨리. 그리고 그것을 과업으로 받아들이기 전까지는 진정으로 평화를 원한다고 할 수 없다. 단지 권력을 원하는 것일 뿐이다.

게임을 끝내는 유일한 방법은 게임을 그만두는 것

세계의 모든 국가들이 완전한 주권을 가진 별개 국가로서 계속 '단호한 개인주의'를 주장하면, 국가 간 게임은 영원히 피할 수 없다. 정신과의사 에릭 번Eric Berne은 유명한 책《심리적 게임 *Games People Play*》에서 무언의 보상이 있을 때 둘 또는 그 이상의 사람들이 되풀이하는 상호작용이 바로 심리게임이라고 했다. 이런 심리게임은 모노폴리 같은 '재미있는' 게임과 유사한 점도 있다. 하지만 심리게임을 하는 인간들 사이의 상호작용 속에는 언제나 파괴적이고 사악한 면이 있다는 점을 깨달아야 한다. 이런 상호작용은 잘못된 소통이기 때문에 공동체 형성을 방해한다. 거기다 '무언의 보상'은 부당하고 은밀하며 음흉한 어떤 일이 진행되고 있음을 암시한다. 심리게임에는 참가자들이 공개적으로 인정하고 싶어 하지 않는 추악한 면이 있는 것이다.

무기경쟁은 가장 빈번히 일어나는 심리게임의 한 변형이다. 이 게임의 제목은 '당신이 없었더라면'이다. 대부분의 부부들이 평생 이 게임을 한다. 예를 들어, 메리라는 여자는 이렇게 말한다. "내가 잔소리꾼이라는 건 나도 알아. 하지만 그건 존이 껍질에 싸여 있어서 그래. 존의 껍질을 뚫고 들어가려면 잔소리를 할 수밖에 없어. 존이 껍질에 싸여 있지 않다면, 나도 잔소리꾼이 안 됐을 거야." 그러면 존은 이렇게 받아친다. "내가 껍질에 싸여 있다는 건 나도 알아. 하지만 그건 메리가 잔소리꾼이기 때문이야. 메리의 잔소리로부터 날 보호하려면 껍질로 감쌀 수밖에 없어. 메리가 잔소리만 안 해도, 껍질로 날 감싸지 않았을 거야." 이런 의사소통이 비생산적으로 지겹게 되풀이될 수밖에 없는 이유는 간단하다. 책임이나 솔선수범, 새로운 어떤 것의 개입을 허용하지 않기 때문이다.

무기경쟁 게임에서 미국의 일차적 '적'은 소련이다. 미국은 이렇게 말할 것이다. "우리도 막대한 국방비와 국가 부채, CIA와 대륙간 탄도미사일, 핵탄두 같은 거 싫어. 하지만 소련이 치사하게 행동해서 어쩔 수 없어. 그들의 글과 행동을 보면 세계를 지배하고 싶어 하는 게 분명하거든. 소련만 아니라면 우리도 더 점잖게 행동할 거야." 물론 소련인들은 다르게 말할 것이다. "우리도 막대한 국방비와 고통받는 사람들, 미사일과 비밀경찰, 치사한 술책들이 싫어. 하지만 미국인들이 치사하게 행동해서 어쩔 수가 없어. 역사를 보면 그들은 100년도 넘게 세계를 지배하려고 해온 제국주의자들이야. 미국만 아니라면 우리도 훨씬 평화롭게 행동할 수 있을 거야."

에릭 번은 심리게임에서 게임을 끝내는 유일한 방법이 게임을 그만두는 것이라는 사실도 가르쳐주었다. 굳이 가르쳐주지 않아도 될 만큼 간단한 사실처럼 들릴 것이다. 하지만 이것은 인간사에서 가장 심오한 진리 중 하나다. 모노폴리 게임을 해본 사람이면 누구나 이 진리를 깨달을 것이다. 모노폴리 게임을 얼마나 오랫동안 했건, 얼마나 많이 게임이 지루하다고 불평하건, 게임이 얼마나 유치하건, 다른 의미 있는 일이 얼마나 많건, '게임을 계속하겠다'고 선언하고 200달러를 걸면 게임은 계속된다. 무기경쟁이 그렇듯 두 편이 게임을 할 경우, 한 사람이 일어서서 '더 이상 하지 않겠어'라고 선언해야 게임은 끝이 난다. 물론 상대방은 '그렇지만 방금 계속하겠다고 했잖아. 여기 200달러도 있어'라고 말할 가능성이 크다. 하지만 게임을 효과적으로 끝내고 싶은 사람은 '아니,

난 200달러도 필요 없어. 더 이상 안 하겠다고 했잖아. 진심이야. 게임은 끝났어. 끝'이라고 말할 것이다.

위의 예는 협상으로 무기경쟁을 끝낼 수 없음을 보여준다. 사실 우리는 협상이 무기경쟁 게임의 한 부분에 지나지 않는다고 생각한다. 모노폴리 게임을 해본 경험이 많은 사람들은 이런 사실을 빨리 깨달을 것이다. 게임하는 사람들이 "당신이 산책길을 저당 잡히면 나는 공원을 잡히겠소"라거나 "당신이 호텔을 없애면 나도 호텔을 없애겠소"라고 말할 때, 게임이 더 연장되거나 더 흥미진진해지는 경우가 얼마나 많았던가? 협상은 게임을 끝내는 데 효과가 없다. 우리가 경쟁심에서 혹은 국가의 주권을 제한하기보다는 유지하려는 목적으로 협상을 해왔기 때문이다. 요컨대 우리는 더 이상 필요 없거나 원하지 않는 것을 포기하는 식으로 '협상'한다. 하지만 이제는 게임 전체를 버려야 한다. 낡은 제도를 없애야 한다.

변화의 열쇠는 제도의 파괴가 아닌 탈바꿈에 있다

미국이 1930년대 대공황에서 완전히 회복되었다는 분명한 증거는 없다. 뉴딜 정책에도 불구하고 미국 경제는 제2차 세계대전이 일어나서 무기대여프로그램으로 군수물자를 증강할 때까지 침체하다 못해 계속 내리막길을 걸었다. 우리는 1938년 이래로 근 50

년간이나 전쟁 중심의 경제체제를 유지해왔다. 미국경제가 아무리 건강해 보여도, 나는 우리가 팔에는 정맥주사를 꽂고 손에는 생명을 이어주는 약병을 든 채 병원 복도를 이리저리 서성이면서 '아픈 데 없어요. 기분 좋아요'라고 말하는 사람과 비슷하다고 생각한다. 우리가 경제적 안정과 전체적으로 높은 생활수준을 유지하기 위해 무기경쟁에 의존한다는 데에는 믿을 만한 근거가 있다. 사실 미국의 군수산업복합체는 경제를 유지하기 위해 실제로 무기경쟁을 지지한다.

아이젠하워 대통령은 사반세기도 전에 백악관을 떠나면서 미국 국민들에게 군수산업복합체를 주의하라라고 경고했다.* 누구보다 잘 알 만한 위치에 있던 사람이 왜 이런 경고를 했을까? 군대와 국방부, 군수품 공급업체, 국방 관련 산업체, 무기제조업체와 판매업체가 평화와 국가의 건전성에 큰 위협이 된다는 것을 인식했기 때문이 아닐까? 그런데 이상하다. 그의 경고가 진부한 말이 되어버린 지금, 사람들은 그런 말을 들은 적도 없다는 듯 행동하고 있으니 말이다. 매년 군수산업복합체는 영속성은 물론이고 규모까지 엄청나게 커지고 있다.

미국에서 무기경쟁에 생계를 완전히 의존하고 있는 사람은 1천만 명, 부분적으로 의존하고 있는 사람은 2천만 명에 이른다. 그

---

* 'Farewell Radio and Television Address to the American People' 1961. 1. 17. 《Bartlett's Familiar Quotations》(Boston: Little, Brown, 1980), p. 815.

런데 이들이 거대한 전쟁로비단체를 형성하지 않으리라고 생각한다면 그야말로 순진하기 짝이 없다. 그런데도 대다수 미국인은 미국이 평화를 사랑하는 국가라고 철석같이 믿고 있다. 군수산업체들의 로비 활동이 너무 강력하고 효과적이어서, 사람들은 이들의 거대한 규모와 소리 없이 음모를 꾸미는 능력을 알아차리지 못하는 것 같다.

고전이 되어버린 《1984》에서 조지 오웰이 예측한 것처럼, 미국을 포함한 여러 국가들이 자국의 경제와 국민을 자극하고 조정하고 통제하고 유지하기 위해 무기경쟁을 지속한다는 가설은 많은 평화운동가들 사이에서 '고전적 무기경쟁이론'으로 불린다. 그러나 지난 5년간 《타임》이나 《뉴스위크》처럼 발행부수가 많은 잡지도 무기경쟁에 관한 주요 기사에서 '고전적 무기경쟁이론'을 조금도 언급하지 않았다. 이 이론에 논쟁의 여지가 많아도(의문을 제기할 근거들이 있기는 하다), 일반 대중매체에서 이 이론을 접하고 싶어 하는 사람들은 여전히 있다. 하지만 그 가능성마저 무시된다. 왜일까? 경제침체를 피하는 것이야말로 무기경쟁이라는 심리게임이 주는 중요한 '무언의 보상'이기 때문은 아닐까? 또 이런 무언의 보상이 공론화되지 말아야 하기 때문은 아닐까? 안 그러면 게임이 끝나버리기 때문은 아닐까?

목적이 수단을 정당화할 수 없다는 것만큼 중요한 도덕 규칙은 없다. 경제침체를 피하는 것은 가치 있는 목적일 수 있다. 하지만 이 목적이 전쟁을 무릅쓰는 것조차 정당화하지는 못한다. 그리고 이것이 크게 문제되지 않는다 해도, 경제침체를 피한다는 목적은 애매한 변명에 불과하다. 과도한 열광은 우울의 방어수단이 될 수도 있지만 대개는 우울보다 더 위험하고 자멸적인 영향을 미친다. 정신과의사들은 이 점을 잘 알고 있다(조울증에는 뿌리 깊은 생물학적 결정요소들이 있지만, 분명한 심리적 동인이 있는 경우도 있다). 마음 비우기와 관련해서 엘리자베스 퀴블러-로스가 말한 죽음의 단계를 자세히 설명할 때 나는 절망이 정신적 성장에 필수적인 한 부분임을 지적했다. 또 사람들이 정신적으로 성장하지 못하는 이유가 흔히 절망의 고통에서 뒷걸음질치고 '절망을 이겨내는 작업'에 기꺼이 뛰어들지 않기 때문이라는 점도 분명히 이야기했다.

나는 한 국가의 경제침체도 사회적인 면에서 볼 때 개인의 심리적 우울과 같다고 생각한다. 한 사회의 경제가 크게 침체되었다는 것은 그 사회에 중요한 변화나 조정이 필요하다는 신호다. 이런 사회는 필요한 변화에 성공해야만 경제침체에서 벗어나 건전하고 건강한 사회로 살아남을 수 있다. 하지만 개인이 건전하지 못한 방법으로 우울을 피해가려는 것처럼, 사회도 경제침체에서 벗어나려는 노력을 제대로 안 함으로써 결국엔 사회의 건강을 해치고 사회적 병리현상을 악화시킬 수 있다. 나는 미국이 건설적인 사회 변화를 위해 꼭 극복하고 넘어가야 할 고통, 즉 경제침체의 고통을 회피한 결과로 나타난 부분적이고도 중요한 증상이 바로 무기경쟁이라고 생각한다.

1967년에 출판된 책 《평화의 가능성과 바람직함에 대한 아이언 마운틴 보고 *Report from Iron Mountain on the Possibility and Desirability of Peace*》는, 비밀국가위원회가 미국 대통령에게 보고한 내용이 '새 나온' 것이라고 한다. 이 위원회는 사회경제적인 이유를 들어 대통령에게 평화를 추구하지 말라고 조언했다. 평화에 필요한 변화들이 지나치게 파괴적인 영향을 미칠 것이기 때문이었다. 여기서 변화에 대한 거부를 또 다시 확인할 수 있다. 이런 거부는 악이다. 초기 기독교 신학자인 오리겐의 말을 다시 떠올려보자. "영혼은 진보를 지지하지만, 악은 본질적으로 진보를 거부한다."

경제침체는 반가운 현상이 아니지만 악은 아니다. 고통일 뿐이다. 나도 누구 못지않게 최저생활수준을 반기지 않지만, 이미 재현되고 있는 것 같다. 하지만 자발적인 경제침체와 비자발적인 경제침체 사이에는 큰 차이가 있다. 1929년의 대공황은 비자발적인 것이었으며, 경제적으로는 말할 것도 없고 심리적으로나 사회적으로도 대비할 시간이 없었다. 그래서 급격하게 사람들을 황폐화시켰다. 하지만 우리가 자발적으로 경기침체를 겪고자 한다면, 경제적 분열을 최소화할 혁신적인 전략과 점진적인 변화, 계획을 위한 시간이 주어질 것이다. 대대적인 사회 변화의 열쇠는 대체, 즉 제도의 파괴가 아니라 탈바꿈이다.

예를 들어, 평화를 이뤄가는 과정에서 나는 단순히 군대를 없애자고 제안하지는 않을 것이다. 이런 제안은 수백만의 사람들을 한순간에 실업자로 전락시킬 뿐만 아니라, 군대가 변화할 경우 가져올 수도 있는 온갖 이득들을 불필요하게 파괴시켜버릴 것이기 때문이다. 핵심은 파괴가 아니라 탈바꿈이다. 그래서 나도 최고의 수많은 지성인들이 주창해온 것처럼 군대를 국가적인 서비스 단체로 탈바꿈시킬 것을 제안한다. 이 서비스 단체는 빈민가 정리와 교육, 자연 보호 같은 창조적인 과제를 수행할 것이다. 이 단체에는 비폭력적인 수단을 이용하는 자기방어분과도 둘 수 있다. 이 분과는 소극적인 저항과 비폭력적인 대처법들을 철저하게 훈련받은 용감한 남녀 정예요원들로 구성될 것이다.

또 단체의 직원들은 한 분과에서 다른 분과로 교대 근무도 할 수 있다. 현재 미국 군대의 조직 방식에 따르면, 직업 군인들의 존재 이유는 오직 하나, 전투를 벌이는 것이다. 그런데 미국 문화에서는 괴상하게도 직업 군인들을 평화의 수호자로 생각하고 또 그러기를 바란다. 하지만 평화가 찾아오면 직업 군인들은 아주 불행한 시간을 보낸다. 대량 해고 사태가 발생하고, 승진도 동결되고, 포상도 없고, 월급은 불합리할 정도로 낮아지고, 군인의 역할도 전체적으로 격하된다. 이것이 실상이다. 반대로 전쟁이 일어나면, 갑자기 위상도 높아지고, 월급도 올라가고, 보너스도 생기고, 훈장도 쏟아지고, 자긍심도 커진다. 그러므로 직업 군인에게 전쟁이 아닌 평화를 원하라고 하는 것은 성인군자가 되기를 기대하는 것과 같다. 그런데 군인에게 우리보다 더 나아야 한다고 요구할 권리가 우리에게 있단 말인가?

그래서 나는 무기경쟁에 의존하는 다른 제도뿐만 아니라 군대도 탈바꿈해야 한다고 생각한다. 실제로 군대의 전통적 훈련과 조직에 대한 노하우를 놓고 볼 때, 군대가 국가에 제공할 수 있는 것은 대단히 많으며, 이것은 지속적인 이득을 위해서도 보존해야 한다. 하지만 우리가 탈바꿈의 필요성을 인식할 때만 그렇다.

목적의 대체나 탈바꿈은 군수산업복합체의 또 다른 체제인

CIA에도 적용할 수 있다. 나는 CIA도 폐지하기보다 확대해야 한다고 생각한다. 우리에게는 다른 국가나 문화에 대한 정보가 필요하다. 하지만 수집하는 정보의 종류와 수집 방식, 정보를 이용하는 방식은 크게 변해야 한다. 그래서 나는 다른 문화를 이해하지도 못하면서 조종하려고만 드는 스파이 대신 문화인류학자를 CIA에서 일하게 해야 한다고 생각한다. 그래도 CIA에서 일하던 사람들의 삶이 이런 대체로 인해 혼란스러워지지는 않을 것이다. 고용책의 일환으로 능력과 의지가 있는 스파이들을 재훈련시켜서 문화인류학자로 만들지 못할 이유가 없기 때문이다.

그래도 변화는 역시 변화이기 때문에 언제나 고통이 뒤따른다. '의지와 능력'은 결코 하찮은 자격조건이 아니다. 문화인류학자가 되기를 원치 않는 스파이들, 자극을 갈망해 다른 문화를 조작하지 않고 이해를 위한 신중하고 힘든 작업에 만족할 수 없는 스파이들도 있을 것이다. 또 문화인류학자에게 필요한 객관성 같은 능력이 부족한 사람도 있을 수 있다. 그러므로 채용되는 사람도 있는 반면에 연금을 받고 떠나거나 그냥 물러날 사람도 있을 것이다. 어느 정도의 혼란과 고통은 감수해야 한다는 말이다.

군수산업복합체에서 가장 거대하고 강력한 부분인 국방 관련 산업체의 탈바꿈에도 같은 원칙을 적용한다. 다시 한 번 강조하지만 대체는 가능할 뿐만 아니라 근본적인 일이기도 하다. 네이팜탄을 제조하던 회사는 네이팜탄 대신 더 좋고 안전한 폭죽을 만들 수 있다. 고엽제를 제조하던 회사는 고품질의 비료를, 탱크를 만들던 회사는 우수한 도로 건설 장비들을 만들어낼 수 있다. 어떤 경우든 전쟁 무기와 기계들은 평화를 위한 도구로 변화시킬 수 있으며, 이런 고급기술은 국가의 주권을 지키기 위해 비밀로 하기보다 인간성의 향상을 위해 공유해야 한다. 하지만 이런 일에도 고통이 뒤따를 것이다. 낡은 장비가 무용지물이 되면서 새로운 기기 구입에 비용을 들여야 할 것이다. 또 새로운 교육도 필요하다. 화학무기 제조법을 알던 사람들은 평화를 위한 화학제품을 제조하는 기술을 새로 배워야 할 것이다. 새로운 지식을 습득하는 데는 개방성과 노력이 필요한데, 이런 노력을 거부하는 사람들도 있을 것이다. '너무 늙어서 새 묘기를 배울 수 없는 개'들 같은 존재 말이다. 역시 어느 정도의 혼란과 고통은 감수해야 한다.

자발적인 경제침체는 경제적 고통과 자본주의 간의 관계라는 기본적인 문제를 불러일으킨다. 자본주의의 핵심 문제는 자본주의 자체에 도덕관념이 없다는 것이다. 개개인이 경쟁적 환경에서 얻은 이윤에 동기를 부여받을 때 사회적 안녕이 가장 잘 이루어진다는 것이다. 이 외의 다른 동기들은 이야기하지 않는다. 사실 자본주의가 이윤동기를 이토록 강하게 믿는 이유는 이윤동기가 개인의 사욕에서 비롯된 원초적인 것이기 때문이다. 하지만 이렇기 때문에 이윤동기는 자신보다 높거나 자신을 초월한 어떤 것에 복종할 필요를 느끼지 못한다. 뻔뻔할 정도로 자기중심적인 것이다. 그런데 자신보다 더 높은 어떤 것에 복종하지 않는 의지는 반드시 악으로 변한다. 따라서 자본주의에는 그 자체로 '진보를 거부하는' 뿌리 깊은 경향이 있다.

그러므로 전통적인 자본주의는 '자발적인 경제침체'를 끔찍하게 여긴다. 이윤이 많이 나는 네이팜탄 제조업체를 운영하는 자본가가 무슨 이유로 재훈련과 재설계를 원하겠으며, 회사를 폭죽 제조업체로 전환하는 데 필요한 비용을 부담하려 들겠는가? 특히 네이팜탄의 수요를 유지하기 위해서 의회에 로비를 펼치는 편이 비용도 적게 들고 이윤도 더 많이 나는데 말이다. 양보를 모르는 전통적인 자본가라면 단기간의 개인적인 이윤 때문에 입증되지 않은 변화나 진보를 분명히 거부할 것이다.

나는 이윤동기를 버리거나 자본주의 제도를 폐지하는 것이 현명한 일이라고 생각하지는 않는다. 그렇다면 적절한 변화 방법은 무엇일까? 어떻게 하면 자본주의가 자발적으로 경제침체를 겪어내게 만들 수 있을까? 어떻게 하면 필요할 때 자본가들이 진리와 사랑, 평화라는 더 높은 가치를 위해 그들의 이윤동기를 포기하게 만들 수 있을까? 이런 질문들이야말로 우리 시대의 가장 중요한 문제들을 설명하는 방식의 하나다.

모든 뿌리 깊은 문제에는 복합적인 해답이 필요하다. 그중 하나가 공동체다. 기업가들이 진정한 공동체의 가치를 배우고 실천해서 기쁨이라는 정서적 이윤을 얻을 수 있게 해야 한다. 이런 가치를 배운 사람들이 드물지만 몇몇 있기는 하다. 하지만 대부분 배운 척할 뿐이다. 기업이 공동체적 이미지를 채택하는 것이 유행하고 있지만, 그게 전부다. 어디까지나 이미지일 뿐이라는 말이다. 이런 이미지는 흔히 기업의 경영 토대인 사욕의 뻔뻔한 본성을 숨기기 위한 것일 뿐이다. 우리가 가야 할 길은 아직 멀다. 자본주의 전체가 진정으로 공동체 정신을 받아들이지 않는다면, 자본주의나 자본주의가 이윤을 얻어내는 세상 모두 지속되기 어려울 것이다.

민족주의: 건강한 것인가, 병든 것인가?

우리는 자랑스러운 것은 바꾸려 하지 않는다. '넘어지기 전 교만이 앞서니'라는 말이 있듯이, 자긍심은 변화에 저항하기 때문이다. 현재 우리가 경험하는 자본주의는 '아메리카니즘'과 긴밀하게 연결돼 있으며 많은 미국인들의 마음속에 자긍심과 만족을 선사하고 있다. 그래서 대대적인 변화를 주창하는 비평가들을 미국인들은 달가워하지 않는다. '자본주의, 이게 싫으면 떠나라'는 말은 '미국, 이게 싫으면 떠나라'는 말의 또 다른 표현이다.

자존심에도 때와 장소가 있다. 자존심이 정상적이고 필요한 것으로 받아들여지는 때와 장소가 따로 있다는 말이다. 다른 경우 자존심은 개인은 물론 집단에도 병적이고 파괴적인 영향을 미칠 수 있다. 나르시시즘은 생존 본능의 심리적 기제이므로 이것 없이는 살아가기 힘들다. 하지만 억제되지 않은 나르시시즘(에리히 프롬은 위험한 자기애라고 불렀다)은 집단이나 개인이 범하는 악의 주요 전조다.

특히 자존심은 정체성 형성에 건강하고 필수적인 부분이기도 하다. 개인과 집단은 일생 동안 정체성을 형성하고 재정립하는 작업을 한다. 그리고 사춘기에 이런 작업이 가장 많이 이루어진다.

이 시기의 자존심이나 자기애를 보라! 외모에 집착하는 행동은 사춘기 청소년에게는 지극히 정상적인 일이다. 부모에게는 이들이 옷을 단정치 못하게 혹은 아무렇게나 괴상하게 입는 것처럼 보이겠지만, 이들은 옷을 아주 중요하게 생각한다. 옷을 입었다 벗었다 하면서 다양한 정체성을 시험해본다. 오랜 시간 거울 앞에 서서 옷뿐만 아니라 얼굴, 성장 중인 몸, 마음에 들거나 안 드는 여러 가지 특징들을 뜯어본다. 이렇게 거울을 보면서 자신이 누구인지를 아주 사실적인 방식으로 이해하려 애쓰고, 거울에 비친 모습에서 정체성을 찾아내려 한다. 하지만 거울 앞에서 자존심이나 자기심취는 쉽게 상처받기도 한다. 사춘기 아이는 보통 비판을 순순히 받아들이지 않는다. 사춘기의 정상적인 혼란이 비정상적일 정도로 극대화될 때, 그 바탕에는 '정체성의 위기'라는 문제가 깔려 있다.

한 집단이 정체성을 발전시키는 작업을 할 때는 자존심 문제도 아주 뚜렷하게 드러난다. 가장 잘 알려진 극적인 예로 60년대에 실질적인 정체성을 발달시키려던 미국 흑인들의 투쟁을 들 수 있다. 60년대 이전에 흑인들은 대체로 정체성이 부족했다. 많은 흑인들이 백인의 정체성을 받아들이기 위해 터무니없는 노력을 기울였다. 심지어는 자연스러운 고수머리를 펴기까지 했다. 그러다 갑자기, 거의 하룻밤 사이에 모든 것이 제대로 바뀌었다. 고수머리도 그대로 자라게 두고, '아프리카계' 미국인이라는 개념도 만들어냈다. 자기 뿌리에 자긍심을 갖기 위해서 아프리카 역사도 연구했다. 새로운 '검은 자존심'과 함께 '검은 분노'도 생겨났다. '검은 것은 아름답다'가 당시의 슬로건이었다.

이것은 좋은 현상이었다. 문제는 존중이다. 우리는 타인을 존중하듯 자신도 당연히 존중해야 한다. 그리고 자신을 존중하기 위해서는 자존감과 그에 수반되는 자부심을 가져야 한다.

민족적 집단이나 국가의 자존심을 우리는 흔히 민족주의라 부른다. 민족 집단이 정체성을 발전시킬 때, 즉 진정으로 국가를 형성할 때 민족주의는 가장 자연스럽고 건강한 기본 이념이 된다. 부족이나 도시국가가 하나의 국가를 형성할 때나, 미국인들이 1776년에 그런 것처럼 식민지가 외국 지배의 멍에를 벗어버릴 때가 그예다.

미국이 유감스럽게도 베트남에서 깨달은 것처럼 민족주의의 힘은 만만치 않다. 식민제국주의의 멍에에서 벗어나기 위해 투쟁하는 베트남인들의 지도자 호치민이 공산주의자라는 이유로, 우리는 독립을 위해 싸우는 베트남인들의 반대편에 섰다. 하지만 미국이 동남아시아에서 저지른 많은 오판 가운데서 가장 심각한 것은 베트남 민족주의를 공산주의 운동으로 오인한 것이다. 미국이 식민 지배를 영속화하려 드는 대신 베트남의 민족주의를 격려해주었다면 베트남은 진정으로 민주적인 비공산국가가 되었으리라는 증거들이 많이 있다. 거꾸로 말하면, 미국이 민족자결권을 바라는 베트남인들을 억압한 결과, 베트남이 소련과 동맹을 맺고 미국이 두려워하는 공산전체주의 국가로 변모했다는 말이다. 어쨌든 베트남에서 미국을 무릎 꿇게 만든 것은 공산주의가 아니라 민족주의가 가진 특별한 힘이었다. 정당한 민족주의를 반대하면 결국 우리가 위험에 처하게 된다.

하지만 다른 민족은 물론 우리 자신에게도, 반대해야 마땅한 부당한 민족주의나 국가적 자존심이 있다. '단호한' 개인주의와 '온건한' 개인주의 간에 차이가 있듯이, 건강한 독립국가와 누구에게도 구속받지 않고 자체의 결정에 따라 행동할 권리가 있다고 주장하는 국가 사이에도 차이가 있다. 한 예로, 미국이 헤이그에 있는 국제사법재판소의 결정에 승복할 필요가 없다고 선언한 것도 민족주의적인 생각 때문이다. 하지만 이것이 과연 건강한 민족주의일까? 이런 민족주의가 세계공동체를 향해 나아가는 데 무슨 의미가 있을까?

정체성에 대한 자부심은 미국 흑인이든 미국인 전체든 집단의 건전성에 필요한 정상적인 것이다. 공동체 형성 과정에서도 혼란에서 벗어나고 마음 비우기라는 고통스러운 시련을 이겨내는 데 성공하면, 집단은 이런 성취에 어느 정도 자부심을 가진다. 하지만 정체성에 대한 이런 건전한 자부심은 너무 쉽게, 너무 자주 오만한 우월감으로 변질돼버린다. 집단학살을 주도한 나치의 '지배자 민족'이라는 개념도 민족주의가 만들어낸 병적 증상의 하나다. 무엇이 니카라과에 최선인지 다 아는 것처럼 떠들어대는 미국의 확신도 마찬가지다. 어쨌든 우리는 합리적인 자기존중과 자결권에 필요한 민족주의, 배타적이고 적대적이며 맹목적인 애국심을 불러일으키는 민족주의, 세계공동체의 발달을 저해하는 민족주의를 구별할 줄 알아야 한다.

날로 좁아지는 세계에서 건전한 민족주의와 불건전한 민족주의를 구별하는 것은 중요한 과제다. 현재 지구상에는 민족주의의 신장을 격려해야 할 곳이 있는가 하면, 반대로 민족주의의 발달을 강력하게 저지시켜야 할 곳도 있다. 예를 들어 남아프리카공화국 흑인들의 민족주의는 분명히 격려할 필요가 있다. 정당한 자존심과 모든 시민에게 선거권이 있는 진정한 독립국가를 향해 나아가고 있기 때문이다. 남아프리카공화국 백인들이 협력을 하건 안 하건, 남아프리카공화국의 흑인들은 민족적 정체성을 확립할 필요가 있다. 하지만 소련과 미국은 국가적 정체성을 확립한 지 오래이므로 더 이상 국가적 자존심을 다지는 것은 불필요해 보인다. 평화를 위해 소련과 미국의 민족주의는 억제시켜야 한다.

건전한 민족주의와 불건전한 민족주의를 구별하는 열쇠는 분명히 정체성 발달이라는 문제와 연관되어 있다. 정체성 발달에서 '나'를 별개의 실체로 보는 개념은 환상이다. 사실 우리는 모두 서로에게 의존한다. 어느 시대에나 위대한 종교 지도자들은 하나같이 자기중심주의에서 벗어나 신비로운 의식을 향해가는 것이 영적 성장의 여정이며, 이 신비로운 의식 속에서 우리의 정체성은 신의 정체성과 합일된다고 가르쳤다.

이런 영적 성장 과정은 개인은 물론이고 집단과 국가에도 똑같이 적용된다. 궁극적으로 우리에게는 국가적인 자기중심주의와 국부적인 정체성에서 벗어나, 인류 및 지구 공동체와의 근원적인 동일시를 향해 나아갈 의무가 있다. 하지만 무언가를 버리려면 먼저 그것을 소유해야 한다. 먼저 정체성을 발달시키지 않으면, 정체성을 버리는 작업도 시작할 수 없다. 그러므로 국가 발달의 적절한 과정은 먼저 민족주의를 확립한 다음, 이 민족주의를 초월한 상태로 나아가는 것이다. 그리고 건전한 민족주의와 불건전한 민족주의를 구별하려면, 한 국가가 역사의 발전 도정에서 어느 단계에 있는지를 정확히 파악해야 한다.

나아가 불건전한 민족주의와 반대되는 건전한 민족주의를 검증하는 방법은 좋은 사고와 나쁜 사고를 구별해내는 방법과 같다. 다음의 질문을 던져보는 것이다. 무엇이 빠져 있는가? 얼마나 통합되어 있는가? 얼마나 의식적으로 모든 가능한 변수들을 고려하려고 노력하는가?

건전한 민족주의를 발판으로 국민을 이끌어가는 지도자는 건전한 민족주의가 더 큰 계획과 어떻게 부합되는지 잘 알 것이다. 베트남 전쟁 당시 호치민은 자신이 무엇을 하고 있는지 잘 알았지만, 존슨 대통령은 그렇지 못했다. 존슨은 불건전한 민족주의를 바탕으로 정국을 이끌었는데, 풀브라이트 상원의원은 존슨의 이런 민족주의를 '힘의 교만'이라고 불렀다. 대부분의 편견이 그렇듯, 이것도 본인은 의식하지 못하는 위험한 자기애의 일종이었다.

1964년 2월, 불건전한 민족주의의 실상을 여실히 보여주는 웃지 못할 사건이 하나 벌어졌다. 싱가포르에서 태어나고 자란 내 아내 릴리가 드디어 미국시민권을 갖게 된 때였다. 당시 우리가 살던 하와이 이민국은 릴리에게 시민권을 5월 1일까지 기다렸다 받을 수 있느냐고 물었다. 많은 사람들에게 시민권을 부여하면서 법의 날(당시 소련의 노동절에 맞서 미국에서 제정한 것이다)을 기리기 위해서였다. 릴리는 동의했다. 그래서 5월 1일 오후에 그녀와 나는 와이키키 군 주둔지에 있는 오래된 경마장으로 갔다. 그곳에는 200여 명의 새로운 시민들과 그들의 친지 그리고 행사에 걸맞는 고위관리들도 모여 있었다.

축제는 퍼레이드로 시작되었다. 세 개 중대에 달하는 군인들은 오후의 햇살에 반짝이는 총을 들고 악대와 함께 행사장을 네 바퀴 돌고 나서, 일곱 대의 곡사포 뒤로 돌아가 차렷 자세를 취했다. 그러고는 곡사포로 축포를 21발 쏘아댔다. 포성이 잦아들자 훤칠한 키에 잘생긴 하와이 주지사가 자리에서 일어나 연설을 시작했다. "우리는 오늘 오후 법의 날을 축하하기 위해 이 자리에 모였습니다. 여기 하와이의 많은 꽃들 덕분에 이날을 레이(목에 거는 화환─옮긴이)데이라고 불러도 좋을 것 같습니다!" 그는 계속했다. "그런데 문제는 미국에서는 이렇게 꽃으로 이 날을 기리는데, 공산주의 국가들에서는 군사적 시위를 한다는 점입니다."

아무도 웃지 않았다. 그의 말이 얼마나 부조리한지 아무도 깨닫지 못한 것 같았다. 일곱 대의 곡사포에서 뿜어져 나온 화염이 아직도 머리를 화환처럼 감싸고 있는데, 차렷 자세를 취한 세 개 중대의 무장군인들까지 뒤에 거느린 채 말도 안 되는 소리를 하다니. 다행히 그의 이런 어리석음은 무해한 것이었다. 하지만 이처럼 의식 없는 민족주의가 태평양 건너 먼 서쪽의 수많은 사람들을 죽이려 하고 있었다.

미국이 소련보다 불건전한 민족주의에 더 많이 젖어 있지는 않다. 반대로 내가 수집한 자료들에 따르면, 소련의 '보통사람'들이 평범한 미국인들보다 '옳건 그르건 내 조국은 내 조국이다!'라는 사고방식으로 더 많이 고통받고 있다. 실제로 소련인들은 격렬하고 맹목적인 애국심을 성격의 일부처럼 지니고 있어서 대하기가 쉽지 않다. 하지만 우리 자신의 병적인 민족주의를 치유하지 않고 소련인들의 불건전한 민족주의를 비난하는 것은 아이가 동생을 가리키면서 엄마에게 '쟤가 먼저 시작했어요'라고 울부짖는 것만큼이나 미성숙하고 무익한 행동이다.

불건전한 민족주의는 부추길 수도 억제할 수도 있다. 어린아이들이 다니는 소련 학교에 가보면, 교실 칠판 위에 메르카도르 도법으로 만든 직사각형의 세계지도가 가로로 걸려 있다고 한다. 이 지도의 중심에는 물론 소련이 있다. 내가 알기로는 비슷한 또래의 미국 아이들이 다니는 학교의 칠판 위 지도에도 한가운데에 미국이 그려져 있다.

이런 식은 안 된다. 지난 성탄절에 고맙게도 아이들이 새로운 세계지도책을 주었다. 아주 특별한 지도책이었다. 중심이 없었던 것이다. 소련과 미국, 중앙아메리카와 남아메리카, 아시아, 유럽, 남극과 북극이 각각 비슷한 크기의 공간에 그려져 있었다. 이런 지도책을 나는 본 적이 없었다. 이 지도책의 출판업자는 진실되고 통합적인 세계공동체 지도를 만들기 위해 분명히 대단한 노력을 기울였을 것이다.*

우리는 우리의 지도를 바꿀 수 있다.

---

* 《Atlas of the World》, 7th comprehensive ed. (New York : Times Books, 1985)

15
미국의 기독교 교회

변화는 가능하지만 언제나 저항을 이겨내야 한다. 그런데 무기경쟁을 해제하고 세계공동체를 이루는 데는 세계지도를 수정할 때보다 훨씬 더 큰 변화가 필요하다. 진정한 대변혁이 필요하다는 말이다. 대변혁은 사람들의 마음과 정신 속에서 시작된다. 하지만 우리의 제도들이 이런 변혁을 도와야만, 변혁이 평화적으로 이루어질 수 있다.

그런데 이 나라에서 가장 중요하고 변화와 관련도 깊은 두 제도인 기독교 교회와 연방정부는 변화에 무감각한 것처럼 보인다. 또 변혁을 촉진시키고 우리를 구원해줄 공동체 원칙도 받아들일 능력이 없거나 받아들이지 않으려는 것 같다.

예수, 당신은 어디에 있는가?

무기경쟁은 기독교의 모든 가르침에 위배된다. 무기경쟁은 민족주의를 옹호하지만 예수는 세계주의를 실천했다. 무기경쟁은 미움과 적대감을 조장하지만 예수는 용서를 설교했다. 무기경쟁은 자존심을 부추기지만 예수는 "마음이 가난한 자는 복이 있다"라고 했다. 무기제조업자들과 전쟁을 좋아하는 자들은 무기경쟁을 지지하지만 예수는 "평화를 이루는 자는 복이 있다"고 했다. 상처받지 않기 위해 방어막을 구축하는 것이 무기경쟁의 중요한 원동력이지만, 예수는 상처를 두려워하지 않는 여리고 열린 마음을 보여주었다.

그런데 왜 기독교 교회는 처음부터 무기경쟁에 대항하지 않았을까? 왜 추기경 스펠만은 베트남 전쟁의 단계적인 확전을 지지했을까? 어떻게 무기체계를 만들어낸 사람들이 국가의 조찬 기도회에 참석할 수 있는 걸까? 예수는 가나안 사람과 사마리아인과 함께 걸었다. 그리고 이런 예수를 본받아 교회에서는 세계공동체를 만들자는 결정을 가장 먼저 내렸다. 그런데 전국의 거의 모든 기독교 교회와 내가 다니는 작은 뉴잉글랜드 개신교회의 지성소 입구에 꽂혀 있는 미국 국기는 무엇을 하고 있단 말인가? 예수는 도대체 어떻게 된 것이란 말인가?

몇 년 전 자동차 범퍼 스티커에 적혀 있던 구절은 이런 상황을 아주 간단명료하게 잘 표현해준다.

'먼저 종교를 알고, 그 후에 예수를 본받아라.'

제도화된 종교에 진정한 기독교 정신이 빠져 있는 것이 비단

최근의 문제만은 아니다. 지난 1600년의 교회 역사 속에서는 제도적인 신성모독 행위가 수도 없이 행해졌다. 교회는 예수의 이름으로 십자군을 조직해서 이슬람교도들을 죽이러 갔다. 또 종교재판을 통해 예수의 이름으로 사람들을 죽이고 고문했다. 유대인 대학살이 자행되는 동안 로마 교회는 예수의 이름으로 아무것도 하지 않고 방관만 했다.

왜일까? 어떻게 해서 기독교 교회는 이처럼 끊임없이 신성모독 행위를 저지르게 된 걸까? 언제부터 예수는 혼란에 빠져 길을 잃어버린 것일까? 언제부터 교회는 공동체의 모든 본질을 망각해버린 것일까?

성 목요일의 혁명

기독교인으로서 나는 1년 중 교회에서 가장 중요한 날은 부활절도 성탄절도 아닌 바로 세족식이 이루어지는 성 목요일이라고 생각한다. 내가 이 날의 의미를 알게 된 것은 기독교 철학자 베아트리체 브루토Beatrice Bruteau의 강연 '거룩한 목요일의 혁명' 덕분이었다.* 일련의 강연에서 그녀는 인류 역사상 가장 위대한 혁명은 성

---

* 1981년 2월 8일~10일까지 쳄버즈버그의 윌슨 대학에서 열린 종교 포럼의 강연 시리즈

목요일에 일어났다고 지적했다. 예수가 십자형에 처해진 성 금요일 전의 이 날을 그녀는 거룩한 목요일이라고 불렀다.

그녀는 이것을 2단계에 걸친 혁명으로 보았다. 첫 단계의 혁명은 예수가 제자들의 발을 씻겨주었을 때 일어났다. 그때까지 사람들은 정상에 올라가는 것만이 의미 있다고 생각했다. 또 일단 정상에 오르면 계속 그곳에 머물려고 하거나 더 높이 올라가려고 했다. 그런데 이미 정상에 오른 사람—그는 랍비이자 스승, 주님이었다—이 갑자기 바닥으로 내려와 제자들의 발을 씻겨준 것이다. 예수는 이 한 번의 행위로 모든 사회질서를 상징적으로 뒤집었다. 그러나 사람들은 이런 것을 이해하지 못했고, 제자들도 그의 행동에 충격을 받았다.

브루토는 모든 사회질서를 상징적으로 뒤집어버린 예수가 마지막 만찬을 통해 성찬식이라는 상징적인 형태로 새로운 사회질서를 제시했다고 말했다. 덕분에 초기 기독교도들은 예수를 통해서 공동체의 비밀을 발견했다. 우리는 이런 사실을 초대 교회의 역사를 통해서 잘 알고 있다. 그러나 이 비밀을 대부분 잊어버린 탓에 우리는 그것이 한때 지녔던 힘을 깨닫지 못하고 있다.

키스 밀러는 《사랑의 향기 *The Scent of Love*》에서 초기 기독교도들이 성공적으로 전도할 수 있었던 이유를 설명했다. 그것은 카리스마적 재능 때문도 아니었고, 구미에 맞는 교리 때문도 아니었다. 오히려 당시 기독교는 사람들의 구미에 가장 안 맞는 교리를 가르쳤다. 이유는 바로 기독교도들이 공동체의 비밀을 알고 있었기 때문이다. 대체로 그들은 손가락 하나 까닥하지 않고도 전도를 할 수 있었다. 누구든 고린도나 에베소의 뒷골목을 걸어다니다 보면 한 무리의 사람들이 모여 앉아 어느 남자와 나무 하나, 처형, 빈 무덤 같은 아주 이상한 이야기를 나누는 걸 볼 수 있었다. 그들의 이야기 내용은 잘 이해되지 않았다. 하지만 이들이 이야기를 주고받는 방식이나 서로를 쳐다보는 방식, 함께 울고 웃는 방식, 서로를 토닥이는 방식에는 묘하게 사람을 잡아끄는 무언가가 있었다. 이것을 밀러는 사랑의 향기라 불렀다. 구경꾼은 골목 아래로 멀어져 가다가도 꽃에 끌리는 꿀벌처럼 이 작은 무리에게 이끌려 다시 돌아오곤 했다. 그는 좀 더 귀 기울여 보지만 여전히 이해가 안 돼 다시 멀어져갔다. 그러다가도 다시 이들에게 돌아왔다. 이들이 무슨 이야기를 하는지는 전혀 모르겠지만, 무슨 이야기건 조금이라도 들어보고 싶었기 때문이다.

실제로 경험해보지 못했다면 나는 이런 상황을 한 작가의 낭만적인 상상 정도로 치부해버렸을 것이다. 그러나 형편없는 호텔들을 전전하면서 공동체 형성을 위한 그룹들을 인도할 때, 안내 데스크의 직원들과 술집 여급들은 나나 참가자들을 멈춰 세우고 이렇게 묻곤 했다. "여기서 무얼 하시는지 모르겠지만, 오후 3시가 되면 근무가 끝나는데 저도 참가할 수 있을까요?"

성 목요일의 혁명은 기독교가 합법적인 종교가 된 콘스탄틴 대제 시대에 무산되기 시작했다. 그리고 얼마 후 기독교가 정식 종교로 인정받으면서 완전히 무산되어버렸다. 기독교도들은 이제 박해도 받지 않았다. 위기가 끝난 것이다. 그러나 위기가 끝나면 일반적으로 공동체가 사라져버리는 경향이 있다. 그래서 순교자의 시대가 지나가자, 생명의 피가 기독교와 교회로부터 새 나가기 시작했다.

진정한 기독교인이 되려면 위험을 감수할 줄 알아야 한다. 이점을 우리는 다시금 분명히 깨달아야 한다. 기독교적 믿음을 진지하게 받아들이는 사람은 십자가형이 1950여 년 전 한 사람에게만 일어난 사건이 아님을, 순교가 초대 제자들만의 숙명이 아님을 알 것이다. 모든 기독교인이 어디서나 이런 위험을 감수할 줄 알아야 한다. 믿음에 따라 살아가려는 기독교인은 어느 면에서 위험을 무릅쓸 줄 알고 또 그래야만 한다. 시대 상황이 변하면서 이런 필요성은 더욱 분명해졌다. 지금 시대에는 평화를 위해 커다란 위험을 무릅쓸 것을 요구한다. 이 세계의 주권자이자 권력자인 강력한 무기경쟁 세력에 맞서 싸우려면 순교의 위험까지 각오해야 한다. 콘스탄틴 대제 시대 이후에도 기독교 순교자들은 간간이 있어왔다. 하지만 지금 시대는 더 이상 홀로 신앙을 위해 살다 죽는 용감한 영혼이 이따금씩 등장하기만 해도 족한 때가 아니다. 위기가 너무 심각하기 때문이다. 지금은 공동체적이고 집단적인 행동으로 함께 위험을 무릅써야 할 때다.

그러므로 우리 시대의 가장 중요한 문제는 이렇게도 표현할 수 있다. 기독교 교회가 과연 무기경쟁의 위험성을 자각하고 다시 위기의식을 느껴서 예수가 남긴 공동체 정신을 회복할 수 있을까?

무기경쟁을 종결짓는 데는 엄청난 변화가 필요하다. 경제와 정치에 대한 사고방식은 물론이고 교회의 신자석 옆자리에 앉아 있는 이웃이나 길 아래 혹은 건너편에 사는 이웃과 관계를 맺는 방식에서도 진실한 대변혁이 있어야 한다. 이런 심각한 상황을 돌아보다 보면 때때로 예수의 재림이 정말로 필요한 것 같다는 생각이 든다. 물론 육신의 재림을 말하는 것은 아니다. 사실 나는 모두 그냥 둘러앉아 육신을 갖춘 메시아가 다시 나타나기만을 기다리는 사람들에 대해 대단히 비판적이다. 내가 말하려는 것은 기독교인들이 예수를 진지하게 받아들여야만 예수의 영혼이 부활하리라는 점이다. 성 목요일의 혁명을 부활시켜야 한다는 말이다.

유사가현설假現說: 교회의 이단성

교회는 어떻게 그처럼 쉽게 예수가 남긴 공동체 유산을 망각하고 서로 사랑하라는 계명에서 멀어질 수 있었을까? 기독교의 합법화로 기독교인도 안전하게 되었다. 위험한 시대는 지난 듯했다. 위기가 끝난 것이다. 그런데 정말로 그렇게 된 것일까? 사실 지금도 세상은 물론이고 교회 안에서도 악은 활보하고 있다. 칼끝으로 위협해서 이교의 신에게 고개 숙이고 충성을 맹세하게 하던 악은 물론 사라졌지만 다른 악들은 모두 그대로 남았다. 어떻게 교회는 악에 맞서 싸울 수 있게 된 바로 그 순간에 싸움을 저버릴 수 있었을까? 어떻게 교회는 그렇게도 빨리 영혼을 팔아버릴 수 있었을까?

원인은 두려움에 있다. 진정한 기독교인이 되려면 위험 속에서 살아갈 줄 알아야 한다. 악에 대항한 싸움은 위험하기 때문이다.

예수는 "나는 길이요"라고 했지만, 그의 길은 명백히 위험하다. 십자형 같은 순교로 끝날 가능성이 매우 크다. 그래서 대부분의 기독교인들은 두려움 때문에 이 길을 저버렸다.

그런데 어떻게 자신을 여전히 기독교인이라 부를 수 있었을까? 어떻게 예수를 주님이라 부르면서 다른 한편으로는 예수를 따르기를 거부할 수 있었을까? 예수는 두려움에 맞서 싸웠고, 이후에도 3세기 동안 많은 추종자들이 예수를 본받아 행동하는 듯했다. 그러다 그만 그러기를 멈추었다. 더 이상 예수의 용기를 본받으려 하지 않았다. 그런데 도대체 어떤 지적인 속임수를 썼기에 여전히 자신을 예수의 추종자라고 부를 수 있었을까?

기독교 교리에 도대체 무슨 일이 일어났기에 성찬식은 계속하면서 공동체 정신은 잃어버리고 만 것일까? 기독교 교리에 무슨 문제가 생겼기에 대부분의 기독교 예식이 공허하게 변해버리고 더 이상 삶의 방식으로서 제 역할을 못하게 된 것일까?

수세기에 달하는 기독교 역사 전체를 보며 이 질문에 답할 수는 없지만 오늘날의 미국 교회만 갖고는 확실하게 답할 수 있다. 미국에서 교회에 다니는 기독교인들의 대다수가 이단자라는 점을 분명하게 깨달았기 때문이다. 내가 보기에 오늘날의 주요 이단은 사실상 전통적으로도 이단시됐던 유사가현설pseudodocetism이다. 교회가 예수를 따르라고 가르치지 못하게 된 것은 바로 이 유사가현설 때문이다.

대다수의 미국 기독교인들은 충분한 교리문답과 세례문답 시간 덕분에 예수가 인간인 동시에 신이라는 역설적인 기독교 교리를 잘 이해하고 있다. 그런데 그리스도 가현설이 의미하는 것은 예수가 99.5퍼센트 신성한 존재이고 0.5퍼센트만 인간이라는 것이다. 더 없이 심한 불균형이다. 이런 가현설에 따르면, 99.5의 신성을 지닌 예수는 모든 영광을 누리면서 저 높이 구름 속에서 하느님 아버지의 오른편에 앉아 있고, 99.5퍼센트 인간인 우리는 이 아래 지구에서 세속적인 규칙에 따라 아등바등 지극히 평범한 삶을 살아간다.

이 간극이 너무 커서 미국의 기독교인들은 이 간극을 메우기 위해 진지한 노력을 기울이지 않는다. 예수는 자신이 길이므로 우리도 우리의 십자가를 지고 그를 따라야 한다고, 그와 같아지기 위해 노력하면 그보다 더욱 위대한 일을 하리라고 가르쳤다. 하지만 가현설에 따르면, 예수는 이런 말을 진지하게 했을 리 없다. 그는 신이고 우리는 일개 인간에 불과하기 때문이다. 이처럼 그리스도 가현설이 예수가 실제 인간이었다는 점을 대대적으로 무시해버린 결과, 우리는 예수의 발자취를 따라야 한다는 의무감 없이 말로만 예수를 경배하게 되었다. 기독교인으로서의 책임감을 면제시켜준 것이다.

위대한 퀘이커교도인 엘턴 트루블러드Elton Trueblood는 언젠가 "예수 그리스도를 받아들일 수도, 거부할 수도 있다. 하지만 이성적으로 그를 무시할 수는 없다"고 했다(엘턴이 인디애나 주 리치먼드 시에 세운 요크펠로 연구소의 현관에 새겨져 있는 말). 그러나 대다수의 미국 기독교인들은 비이성적으로 그를 무시해왔다. 이런 사고의 결함, 기독교인으로서의 책임을 회피하게 만든 이런 비이성이 바로 그리스도 가현설이라는 이단이다. 예수의 가르침에도 불구하고 이런 이단으로 인해 우리는 하느님과 부의 신을 모두 섬기게 되었다. 교회가 신성모독임에도 불구하고 예수의 이름으로 무기경쟁과 공존할 수 있는 이유는 바로 그리스도 가현설이라는 비이성적인 이단이 저변에 깔려 있기 때문이다,

무기경쟁을 종결하려면 우리는 먼저 진정한 기독교인이 되어야 한다. 예수의 진정한 제자, 진정으로 예수를 따르는 사람이 되어야 한다. 어떤 친구의 말처럼 "우리가 풀어야 할 문제는 어떻게 하면 예수를 구세주로 보던 사고방식에서 벗어나 예수를 주님으로 섬길 수 있는가 하는 것이다." 예수를 진정한 주님으로 섬기고 싶으면 기꺼이 그의 발자취를 따라야 하고, 그의 발자취를 따르려면 인간으로서도 얼마든지 이렇게 할 수 있다고 생각해야 한다. 그러려면 그리스도 가현설이라는 이단을 교회에서 뿌리째 뽑아버려야 한다. 예수가 완전한 신이었을 뿐만 아니라 완전한 인간이기도 했으며 지금도 그렇다는 믿음을 회복해야 한다. 사실은 그도 우리가 고통받는 문제들로 고통받았으며, 우리도 그가 고통받았던 문제들로 고통받을 수 있음을 깨달아야 한다. 그래서 말은 물론이고 행동으로도 그를 진정으로 따르는 사람이 되어야 한다. 기독교인으로서의 책임을 우리 스스로 다시 짊어져야 한다.

교회는 전쟁터가 되어야 한다

1980년대 초기에 나는 중요한 퇴마의식에 두 번 참석한 적이 있다. 그런데 그때마다 무엇인가 부적절한 일이 일어나고 있다는 막연한 느낌이 들었다. 빙의라는 진단이 의심스러웠던 것은 아니다. 오히려 이 경험으로 나는 빙의가 정말로 가능하다고 믿게 되었다. 그렇다고 퇴마의식이 불필요하다는 생각이 든 것도 아니었다. 내가 확인한 바로 두 환자는 퇴마의식을 치른 덕분에 오늘날까지 잘 산다. 내가 부적절하다고 느낀 점은 이런 환자들이 선한 세력과 악한 세력 — 원한다면 그리스도와 사탄의 세력이라도 해도 좋다 — 간의 전쟁터가 되어버렸다는 것이다.

사실 우리 개개인, 즉 모든 영혼은 선과 악이 투쟁하는 전쟁터와 다름없다. 하지만 두 환자의 경우에는 투쟁의 성격이 너무 거대했다. 우주의 모든 세력이 관여돼 있는 것처럼 보였다. 그 이유가 궁금했다. 그러다 두 번째 퇴마의식이 끝날 무렵, 선과 악의 투쟁이 일어나야 할 전쟁터는 사실 교회라는 점을 드디어 분명히 깨달았다. 교회가 이런 전쟁터 노릇을 제대로 못해서, 사람들이 전쟁터 역할을 대신하다가 끔찍하게 분열돼버린 것이다.

서로 상당히 다르긴 하지만, 두 환자가 귀신에 사로잡힌 이유는 교회가 범한 여러 가지 구체적인 과오들 때문이기도 하다. 교회의 피상성과 교회 내 공동체의 결여, 지도자들의 신성모독 같은 요인들이 바로 그것이다. 하지만 이 환자들이 희생자가 된 가장 큰 원인은 교회가 전쟁터로 헌신하기를 거부했기 때문이다.

그러나 이런 거부가 전통적으로 계속되어왔기 때문에 교회가 전쟁터 구실을 해야 한다는 생각은 이상하거나 괴이하게까지 여겨지고 있다. 교회는 싸우는 장소가 아니지 않은가? 실제로 우리는 교회에서 모든 싸움을 없애려고 한다. 모든 사람들이 항상 예의 바르게 미소 지으며 다정하고 밝게 행동하는 사이비 공동체로 만들려고 한다. 어떤 싸움이든 싸움이 일어날 것 같으면 교구위원회에서나 해야 하지만, 이보다는 교구위원회에 회부되기 전에 정치적으로 조정하는 것이 더 낫다고 생각한다. 그런데 문제는 이런 것은 진정한 공동체와는 아무 관련이 없으며, 예의 바른 위선에 지나지 않는다는 것이다.

여기서 우리는 핵심에 이른다. 그리스도는 분명히 우리에게 평화를 이루라는 소명을 주었다. 그러므로 교회는 무장해제에서 가장 중요한 역할을 맡아야 한다. 하지만 교회가 무장해제 운동에 전력을 기울이려면, 무기경쟁이라는 문제를 갖고 교회 안에서 치열하게 논쟁을 벌일 수 있어야 한다. 단순히 교회 지도자들로 구성된 위원회에서만 논의를 벌이는 것으로는 안 된다. 전국 모든 교회의 교인들끼리도 열띠게 논쟁을 벌여야만 한다.

하지만 이런 싸움은 아직 공론화되지도 않았다. 몇몇 교회 지도자들이 작게나마 용기를 내서 무기경쟁은 기독교인이 맞서 싸워야 할 문제라고 선언하기는 했다. 하지만 이 투쟁을 공동의 투쟁으로 만들기 위해서는 아무 일도 하지 않았다. 이들이 한 일이라고는 고작해야 강연자들을 초청해서 찬반 논쟁을 벌이게 한 것뿐이었다. 교인들은 기분 내키는 대로 이런 강연에 참석하기도 하고 참석하지 않기도 했다. 그리고 참석한 사람들은 각자의 자리에 앉아 혼자서 자신의 입장을 정리했다. 사실 이들의 생각은 이미 정해져 있었다. 다른 신자들과 논쟁을 벌이거나 신자들이 한 몸이 되어 투쟁해본 적도 없이 말이다. 이런 식으로 교회는 무기경쟁 문제를 다루어야 할 책임을 회피하고 있다.

교회는 자신을 '그리스도의 몸'이라 즐겨 부른다. 그러면서 실제로는 아무 고통 없이 그리스도의 몸이 될 수 있는 것처럼, 갈기갈기 찢길 것 같은 고통을 겪어보지 않고도 그리스도의 몸이 될 수 있는 것처럼, 스스로 십자가를 지지 않고도, 고뇌 속에서 십자가에 매달려보지 않고도 그리스도의 몸이 될 수 있는 것처럼 행동한다. 고통 없이도 그리스도의 몸이 될 수 있다는 이런 생각으로 인해 교회가 말하는 '그리스도의 몸'은 거짓말이 되어버렸다.

그러면 어떻게 해야만 할까? 그 해답은 고통스럽지만 명백하다. 진정한 공동체의 한 가지 특성은 그것이 품위 있게 싸울 수 있는 하나의 몸체라는 것이다. 공동체가 되기 전에는 교회가 무기경쟁이라는 문제에 대항할 수 없을 것이다. 그러나 지금의 교회는 그리스도의 몸도 아니고 진정한 공동체도 아니다. 교회가 그리스도의 몸이 되어 헌신하려면 먼저 공동체가 되어야만 한다.

공동체를 형성하는 과정은 도중에 그만두지 않겠다는 참가자들의 다짐, 좋을 때든 안 좋을 때든 함께하겠다는 다짐, 혼란과 마음 비우기의 고통을 이겨내겠다는 다짐 같은 결의에서부터 시작된다. 교회는 일반적으로 이런 다짐을 요구하지 않는다. 하지만 이제는 요구해야 한다. 이런 다짐이 없으면 공동체도 불가능하기 때문이다.

나는 전국을 여행하는 동안 거의 절망에 빠져 있는 목회자들을 많이 보았다. 이들은 교인들 사이에 공동체 의식이 결여되어 있음을 깊이 인식하고 있었다. 이로 인해 지도자로서도, 한 개인으로서도 괴로워하고 있었다. 이들은 교인들과도 공동체 의식을 느끼지 못했다. 그래서 교회 밖에서 이런 느낌을 찾고자 했지만, 성공한 경우는 거의 없었다. 또 교인들에게 속내를 편안하게 털어놓을 수도 없었으며 자신이 이해하는 대로 진심을 다해 복음을 전하지도 못했다.

이들이 해결책을 물으면, 나는 교회에 머물면서 서로에게 충실하겠다는 약속을 교인들에게 먼저 억지로라도 받아내라고 했다. "목사님의 설교를 듣고 교인들이 떠날까봐 두려워한다면 어떻게 자유로이 복음을 전파할 수 있겠습니까? 목사님의 설교를 듣고 교인이 떠나면, 신자 수와 함께 재정이 줄어들어서 대주교가 화를 낼 겁니다. 그러면 목사님은 실패한 목회자로 낙인찍히겠지요. 그러니까 먼저 교인들에게 머물겠다는 약속을 받아내야 합니다. 공동체는 이런 약속에서 시작되는 것이에요."

그러나 이런 충고는 쉽게 받아들여지지 않는다. 우리는 여전히 '단호한' 개인주의 시대에 살고 있고, 마음 내키는 대로 자유롭게 오가는 것이 개인이기 때문이다. 그렇지 않은가? 어떤 교파, 어떤 교회를 다닐지, 특정한 주일, 특정한 달, 특정한 계절에 교회에 나갈지 말지 모두 개인의 결정에 맡겨져 있지 않은가? 개개인이 마음대로 길 아래 다른 교회로 갈 수 있는 시대에, 충성이 더 이상 교인의 조건이 아닌 시대에 어떻게 1파운드의 살처럼 충성을 강요할 수 있겠는가? 한 몸처럼 교회에 남아 있겠다는 약속을 강요하면 아마 상당수의 교인들이 교회를 떠날 것이다. 그러므로 이것은 사실 아주 위험한 일이다.

그래도 우리는 다시 또 다시 직면하게 되는 현실로 돌아가야 한다. 즉 기독교인이 되려면 먼저 위험을 감수해야만 한다. 아마도 이 일은 위험을 무릅쓰고 교인들에게 출석 점검을 해야겠다고 말하는 몇몇 용감한 목회자들에게서 시작될 것이다. 하지만 이들의 희생을 생각하면 나도 오싹해진다. 대주교나 다른 교회 인도자들이 이들의 모험을 격려해주면 훨씬 쉬워질 것이다. 그래도 대주교나 인도자들이 위험을 함께 떠맡지 않으면, 이들의 희생은 결국 헛수고가 되고 만다. 진정한 기독교인이 되려면 개개인은 위험을 감수하는 삶을 살아야 한다. 마찬가지로 교회도 위험을 무릅써야 진정한 그리스도의 몸이 될 수 있다.

그러나 위험은 크다. 대주교나 교파 회장의 입장에서는 다음과 같이 질문할 것이다. "교인들에게 중요한 약속을 받아내는 것이 교회의 정책인데, 그러면 오늘날과 같은 개인주의 시대에 도대체 얼마나 많은 교인들이 이탈할까? 10퍼센트? 25퍼센트? 50퍼센트? 그러면 교회의 재정 구조는 어떻게 될까? 이 교인들은 또 어디로 갈까? 다른 교파로 갈까? 아냐 그런 일은 없을 거야. 교회 전체에는 어떤 영향이 미칠까? 교회가 출석 점검을 지지하는 교파와 그렇지 않은 교파로 나눠질까? 지지하는 교회와 지지하지 않는 교회라는 두 개의 교회로 분열될까? 교회 공동체가 비포용적으로 변할까? 헌신을 요구하는 정책으로 인해 교회는 헌신하지 않으려는 사람들을 배제하게 되지 않을까? 그들에게서 성스러운 의식들을 통해 쌓을 수 있는 미덕을 박탈하고 복음을 들을 기회도 빼앗는 건 아닐까? 우리의 과제는 화합인데 결국은 분열을 조장하게 되지는 않을까?"

이것들은 어렵지만 회피할 수 없는 질문들이다. 진정한 공동체를 이루는 데 진실한 관심을 가진 교회 임원과 교인, 기꺼이 위험을 무릅쓰려는 사람들은 다음의 세 가지를 기억해야 한다. 첫 번째, 포용성은 모든 공동체들이 고민하게 되는 문제라는 점이다. 진정한 공동체의 포용성은 결코 완전할 수도, 절대적일 수도 없다. 사실 어느 면에서 교회가 실패한 이유는 지나치게 포용하려고 했기 때문이기도 하다. 그러나 이런 실패의 근본적인 원인은 잘못된 동기에 있다. 교회가 공동체를 위해서가 아니라 교인 수를 늘리기 위해서 최대한 포용하려 한 것이다. 교회는 낯선 사람을 사랑이 아닌 탐욕으로 환영했다. 교회가 교인들에게 출석을 요구하지 않은 것은 공동체에 대한 갈망이 아니라 두려움 때문이었다. 애초에 공동체를 이루지 못한 탓에 교인들에게 공동체의 이익을 위해 헌신하라고 요구하지 않은 것이다. 전반적으로 교회가 공동체를 위한 게임보다는 숫자게임에 열중하고 있다는 것은 분명한 사실이다.

두 번째로, 상당수의 비헌신적인 종교인들은 헌신할 가치가 있는 교회를 보지 못해서 비헌신적인 상태로 남아 있다는 점을 기억해야 한다. 이들의 눈에 비친 교회는 숫자게임에 혈안이 된 교회, 이래도 좋고 저래도 좋은 사교모임 같은 교회, 공동체와 공동체 정신이 결여된 교회, 복음을 얼버무리는 교회, 교인들이 그리스도를 진지하게 받아들이지 않는 교회, 모든 것을 지지하는 듯 보이지만 결국 아무것도 지지하지 않는 교회일 뿐이다. 이런 상황에서 교인들에게 출석 점검을 요구한다면, 교회를 오래 다닌 교인들이 상당수 이탈할 것이다. 물론 교회는 새로운 사람들을 끌어들일 것이다. 이탈한 사람들보다 더 많을 수도, 더 적을 수도 있다. 어느 쪽일지 나는 모른다. 위험을 무릅써보기 전에는 교회도 알 수 없다.

마지막으로 기억해야 할 것은 예수가 보여준 본보기다. 예수가 언제나 관용을 베푼 것은 아니었다. 하지만 분명한 죄를 저지른 사람들에게는 놀라울 정도로 관용적이었다. 그는 죄인들도 무리에 받아들여 함께 공동체를 이루었다. 하지만 예수는 특히 독선적인 사람이나 경건한 척하는 사람, 사원에서 화폐거래를 하는 상인에게는 관용을 베풀지 않았다. 무조건 포용하지는 않은 것이다.

예수는 한 젊은이에게 제자가 되기를 권했다. 그에게 함께 여행하자고, 가장 가까운 무리 속에 들어오라고 했다. 그러면서 한편으로는 그 젊은이에게 가진 것들을 먼저 다 버리라고, 그래야만 안정에 대한 욕구와 상처받지 않으려는 마음을 버릴 수 있다고 가르쳤다. 그래야만 십자가를 지고 그의 발자취를 따를 수 있을 것이라고 말이다.

교회 지도자와 교인들도 포용성이라는 현실적인 문제, 무장해제와 공동체라는 궁극적인 문제와 씨름할 때, 예수를 떠올리면서 예수라면 어떻게 했을지 생각해보아야 한다. 모두가 알다시피 그 젊은이는 예수가 제시한 조건들을 받아들이지 않았다. 예수는 사랑의 눈으로 바라보면서 그런 조건을 내세웠는데, 슬픈 일이다.

세상에 대해 희망을 가질 수 있는 이유

지금까지 나는 교회를 주로 신성모독적이고 이단적이며 용기 없는 실패작으로 묘사했다. 하지만 간헐적이어도 언제나 예외는 나타나기 마련이다. 순교자가 등장하는가 하면, 목숨을 걸고 유대인들을 보호한 교인들도 있었다. 이처럼 이 애처롭고 기적적인 교회에도 하느님의 손길이 미치고 있다는 신기한 징조는 언제나 있었다. 겉으로 보기에 교회는 너무 무능해서 세계평화에 절실히 필요한 사회적 혁명을 이룰 수 없을 것 같다. 그러나 낡은 질서가 무너질 때는 그 잔해 밑에서 이미 새로운 질서가 싹트기 시작하고, 부패의 한가운데서 새로운 삶의 징조들이 나타나는 법이다. 이것이 세상에 대해 희망을 가질 수 있는 이유다. 오늘날 이런 희망의 이유를 가장 쉽게 발견할 수 있는 곳은 아마 수 세기 동안 부패가 계속되어온 교회일 것이다.

가장 분명한 희망의 징조는 다수의 교회 지도자들이 무장해제 문제를 소극적이긴 하지만 공공연하게 화제로 채택하기 시작했다는 점이다. 로마 가톨릭 교회에서는 아주 적극적으로 이 문제를 거론하고 있는 것 같다. 미국의 전국가톨릭주교회의에서 발표한 목회자 편지는 조심스럽지만 분명한 출발을 보여주었다. 가톨릭 교회의 권위주의적 조직 덕분에 미국의 신부들은 충실한 신도들에게 권위 있게 메시지를 전하기 시작했다. 이들은 더 강력해질 수 있으며 강력해져야 한다. 한편 개신교의 대다수 교파 지도자들도 공동으로 비슷한 주장을 하고 있으므로, 개신교의 목회자들도 교인들에게 더욱 솔직하고 권위 있게 이 문제를 이야기해야 한다. 우유부단하게 굴 때는 끝난 것이다.

희망을 가질 수 있는 또 하나의 큰 이유는 교회가 공동체를 향해 나아가는 조짐들이 보인다는 것이다. 가장 분명한 조짐은 어쩌다 공동체를 이룬 신자들이나 진지하게 공동체를 모색하는 신자들을 교회 여기저기서 만날 수 있다는 점이다. 가장 주목할 만한 교회는 워싱턴 D.C.에 본부를 둔 구세주의 교회다. 이 교회에서는 내가 앞서 이야기한 것 같은 약속을 교인들에게서 받아낸다. 이것은 교회 전체의 본보기가 되고 있지만, 따르기 쉬운 예는 아니다. 결과적으로 이 교회는 상대적으로 규모도 작고, 이 교회를 본뜨려는 사람들도 흔치 않다. 하지만 이 교회는 여전히 그곳에 있다.

희망의 또 다른 조짐은 더욱 미미하지만 광범위하게 나타나고 있다. 이상하게도 10여 년 전부터 교회에서는 성찬식을 더 자주 거행한다. 물론 성찬식은 언제나 로마 가톨릭 예배의 중심이었다. 하지만 개신교 교회에서는 성 목요일 혁명의 두 번째 단계를 의례적으로 재현한 성찬식이 20세기 초반 50년 동안 거의 사라졌다. 그러다 1960년대 들어 몇몇 성공회 교회들에서 한 달에 한 번 성찬식을 갖고, 다른 개신교 교회들에서는 잘해야 한 계절에 한 번 정도 성찬식을 거행했다. 그런데 이제는 쉽게 납득할 만한 명백한 이유도 없이, 성찬식이 많은 개신교 교파들로 급속하게 퍼져 나가고 있다. 실제로 모든 성공회 교회에서 못해도 일주일에 한 번은 성찬식을 거행하고, 어떤 교회는 성찬식 예배만 본다. 또 많은 루터파 교회와 장로 교회들은 일반적으로 매주 성찬식을 갖는다. 더욱 놀라운 것은 일부 감리 교회에서도 그렇게 한다는 점이다. 게다가 스페인 가톨릭 교회에서 시작된 커실로 운동Curcillo Movement이 개신교 교파들에도 파고들어 공동체와 공동 예배의 열정에 대해서 많은 것을 경험하게 해주고 있다.

마지막으로 교회 안에서 조용하면서도 거대한 움직임이 일고 있는데, '목회의 평신도화'라는 말이 이런 움직임을 가장 잘 설명해준다.* 이것은 아주 간단한 운동이다. 이 운동의 전제는 딱 한 가지, 모든 기독교인이 목회자라는 것이다. 이 운동은 로마 가톨릭 교회와 개신교 교파에서 동시에 시작된 것 같다. 로마 가톨릭 교회는 제2차 바티칸 공의회를 기점으로 이 운동의 선두에 섰다. 이 회의를 통해 성직에 있지 않은 사람들에게도 성찬식에서 성배를 나르거나 포도주를 나눠주게 하는 등의 형식적인 변화를 허용한 것이다. 이로써 종교의식도 더 이상 전문적인 성직자들만 제단 앞에서 일반 신자를 앞에 두고 행하지는 않게 되었다. 갑자기 평범한 남녀들도 설교단에 봉독자로 등장하고, 제단이나 성구 보관실에

---

* 'The Laity in Ministry: The Whole People for the Whole World,' ed. John Hoffman and George Peck (Valley Forge, Pa.: Judson Press, 1984)

도 가까이 갈 수 있게 되었다. 신부와 고해자, 설교자와 회중, 목자와 양떼를 구분하던 오랜 전통도 무너지기 시작했다. 목회자도 더 이상 예복을 차려입은 채 저 위에서 영성을 대변하는 존재로 군림하지 않게 되었고, 대다수의 신자도 그 아래 신자석에서 비영성을 대변하는 존재로 앉아 있지 않게 되었다. 이렇게 교회가 과도한 전문화에서 벗어나 통합을 향해 움직이기 시작하면서, 누가 목사이고 아닌지에 대한 오랜 구분도 모호해졌다.

마치 성령이 교회에서 역사하는 것 같았다. 목회의 평신도화가 제2차 바티칸 공의회에서 비롯되어 가톨릭교도들 사이에 퍼지면서, 개신교 교파들 사이에서도 똑같은 현상이 일어난 것이다. 개신교 기업가들은 세속에 함몰되어 있는 동료 노동자들에게 복음을 전파할 의무가 있다는 생각에 소규모 지지그룹들을 만들었다. 또 가정주부들은 노인과 몸져누워 있는 병자들을 전도하기 위해 뭉쳤다. 성직을 부여받지 않은 사람들은 '가정 교회'를 시작했다. 이로써 개신교도들은 신부나 성직자, 지정된 목회자가 없어도 쉽게 '아가페' 모임을 열어서 함께 성찬식을 갖게 되었다. 마치 다른 어딘가에 존재하는 어떤 목소리가 서로 다른 여러 지역의 서로 다른 여러 교회에서 많은 신자들을 향해서 동시에 아주 분명히 이렇게 말하는 것 같았다. "너는 목자다. 가서 내 양을 먹여라."

흥미진진해 보이겠지만, 전체를 놓고 보면 공동체를 향한 이 발걸음들은 여전히 작고 통계상으로도 대수롭지 않은 현상에 지나지 않는다. 그래도 이런 일들은 실제로 진행되고 있으며 더욱 확대되고 있다. 하지만 교회가 가야 할 길은 아직 멀다. 남은 시간도 충분하지 않다. 나는 최근에 아주 멋진 광경을 목격했다. 지금까지 본 것 중에서 가장 많은 철새 떼를 본 것이다. 수십 마리도, 수백 마리도, 수천 마리도 아닌 수십만 마리의 새들이 남쪽을 향해서 함께 날갯짓을 하고 있었다. 그들은 어떻게 해야 생존할 수 있는지 잘 알고 있었다. 그런데 우리는 어떤가? 로스 알라모스(핵연구센터가 있는 미국 뉴멕시코 주의 도시—옮긴이)에 있는 연구센터의 과학자들도 충분한 연구를 통해 '핵겨울'이 실제로 닥칠 수 있음을 인정했다. 그런데도 우리 사회는 그렇지 않을 것처럼, 방향을 바꾸지 않고 이대로 가도 될 것처럼 행동하고 있다. 교회가 나서야 할 때가 온 것이다.

16
미합중국 정부

1970년 여름 나는 육군 공중위생국에서 일하기 위해 아내와 워싱턴 D.C.로 이사를 했다. 내가 이 일을 선택한 이유는 심리학과 정치 사이에 어떤 관계가 있는지 관심이 깊었기 때문이다. 이때 내게는 두 가지 바람이 있었다. 하나는 정부가 어떻게 운영되고 있는지 배우는 것이었다. 내가 깨달은 것들이 마음에 안 들었지만, 이 기대는 이루어졌다. 또 다른 바람은 이상주의자로서 정부를 건전하게 개선하는 데 어떻게든 공헌하는 것이었다. 이 바람은 거의 이루어지지 못했다.

나는 의욕에 가득 차서 워싱턴에 도착했다. 위생국의 대리석 복도를 걸어 다니는 것만으로도 신이 났다. 정부의 핵심 업무에 관여하는 위치에 있다는 것이 큰 특권을 얻은 것처럼 느껴졌다. 그러나 27개월 후 나는 완전히 산산조각 난 영혼을 안고 이곳을 떠났다.

떠나기 전날 밤, 나는 '워싱턴을 떠나며'라는 시를 썼다. 시의 앞부분을 보면 당시의 내 심경이 어땠는지를 잘 알 것이다.

깔개는 걷어치웠다. 세탁용품들은
나무병정들처럼 판지로 된 전쟁터 위에
짝지어 늘어서서 공격명령을 기다린다.
플리머스 밴 항공이 내일 우리를 구원하리라
영혼을 집어 삼키는 이 황량한 대리석 도시로부터.
메마른 나무들 위에 국가 신뢰라는 꽃 매달려 있으니
진정 성난 흑인들은 비웃음만 흘린다.

이 시는 결국 다음과 같이 끝난다.

나는 안다
여기서 다시 싸움을 시작해야 한다면
더 튼튼한 갑옷이나
더 위대한 사랑이 필요하리라는 것을.

당시 나의 심경은 그다지 중요한 문제가 아닐 수 있었다. 하지만 우리 정부의 풍조는 나 같은 사람들의 영혼에 비슷한 영향을 미칠 수도 있었다. 나는 두 가지 가설을 세워서 이 문제를 생각해 보았다. 첫 번째 가설은 내가 이런 상황에 놓인 것이 당연하다는 것이었다. 망가진 것은 내 영혼이라기보다 자존심이었다. 무언가를 이루겠다는, 뭔가 이로운 영향을 미치겠다는 나의 포부는 미숙하고 자기도취적인 꿈에 불과했다. 나는 큰 연못 속의 작은 물고기로 살아가는 데 만족할 수 없는 사람이었기 때문이다. 게다가 내게는 겸손함도, 관료가 되어 아주 잘 돌아가는 거대한 기계의 작은 톱니처럼 살아갈 자질도 없었다. 나의 이상주의는 소박하고 비현실적이었던 것이다. 나는 당연히 환멸을 느낄 수밖에 없었다. 관료적인 일은 더 강하고 성숙한 사람들에게 맡기고 떠나는 것이 옳았다.

나는 이 가설이 어느 정도 맞는다고 생각했다. 하지만 다른 가설 속에도 못지않은 진실이 숨어 있었다. 다른 가설은, 나처럼 '내부에서 일하고' 싶어 하는 이상주의적이고 예민하고 인간적인 사람의 영혼이 망가질 수밖에 없는 이유는 우리 정부가 이미 그렇게 구조화되어 있기 때문이라는 것이었다. 이 가설이 옳다면, 우리는 심각한 문제를 안고 있는 셈이다. 두 번째 가설이 옳다는 것은 바로 우리 정부가 냉소적이고 둔감한 사람들, 감정이 없는 차가운 사람들, 음모와 조종과 편법이 횡행하는 분위기에서 성공하는 사람들에게 맡겨져 있다는 의미이기 때문이다.

정부 안에는 공동체가 없다

나는 워싱턴 D.C.에서 정치가들이 하는 일이란 게 주로 싸우는 것임을 알게 되었다. 그들은 아주 맹렬하게 싸운다. 그러므로 일반적인 의미에서 그들을 게으르다고 비난할 수는 없다. 1주일에 70시간을 주로 싸움으로 보내는 것이 그 도시의 표준이다. 그들은 추악하게 싸운다. 거기다 결정적으로 그들은 자기네들끼리 싸워댄다.

그들이 싸우는 이유는 주로 예산 때문이다. 나는 예산을 갖고 싸우는 일이 이상이나 이념과 무관하다고는 생각하지 않는다. 예산 책정은 행정 업무의 우선순위를 구체화하는 작업이기 때문이다.* 그렇다고 이들이 보통 이타적인 목적을 위해 싸운다고도 할 수 없다. 싸움의 이유는 대개 예산이라는 떡에서 남의 몫을 줄여서 자기 몫을 지키거나 늘리기 위함이다. 담합을 할지언정, 협력해서 예산을 책정하는 경우는 한 번도 보지 못했다. 워싱턴에서 협력은 그리 중요한 의미를 갖지 않는다.

소통도 마찬가지였다. 워싱턴에서 내가 가장 먼저 배운 것은 업무수행 시의 불문율 1번이었다.

'소통 상대를 조심해야 한다. 일반적으로 당신 부서의 사람들과 의사소통하는 것은 문제가 없다. 하지만 육군 보건국의 상급자가 질문할 경우, 정직하게 대답해야겠지만 자발적으로 정보를 제공할 필요는 없다. 아주 특별한 상황이 아니면 보건위생국을 거치지 않고 육군의 다른 부서 사람들과 소통하지 않는다. 때로 육군과 이야기해야 할 때가 있을지도 모르지만, 해군이나 공군부서들에게 정보를 주어서는 결코 안 된다. 허락이 있을 경우 가끔 다른 군

---

* 워싱턴에서 상당수의 사람들은 국립전쟁아카데미에 할당되는 돈의 1퍼센트도 안 되는 예산으로 국립평화아카데미를 설립하기 위해 10년 넘게 싸우고 있다. 미국 정부는 시종일관 평화보다는 전쟁에 대한 생각과 이상을 훨씬 중요하게 여기는 것 같다. 예산은 정치적 현실의 반영이다.

의 장교들과 이야기를 나눌 수도 있지만, 국방성의 민간인들에게 당신이 하는 일을 알릴 필요는 없다. 그리고 국방성과 소통했다 해서 해고된다고 말할 수는 없지만, 되도록 백악관과 이야기하는 것은 피한다. 하지만 무엇보다 명심해야 할 점은 어떤 상황에서도 결코, 절대, 요청받지 않은 정보를 자발적으로 국회의원에게 주어서는 안 된다는 것이다. 국회는 최고의 적이기 때문이다.'

우리 정부를 그나마 조금이라도 건강하게 유지시켜주는 것 중의 하나는 누설이라는 관행이다. 흔히들 어떤 정부 관리가 모종의 정보를 언론에 누설할 때 이런 일이 일어난다고 생각할 것이다. 물론 이런 경우도 있으며, 이것도 중요한 누설이다. 하지만 실제로 주요한 누설은 정부 자체 내에서 이루어진다. 어느 부서의 관리가 몰래 영역 간 경계를 무시하고 다른 부서에게 정보를 주는 것이다. 이런 누설을 특히 '휘파람 불기'라고 부른다. 체제 안에서는 이것을 가장 심각한 도발로 여기므로 이런 일을 저지르면 심하게 처벌받을 수도 있다.

우리 정부 내에서는 대체로 위와 같은 방식으로 소통이 이루어진다. 공동체는 소통이 이루어져야 가능하다. 그런데 우리 정부가 다른 정부와의 관계와 정부 자체 내에서 보여주는 소통의 규칙들은 반공동체적이다. 그 결과 우리의 정부 안에는 공동체가 없다. 끊임없는 경쟁과 적의, 불신의 기운만 팽배할 뿐이다. 어느 상관의 다음과 같은 조언은 결코 우스갯소리가 아니었다.

"이곳에서는 차라리 피해망상증 같은 병에 걸리는 편이 좋아. 피해망상증에 걸리는 게 오히려 정신이 건강한 거지." 나는 이런 환경에서 살아남을 수 없었다.

꼭 그래야만 하는 걸까? 많은 사람들은 그렇다고 대답할 것이다. 현실주의자라는 사람들은 "그것이 바로 세계가 돌아가는 방식"이라고 주장할 것이다. 실제로 그들은 이런 방식이야말로 명백하게 합헌적이라고 주장한다. 우리 건국의 아버지들은 헌법을 제정할 때, '권력의 균형'이라는 개념을 상당히 분명하게 명시해놓았다. 그들은 정부의 주요 세 부처, 즉 사법부와 행정부, 입법부가 자주 갈등을 겪겠지만 이런 갈등이 오히려 이익을 가져다줄 것이라고 예견했다. 부처 간 또는 권력 간의 갈등이 정치 행위를 정화하고 각 부처의 권력 남용을 견제하며 건전함과 지혜 사이의 균형을 만들어낼 것이라고 본 것이다. 그래서 그들은 일부러 갈등을 제도화했다.

건국의 아버지들이 의도한 '견제와 균형', '권력의 균형'은 바람직한 것이다. 하지만 헌법의 기초를 수립한 사람들도 세 부처 간의 적정한 갈등이 각 부처에 소속되어 있는 국들과 하위 부서들 사이의 만성적인 싸움으로 이어지기를 바라지는 않았을 것이다. 또 부처들 사이에서는 물론이려니와 각 부처 내에서도 정보의 흐름이 차단되는 것은 원하지 않았을 것이다. 그리고 무감각하고 피해망상적이며 관료적인 정신을 가진 사람만이 살아남는 정부 풍토도 만들고 싶지 않았을 것이다.

헌법은 우리에게 싸움만 하는 정부, 협력할 줄 모르는 정부, 맨 밑바닥에는 무관심한 직원들이, 맨 위에는 약탈자 같은 직원들이 버티고 있는 정부를 요구하지 않았다. 그렇다면 인간의 본성이 이런 정부를 만들어낸 것인가? 대답은 역시 '아니다'이다. 우리가 다시 진정한 공동체에 관심을 기울이고 있기 때문이다. 인간은 공동체를 이루어 함께 살아가고, 살아갈 수 있다. 물론 흔한 일은 아니다. 하지만 공동체의 규칙들을 인식하면, 이렇게 함께 살아갈 수 있는 공동체를 만들어낼 수 있다.

하지만 우리 정부는 공동체의 규칙들을 망각한 채 싸움에만 몰두하고 있다. 싸움은 공동체가 만들어지기 이전의 혼란 단계에서 주로 나타나는 행동양식이다. 정부는 다른 나라들과 싸우는 것이 국제관계의 일차적인 목적인 양 행동하고 있다. 하지만 이런 태도는 국내관계에서 훨씬 극적으로 나타난다. 정부 관료들이 마치 자기네들끼리 서로 싸우기 위해 워싱턴에 함께 모여 있는 것처럼 행동하고 있는 것이다.

물론 이들의 목적은 싸움이 아니다. 이들의 임무는 통치하는 것이다. 그리고 이 임무는 서로를 적대시하기보다 협력할 때 더욱 잘 완수할 수 있다. 싸움이라는 책임회피가정에 갇힌 집단은 눈에 띄게 비효율적이다. 관료들이 끊임없이 싸우지만 않는다면 우리 정부는 얼마나 더 효율적으로 돌아갈까? 정부는 지금처럼 권위주의적이고 관료적인 혼란 상태에서 벗어나 더 나은 길을 찾아갈 수 있다. 그것은 바로 공동체의 길이다.

역설적으로 들릴지 모르겠지만, 정부 관료들이 싸움을 하는 데 허비하는 시간의 4분의 1만 공동체를 만드는 데 써도 지금보다 더 큰 효과와 효율성을 발휘하고 공무원 수도 반으로 줄일 수 있을 것이다. 반대로 지금처럼 타인을 짓밟고 권력을 쟁취하는 데만 주력한다면, 어떤 직급의 관료도 공동의 목표 아래서 서로 인간적인 관계를 맺을 수 없을 것이다. 대통령을 필두로 모든 관료들이 공동체의 원칙을 준수해야만 정부 내에 공동체를 형성할 수 있다.

여러 면에서 대통령은 특별한 경험이 없는 일반인이 생각하는 것보다 권력을 행사할 수 있는 범위가 좁다. 의사결정 시 선택할 수 있는 범위도 놀랄 만큼 좁다. 하지만 흔히들 과소평가하고 있는데, 정신의 힘만큼은 대통령이 가장 강하게 휘두를 수 있다. 그래서 케네디 행정부에는 변화와 개혁의 정신이 널리 퍼져 있었다. 존슨 행정부에는 교묘한 조작의 정신이 팽배했고, 닉슨 행정부 시절에는 시민의 자유에 대한 그의 무지로 인해 '더러운 술수'가 난무했다. 요컨대 말뿐만 아니라 정신으로도 공동체의 원칙에 헌신하는 행정부가 들어서야만 정부에 공동체가 형성될 수 있다.

미국 대통령직의 비현실성

국가체제처럼 미국의 대통령직 수행체제도 20세기 말이 되면서 점차 쓸모가 없어져버렸다. 200년 전 헌법으로 이 체제를 제정했을 때는 전체 인구가 현재의 1퍼센트도 안 되었고 대통령이 처리해야 할 문제들도 훨씬 적었다. 그런데 지금은 해결해야 할 문제가 100배나 늘었다. 하지만 대통령직 수행체제의 기본 구조는 변하지 않았다. 그렇다고 헌법을 수정해야 할 필요까지야 없지만, 대통령의 임무 수행 방식은 필히 근본적인 수정을 거쳐야만 한다.

오늘날의 미국인들은 대통령에게 무한대의 역할을 기대한다. 백악관 잔디밭에서 보이스카우트를 환영하고, 공항에서 외국의 원수를 영접하고, 재향군인회와 전국언론인클럽에서 의례적인 연설을 하고, 중요한 법률을 제정할 때마다 국회의원들에게 일일이 압력을 행사하고, 곤경에 빠진 당원을 위해 적극적으로 나서주고, 엘살바도르의 상황과 핵에너지에 대해 꿰뚫고 있기를 바란다. 거기에 충분한 정보를 바탕으로 신중하게 결정하기를 기대한다. 하지만 이것은 거의 불가능한 일이다.

이것은 레이건 대통령의 잘못이 아니다. 루스벨트 시대 이후로 우리는 모든 것을 알고, 동시에 거의 모든 곳에 존재할 수 있으며, 국가라는 배를 한손으로 완전히 통제할 수 있는 늠름한 초인 같은 대통령 이미지를 발달시켜왔다. 하지만 이미지는 그저 이미지일 뿐이다. 이런 이미지는 전혀 현실성이 없다. 1980년 급기야는 이런 이미지를 충족시켜줄 배우를 대통령으로 뽑은 것은 결코 놀라운 일이 아니다.

나는 이런 이미지가 염려스럽다. 영화를 볼 때 우리는 아무리 이미지들이 멋져도 현실이 아니라는 것을 안다. 그것은 단지 연극일 뿐이다. 그래서 다시 불이 켜지면 우리의 의식은 현실 세계로 되돌아온다. 그러나 대통령의 이미지에 대해서는 그렇지 않은 것 같다. 언제나 국방부 예산 증액에 찬성표를 던지던 한 대통령 후보는 자신을 무장해제 옹호자로 선전하려 했다. 레이건은 균형 있는 예산을 원하는 것처럼 '행동했다'. 그러므로 우리는 대통령 후보들과 언론이 온갖 선전으로 정치판에서 재미있는 구경거리를 만들어내려고 해도 정치란 현실임을 잊지 말아야 한다. 정치는 이미지의 드라마가 되어서는 안 된다. 정치는 현실의 드라마다. 수백수천만에 달하는 실제 인물들의 삶이 걸려 있는 일이다.

이미지를 연극이 아닌 실제처럼 드러내는 것은 거짓말을 하는 것과 같다. 사탄에 대한 최고의 정의는 '실제가 아닌 것을 실제인 양 받아들이는 정신'이다. 이런 정신이 우리 정부에 상당 부분 퍼져 있고 실제로 정부를 좌우하는 것 같아 염려스럽다. 이런 정부는 사악한 방향으로 추락하게 된다. 대통령직의 수행체제에 대한 근본적인 치유가 필요하다.

근본적으로 혁신적인 변화는 민주정부 자체의 의무가 아니다. 어떤 잘못을 저질렀건 우리 정부는 국민의 필요는 아니더라도 욕망을 충족시켜주는 데는 성공했다. 따라서 대통령직의 수행체계에 대한 개선 작업은 일반 국민 그리고 국민의 눈을 뜨게 도와줄 수 있는 사람들의 머리와 가슴에서부터 시작되어야 한다.

슈퍼맨 같은 대통령 이미지는 국민들의 욕망에서 창조되고 유지되어왔다. 우리는 모든 해결책을 제시해주고, 동네 불량배를 손봐주며, 안전하고 안정적이며 호화롭기까지 한 집, 모든 세파로부터 보호해줄 수 있는 집을 제공하는 위대한 아버지 같은 대통령을 원한다. 미국 대통령직은 우리의 유년기 환상이 창조해낸 존재, 의존이라는 과제회피가정이 만들어낸 존재다. 그래서 악순환이 계속되는 것이다. 당선이나 재선을 노리는 후보자들은 국민의 비현실적인 기대를 가장 잘 충족시켜줄 것 같은 이미지를 확보하기 위해 서로 경쟁을 벌인다. 또 행정부는 대중매체를 이용해 이런 이미지를 영속화하고 국민들이 이것을 실제처럼 믿도록 만든다.

역설적으로 대통령직은 너무 강하면서도 너무 약해졌다. 너무 '강해진' 이유는 초인적인 힘을 지닌 마초 이미지를 충족시키기 위해서 너무 많은 일을 이루려 하고, 너무 많은 요구를 만족시키려 하고, 너무 많은 요소를 조종하려 하고, 너무 많은 타국의 내정에 간섭하려 들기 때문이다. 그러면서도 진정한 지도력은 발휘하지 못한다는 점에서 너무 약하다. 비현실적인 기대를 저버릴 용기도, 인기에 상관없이 미국을 더 건전하고 현실적이며 영적으로 강한 나라로 이끌어갈 용기도 부족하다.

그러므로 우리에게는 두 가지 변화가 필요하다. 먼저 대통령에 대한 기대를 바꾸는 것이 중요하다. 우리가 기대하는 대통령은 무언가를 주기만 하는 대통령이 아닌 지도자, 슈퍼맨이 아닌 현실의 인간, 위대한 아버지가 아닌 정신적 인도자여야 한다. 제국주의적인 대통령이 아니라 '마음이 가난한' 대통령을 인정하고 반길 준비를 해야 한다.*

예수가 선교활동 초기에 여덟 가지 참행복을 이야기하면서 가

---

* 카터 대통령은 마음이 가난한 대통령직을 창조하려 했던 용기 있는 사람이다. 하지만 그는 많은 면에서 이런 시도를 지속하거나 성공시킬 만한 용기가 부족했다. 대통령직의 제도적 성격을 감안할 때 어느 정도 이해할 수 있는 일이지만 그래도 그 점은 특히 유감스럽다. 그의 실패가 국민에게 마음이 가난한 대통령은 '현실 세계'에서 제 역할을 다하지 못하는 나약한 대통령이 될 수밖에 없다는 생각을 심어주었기 때문이다. 이런 생각으로 인해 국민들은 다음 대통령 선거에서 기꺼이 원시적 이미지와 권력 개념으로 되돌아갔다.

장 먼저 가르친 것은 '마음이 가난한 자는 복이 있나니'였다. 이 말의 의미를 갖고 논쟁을 벌일 수는 있다. 하지만 세계의 경찰을 자처하는 행정부, 모든 해답을 갖고 있는 척 가장하면서 자기 실수는 인정하지 않는 행정부, 실수를 모르는 무적의 이미지를 유지하기 위해 애쓰는 행정부를 가리키지는 않는다는 것만은 분명하다.

언젠가 이런 날이 오기를 기대한다. "대통령께서는 엘살바도르 문제에 어떻게 대처할 계획입니까?" 기자회견에서 질문을 받고 대통령은 이렇게 답변한다. "솔직히 저는 엘살바도르 상황을 아직 잘 모릅니다. 여러 달 공부했는데, 그곳 상황이 좀 복잡해서요. 역사도 길고 우리와 문화도 아주 다릅니다. 하지만 제가 아는 한 상황이 치명적인 것 같지는 않습니다. 그래서 더 완전하게 이해할 때까지 엘살바도르에 아무 조처도 취하지 않을 생각입니다."

하지만 우리는 아직 이런 날을 맞을 준비가 안 되어 있다. 세계는 준비되어 있지만, 미국 언론과 미국인들의 의식은 아직이다. 여전히 위대한 아버지에 대한 환상을 유지하고 싶어 한다. 하지만 우리 스스로를 구원하려면, 의존이라는 과제회피가정에서 벗어나 성숙을 향해 나아갈 수 있도록 공동의 노력을 기울여야 한다.

우리는 모두 성숙이라는 과제에 직면해 있다. 그리고 이 과제를 공동체에서보다 더 효과적으로 달성할 수 있는 곳은 없다. 공동체에서는 모든 구성원들이 지도력을 발휘하는 법을 배우며 권위자에게 의존하려는 각자의 성향과 싸우기 때문이다. 하지만 특히 대중매체 전문가들이 이 짐을 떠맡아주어야 한다. 진정으로 마음이 가난한 대통령을 지지할지 또는 비웃을지를 결정하게 만드는 가장 중요한 힘이 바로 그들의 손안에 있기 때문이다. 텔레비전이나 라디오의 논평가, 신문기자들의 일차적인 책무는 정치적 성숙을 위해 대중을 교육시키고 대중을 퇴행시킬 수 있는 권력에 제동을 거는 것이다.

공동체적 대통령직을 향하여

두 번째 변화는 공동체적 대통령제를 발전시키는 것이다. 이것이야말로 대통령의 직무를 효과적으로 분배하고, 대통령이 편안하게 사색의 시간을 가지며 그의 본래 모습을 유지하고, 분별력을 갖춘 국민이 대통령직을 다시 신뢰할 수 있는 유일한 길이다.

이 모든 일은 헌법을 수정하지 않아도 가능하다. 대통령직 개혁은 후보를 선택하는 예비선거 이전부터 시작되어야 한다. 대통령이 될 가능성이 있는 후보 X(이 후보를 여성이라 하자)의 경우를 생각해보자. 그녀는 지도자적 재능과 그녀의 재능을 알아본 사람들 덕분에 후보자 자격을 얻고, 부통령과 내각을 선정하는 것으로 특별한 역할을 수행하기 시작할 것이다. 하지만 그녀는 이 인물들을 특정한 전문능력을 보고 선정하지 않는다. 그보다는 공동체 안에서 일할 수 있는 능력, 즉 마음속에 품은 딴 생각을 적절한 시기에 초월할 수 있는 힘과 성숙도에 따라 선정할 것이다. 기술적 전문가보다는 관리자들로 내각을 구성하는 것이다. 요컨대 그녀는 효율적인 공동체를 만드는 일부터 시작할 것이다.

이후 그녀는 아주 특별한 상황을 빼고는 '선거유세전'에 나서지 않는다. 유세의 95퍼센트는 각료나 공동체 구성원들이 맡는다. 덕분에 그녀는 부담 없이 두 가지 중요한 일에 전념한다. 하나는 신중한 정책결정을 위해 사색하는 것, 다른 하나는 공동체의 유지와 통합에 필요한 지도력을 갖추는 일이다.

요컨대 선거 초기부터 국민들은 단순히 한 개인이 아니라 공동체에 투표하는 것이다. 이번에도 헌법을 수정할 필요는 없다. 물론 각료 임명에는 최종적으로 국회의 승인이 필요하다. 그러나 관행상 각료들은 승인을 얻기 전에 임무를 시작한다.

내가 제안하는 이 방식의 단점은 한 가지뿐이다. 현재의 방식을 따랐을 때보다 대통령 후보가 유권자에게 훨씬 덜 노출된다는 것이다. 하지만 단점보다는 장점이 훨씬 많다. 먼저, 선거운동원이 한 명이 아니라 열두 명이나 되므로, 궁극적으로 유세가 더 효과적으로 이루어진다. 또 후보자는 터무니없이 고된 유세전에 녹초가 되지도 않는다. 게다가 유권자들은 후보를 자주 보지 못해도, 자신들이 무엇을 얻게 될지 실제로 더 잘 알 수 있다. 법무장관과 부통령이 어떤 사람인지, 국무부장관과 국방부장관, 문교부장관은 누가 될지를 미리 알 수 있는 것이다.*

예비선거 과정에서부터 당의 후보자 지명과 전국적인 선거유세, 당선, 이후의 통치에 이르기까지 대통령직은 똑같은 방식으로 수행될 것이다. 언제나 공동체처럼 대통령의 직무를 다할 것이라는 말이다. 모든 주요 결정은 공동체에서 전원합의로 이루어진다.

또 대통령은 단독으로 결정을 내리지 않는다. 그보다는 공동체의 지속적인 발전과 공동체의 의사결정과정을 촉진시키는 것이 대통령의 주요한 책무다.

진정한 공동체를 한번도 경험해보지 못한 사람들은 공동체에서 전원합의로 결정을 내리는 방식이 대통령의 권한을 약화시킬 것이라고, 그러면 모든 결정이 애매한 타협으로 끝날 것이라고 생각하는 경향이 있다. 그러나 실제는 그 반대다. 현재의 대통령직이야말로 너무 약하다. 대통령이 단독으로 움직이기 때문에 진정한 영적 리더십에 필요한 용기를 낼 수 없다. 사람들의 호응을 못 얻어도 국가를 건전한 방향으로 이끌어가는 데는 이런 리더십이 필요한데 말이다.

용기와 통합의 대가를 과소평가해서는 안 된다. 현재의 시스템으로는 누구도 괜찮은 대통령이 되는 데 필요한 통합력과 용기를 가질 수 없다. 지금처럼 대통령직에 많은 부담이 주어져 있는 상황에서는 책임져야 할 일들에 짓눌리고, 상충되는 요구들에 갈피를 못 잡고, 너무 외롭게 고립되어 있어서 균형을 유지하지도 못하고, 로비스트나 이미지 메이커의 유혹을 뿌리치지도 못하고, 올바른 주장도 못하고, 진정으로 고결하게 꿋꿋이 버틸 수 있는 힘도 갖지

---

* 사실 부통령을 선출하는 현재 방식도 정치에 대한 신뢰를 잃게 만드는 요인의 하나다. 필요할 때 대통령직을 탁월하게 대행할 수 있는 능력이 아니라 전혀 쓸모없는 정치적 고려사항들을 근거로 선출하기 때문이다. 대통령 후보가 고위직에 어떤 인물을 지명했는지를 보면, 국민은 자신들이 뽑으려는 대통령이 어떤 부류인지를 지금보다 더 정확히 판단할 수 있다.

못한다.

이것은 단순히 직무 위임으로 해결할 수 있는 문제가 아니다. 현재의 시스템에서 대통령은 이론상 어떤 업무든 위임할 수 있고, 이로써 필요한 '전술적 지원'도 얻을 수 있다. 하지만 내가 말하는 것은 이런 전술적 지원이 아니라 정서적인 지원이다. 나는 공동체의 지속적인 정서적 지원 없이는 범지구적인 대학살이 가능한 이 시대에 어떤 인간도 진정한 대통령직에 필요한 용기를 발휘할 수 없을 것이라고 생각한다.

하지만 여기서 내가 말하는 공동체는 '지원그룹' 같은 공동체가 아니다. 대부분의 대통령에게는 허물없는 친구들이나 사설 고문단 같은 이런저런 지원그룹이 있다. 하지만 이런 집단의 구성원들은 대개 속물적인 예스맨들이다. 이런 사람들의 지지는 대통령에게 용기를 불어넣어줄 수 있을지는 몰라도 그를 언제나 현명하게 만들지는 못한다. 사실 이들의 지지는 대통령에게 잘못된 용기를 부추길 위험도 있다.

이런 집단은 절대 안 된다. 내가 말하는 공동체는 진실하고 열정적이며 발전하는 공동체다. 생각이 완전히 똑같은 사람들, 아부만 일삼는 사람들의 집단이 아니다. 특별한 재능들을 인정하면서 차이점도 수용하고, 포용적이되 파벌이 일어나지 않게 만들어진 것이 내가 여기서 말하는 공동체다. 상상하건대 미래의 대통령은 아부꾼들을 각료에 앉히지는 않을 것이다. 정서적 성숙을 기준으로 선택하는 데서 그치지 않고, 배경이나 견해, 인성의 차이 같은 다양성도 고려해서 각료/공동체의 구성원을 선정할 것이다.

미래의 대통령은 갈등도 잘 견뎌낼 것이다. 적절한 갈등일 경우, 갈등을 피하고 두려워하기보다 반기고 직면하는 안전한 곳이 진정한 공동체이기 때문이다. 공동체는 품위 있게 싸우는 법을 아는 집단이다. 미래의 대통령은 일차적으로 내각/공동체를 발전시키고 유지하는 역할을 맡겠지만 다툼에서 멀리 떨어져 있지만은 않을 것이다. 다른 구성원들이 대통령에게 책임을 다하는 것처럼, 대통령도 다른 구성원들에게 책임을 다할 것이다. 그리고 다른 구성원들의 격려를 필요로 하는 만큼, 자신의 청렴을 위해 그들의 의심과 반대, 비판도 수용할 것이다. 진정한 장기長期 공동체의 일원인 사람이 이런 말을 한 적이 있다. "우리는 서로 너무 사랑해서 무슨 일이든 그냥 안 넘어가요."

진정한 공동체에서 일어나는 싸움은 근본적으로 마음이 가난한 대통령직에 필요한 용기와 통합성은 물론이고 지적 토대까지 구축해준다. 내 경험에 의하면, 발전적인 진정한 공동체는 지속적으로 문제의 핵심에 진지한 관심을 기울인다. 서로의 차이점을 갖고 투쟁하면서 언제나 기본적인 문제들에 다가간다. 그래서 피상적인 것들 때문에 곁길로 새지도 않고, 최근에 대통령이 자주 그런 것처럼 반응적으로 행동하지도 않는다.

공동체적 대통령에 대한 나의 제안에 사람들은 분명히 '공산주의'라고 비난을 퍼부어댈 것이다. 공동체와 공산주의가 같기라도 한 것처럼 말이다. 그런데 사실 공동체적 대통령이 이상하게도 공산당 정치국 같아 보이지 않는가? 하지만 공산당 정치국은 진정한 의미에서 선출된 것이 아니다. 게다가 비밀리에 운영되기 때문에 우리는 공산당 정치국이 어떻게 운영되는지도 모른다.

나는 왜 순환근무를 하는 소수의 대표 기자단에게 모든 내각/공동체의 회의 내용을 공개할 수 없는지 분명한 이유를 모르겠다. 하지만 언론도 공동체에서 이루어지는 일들을 보도하는 데에 스스로 제한을 두어야 할 것이다.* 언론이 '아무개 장관이 법무부장관을 계속 비난했다'거나 '부통령이 대통령의 성차별적 견해를 비난했다'는 보도를 한다면 큰 해가 될 수도 있기 때문이다. 반면에 언론이 '오늘 각료회의에서는 니카라과 사태에 대한 적절한 대응책을 놓고 치열한 공방전이 벌어졌다. 주요 쟁점은 니카라과 공산주의 운동이 어느 정도나 토착적인 것인가, 외부 개입은 어느 정도인가 하는 것이었다. 그러나 니카라과의 상황이 위급하지는 않으므로 다음 주 화요일 회의에서 이 문제를 주요 의제로 삼아 다시논의하자는 것 말고는 합의에 이르지 못했다'는 식으로 보도한다면, 대중과 정부 모두에게 이익이 될 것이다.

여기서 우리는 대통령직과 언론, 일반대중 사이의 건강한 상호관계가 어떤 것인지를 다시금 확인할 수 있다. '개인숭배'에 대한 국민의 욕망이 지나치게 크면, 언론도 이런 욕망에 굴복하고 말 것

---

* T집단도 공동체 운동의 뿌리 중 하나다. 대략 30년 전 좀 더 정직하게 효과적으로 의사소통하는 방법을 가르치던 '훈련가'들에게 학생들이 도전하고 나섰다. "선생님은 그게 쉬운 것처럼 말씀하시는데, 전부 말뿐일걸요? 선생님들끼리는 얼마나 소통을 잘하시는지 한번 보여주시지 그래요?" 훈련가들은 동의했고, 학생들 앞에서 오랜 시간 서로 의사소통하는 모습을 보여주었다. 이 실험이 큰 성공을 거두면서, 이 훈련자집단 즉, T집단은 감수성집단 운동의 본보기가 되었다.

이다. 그래서 뉴스거리가 될 만한 유명 인사들의 싸움을 보도하느라 정부의 의사결정과정은 상당 부분 비밀의 망토로 덮어버리고 말 것이다. 하지만 언론과 국민 모두가 유명 인사들의 개인적 강점과 약점에 관심을 갖는 상태에서 벗어난다면, 혹은 록 스타나 운동선수 같은 사람들에게만 이런 관심을 집중한다면, 우리는 훨씬 개방적인 정부를 갖게 될 것이다.

비밀은 정부에게나 국민에게나 결코 좋은 영향을 미치지 못한다. 행정부가 이런저런 문제로 갈등을 겪고 있다는 사실이 공개된다면, 정부와 국민 모두에게 이로울 것이다. 하지만 근본적으로 대중의 인식이 더욱 성숙해져야만 이런 건강함도 확보할 수 있다.

그렇다고 의식이 깨어 있는 정치 지도자들이 대중과 언론이 성숙해지기를 기다리기만 하는 것은 바람직하지도 않고, 그럴 필요도 없다. 우선, 정치 지도자들에게는 상호관계를 통해 언론과 대중을 교육시킬 책임이 있기 때문이다. 위험을 무릅써야 상처를 두려워하지 않는 여린 마음을 가질 수 있는 것처럼, 정치가들도 개혁과 혁신의 진통을 기꺼이 감내할 의지가 있어야만 공동체적 대통령직을 확립할 수 있다. 정치 지도자들이 언론과 대중이 완전히 준비될 때까지 기다리려고만 한다면, 우리는 결코 공동체적 대통령직을 확립할 수 없을 것이다.

우리에게는 기다릴 시간이 많지 않다. 국민과 언론, 대통령 사이의 관계가 지금과 같은 양상으로 계속된다면, 우리는 필연적으로 이미지 메이킹의 늪에 점점 깊이 빠져들어서 종국엔 더욱 심각한 악을 불러오고 말 것이다. 그러므로 마음이 가난하고 현실적인 공동체적 대통령직이 필요한 때는 바로 지금이다.

　공동체적 대통령직에 대한 이 특별한 제안은 결코 나의 소박한 이상이 아니다. 나는 로맨틱한 사람이 아니다. 공동체 일은 결코 쉽지 않으며, 따뜻한 솜털같이 값싸게 살 수 있는 경험도 아니다. 진정한 공동체는 흔히 엄청난 동요와 투쟁의 장이다. 그래서 공동체와 관련된 투쟁이나 사랑에 참여할 자격이 없는 사람들도 있다. 다른 공동체와 마찬가지로 대통령직을 중심으로 한 공동체도 시련과 고난을 겪을 것이다. 어떤 구성원들은 고통과 분노로 떠날 것이고, 새로운 구성원들은 고된 훈련을 받아야만 할 것이다. 또 공동체를 형성한다고 대통령의 고뇌가 사라지지도 않을 것이다. 하지만 공동체는 대통령이 본래의 모습을 잃어버리지 않으면서 통치로 인한 심신의 고통을 온전히 감당할 수 있도록 대통령을 강하게 단련시켜줄 것이다.

　공동체를 한번도 경험해보지 못한 사람은 공동체적 대통령직에 대한 이런 제안을 평가할 수 없다. 이것은 대단히 중요한 말이다. 사실은 공동체를 경험하지 못하고도 경험했다고 생각하는 사람들이 있기 때문이다. 공동체 형성을 위한 워크숍 초기에 다소 거칠어 보이는 어느 퇴역 육군대령이 이런 말을 했던 기억이 난다. "여러분 모두 참 안됐어요. 모두들 자기 인생에 공동체가 없었다고 말하고 있으니 말입니다. 하지만 전 많은 공동체를 경험했어요. 20년 넘게 군에 복무하면서 많은 공동체를 경험했죠." 그러나 하루 반나절이 지난 후 이 훌륭한 남자는 눈물을 머금고 용기 있게 고백했다. "여러분들에게 사과해야겠어요. 군대에서 많은 공동체를 경험했다고 말했는데, 오늘 제가 잘못 알고 있었다는 걸 깨달았습니다. 여러분들 덕분에 제가 군대에서 경험한 것이 공동체가 아니었다는 걸 알았어요. 사실 공동체를 찾기 위해서 군에 입대했는데 그곳에서는 전혀 공동체를 찾을 수 없었습니다."

마지막으로 현재의 대통령제가 제대로 운영되리라고 기대하는 것은 순진한 생각이다. 대통령직이 처음 만들어졌을 때와 비교해서 할 일이 20배나 커졌는데 한 사람이 이 모든 책무를 완수하리라고 기대하는 것은 순진한 생각이다. 200개의 다른 국가들에서 일어나고 있는 일들을 한 사람이 다 이해하리라고 기대하는 것은 순진한 생각이다. 셀 수 없이 많은 책무와 온갖 의식들에 짓눌려 있는 사람에게 지혜와 깊은 사색을 기대하는 것은 순진한 생각이다. '그래도 모든 게 아주 잘 돌아가고 있는 것 같은데?' 속으로 이렇게 생각하는 사람이 있다면, 소비를 위해 만들어진 비현실적인 이미지들을 당신 또한 순진하게 꿀꺽 집어삼킨 것은 아닌지 자문해보아야 한다. 우리는 200년 전과는 완전히 달라진 세계에 살고 있다. 그러므로 과거와 똑같은 방식으로도 다른 정치적 현실이나 대통령직이 효과적으로 잘 운영될 수 있다고 기대하는 것은 순진한 생각이다.

우리나라에서 대통령직은 모든 정치권력의 중심이다. 하지만 비인간적인 경쟁이 주도하는 비통합적이고 관료적이고 전문화된 방식에서 벗어나, 공동체의 원칙에 따라 서로를 보살펴주고 사랑하는 협력적인 방식으로 정부의 운영 방식을 전반적으로 바꿀 필요가 있다. 이런 변화는 모든 행정 부처에서 일어나야 한다. 국회와 사법부에서도 이런 변화가 일어나야 한다. 주정부에도, 군과 읍에서도 이런 변화가 일어나야 한다.

하지만 단일한 정치 세력 중에서 정부의 색깔을 바꿀 수 있는 힘이 가장 강한 것은 대통령직이다. 그러므로 대통령이 정부의 분위기를 바꾸는 것부터 시작하는 것이 가장 쉬운 길일 것이다. 하지만 이런 변화는 다른 곳에서 시작될 수도 있다. 또 시대에 뒤떨어진 대통령제로도 가능하다. 요컨대 명심해야 할 점은 어떤 식으로든 정부의 전체적인 기조를 바꿔야 한다는 것이다.

통치는 어려운 일이다. 국내적으로 특수한 이익집단들은 그냥 물러나려 하지 않을 것이다. 그러므로 보장해줄 가치가 있는 이익이 무엇인지, 비난 여론에 굴하지 않고 용기 있게 무시해야 할 이익은 무엇인지 언제나 신중하게 결정을 내려야 한다. 소련도 쉽게 관계 맺을 수 있는 대상은 아니다. 국제적으로는 각 국가의 민족주의를 건드리더라도, 열린 마음으로 효율적인 세계정부를 지향하면서 나약하게 비춰지더라도 진정한 의미의 주도권을 행사해야 한다. 동시에 지도자는 다른 국가의 극악한 행동에 대해서 강력하게 "안 된다"라고 말할 수 있어야만 한다. 요컨대 정부는 뱀처럼 지혜롭고 비둘기처럼 순결해야만 한다. 역설적 균형을 외치고 또 외칠 수 있을 만큼 강해야 한다.

이럴 수 있는 영적·정치적 힘은 개인의 능력을 훨씬 넘어서는 것이다. 사람들이 사랑과 책임감을 갖고 협력할 때에만 진정으로 헌신하는 지도력이 발휘된다. 지도자가 공동체 안에서 정서적으로 지지받을 수 있는 풍토가 조성되어야만 이런 지도력도 가능하다. 이상주의와 인간다움을 짓밟는 경쟁적이고 고립적인 풍토 속에서는 존재할 수 없다. 관료들은 오직 공동체를 통해서만 진정한 지도자, 진정한 평화의 일꾼으로 강력하게 성장할 수 있다.

이런 풍토는 워싱턴 정가의 전통적인 분위기와는 완전히 다르므로 혁명적인 사고의 전환이 선행되어야 한다. 기독교 교회에서처럼 우리 정부에서도 필히 이런 사고의 전환이 일어나야만, 진정한 평화의 혁명도 가능하고 지금의 위험에서도 벗어날 수 있다. 물론 현실과 요구 사이의 간극이 너무 커서, 이런 제안이 꿈처럼 여겨질 수도 있다. 현실주의자들은 '순진하다'고 말할지도 모른다. 낡은 사고방식을 지닌 예언들은 '불가능하다'고, '무책임한 비전에 불과하다'고 소리칠 것이다. 하지만 이런 말은 이들이 참된 예언자를 깎아내리기 위해 경멸조로 사용하는 말에 불과하다. 낡은 사고방식을 지닌 예언자는 죽음의 예언자다. 우리의 유대인 조상들이 가르쳐준 것처럼 '비전이 없으면 사람은 무너지고 만다.'(잠언 29장 18절)

17
권한의 부여

홀륭한 의사소통에는 규칙이 있다. 이런 규칙은 효과적이다. 하지만 이런 규칙을 배우거나 훈련하는 경우는 드물다. 이로 인해 정부나 기업체, 종교 지도자를 포함한 대부분의 사람들은 서로 관계 맺는 법을 잘 모른다. 하지만 소통 방법에 대한 이런 전반적인 무지 속에서는 소련이나 다른 문화권의 사람들과 적절한 관계를 유지할 수 없다.

의사소통 규칙은 공동체를 만드는 훈련에서 가장 잘 습득할 수 있다. 소통의 규칙은 근본적으로 공동체 형성의 규칙과 같고, 공동체 형성의 규칙은 평화구현을 위한 규칙과 같기 때문이다.

국제관계를 책임지는 정부 지도자들은 예외를 찾아보기 힘들 정도로 일관되게 공동체 형성의 규칙을 어긴다. 오히려 오해와 전쟁, 전쟁에 대한 만성적인 공포감을 조장한다. 이처럼 기존의 통치 규칙은 반공동체적이다. 이런 규칙을 바꾸지 않는 한 우리는 평화를 향해 나아갈 수 없다.

국제관계에 필요한 혁신적인 변화를 도모하려면, 교회와 정부가 먼저 변해야 한다. 하지만 이런 변화는 쉽게 이루어지지 않을 것이다. 교회와 정부 지도자들을 뽑은 것은 국민이다. 이들은 상당 부분 국민을 대표하며 국민의 문화적 규범을 반영한다. 그러므로 국민들이 관계를 맺는 규칙이 본질적으로 바뀌어야만 정부의 규칙도 바뀐다. 요컨대 평화 만들기(공동체 만들기)는 궁극적으로 풀뿌리 차원에서 시작해야 한다. 그것은 당신과 함께 시작한다.

이제 무엇을 할 것인가?

공동체를 만들어라. 교회에서 학교에서 이웃에서부터 시작하라.

다음에 무엇을 해야 하는지는 당분간 고민하지 마라. 어느 평화 단체에 참여해야 하는지도 고민하지 마라. 납세를 거부할지, 미사일 공장을 봉쇄할지, 시위행진을 할지, 지역 국회의원에게 편지를 보낼지도 고민하지 마라. 가난한 이들에게 먹을 것을 나눠주고, 집 없는 이들에게 거처를 마련해주고, 학대받는 자들을 보호하는 일에도 신경 쓰지 마라. 이런 행동들이 잘못됐거나 불필요해서가 아니다. 지금은 우선이 아니기 때문일 뿐이다. 어떤 식으로든 공동체를 기반으로 하지 않는 한, 이런 행동들은 효과를 거두기 어렵다. 그러므로 먼저 공동체를 시작하라.

먼저 여러분 자신이 노련한 조정자가 되어야만 평화를 구현하는 데 일조할 수 있다. 그리고 여러분에게 힘을 불어넣어주는 공동체가 없으면 평화를 위한 사회적 행동도 쉽게 도모할 수 없다.

그러므로 먼저 여러분 스스로 공동체를 만들어라.

물론 쉽지는 않을 것이다. 두려울 수도 있다. 도대체 무엇을 하고 있는 건지 모르겠다는 생각이 종종 엄습할 수도 있다. 사람들을 설득해서 동참하게 만드는 일이 힘들 수도 있다. 대부분이 처음에는 전념하려 들지 않을 것이고, 기꺼이 전념하는 이들은 여러분처럼 두려워할 것이다. 일단 시작하고 나서도 좌절감에 부딪힐 것이다. 혼란이 찾아오면 대부분 중간에서 그만둘까 고민할 것이고, 실제로 그만두는 사람들도 있을 것이다. 그래도 견뎌야 한다. 열심히 마음을 비우기 위해 노력해야 한다. 물론 고통스러울 것이다. 분노와 불안, 우울, 심지어는 절망까지 느껴질 것이다. 그래도 어둠을 뚫고 계속 나아가야 한다. 중도에서 멈추면 안 된다. 죽을 것 같아도 계속 나아가야 한다. 그러면 어느 순간 산꼭대기에 다다라 흠뻑 맑은 공기를 마시게 될 것이다. 웃고 울다가 지난 몇 년에 비해, 어쩌면 과거 그 어느 때보다도 더 생기에 넘치는 자신을 발견할 것이다.

하지만 이것은 시작일 뿐이다. 이내 다시 안개가 드리우면서 아름다운 전망도 사라질 것이다. 혼란에 사로잡힐 것이다. 그래도 낙심하면 안 된다. 상황을 직시해야 한다. 무엇을 바꾸고 무엇을 비워내야 하는지 알아내야 한다. 그러면 전보다 빨리 안개가 걷힐 것이다. 얼마 후 공동체는 더욱 견고해지고, 여러분은 하나의 공동체로서 밖으로 눈을 돌리게 될 것이다. 더 큰 사회를 위해 공동체라는 선물을 바칠 방법을 모색하게 될 것이다. 이때가 바로 사회적 행동을 고민할 때다.

하지만 무엇이든 해야만 한다고 생각하지는 마라. 존재가 행위보다 우선한다는 것을 명심해야 한다. 다만 공동체를 아름답게 가꾸는 일에만 집중해도, 다른 어떤 행동을 안 해도 그 아름다움은 여러분이 애써 숨기지 않는 한 광채를 발할 것이다. 교회 신자들로 공동체를 이루었다면 교회에서 모임을 가져라. 사업상 만나는 사람들로 공동체를 꾸렸으면 사무실에서 모임을 갖고, 마을의 지도자라면 마을회관에서 모임을 가져라. 선전은 필요 없다. 하지만 문은 열어두어라. 여러분이 울고 웃는 소리를 지나가던 사람들이 들을 수 있게, 여러분이 서로를 어루만지는 모습과 여러분의 얼굴을 지나가던 사람들이 볼 수 있게 문을 열어두어라. 그들 스스로 걸어 들어와 함께 어울리도록 문을 열어두어라.

공동체를 만들 때 어떤 사람들이 여러분과 동참할까? 나도 모른다. 공식은 없다. 적격이라고 생각했던 사람들은 정작 두려움에 시간에 없다고 발뺌할지도 모른다. 반대로 공동체에 관심이나 있을까 의심했던 사람들이, 그들은 품어보지도 못했을 것이라고 믿었던, 그들 스스로 잊어버렸다고 생각했던 희미한 비전을 얼핏 본 것처럼 갑자기 두 눈을 반짝일 수도 있다. 많은 놀라운 일들이 일어날 것이다. 예측할 수 없는 '축복' 같은 일들을 경험할 것이다.

하지만 공동체에 합류할 사람들을 찾을 때 두 가지 지켜야 할 지침이 있다. 하나는 다른 속셈이 많은 사람들을 조심하라는 것이다. 누구에게나 작은 속셈들은 있다. 추구하고 싶은 대의나 이루고 싶은 일이 있다는 것도 나쁜 일은 아니다. 공동체를 위해 이런 것들을 포기할 필요는 없다. 하지만 필요한 경우에는 공동체의 이익을 위해 이것들을 옆으로 제쳐놓거나 '접어두거나' 초월할 수 있어야 한다. 이렇게 접어두거나 초월할 수 있을 만큼 성숙하지 못한 사람은 공동체 구성원이 될 수 없다. 하지만 결정적인 순간에 누가 이런 성숙함을 발휘할지 미리 분별해내기는 힘들다. 그러므로 이것은 아주 미약한 지침에 불과하다. 이런 능력이 있어 보였는데 공동체에 들어온 뒤로는 그렇지 않은 사람들이 있는가 하면, 이런 능력이 없는 것 같았는데 공동체에 들어와 능력을 갖게 되는 사람들도 있다. 그러므로 이것은 전반적인 선택을 위한 지침일 뿐이다.

또 다른 지침은 여러분과 다른 사람들을 찾아 나서라는 것이다. 여러분이 백인이면 흑인을 찾아라. 여러분이 비둘기 같은 사람이라면 매 같은 사람을 공동체에 한 명쯤은 두어라. 여러분에게는 이런 사람이 필요하다. 민주당원이라면 공화당원이, 기독교인이라면 유대교인을, 성공회 교인이면 침례교인을, 부자라면 부자가 아닌 사람을 찾아라. 유유상종이므로 여러분과 다른 사람들을 찾기는 쉽지 않을 것이다. 그러므로 완벽한 다양성을 확보하지 못할 수도 있다. 하지만 진정한 공동체는 포괄적이라는 점을 기억하면 된다. 여러분이 부유한 백인 민주당원이라면, 가난한 사람들과 흑인, 멕시코인 그리고 공화당원들에게서 가장 많이 배울 것이다. 온전해지는 데는 이들의 재능이 필요하다.

일단 공동체를 만든 후에는 또 하나의 지침을 따라야 한다. 포용성을 유지해야 한다는 것이다. 스스로 힘을 내기 위해 적을 만드는 일을 경계하라. '우리'와 '그들'로 나누어 생각하거나 더 나쁘게는 '우리 대 그들'로 생각하는 엘리트주의적 성향을 경계하라. 여러분의 에너지와 존재를 군수산업 운영자들이나 아동학대범, 조직화된 범죄처럼 여러분이 적대시하는 대상이 아니라, 평화와 사랑, 공동체처럼 여러분이 지향하는 목표에 집중하라. 그렇다고 맹목적인 낙천주의자가 되어야 한다는 의미는 아니다. 절대 그렇지 않다. 세상에는 악이 존재하고, 공동체는 이런 악들의 천적이다. 여러분의 공동체가 악을 무시해야 한다는 것이 아니라 악에 오염되는 것을 피해야 한다는 의미다. 하지만 다른 조직과 공동체를 포함해서 모든 이들에게 문을 열어두어라. 배타적이 되지 마라. 스스로를 고립시키지 말고 다른 집단들과 관계를 맺어라.

이렇게 공동체를 시작하라. 실패를 두려워하지 마라. 실패할지도 모른다는 생각에 두려워지리라는 것을 나는 안다. 내가 공동체에 대한 모든 것들을 경험으로 터득했다는 점을 기억하기를. 실제로 공동체에 있을 때마다 나는 언제나 다양한 경험을 했으며, 이런 경험을 통해 자극을 받았다. 진정한 공동체는 무엇보다도 언제나 모험을 할 줄 안다. 여러분도 언제나 미지를 향해 갈 테고, 특히 처음에는 종종 두려움에 사로잡힐 것이다.

그러나 여러분은 혼자가 아니다. 여러분만큼 두려워하는 사람들과 함께 이 모험에 들어서서, 두려움은 물론 재능과 힘까지 이들과 함께 나눌 것이다. 덕분에 할 수 있다고 생각지도 못했던 일들까지 공동체의 힘으로 하게 될 것이다.

사람들은 서로 다른 방식으로 평화를 이루라는 소명을 받는다.

하지만 하느님이 어린아이 둘을 둔 어머니에게 평화운동가가 되어 감옥에 가라고 부르는 일은 드물다. 반면에 아이들을 다 키운, 내가 아는 어느 여성은 한 달에 한 번이라도 감옥에 가지 않으면 그해는 운수 나쁜 해라고 생각한다. 그러나 기억하라. 누구나 어떤 식으로든 부름을 받는다는 것을. 좋든 싫든, 우리 모두는 평화를 건설하는 사람이 되라는 소명을 받았다. 평화를 건설하는 사람으로서 공동체를 만들라는 소명, 그리고 공동체의 힘으로 통합적인 개인이 되라는 소명을 받았다.

통합적인 개인이 되라는 소명의 의미는 자신의 의견을 솔직히 당당하게 표현하라는 것이기도 하다. 우리는 무력감을 느끼고 침묵하게 만드는 심리 상태를 극복하라는 부름을 받았다. 거짓을 보면 그것을 거짓이라 말하고, 비이성적인 행동을 목격하면 그것을 비이성적이라고 말하라는 소명을 받았다. 설교자라면 아무리 교인들의 입맛에 안 맞아도 진정한 복음을 전하라는 소명을 받았다. 그러니 분열을 일으킬지 모른다는 이유로 파티장에서 무기경쟁이라는 화제를 피하지는 마라. 그렇다. 그런 화제를 불편해하는 사람들도 있을 테지만, 그렇게 만들 필요가 있다. 하지만 덕분에 허심탄회하게 말할 수 있는 용기를 얻었다면서 여러분의 거리낌 없는 태도에 감사를 표하는 사람들도 있을 것이다.

침묵과 싸우라는 소명은 쉽지도 단순하지도 않다. 이미 벽창호로 정평이 나 있는 매 같은 사람을 붙잡고 이야기하는 것은 의미가 없다. 하지만 함께 공동체에 참여하도록 설득하려고 특별히 공들이는 것은 의미 있다. 공동체는 비타협적인 것들을 녹이는 유일한 촉매제이기 때문이다. 그러므로 저항에 부딪힐 때마다 두려움에 피해버려서는 안 된다. 격언이 말해주듯 달걀을 깨뜨리지 않고는 오믈렛을 만들 수 없다. 하지만 저항을 어느 정도나 떠안는 것이 효과적인지, 떠안는 과정에서 상처를 어느 정도까지 감당할 수 있는지 분명하게 인식해야 한다. 또 상처를 무릅쓰고 용감하게 다시 한 번 모험을 시작하기 전에 돌아갈 공동체를 마련해두어야만 할 것이다. 그래야만 여러분을 사랑하는 사람들이 상처를 닦아주고, 밴드를 붙여주고, 상처를 치유해줄 수 있다.

전략과 상처와 저항에 관한 이 모든 이야기들을 들으니, 전쟁을 벌이는 것 같다는 생각이 들지 않는가? 그렇다. 우리는 이제 막 뜨거워지기 시작한 투쟁을, 전쟁을 이야기했다. 무기경쟁은 적극적으로 무너뜨려야 하는 체제이므로 평화를 구축하려면 행동에 나서야 한다. 하지만 이 전투에서는 지금까지와는 다른 북소리를 따라 진격해야 한다는 것을 기억하라. 이것은 인간들 간의 소통규칙을 바꾸는 전투다. 과거의 규칙에 따라 움직여서는 이 규칙들을 바꿀 수 없다. 내가 말하는 전략은 혁명적인 책략도 된다. 그렇다. 매들과 죽음의 상인들과 신성모독자들 모두 표적이다. 하지만 이들은 우리의 적이 아니다. 우리가 사랑하는 사람들이다. 이 전쟁은 이들에게 지지를 호소한다고 이길 수 있는 것이 아니다. 이 전쟁에서 승리하는 데 필요한 전략의 핵심은 공동체이고, 무기는 오로지 사랑뿐이다.

1984년 12월 나는 아홉 명의 동료와 함께 공동체장려재단The Foundation for Community Encouragement:FCE을 설립했다. 이 비과세 공공재단의 목적은 '공동체가 존재하지 않는 곳 어디에서나 공동체가 형성될 수 있도록 힘을 북돋워주고, 세속적인 것이든 종교적인 것이든 기존의 공동체들을 지원하며, 공동체들 간의 관계를 강화시키고, 궁극적으로는 세계 화합을 향한 운동을 발전시키는 것'이다.

공동체의 특징은 포용적이다. 그래서 일부러 FCE도 특별히 기독교적인 성향도, 어떤 종교적인 성향도 띠지 않게 만들었다. 하지만 공동체는 언제나 영적이므로 FCE도 영적인 특성을 지니고 있다고 말하는 것이 옳을 것이다. FCE는 일반적인 의미의 이념도 특별히 신봉하지 않는다. 우리 재단 운영위원들의 공통적인 자세는 평화를 구현하겠다는, 모든 차원의 공동체를 만들겠다는 헌신이다.

기존의 조직을 밀어내는 것은 FCE의 목적이 아니다. 반대로 FCE는 모든 진정한 공동체들을 지원하고 새로운 공동체를 장려하기 위해 존재한다. 아마도 공동체 자체에 초점을 맞추는 조직은 FCE뿐일 것이다. 이런 점에서 우리 재단은 독특하다.

다른 조직은 특정한 도시 안에서 공동체를 만들거나, 알코올의존증환자들로 구성된 공동체 혹은 미국인과 소련인 간의 공동체를 만들기 위해 존재한다. 하지만 FCE는 이 모든 조직들을 강화시키기 위해 존재한다. 또 알코올의존증환자가 아니어도, 특정 교회의 신자가 아니어도, 특정한 과제나 위기가 없어도, 사람들이 어느 곳에 살든 공동체에 들어갈 수 있게 돕는 일도 한다.

FCE가 이런 일을 하는 방식은 여러 가지다. 하나는 모종의 사적인 도움을 구하는 개인들을 통하는 것이다. 도움에 대한 요청은 보통 공동체의 부재에서 비롯된다. 그러므로 이런 요청은 공동체 형성의 기회를 의미하기도 한다. FCE는 가능한 곳이면 어디에서든 무료로 이런 개인을 그(그녀)가 사는 동네에 있는 적당한 공동체—특정한 교회나 알코올의존증환자 모임, 초보 경험 집단 같은—와 은밀하게 연결시켜주거나 다른 적절한 지원을 해준다. 이런 일을 하면서 FCE는 기존 공동체 조직의 데이터 뱅크 역할도 더욱 효율적으로 수행하고자 한다. 이런 네트워크 형성은 FCE의 임무에서 중요한 부분을 차지한다.

FCE는 또한, 갈수록 잘 훈련된 공동체 인도자들도 많이 양성해내고 있다. 신중하게 선택된 이 인도자들은 FCE와의 계약 하에 교회 신자들이나 대학 같은 조직체들을 더욱 깊은 차원의 공동체로 인도하는 일을 돕는다. 이들은 사람들이 있는 곳으로 직접 찾아간다.

게다가 이 인도자들은 FEC 본부가 있는 테네시 주 녹스빌이나 전국 각지의 선별된 명상센터에서 일반인들을 대상으로 워크숍도 진행한다. 이런 워크숍 가운데 이틀 과정 워크숍에서는 공동체에 관심 있는 사람들에게 공동체와 공동체 형성 과정을 체험하게 해준다. 한편 더 긴 과정의 워크숍에서는 공동체 형성 기술까지 훈련시켜준다. FCE의 인도자들이 훈련받은 것과 똑같은 수준의 기술은 아니지만 말이다.

우리의 미래 계획 중에는 체계적인 연구 부서를 만드는 일도 포함돼 있다. FCE 자체의 직접적인 활동들을 향상시키고 공동체와 공동체 발달에 대한 체계적인 지식을 확충하기 위해서다.

공동체를 시작하라는 나의 재촉에 부응하는 사람 중에는 도움 없이 잘 해낼 수 있는 이들도 있을 것이다. 하지만 공동체는 원하는데 공동체 안으로 들어갈 수 없다거나, 공동체를 이미 시작했는데 어떤 상황에 빠져 허우적거리고 있다면, 아래 주소로 편지나 전화를 바란다.

The Foundation for Community Encouragement, Inc.

P. O. Box 449

Ridgefield, CT

(203)431-9434

다른 공동체와 정보를 교환하거나, FCE에 대해 더 자세히 알고 싶거나, 우리에게 도움을 받을 방법이 있을 거라고 생각하는 분들도 이 주소로 연락하기 바란다.

도움을 필요로 할 경우, 우리는 동원할 수 있는 모든 방법으로 공동체 형성을 도울 것이다. 그러기 위해 이 재단을 설립했기 때문이다. 그렇다고 우리 재단에 의존해서는 안 된다. 이런 의존은 무엇보다도 여러분 자신에게 해롭다. 우리가 모험을 계속하게 만들어줄 수는 없다. 여러분 스스로가 여러분 자신의 모험을 감행해야 한다. 우리가 할 수 있는 최선의 일은 필요할 때 안내자가 되어주는 것이다. 게다가 우리 재단은 '풍족하지도' 않다. 그러므로 우리에게 포괄적인 지원을 받는 경우에는 비용을 지불해야 할 것이다. 다행히 우리에게 기부금이 들어오기 때문에 비용은 아주 적당할 것이다. 하지만 기부금이 지속적으로 들어와야만 이런 식으로 재단을 운영할 수 있다. 여러분이 FCE를 필요로 하는 만큼 우리에게도 여러분이 필요하다. 우리는 상호의존적인 존재들이다.

하지만 기부 받는 일이 쉽지 않아서 FCE의 재정은 '풍족하지' 않다. 이제까지는 몇몇 선구적인 이들이 기부를 해왔는데, 이런 사람들이 절실하게 더 많이 필요하다. 기부자가 될 가능성이 있지만 공동체를 개인적으로 체험하거나 맛본 적이 없는 사람들에게 우리의 일을 이해시키기란 사실상 불가능하다. 특히 부자나 권력자들은 대체로 이런 경험을 해본 적이 없을 것이다. 그래서 설명을 들어도 전혀 반응을 보이지 않을 가능성이 크다. 한편 전통적인 조직과 제도, 개인들은 대개 FCE의 프로그램이 너무 '부드럽다'는 반응을 보인다. 개중에는 도움을 주고 싶은 마음에 '장려'라는 말 자체가 너무 '부드러우므로' 재단의 명칭을 바꿔야 한다고 조언 하는 이들도 있다. 이 세계에 더 이상은 부드러움이 필요 없는 것 처럼 말이다.

이 문제는 다음의 간단한 이야기로 분명하게 설명할 수 있다. 최근에 기금을 조달해줄 만한 곳을 대표해서 어떤 이가 FCE에서 주관하는 공동체 형성 훈련 컨퍼런스에 참석했다. 컨퍼런스가 끝 날 무렵 이 남자는 고뇌에 찬 기색으로 이렇게 말했다.

"갈피를 못 잡겠네요. 정말이지 감동적인 경험이었어요. 개인 적으로는 기대 이상으로 도움이 되었습니다. 여기 참석한 게 너무 기쁘고, 떠나는 게 놀랄 만큼 슬퍼요. 그런데 여기서 일어난 일과 이 경험의 본질, 여러분이 하려는 일들을 생각해보면, 사실 사랑 이외에는 아무것도 없다고 결론지을 수밖에 없어요. 그런데 이사 회에 돌아가서 도대체 무슨 수로 사랑을 위해 기부금을 내라고 설 득한단 말입니까?"

그의 고민은 우리의, 그리고 여러분의 숙제이기도 하다. 세상 사람들에게 사랑을 전하는 것이야말로 우리와 여러분이 해야 할 일이다.

고립과 불안 → 혼돈 → 분노 → 절망······ 치유. 이 시대 보통 사람들이 직면하고 있는 마음의 궤적을 거칠게 요약하면 이쯤 되지 않을까?

소통의 매체는 차고 넘칠 만큼 다양해졌건만, 내면의 아픔과 갈등까지 편안하게 털어놓고 위로받을 곳은 드물다. 정서적 교감을 나누고픈 갈망에 내면의 여리디 여린 결까지 솔직하게 드러내면서 소통을 시도하면 찌질한 열등인간쯤으로 조롱당하고, 힘들어도 안 힘든 척 목표를 향해 돌진하면 능력 있고 시크한 현대인으로 인정받는다. 개인의 능력과 경쟁, 욕망의 충족을 최우선 가치로 여기는 철저한 개인주의 문화와 인간적 온기가 부족한 현대적 소통매체의 특성이 그 원인의 하나다.

상황이 이렇다 보니 소통 없는 소통이 혼란을 가중시킨다. 내면의 고립과 불안이 깊어져, 모두들 자신의 입장만 이야기할 뿐 상대의 이야기를 들어줄 줄 모른다. 이런 일방적인 소통, 아니 주장에 혼란과 분열만 커지고, 이런 혼란은 결국 분노와 좌절로 고스란히 우리에게 되돌아온다.

더불어 행복할 수 있는 지속가능한 삶의 방식, 이런 삶의 방식을 북돋워주는 공생지향적인 사회체제가 어느 때보다도 필요한 때다. 위기이자 기회인 시대. 궤도를 이탈한 지 오래지만 탐욕을 동력으로 불안하게 질주하는 불의 전차에서 얼른 뛰어내리거나, 전멸을 예감하지만 취기를 떨치지 못해 체념하고 그냥 끌려가거나, 선택을 내려야 할 때. 아니 선택의 여지가 없는 때.

나온 지 20년이 넘었지만, 이렇게 이 책이 진단하는 현대의 사회상은 지금의 우리 사회 모습과 다르지 않다. 그래서 중요한 선택을 목전에 두고 있는 우리에게 아주 실질적이고 요긴한 성찰의 거울 겸 안내서가 되어준다.

저자가 이 책에서 제시하는 해법은 '평화적인 공동체 구현'이다. 물론 이것을 진부하고 공허한 관념이나 실현 불가능한 이상쯤으로 체념하는 이들도 많을 것이다. 하지만 이 책은 결코 딱딱하지도 진부하지도 공허하지도 요원하게만 들리지도 않는다. 미국의 대표적인 정신과의사이자 심리상담사, 성경 다음으로 널리 권장되는 베스트셀러를 펴낸 스캇 펙 박사의 심리사회적 이론, 수십 년간의 헌신적인 공동체 인도 경험이 바탕에 깔려 있기 때문이다.

그래서 이 책에는 평범한 현대인들이 갈망하는 진정한 공동체의 개념과 공동체 형성의 원칙, 진정한 공동체와 사이비 공동체를 구분하는 법, 공동체 형성의 실제 과정, 공동체 형성 과정에서 흔

히 나타날 수 있는 문제들과 해법, 성공적인 공동체 형성 사례 등
이 일목요연하면서도 흥미롭게 정리되어 있다. 하지만 이 책에서
가장 감탄할 만한 점은 공동체 문제를 단순히 사회적이고 제도적
인 차원에서만 다루는 대신, 개인의 심리적이고 영적인 측면, 나아
가 범지구적인 생존과 진화의 측면으로까지 확대해서 포괄적으로
깊이 있게 다루고 있다는 것이다.

예를 들어, 수용과 헌신, 합의를 원칙으로 하는 안식처 같은 공
동체, 지혜롭게 투쟁하고 진화할 줄 아는 현실적인 공동체를 형성
하려면, 구성원 개개인의 끊임없는 자기 성찰, 혼란을 솔직하게 직
시하고 인정할 줄 아는 용기와, 치유하고 통제하려는 욕구까지 비
울 줄 아는 마음과, 누구나 인도자로 인정하는 분위기가 중요하다
고 저자는 말한다. 개인 간의 인간관계는 물론이고, 가정이나 회
사, 지지그룹, 종교단체 같은 중소규모의 공동체에까지 그대로 적
용할 수 있는 실제적인 가르침들이다.

저자는 또 성찰할 줄 아는 개인들이 모여 크고 작게 공동체를
만들고 함께 성장하다 보면, 비합리적인 무기경쟁체제의 문제, 이
윤 추구만을 목적으로 하는 파괴적인 사회체제가 불러오는 문제,
종교적인 문제들도 해결할 수 있다고 이야기한다. 개인과 공동체
의 치밀하고 용감한 자기발전 동력으로 게임의 규칙을 바꿀 수 있
다고, 그러려면 착취와 파괴의 전쟁이 아닌 자유와 평화, 사랑과
공생을 위한 또 다른 전쟁을 지금 바로 내가 서 있는 자리에서부
터 시작해야 한다고, 우리에게 다른 선택은 이미 없다고 말이다.

지금도 우리가 만들어낸 불의 전차는 미친 듯 달리고, 저 멀리

어딘가에서는 호소하듯 꾸짖듯 북소리 들려온다. 이 북소리에 각성해 모두들 전차에서 내릴 수 있다면, 아니 다시금 용기를 내고 결심을 굳힐 수만이라도 있다면. 그러면 따뜻한 나눔과 창조적인 삶의 기쁨, 평화와 공생의 기쁨을 만끽할 수 있는 세계로 다 함께 들어설 수 있을 텐데.

불의 전차가 속도를 더해가는 만큼 이 북소리도 점점 가까이 들려온다. 이 필연의 법칙을 거부하지 말고, 다 함께 손 맞잡고 발돋움해보자. 이 책이 듬직하게 그 길을 안내해줄 것이다.

옮긴이 | 박윤정

한림대학교 영어영문과와 동대학원을 졸업하고, 현재 전문 번역가로 활동 중이다. 가장 자연적인 환경 속에서 영성과 예술을 통합시키는 삶을 꿈꾸며, 번역을 통해 세상과 소통하고 있다.

옮긴 책으로《모던 마임과 포스트모던 마임》,《그렇다고 생각하면 진짜 그렇게 된다》,《사람은 왜 사랑 없이 살 수 없을까》,《디오니소스》,《병을 부르는 말 건강을 부르는 말》,《달라이라마의 자비명상법》,《턱낮은 스님이 읽어주는 법화경》,《식물의 잃어버린 언어》,《생활의 기술》,《헨리 데이비드 소로우의 산책》,《생각의 오류》,《유모차를 사랑한 남자》,《만약에 말이지》,《스스로 행복한 사람》,《영혼들의 기억》 등이 있다.

마음을 어떻게 비울 것인가 절망을 극복하는 유일한 길
마음 비우기, 평화공동체 만들기

초판 1쇄 발행일 2012년 3월 7일
초판 12쇄 발행일 2023년 9월 8일

지은이 | M. 스캇 펙
옮긴이 | 박윤정
펴낸이 | 김현관
펴낸곳 | 율리시즈

본문 및 표지 디자인 | 투피피
캘리그라피 | 이상현
책임편집 | 김미성
종이 | 세종페이퍼
인쇄 및 제본 | 올인피앤비

주소 | 서울시 양천구 목동중앙서로7길 16-12 102호
전화 | 02-2655-0166~0167
팩스 | 02-6499-0230
E-mail | ulyssesbook@naver.com
ISBN 979-11-983008-3-6 03180

등록 2010년 8월 23일 제2010-000046호